Moser | Weithmann

Landeskunde Türkei

BRIGITTE MOSER | MICHAEL WEITHMANN

Landeskunde TÜRKEI

Geschichte, Gesellschaft und Kultur

HELMUT BUSKE VERLAG | HAMBURG

Die Autoren

Brigitte Moser ist promovierte Orientalistin mit dem Schwerpunkt Türkei sowie Autorin mehrerer Bücher und Abhandlungen über die Türkei und andere islamische Länder. Sie hat langjährige Erfahrung im Umgang mit der türkischen Mentalität, ist als Kultur- und Sprachvermittlerin an der Universität Passau, der Ludwig-Maximilians-Universität München sowie an der Munich-Business-School tätig und berät als Inhaberin von »Orient Competence« (www.orient-competence.de) Unternehmen und Institutionen zum Thema Interkulturelle Kommunikation für den islamischen Kulturkreis.

Michael Weithmann ist promovierter Historiker und Politologe mit den Schwerpunkten Südosteuropa, Ostmittelmeerraum und Naher Osten. Über die osmanische und türkische Kultur und Geschichte hat er die Sachbücher »Der ruhelose Balkan. Die Konfliktregionen Südosteuropas« (1994), »Atatürks Erben auf dem Weg nach Westen. Die Türkei im Spannungsfeld zwischen Nahost und Europa« (1997) sowie als Mitautor »Die Türkei. Nation zwischen Europa und dem Nahen Osten« (2002) publiziert.

Bibliografische Information der Deutschen Nationalbibliothek

Die Deutsche Nationalbibliothek verzeichnet diese Publikation in der Deutschen Nationalbibliografie; detaillierte bibliografische Daten sind im Internet abrufbar über ‹http://dnb.d-nb.de›.
ISBN 978-3-87548-491-5

INHALT

EINLEITUNG

TÜRKEI, EUROPÄISCHE UNION, DEUTSCH-TÜRKEN

Mit den obigen drei Begriffen wird eine Problematik umrissen, mit der die deutsche Gesellschaft gegenwärtig und vor allem in der Zukunft konfrontiert sein wird. Die *Türkei* ist ein Land von hohem politischen Gewicht, das in der internationalen Politik eine tragende Rolle spielt und dessen außenpolitische Bedeutung an der Schnittstelle von Europa und Orient noch zunehmen wird. In besonderem Maße betrifft dies die westliche Gemeinschaft, mit der die türkische Republik seit einem halben Jahrhundert aufs Engste verbunden ist – nicht nur politisch, sondern auch kulturell und wirtschaftlich. Es ist daher nur folgerichtig, dass die *Europäische Union* die Türkei in den engeren Kreis der Aufnahmekandidaten einbezogen hat, und es scheint sich zu Beginn des 21. Jahrhunderts herauszukristallisieren, dass zukünftig weniger die Frage der türkischen EU-Mitgliedschaft an sich, sondern in erster Linie die Fragen des »Wie« und »Wann« vorherrschend sein werden. In jedem Fall ist die Türkei bereits seit Langem tief in die Innenpolitik der EU involviert.

Vor allem Deutschland und die Türkei pflegen eine enge, ja freundschaftliche Partnerschaft auf vielen Gebieten, die, wie jede Beziehung, auch harten Belastungen und Krisen ausgesetzt ist. Nicht umsonst spricht man von der »bitteren« Freundschaft zwischen Deutschland und der Türkei: bitter, weil sie manche Erwartungen enttäuscht hat und auch enge Freunde mitunter eigene Wege einschlagen und nicht alles mittragen, was der andere macht. Die Beziehung mag bitter sein, aber es handelt sich trotzdem um eine enge Freundschaft, die, allen Fährnissen zum Trotz, auf ein 200 Jahre währendes, geschichtlich gewachsenes Verhältnis zurückblicken kann, das auf gegenseitigem Respekt beruht. Das Buch will einen Beitrag dazu leisten, sich allseits auf diese »Eski Türk Alman Arkadaşlığı«, die »alte türkisch-deutsche Freundschaft« rückzubesinnen.

Für Deutsche ergeben sich zudem noch ganz alltägliche Berührungspunkte mit der Türkei. In der Bundesrepublik leben heute zahlreiche Menschen mit türkischem Migrationshintergrund, die *Deutsch-Türken* genannt werden. Sie in das soziale Miteinander zu integrieren, ist eine der großen Aufgaben unserer Gesellschaft. Die dringende Notwendigkeit der aktiven Integration ist zwar erst seit Kurzem ein zentrales Thema in Deutschland, wird inzwischen aber mit großem Elan, und zwar von beiden Seiten, vorangetrieben.

Auch in einem weiteren Zusammenhang ist uns die Türkei präsent: als eines der beliebtesten Urlaubsländer der Deutschen. Millionen Deutsche haben bereits die Gastfreundschaft der Türken genossen und staunend vor den Kulturgütern Anatoliens gestanden. Mit der zunehmenden wirtschaftlichen Verflechtung kommen zudem auch immer mehr deutsche Firmenvertreter und Geschäftspartner samt Familien für einen längeren Zeitraum in das Land am Bosporus.

Eng verflochten sind ferner die Hochschulen beider Länder. Alle deutschen Universitäten unterhalten Beziehungen zu Partneruniversitäten in der Türkei und die Gründung deutschsprachiger Universitäten in der Türkei nimmt bereits konkrete Formen an. Der Austausch von Studierenden nimmt zu und berechtigt zu großen Hoffnungen für die beidseitigen Beziehungen. Kein Wunder also, dass auch die Nachfrage nach Sprachkursen und Studienangeboten zur Geschichte, Kultur und Gesellschaft dieses uns immer näher rückenden Landes stetig wächst.

Nicht genug betont werden kann in diesem Zusammenhang, dass die Türkei und ihre Bewohner die Erben eines mächtigen Weltreichs sind, das seinerseits aus Hochkulturen erwuchs, welche für die Geschichte und Kultur der Menschheit richtungsweisend waren. Das Osmanische Reich spielte seit der frühen Neuzeit eine entscheidende Rolle im europäischen Konzert der Mächte. Es allein auf den Orient zu beschränken, wäre allzu vereinfachend, denn es handelte sich um eine multikulturelle, orientalisch-europäisch-mediterrane Gemeinschaft. Zahlreiche Verbindungen entstanden und sorgten für einen regen Austausch von Kulturgütern und Ideen zwischen dem Orient, dem Mediterraneum und dem Okzident. Zu Beginn des 20. Jahrhunderts ging dieses zwischen Ost und West vermittelnde Imperium zugrunde und als Nachfolgestaat entstand die Neue Türkei: eine Republik, die sich von Anfang an Europa zugewandt, europäische Standards übernommen und den Anschluss an den modernen Westen gesucht hat. Selbstverständlich verläuft dieser gewaltige gesellschaftliche Wandel nicht ohne Brüche, doch besteht kein Zweifel daran, dass die Türkei nach wie vor eines der »großen Länder« der Welt ist. Dieses Buch soll zur besseren Kenntnis der türkischen Geschichte, Kultur, Politik, Gesellschaft und Religion beitragen.

I.

GEOGRAPHIE, BEVÖLKERUNG, WIRTSCHAFT, SOZIALSTRUKTUR

1. Geographie: Das »türkische Rechteck«

▨ Staatsgebiet und Grenzen

Das Staatsgebiet der Türkei gleicht einem Rechteck, das sich über 1.600 km Länge bei einer durchschnittlichen Breite von 500 km über 19 Längengrade in Ost-West-Richtung erstreckt. In Form einer Halbinsel springt es aus der riesigen Festland-masse Asiens nach Westen vor (daher stammt der Name »*Klein*asien«). Die Ge-samtfläche beträgt 0,78 Mio. km² (Deutschland: 0,35 Mio. km²). Auf drei Seiten wird das »Türkische Rechteck« von Meeren begrenzt: Vom Schwarzen Meer im Norden, vom Marmarameer und der Ägäis im Westen und vom Mittelmeer im Süden. Die Gebirge des Kaukasus und des Iranischen Hochlandes bilden natür-liche Grenzen im Osten. Politische Grenzen bestehen zu Syrien und dem Irak im Südosten und zu Bulgarien und Griechenland im Westen.

Siehe Karte »Türkei« im Farbteil, Seite B-1

▨ Das Land am Bosporus

97 % des Staatsgebiets liegen in Asien, 3 % in Europa. Die Meerengen der Darda-nellen und des Bosporus bilden nach konventioneller Ansicht die Scheidelinie zwischen Europa und Asien. Es handelt sich dabei um eine kulturhistorische, keine geographische Grenzziehung.

Bosporus und Dardanellen: Endet hier Europa?

Unter geologischen Gesichtspunkten stellen Bosporus und Dardanellen »ertrunkene Flusstäler« innerhalb eines einheitlichen geologischen Raumes dar. Sie repräsentieren keine natürliche oder geographisch definierte Grenze. Dass gerade hier die Grenze zwischen den Kontinenten Europa und Asien gezogen wird, beruht auf kulturgeschichtlichen Anschauungen, die bis in die griechische Antike zurückreichen. Das »freie Hellas« sah sich jenseits der Meerengen mit der anderen »asiatischen« Lebens- und Regierungsform der Perser konfrontiert. Die Abgrenzung Europas von Asien war also von Beginn an mit einer ideologischen Komponente verbunden.

Die Meerengen ermöglichen die maritime Verbindung zwischen Mittelmeer und Schwarzem Meer. Sie dienen seit jeher als Meeresstraßen und sind daher von

enormer verkehrstechnischer und strategischer Bedeutung. Die sich 65 km ent-
langziehenden, zwischen zwei und sechs km breiten Dardanellen münden ins
Marmarameer, ein kleines Binnenmeer zwischen der Ägäis und dem Bosporus.
Der Bosporus (türkisch: *Boğaziçi* »Schlund«) wirkt wie ein Kanal, der sich auf
32 km Länge von anfangs 3,3 km Breite auf 660 m verengt. Durch regen Schiffs-
und Fährverkehr erschlossen, haben Dardanellen und Bosporus nie trennend,
sondern immer verbindend gewirkt. Dies spiegelt sich übrigens auch in dem aus
dem Altgriechischen stammenden Namen *Bousporos* »Rinderfurt« wider. Offensichtlich hatte man keine Schwierigkeiten, Rinderherden über die Meerenge zu
treiben. Sowohl in der Antike als auch in späterer Zeit überwand man den Bosporus mit sogenannten Schiffsbrücken. Man verankerte dazu mehrere Schiffe und
verband sie durch Holzplanken. So gelangten ganze Heere von Europa nach
Asien und umgekehrt.

Zwei mehrspurige Autobahnbrücken, 1973 und 1988 erbaut, überspannen
heute den Bosporus. Die erstgebaute, die Boğaziçi-Brücke, ist 1,5 km lang und
56 m hoch. 1988 folgte die Fatih Sultan Mehmet-Brücke mit 1,2 km Spannweite
– ein ähnlich gigantisches Bauwerk. Zudem queren zahlreiche Fährboote und
Passagierschiffe die Wasserstraße, um täglich Zehntausende von Menschen von
den europäischen Stadtteilen nach Asien und zurück zu bringen.

▦ Staat auf zwei Kontinenten: Europa und Asien

Der europäische Teil der Türkei besteht aus Thrakien (*Trakya*) mit der Grenzstadt
Edirne (*Adrianopel*) und der Mehrmillionen-Metropole Istanbul – der einzigen
Weltstadt, die sich auf zwei Kontinente ausdehnt. Der weitaus umfangreichere
asiatische Teil Anatolien (*Anadolu*) umfasst sechs Großräume (*Bölge*). Sie sind
durch Gebirgssäume gegliedert, liegen in verschiedenen Klima- und Vegetations-
zonen und stellen eigene wirtschaftsgeographische Einheiten dar. Von West nach
Ost sind dies:

① Marmara-Region [Städte: Istanbul (über 12 Mio. Einwohner (E.) 2006; heute
   geschätzte 13 Mio.); Bursa (1,2 Mio. E.)]*
② Ägäis-Küste [Hafenstadt Izmir (2,7 Mio. E. 2007)]
③ Mittelmeer-Region / Südküste [Antalya (1 Mio. E.); Adana (3 Mio. E.)]
④ Pontus / Schwarzmeer-Region [Samsun, Trabzon (je 0,3 Mio. E.)]
⑤ Inneranatolien [(Hauptstadt Ankara (3,5 Mio. E. 2007; heute 5 Mio.),
   Konya (1 Mio. E.), Kayseri (0,7 Mio. E.), Sivas (0,2 Mio. E.)]
⑥ Ostanatolien [Erzurum (1 Mio. E.); Van (0,3 Mio. E.)]
⑦ Südostanatolien [Diyarbakır (1 Mio. E.)]

* Es handelt sich hierbei um offizielle Zahlen, die aber bereits weit überschritten sind.

■ Großstädte der Türkei

Ankara In einem von Bergen umringten Kessel liegt auf 1.000 m Höhe Ankara, die Hauptstadt und zweitgrößte Stadt der Türkei. Erst 1923 mit der Gründung der Republik wurde das bis dahin bescheidene Landstädtchen mit 25.000 Einwohnern zur Hauptstadt ernannt. Die künftige Hauptstadt sollte im Herzen der neuen Republik liegen. Damit wurde eine klare Abgrenzung zum niedergegangenen Osmanischen Reich vollzogen. Ankara erfuhr einen rasanten Bedeutungsaufschwung und entwickelte sich zu einer modernen, westlich orientierten Beamten- und Verwaltungsstadt mit ca. 5 Mio. Einwohnern.

Istanbul Die Weltmetropole mit über 13 Mio. Einwohnern ist die größte und – wirtschaftlich und kulturell – wichtigste Stadt der Türkei, und zwar in jeder Hinsicht: in Bevölkerungszahl und Fläche, Handel, Warenumschlag und Markt, Gewerbe und Industrie. Die Lage der Stadt an den Ufern des Bosporus, dem Goldenen Horn und dem Marmarameer auf zwei Kontinenten (Europa und Asien) ist einzigartig.

Seit der Spätantike konnte der urbane Raum Byzanz – Konstantinopel – Istanbul bis heute seinen kosmopolitischen Weltstadtrang über 1.700 Jahre bewahren. Als oströmische Kaiserstadt Konstantinopel (330–1453) und osmanische Sultansresidenz (1453–1923) war die Stadt über viele Jahrhunderte die bevölkerungsreichste und flächenmäßig größte Stadt auf dem europäischen Kontinent. Ihre welthistorische Bedeutung zeigt sich auch heute noch in byzantinischen Monumenten, wie der Hagia Sophia, und den osmanischen Sultansmoscheen und -palästen. Tausende von Touristen besuchen jedes Jahr die Sehenswürdigkeiten mit absolutem Spitzenrang. Nicht zuletzt aus diesem Grund ist Istanbul auch nach der Ernennung Ankaras zur Hauptstadt die »heimliche Hauptstadt« geblieben.

Ein Fünftel bis ein Viertel des gesamten Bruttoinlandprodukts wird im Großraum Istanbul produziert. Nahezu ein Fünftel der türkischen Bevölkerung ballt sich in der Megastadt am Bosporus, denn sie gilt bis heute als Anziehungspunkt für Zuwanderer aus den weniger entwickelten Ostgebieten der Türkei. Moderne High Tech-Industrie, internationale Großkonzerne und türkische Joint Ventures (allein über 2.600 deutsch-türkische) sowie Tochterbetriebe haben sich in Istanbul etabliert. Sie symbolisieren die Hinwendung zu Europa. Nicht zuletzt durch den Fall des Eisernen Vorhangs erlangte die Stadt ihre Zentralfunktion für die Balkan- und Schwarzmeerstaaten zurück.

Izmir   Städtischer und wirtschaftlicher Mittelpunkt Westanatoliens ist die Hafenstadt Izmir. Das alte Smyrna, bis zum Anfang des 20. Jahrhunderts größtenteils griechisch besiedelt, hatte besonders in osmanischer Zeit vom Seehandel mit dem Westen profitiert. Um 1900 entstand eine Werften- und Konservenindustrie. Landwirtschaftliche Produkte des Hinterlandes (Baumwolle und Textilien) werden hier vermarktet und in neuester Zeit kam das Banken- und Versicherungswesen hinzu. Der Autokonzern Opel hat hier eine Montagestätte errichtet.

Izmir ist mit über 2 Mio. Einwohnern die drittgrößte Stadt der Türkei und gilt nach Istanbul als Tor zum Westen. Die früher bedeutendste internationale Messe im ganzen östlichen Mittelmeerraum ist inzwischen von Istanbul abgelöst worden. Izmir ist nicht nur Exporthafen, sondern auch Station der Fährverbindungen nach Ancona und Venedig. Das NATO-Hauptquartier Südost trägt ebenfalls zur überregionalen Bedeutung Izmirs bei. Die Ägäisstadt ist auch Zielflughafen für Touristen, die an der Ägäisküste Erholung suchen, sowie Ausgangspunkt für die Besichtigung berühmter antiker Stätten, wie Ephesus, Priene, Milet, Didyma oder Pamukkale/Hierapolis.

Bursa   Am Fuße des Berges Uludağ (2.543 m), dem bythinischen Olymp des Altertums, liegt die Millionenstadt Bursa. Die waldreiche Umgebung hat ihr den Namen Yeşil Bursa, das grüne Bursa, eingebracht. Sie war die erste osmanische Hauptstadt und birgt noch heute zahlreiche sehenswerte Baudenkmäler aus dieser Zeit. Bursa ist heute ein modernes Industriezentrum für Automobilbau, Textil- und Stahlindustrie und Sitz von Niederlassungen der Firmen Tofaş-Fiat, Oyak-Renault und der Robert Bosch GmbH.

Antalya   Die vom Taurusgebirge überragte Hafenstadt Antalya am gleichnamigen Golf hat in den vergangenen 25 Jahren einen rasanten Aufschwung als Touristenzentrum an der »türkischen Mittelmeer-Riviera« erlebt. Ihre Einwohnerzahl ist von 677.000 im Jahre 2005 auf über 1,2 Mio. Menschen gestiegen. Die Stadt ist von Fremdenverkehr und Dienstleistung geprägt. Zwei Flughäfen dienen als Drehscheibe für den in- und ausländischen Flugverkehr.

Kayseri   Das antike Caesarea am Fuße des erloschenen Vulkans Erciyes-Dağı (3.917 m) markiert den geographischen Mittelpunkt Anatoliens und ist seit jeher ein zentraler Verkehrsknotenpunkt. Kayseri ist die Heimat der sogenannten »anatolischen Tiger«, kleiner und mittelständischer Unternehmen, die in den letzten 20 Jahren erfolgreich den Sprung in die Großstädte und weiter auf den Weltmarkt geschafft haben. Kayseri besitzt eines der umfangreichsten Industrie- und Gewerbegebiete des Landes. 80 % der türkischen Möbel- und Holzproduktion stammen aus der Stadt. Moderne Infrastruktur, Altstadtsanierung und ansprechende Neubaugebiete haben Kayseri in ein urbanes Vorzeigeobjekt verwandelt.

Konya Konya, heute Millionenstadt, ist das traditionelle religiöse Zentrum des Landes und mit dem Mausoleum des Sufi-Mystikers Celalettin Mevlana Rumi ein muslimischer Wallfahrtsort. Heute bestimmen Gewerbe, Industrie und Bildungseinrichtungen den Standort. Mit 85.000 Studierenden ist die örtliche Selcuk-Universität die zahlenmäßig größte Hochschule des Landes.

Erzurum Auch die Einwohnerzahl Erzurums, der größten Stadt Nordostanatoliens, nähert sich der Millionengrenze. Als Grenzstadt zum Iran, zu Armenien und Georgien kommt ihr eine handels- und verkehrspolitische sowie militärische Bedeutung zu. Die Stadt liegt auf einem Hochplateau fast 2.000 m über dem Meeresspiegel, das immer wieder von Erdbeben erschüttert wird. Als Hochschule ist die Atatürk-Universität von Bedeutung. Das nahe gelegene Gebirge Palandöken soll zu einer modernen Wintersportregion ausgebaut werden.

Diyarbakır Aus der Epoche des antiken Amida stammen die monumentalen Stadtmauern Diyarbakırs aus dunklem Basalt. Die Großstadt im heißen Südosten war bis in die jüngste Gegenwart von den gewalttätigen türkisch-kurdischen Auseinandersetzungen geprägt, welche die weitere Umgebung heimsuchten. Durch Flucht und Vertreibung der ländlichen kurdischen Bevölkerung schwoll die Einwohnerzahl Diyarbakırs auf 1 Mio. Menschen an, obwohl die urbane Infrastruktur dazu bei Weitem nicht ausreicht. Mit 70 % Arbeitslosigkeit, von der besonders die Jugend betroffen ist, stellt Diyarbakır einen der sozialen Brennpunkte der Türkei dar. Die Aufstauung des Tigris im Rahmen des Südostanatolien-Projekts soll der Intensivierung der Agrarwirtschaft dienen. Diyarbakır (kurdisch: Amed) gilt als heimliche Hauptstadt der in der Türkei lebenden Kurden.

Adana Die vom Mittelmeer 40 km landeinwärts gelegene Großstadt hat mit 3 Mio. Bewohnern mittlerweile den Status der viertgrößten Stadt der Türkei erreicht. Adana samt der sie umgebenden fruchtbaren Ebene der Çukurova galt früher als das Zentrum des türkischen Baumwoll- und Obstanbaus. In jüngster Vergangenheit gewann die moderne Textilindustrie mehr Bedeutung. Der Anteil der kurdisch- und arabischstämmigen Bevölkerung ist traditionell sehr hoch. Nahe gelegene Häfen sind Mersin und Ceyhan. In Ceyhan enden die Erdölpipelines aus dem Irak und aus Aserbaidschan.

Signifikant ausgeprägt ist das entwicklungspolitische Ost-West-Gefälle der Türkei, das eine innertürkische Ost-West-Wanderung hervorruft. Das anatolische Binnenland entleert sich zugunsten der Industrie- und Handelsstädte im Westen und der Touristikzentren im Süden. Mehr als die Hälfte der Bevölkerung konzentriert sich in urbanen Konglomerationsräumen. Um die Großstädte herum haben sich die Zuwanderer in sogenannten *Gecekondus* niedergelassen.

Gecekondu (Pl. Gecekondular) »Über Nacht gebaut«

Typisch für türkische Großstädte sind die dicht bevölkerten Vorortsied-lungen. Ursprünglich ungeregelt und ohne Anschluss an städtische Versor-gungseinrichtungen gebaut, haben sich die meisten der Gecekondus im Westteil des Landes zu einfachen Wohnquartieren aus Steinhäuschen mit Wasser- und Stromanschluss gewandelt. Die ländlichen Zuwanderer leben hier in dörflichen Sippenstrukturen weiter, suchen aber Arbeit in der Stadt. Gecekondus stellen also keine Slums oder Favelas dar, die Kriminalitätsrate ist gering. Auseinandersetzungen mit der Staatsmacht gab es, als z.B. in An-kara große Gecekondu-Flächen zwangsweise geräumt wurden, um Platz für moderne Wohnviertel zu schaffen.

Der Name »Gecekondu« geht auf das alttürkische Gewohnheitsrecht zu-rück, dass mit »über Nacht« auf Staatsgrund gebauten Häusern Wohn- und Bleiberecht erworben wird. Da ein Großteil der Türken – und damit der Wählerschaft – in derartigen Siedlungen wohnt, geht die Politik mit diesem Problem sehr vorsichtig um. Zusicherungen, Gecekondus nachträglich zu legalisieren, gehören zu den Standard-Wahlversprechen jeder Partei.

Aus stadtplanerischer Sicht verbrauchen die meist nur aus einstöckigen Häusern bestehenden Gecekondu-Siedlungen zu viel wertvollen stadtnahen Baugrund. In Ankara und Istanbul wurden daher im Rahmen kommunaler Umwandlungsprogramme Teile der Gecekondus in moderne Neubauviertel mit mehrstöckigen Wohneinheiten verwandelt.

Links: Burg von Ankara mit Gecekondu-Siedlung jenseits vom modernen Ankara (2002)
Rechts: Gecekondu-Siedlung in Ankara

■ Natur- und Kulturräume

Anatolien besteht aus Bergland von über 1.000 m Höhe und wird durch gewaltige Gebirgsmassive und weite Hochplateaus mit kahlen Steppen bestimmt. Die Gebirgszüge des Pontus folgen der Nordküste, die des Taurus, eines ausgeprägten Karstgebirges, steigen direkt über der Südküste auf. Beide Massive erreichen Höhen von über 3.000 m. Die Hochsteppen werden durch steil eingeschnittene Täler (*Dere*) durchzogen. Siedlungsfreundlich zeigen sich nur die Beckenlandschaften, *Ova* genannt.

> *Inneranatolische Beckenlandschaften*
>
> Die ova (Pl. ovalar) ist eine charakteristische Landschaftsform des anatolischen Hochlands. Es handelt sich um abgeschlossene Landschaftskammern bzw. von Bergen umsäumte Becken, in welchen sich die winterlichen Niederschläge sammeln. Im westlichen Anatolien zeigen sie sich anbau- und siedlungsfreundlich, in Inneranatolien jedoch hemmen die Berge den Wasserabfluss und die Becken versalzen oder versumpfen. Mehrere ovalar sind durch künstliche Be- und Entwässerung kultiviert worden. Das abgeschlossene Becken von Konya z. B. wird durch einen künstlichen Tunnel in den binnenanatolischen Salzsee (Tuz Gölü) entwässert und für die Agrarwirtschaft erschlossen.

Die in Ost-West-Richtung verlaufenden Gebirge haben seit jeher die menschlichen Wanderungsbewegungen bestimmt. Seit dem Beginn der Einwanderung der Türken nach Kleinasien im 11. Jahrhundert ist eine kontinuierliche Bewegung von Ost nach West festzustellen. Nach Westen, also zur Ägäis hin, ist das anatolische Bergland zudem durch Grabenbrüche geöffnet, die sozusagen »wegweisend« wirken.

Quer durch Anatolien zieht sich eine erdgeschichtlich unruhige Erdbebenzone. Zwischen den Verwerfungslinien des »Schwarzmeerschildes« und des »Arabischen Schildes« halten die seismischen Bewegungen an. Betroffen sind der »Euphratgraben« im Osten, das Gebiet um Sivas, Erzincan und Erzurum, aber auch die Dardanellen und der Bosporus mit der Megalopole Istanbul. Erloschene Vulkanketten gipfeln in den schneebedeckten Bergstöcken des Ercyies Dağı und des Ağrı Dağı. Ein verheerendes Erd- und Seebeben erschütterte am 19. August 1999 das Marmarameer und seine Küsten. Touristisch genutzte postvulkanische Phänomene sind die heißen Quellen und Sinterterrassen von Pamukkale in Westanatolien.

■ Klimatische Verhältnisse: sonniger Süden?

Das Klima Anatoliens ist kontinental, also sommertrocken und winterkalt. In dem von Randgebirgen eingefassten Binnenraum werden extreme Temperaturen gemessen. Im Sommer und Winter herrscht Hochdruck mit Temperaturen von +40° Celsius im Sommer und bis zu −40° Celsius im Winter. Je weiter man nach Osten kommt, desto höher liegen die Hochsteppen und desto kälter wird es im Jahresdurchschnitt. Wind und Stürme lassen hier keinen Gedanken an den »sonnigen Süden« aufkommen. Tiefdruck im Winter lockt gewaltige Zyklone von den Meeren an, die sich vor den Gebirgsschwellen des Pontus und des Taurus abregnen.

Ganz anders stellt sich die klimatische Situation entlang der West- und Südküste dar. Hier herrscht mediterranes Klima mit milden Jahreszeiten. Die Olivengrenze, innerhalb derer der Ölbaum gedeiht, gilt seit jeher als Indikator für das Mittelmeerklima. In der Türkei umfasst sie nur die schmalen Uferstreifen entlang des Mittelmeeres und der Ägäis sowie das Gebiet um das Marmarameer.

Obwohl die gemäßigte mediterrane Klimazone mithin den weitaus kleineren Teil der Türkei einnimmt, bestimmt sie weitgehend unser Bild des Landes als Destination für Sommer, Sonne und Strand. Dies liegt am Bade- und Überwinterungstourismus, der sich voll und ganz an der West- und Südküste mit ihren Hochburgen Kuşadası, Antalya und Alanya (»türkische Riviera«) abspielt, sowie an einem Reiseverhalten, das die Türkei nur in der wärmeren Jahreszeit als Reiseziel wahrnimmt.

2. Geopolitik: Brücke und Barriere

■ An der Schnittstelle von vier Kulturräumen

Die Türkei ist der Schnittpunkt von vier kulturell-politischen Großräumen: Europa (EU), Eurasien (GUS-Staaten, Turkstaaten), Naher Osten (arabische Staaten, Israel) und Mediterraneum (Zypern, Ägypten). Diese einmalige geostrategische Lage der Türkei führte einerseits zu einer Brückenfunktion zwischen Ost und West (Orient und Okzident), verursachte im Laufe der Geschichte aber auch immer wieder kriegerische Spannungen zwischen West- und Ostmächten. Gegenwärtig dient die Türkei als »Wächter des Westens am Bosporus«. Ihre strategische Schlüsselstellung macht sie für die NATO unentbehrlich.

Vorposten des Westens

In der Endphase des Zweiten Weltkrieges schloss sich die Türkei den Westmächten an (symbolische Kriegserklärung an das Dritte Reich) und beteiligte sich 1950 an der Seite der USA am Koreakrieg. Im Februar 1952 trat das

Land dem neu gegründeten Nordatlantikpakt (NATO) bei, der sein Südost-kommando in Izmir bezog. Mit über 500.000 Soldaten verfügt die Türkei über die größten Landstreitkräfte eines NATO-Landes nach den USA. Während des Kalten Krieges sicherte die Türkei die Meerengen und diente als »Horchposten« in die Sowjetunion. Der in der Türkei oft gehörte Satz »Die Berliner Mauer ist auch wegen der Türkei gefallen« ist folglich zutreffend, weil die Türkei als größte NATO-Landmacht die Streitkräfte der UdSSR von der innerdeutschen Grenze abgezogen hat. Irritationen verursacht freilich der periodisch aufflackernde Streit mit dem NATO-Partner Griechenland um die Grenzziehungen in der Ägäis. Die militärische Okkupation des Nordteils Zyperns durch die türkische Armee 1974 ist eine der großen Hypotheken des Landes auf dem Weg in die EU.

■ Transitland für Energie

Zur traditionellen Wächterrolle zwischen Orient und Okzident tritt die zukünftige Bedeutung der Türkei als Transitland für Erdöl- und Erdgaspipelines. Die gewaltigen Ressourcen in der Kaspi-Region werden in erster Linie durch westliche Firmen erschlossen. Da für den Westen Leitungen durch den Iran und durch Russland als unsicher gelten, gewinnt die Türkei als Standort der Pipelines und der Ausfuhrhäfen an geopolitischer Bedeutung.

3. Bevölkerung

■ Demographie: jeder Dritte unter 15

In der Türkei leben gegenwärtig ca. 72 Mio. Menschen. Das Land ist damit im Großraum Ostmittelmeer / Vorderasien / Südosteuropa das weitaus bevölkerungsreichste Land. Die Bevölkerung hat sich seit 1960 mehr als verdoppelt.

Bevölkerungswachstum

1960: 30 Mio.; 1994: 60,7 Mio.; 2000: 67,8 Mio.; 2004: 71,3 Mio.
Die UN-Prognose rechnet für 2015 mit 82 Mio. Einwohnern. Die jährlichen Zuwachsraten sanken von 2,3 % (1990), 1,88 % (1993) auf 1,53 % (2003). Für 2015 wird eine Wachstumsrate von weniger als 1 % prognostiziert. Die sinkende Wachstumsrate wird mit dem fortschreitenden Modernisierungsprozess des Landes erklärt. Auch hier zeigt sich ein deutliches Ost-West-Gefälle: Im entwickelten Westen des Landes gleicht sich die Geburtenrate den Industrieländern an, vorherrschend wird die Kleinfamilie. Im Osten hält sich demgegenüber noch die Tradition der kinderreichen Großfamilien.

Verglichen mit dem EU-Durchschnitt der jährlichen Wachstumsrate von nur 0,38 % erscheint die Situation in der Türkei noch nicht den Industriestaaten angepasst. Statistisch ist jeder dritte Türke unter 15, jeder zweite unter 20 Jahre alt. Die Folgen sind Landflucht, Verstädterung in Ballungsräumen und eine ausgeprägte Wanderungsbewegung von Ost nach West (d. h. von Anatolien in die westlichen Regionen). Bereits 74 % der Türken leben in Städten bzw. in urbanen Ballungszentren. In der Westtürkei um Istanbul und Izmir konzentriert sich ein Drittel der Gesamtbevölkerung, während sich Inner- und Ostanatolien entvölkern. Der Bevölkerungsdruck bewirkt zudem die Arbeitsemigration nach Westeuropa.

4. Wirtschaft

▧ Ökonomische Grundlagen

Die Türkei verfügt über eine Vielzahl natürlicher Ressourcen und Bodenschätze. Der Abbau von Erz, Steinkohle, Erdöl und Erdgas sowie von Gold ist unter den aktuellen Weltmarktbedingungen jedoch industriell nicht ertragreich. Nationale Bedeutung besitzen die Erz- und Kohlelagerstätten im Raum Zonguldak / Karabük mit dem Stahlwerk Erdemir in Ereğli am Schwarzen Meer.

Die Landwirtschaft findet an den Küstenregionen des Mittelmeeres (Oliven, Südfrüchte) und des Schwarzen Meeres (Tee, Nüsse, Reis) günstige Voraussetzungen. Der überall im Land gereichte Schwarztee (Çay) wird in den Schwarzmeerprovinzen angebaut. Mit etwa 190.000 t jährlicher Gesamternte ist die Türkei der fünftgrößte Teeproduzent der Welt. Der weitaus größte Teil des Tees wird im Land selbst konsumiert. Für den Export spielt der Schwarzmeer-Tee keine herausragende Rolle. Dagegen ist die Türkei der größte Haselnuss-Exporteur der Welt. Zu den Hauptabnehmern gehört Deutschland (Stichwort: Nougat).

Weitere landwirtschaftliche Gunsträume sind das Tal des Büyük Menderes in Westanatolien und das Becken der Çukurova in Südostanatolien. Früher wurde dort Baumwolle angebaut, heute sind es Zitrusfrüchte, Weintrauben und Reis. Künstliche Bewässerung macht in Inneranatolien den intensiven Anbau von Getreide (Weizen) möglich. Das Konya-Becken wird durch Kanalsysteme künstlich be- und entwässert und gilt als Kornkammer des Landes. Nach Schätzungen der Weltbank arbeiten noch 40 % der Erwerbstätigen in der Landwirtschaft und erwirtschaften einen Beitrag von 12 % zum Bruttoinlandsprodukt (BIP).

Hoch entwickelt ist die Textilindustrie des Landes mit etwa 4 Mio. Beschäftigten. Sie erwirtschaftet bis zu 10 % des BIP. Die Türkei gehört zu den sechs größten Baumwollproduzenten der Welt. Als Anbauflächen für Baumwolle bieten sich die breiten Täler des Menderes in Westanatolien sowie die Çukurova und die

Harran-Ebene in Südostanatolien an. Zentren moderner Textilverarbeitung sind Istanbul, Bursa, Izmir, Adana, Gaziantep und Kayseri. Die computergesteuerte Fabrikation in Adana gilt noch heute als Vorzeigeprojekt, könnte aber bald Standard werden. Produziert werden Massenwaren für den westlichen Markt sowie hochwertige Stoffe für alle gängigen Markenfirmen. Exportschlager sind die Mavi-Jeans. Das 1991 gegründete Istanbuler Unternehmen verkauft pro Jahr etwa 7 Mio. Jeans ins Ausland.

Die türkische Landwirtschaft bewegt sich in West- und Mittelanatolien auf einem hohen Niveau der Mechanisierung und der Agrarchemie. Durch Modernisierung und Intensivierung des Agrarbereichs wurden in den vergangenen Jahrzehnten zahlreiche einfache Arbeitsplätze wegrationalisiert und Arbeitskräfte freigesetzt. Die Folge ist eine zunehmende Abwanderung der ehemaligen anatolischen Agrarbevölkerung in die Ballungsräume der West- und Südtürkei, um dort in Industrie oder Dienstleistung Arbeit zu finden. Daraus ergibt sich die charakteristische Ost-West-Binnenwanderung in der Türkei.

In Ostanatolien ist noch die traditionelle Vieh- und Weidewirtschaft verbreitet. Vereinzelt trifft man auf Nomaden, die mit ihren Herden im jahreszeitlichen Wechsel zwischen Winterquartieren in den Tälern und Sommerweiden (*Yayla*) auf den Hochflächen hin- und herwandern (halbnomadische Transhumanz). Die Politik sieht Sesshaftigkeit vor und versucht, die Wanderungsbewegungen zu unterbinden und die Hirten in Städten anzusiedeln. Auch dadurch wird die Abwanderung vom Osten in die entwickelten Westregionen des Landes gefördert.

Charakteristische Ost-West-Bewegung

Das signifikante Ost-West-Gefälle in wirtschaftlicher, sozialer und struktureller Hinsicht hat eine permanente innertürkische Binnenwanderung vom unterentwickelten Osten in den modernen Westen des Landes zur Folge. Während in Ost- und Südostanatolien z.T. archaische Wirtschafts- und Gesellschaftsformen und hohe Arbeitslosigkeit herrschen, hat der Westteil des Landes längst die Schwelle zum Status eines modernen Industriestaates erreicht. Insbesondere die Ballungsräume um das Marmarameer mit den Städten Istanbul, Izmit, Adapazarı und Bursa üben einen ständigen Sog auf Zuwanderer aus der Osttürkei aus.

▨ Die aktuelle Diskussion: Entwicklungs- oder Schwellenland?

Gemessen an westeuropäischen Standards befindet sich die Türkei seit Jahren in einer schweren Wirtschafts- und Finanzkrise, die nur durch Zuschüsse und Kredite von außen unter Kontrolle gehalten wurde. Lange Phasen der Stagnation und Rezession wechselten sich ab mit kurzzeitigen Konjunkturaufschwüngen.

Auch Zuwächse des Bruttoinlandsprodukts (BIP) von 5% in den 1990er-Jahren vermochten das Pro-Kopf-Einkommen nicht deutlich zu erhöhen. 2001 erreichte die wirtschaftliche Lage mit einer Rezession des BIP um fast 10% und einem Rückfall des Pro-Kopf-Einkommens auf 2.123 Dollar ihren absoluten Tiefpunkt seit 1945. Gestützt durch Gelder des Internationalen Währungsfonds (IWF) in Höhe von 41 Mrd. Dollar und infolge strikter Einhaltung der von der Weltbank vorgegebenen Reformen erfährt die türkische Wirtschaft gegenwärtig wieder einen ausgesprochenen Boom. 2005 und 2006 bewegte sich das Wachstum zwischen 7,5 und 6%, das Pro-Kopf-Einkommen überstieg 5.000 Dollar.

Nach den Kriterien der Weltbank befindet sich das Land jedoch auch mit diesen Werten noch immer im Stadium eines Entwicklungslandes. Die statistischen makroökonomischen Zahlen lassen zudem die Schattenwirtschaft, die in ihrer Dimension der offiziellen Wirtschaft gleichkommt, diese wenn nicht gar übersteigt, sowie die beträchtlichen Einkommensunterschiede zwischen dem Westen und dem Osten des Landes außer Betracht. Das statistisch ermittelte Pro-Kopf-Einkommen ist auch wegen der gewaltigen Kluft zwischen Arm und Reich wenig aussagekräftig.

▓ Etatismus und Privatwirtschaft

Zu den tragenden Staatsdoktrinen der jungen Republik zählte der Etatismus, der dem Staat und staatlichen Beteiligungen höchste volkswirtschaftliche Priorität einräumte. Bereits unter Kemal Atatürk wurden wichtige Schlüsselindustrien wie Bergbau, Stahlerzeugung, Hafenausbau und Eisenbahnen verstaatlicht. Die staatliche Lenkung wichtiger Wirtschaftsbereiche zeigte sich 1934 im ersten Fünfjahresplan. Sein Ziel, teuer importierte Industriegüter durch einheimische Produkte zu ergänzen, konnte nicht erreicht werden. So verlegte man sich nach 1950 auf die erheblich erfolgreicher durchgeführte Modernisierung der Landwirtschaft, ihre Mechanisierung und die konsequente Verbesserung der Anbaumethoden.

Der Druck auf den Arbeitsmarkt sank in den 1960er-Jahren durch die Abwanderung zahlreicher türkischer »Gastarbeiter« (Arbeitsmigranten und -migrantinnen) nach Westdeutschland. Eine nicht zu unterschätzende Devisenquelle bildeten ihre Überweisungen in die Heimat.

In den 1960er- und 1970er-Jahren verstärkte sich der kemalistische staatswirtschaftliche Dirigismus, der vom eigens gegründeten Staatlichen Planungsamt beaufsichtigt wurde. Bis in die 1980er-Jahre unterlag die industrielle Produktion dirigistischer staatlicher Lenkung und verordneter Industrie- und Standortpolitik. Ihr Ziel war die wirtschaftliche Autarkie – immer auch mit Blick auf die eigene Rüstungsindustrie – sowie die Befriedigung des Binnenmarktes mit Elektroartikeln und – weniger erfolgreich – Automobilen. 1965 wurde das Stahlwerk Erdemir bei Zonguldak am Schwarzen Meer in Betrieb genommen, gefolgt von den erzverarbeitenden Betrieben Işdemir und Kardemir. Unter ökonomischen Gesichtspunkten betrachtet waren die Staatsbetriebe, zu denen auch die Banken zählten, ineffektiv und personell mehrfach überbesetzt. Ihre Produkte und Leistungen vermochten auf dem Weltmarkt nicht zu konkurrieren und stürzten den türkischen Staatshaushalt in ein wachsendes Defizit. In sozialer Hinsicht kaschierten die aufgeblähten Staatsapparate hingegen die bestehende Arbeitslosigkeit und boten einer Vielzahl von Personen pro forma Beschäftigung. Staatsunternehmen und Landwirtschaft ließen sich durch Schutzzölle, Subventionen und Garantiepreise für politische Ziele instrumentalisieren. In einer zunehmend von neoliberalem Gedankengut beherrschten, global vernetzten Weltwirtschaft war diese Art der Staatswirtschaft nicht mehr tragbar.

Ab 1983 (Ära Özal) erfolgte ein fundamentaler Wandel in Richtung Marktwirtschaft und Exportorientierung. Möglich wurde die Liberalisierung durch die Mithilfe des IWF und die Beteiligung in- und ausländischer Investoren. IWF und Weltbank schufen die Rahmenbedingungen für eine liberale Marktwirtschaft unter Konkurrenzbedingungen. Den Binnenmarkt teilen sich seitdem überwiegend türkische Holdings (Mischkonzerne), die von Familienunternehmen geführt werden und im Lande quasi omnipräsent sind: Koç (Automobilbau zusammen mit Fiat und Ford, Elektrogeräte, Fernseher der Marke »Beko« und Waschmaschinen der Marke »Arcelik«, dazu Lebensmittel zusammen mit Migros und Konservenfabrikation »Tat«); Sabancı (Baustoffe, Hoch- und Tiefbau); Doğan (Medien); Doğuş (Bankwesen) und Zorlu (Konsumgüter, Elektronik der Marke »Vestel«).

Dazu tritt als türkische Besonderheit die Firmengruppe OYAK, die aus dem Pensionsfonds der Streitkräfte hervorgegangen ist. Zunächst in der auch für die Rüstung wichtigen Zementproduktion tätig, übernahm die OYAK Anteile am Automobilbau (Zusammenarbeit mit Renault) und gründete eine eigene Bank. 2005 verleibte sich die Oyakbank die ehedem staatliche Sümerbank ein, 2006 sicherte sich die OYAK-Gruppe die Mehrheit am größten Stahlwerk der Türkei, dem »Erdemir« in Ereğli / Zonguldak.

Eine der grundlegenden Voraussetzungen für weitere Stützungskredite des IWF und der Weltbank in Höhe von 31 Mrd. Dollar bezog sich auf den Rückzug des Staates aus der Wirtschaft und verlangte die Privatisierung großer Staatsbetriebe. Diese Strukturreformen gerieten besonders in der Ära Tansu Çiller (1993–1996) teilweise außer Kontrolle und verliehen den Privatisierungsmaßnahmen das Etikett des Ausverkaufs des Landes und des billigen Verkaufs von öffentlichen Gütern und Volksvermögen (Millî Sermaye) an Spekulanten und Günstlinge. Erst seit dem Eingreifen des Wirtschaftsexperten Kemal Derviş, einem ehemaligen Finanzfachmann der Weltbank, in den Jahren 2001 und 2002 verläuft die Privatisierung in geordneten Bahnen und wird damit auch für internationales Kapital und multinationale Konzerne interessant.

Kontrolliert werden die Verkaufsmaßnahmen vom »Präsidium für Privatisierungsverwaltung«, das dem Ministerpräsidenten direkt zugeordnet ist. Ein erster Erfolg war z. B. die nationale Telefongesellschaft Türk Telekom, die von der Telecom Italia und dem libanesischen Hariri Konzern erworben wurde. Die nicht unerheblichen Privatisierungserlöse (2005: 8 Mrd. Dollar; 2006: 9 Mrd. Dollar) dienen der Stützung des Staatshaushalts.

Bis 2010 steht die Privatisierung weiterer wichtiger staatlicher Monopole und Unternehmen an: der staatliche Genussmittel-, Tabak- und Rakı-Produzent Tekel (wörtlich »Einhand«, »Monopol«), die Fluglinie Türk Hava Yolları (Turkish Airlines) und die größte Erdölraffinerie des Landes, die Türkiye Petrol Rafinerileri TÜPRAŞ in Izmit. Nicht nur ausländische Investoren zeigen Interesse, sondern auch türkische wie die Koç Holding.

■ Auf dem Weg zur »Türkei AG«

Die türkische Volkswirtschaft repräsentiert gegenwärtig eine Art Mischsystem aus einem schrumpfenden öffentlichen und einem wachsenden privaten Sektor. Im Bankwesen kontrollieren öffentliche Institute wie die Ziraat Bankası, die Vakifbank und die Halk Bankası noch ein Drittel des Geld- und Kreditmarktes. Staatsnahe Banken wie die parteieigene »kemalistische« İş Bankası und die der Armee zugeordnete Oyakbank unterliegen genauso dem Werben ausländischen Kapitaleinsatzes wie die großen Holding-Banken (Sabancı: Akbank; Zorlu: Denizbank; Özyeğin-FIBA: Finansbank; Doğuş: Garanti Bankası). 2006 hat der Auslandsanteil am türkischen Bankensektor die 20%-Marke überschritten. Steigende private Kaufkraft, Konsumenten- und Immobilienkredite sowie die Vergabe von Kreditkarten gelten als Wachstumsbranche.

In der industriellen Produktion nimmt der privatwirtschaftlich organisierte Anteil mittlerweile mehr als 80% ein. Die Industrialisierung schreitet fort und hat das Bild des einstigen Kleinbauern- und Hirtenlandes grundlegend geändert. Abzulesen ist dies z.B. im modernen Ausbau der Infrastruktur durch Straßen, Autobahnen und Luftwege. Standen gegen Ende des 20. Jahrhunderts noch Textilien, Lederwaren, Baustoffe und Lebensmittel auf der Exportliste, werden diese heutzutage zunehmend durch höherwertige Produkte ersetzt.

■ Dynamik der Industrie

Einen deutlichen quantitativen wie jüngst auch qualitativen Sprung nach vorn hat die türkische Industrie erfahren: Vorherrschend ist die industrielle Herstellung von Halbfertigteilen bzw. durch Weiterverarbeitung (Kfz-Teile, Kunststoffe). Von besonderer Bedeutung ist die Lizenzproduktion hochwertiger Industriegüter wie

Elektro- und Elektronikartikel (Zusammenarbeit mit den internationalen Konzernen Siemens, Bosch, General Electrics, Nortel, Cisco, Vaillant) und die Auto- und Maschinenherstellung in Joint-Ventures mit Weltfirmen wie Hyundai, Mercedes, Opel, Ford, Renault oder MAN. 2004 übernahm die Beko Elektronik, eine Teilfirma der Koç-Holding, 50 % des deutschen Traditionsunternehmens Grundig. In der Produktion von TV-Geräten ist Beko seitdem führend in Europa.

Einen Aufschwung verzeichnet auch die türkische Bauindustrie. Moderne Wohnviertel, Gewerbegebiete und Hotelkomplexe prägen Städte und Landschaften. Auf dem Weltmarkt bieten türkische Baufirmen erfolgreich bei architektonischen Prestigeobjekten mit. In diesem Kontext sei erwähnt, dass der türkische Keramik- und Sanitärhersteller Vitra seit 2006 51 % des deutschen Fliesenkonzerns Villeroy & Boch hält.

Die Zollunion der Türkei mit den EU-Staaten (seit 1996) und die seitdem kontinuierliche Verstärkung der ökonomischen Verflechtung mit der EU lassen den strukturellen Übergang der Türkei zu einem modernen Industrieland in greifbare Nähe rücken.

Mit einem Anteil der Industrie am Bruttoinlandsprodukt von 36,2 % im Gegensatz zu 12 % in der Landwirtschaft steht die Türkei statistisch an der »Schwelle zum Industrieland«. Innerhalb der Weltwirtschaft nimmt sie den 18. Platz ein.

In einer europaweiten Pressekampagne im Jahr 2007 warb die direkt dem Premierministerium unterstehende »Wirtschaftsförderungs- und Ansiedlungsagentur« mit folgenden Zahlen um ausländische Investoren:

- »70 Millionen Einwohner, davon sind 65 % unter 34 Jahren.
- Durchschnittsalter: 29 Jahre.
- Ca. 400.000 Studenten pro Jahr erhalten einen Universitätsabschluss.
- Junge, qualifizierte und motivierte Arbeitskräfte.
- Extrem wettbewerbsfähige Investitionsbedingungen.
- Der Export stieg um 240 % in 4 Jahren, bis auf 85 Milliarden US Dollar im Jahre 2006.
- Zugang zu EU-Ländern, Zentral-Asien und dem Mittleren Osten.
- Das BIP stieg in den letzten 4 Jahren um 122 % auf 400 Milliarden US Dollar.
- Platz 17 der größten Volkswirtschaften der Welt.
- Platz 6 in der EU.
- Mit einem FDI-Inflow (FDI= Foreign Direct Investment) von 20,2 Milliarden US Dollar belegt die Türkei Platz 13 unter den attraktivsten Ländern der Welt.
- Seit 2002 steigt das BIP jährlich um 7,4 %«

Quelle: Republic of Turkey Prime Ministry. Investment Support and Promotion Agency. invest.gov.tr

Das GAP-Projekt in Südostanatolien

Dem Ziel, ein regionales Gleichgewicht zwischen dem Westen und dem Osten bzw. Südosten herzustellen, dient auch das laufende, umfangreichste Vorhaben der türkischen Strukturpolitik: Südostanatolien ist Schauplatz des GAP-Projektes, das die Energiegewinnung aus Wasserkraft (13 Kraftwerke an Euphrat und Tigris) und die Schaffung neuer Anbauflächen für Monokultur und Industriepflanzen zum Ziel hat. Die Türkei sieht sich als zukünftigen Wasser- und Energieexporteur. Der Atatürk-Staudamm am Euphrat wurde 1990 seiner Bestimmung übergeben. Am Tigris sind die Planungen für den Ilisu-Staudamm abgeschlossen. Die Aufstauung der Oberläufe von Euphrat und Tigris in gewaltigen Speicherseen wird im 21. Jahrhundert zur internationalen Problematik der »Wasserfrage« führen.

Seit 1980 haben sich große Teile des vorwiegend von Kurden bewohnten Südostens und damit etwa ein Zehntel der gesamten Staatsfläche in eine Großbaustelle verwandelt. 21 Talsperren sorgen für eine künstliche Bewässerung, die aus Brachland und Steppengebieten nutzbares Agrarland macht. Zum Teil ist dies schon geschehen, wie etwa in der Region um die Stadt Şanlı-Urfa. Von der Nutzbarmachung der bisher arg vernachlässigten Landesteile soll auch die einheimische Bevölkerung profitieren. Die Weltbank beteiligt sich nicht am GAP-Projekt, da sie grundsätzlich keine Vorhaben unterstützt, die zwischenstaatliche Differenzen hervorrufen könnten, jedoch sind zahlreiche westliche Unternehmen vor Ort. Deren Regierungen, darunter auch Deutschland, Österreich und die Schweiz, sind angehalten, hierfür Hermes-Bürgschaften zu übernehmen.

Verwandlung der Steppe in blühende Landschaften?

Während die türkische Regierung das Projekt als Schaffung eines neuen Paradieses feiert, mehren sich im Westen und im eigenen Land skeptische Stimmen. Ökologisch gerät nämlich die gesamte Region aus dem Gleichgewicht. Monokulturen zerstören die Böden, die nur mit steigendem Kunstdünger- und Pestizideneinsatz ertragreich bleiben, und die Flüsse verwandeln sich buchstäblich in tote Kanäle. Schwerwiegend sind auch die sozialen Folgen, feststellbar an der Vertreibung der Bevölkerung aus den Flusstälern, der verstärkten Landflucht und dem Anschwellen der Städte, etwa Diyarbakırs auf über 1 Mio. Gecekondu-Bewohner. Besonders irritierend ist die Praxis Ankaras, für den Verlust des Bodens und des Wohnortes nur die Grundeigentümer und Latifundienbesitzer zu entschädigen, nicht aber die Masse der z. T. noch in feudaler Lehensabhängigkeit lebenden Bauern und Landpächter. Im Gegensatz zur angekündigten »wirtschaftlichen Lösung des Kurdenproblems« ist eine neue Armut mit ethnisch-sozialem Sprengstoff entstanden.

■ Entwickelte Dienstleistungsgesellschaft

Den größten Anteil der Beschäftigungsrate nimmt der Sektor der Dienstleistung mit 60 % Anteil am BSP ein. Der traditionelle Kleinhandel und das Handwerk im Bazar werden zunehmend durch Großhandelsketten, Warenhäuser und Gewerbeparks mit festen Preisen ersetzt. Nur im Tourismus lebt der Bazarhandel mit freier Preisgestaltung zumindest in seiner äußeren Form weiter.

■ Florierende Touristik-Branche

Der moderne Massentourismus an der türkischen Ägäisküste und an der sogenannten »türkischen Riviera« im Süden beschert dem Land seit den 1990er-Jahren beträchtliche Zuwachsraten und garantiert dem touristischen Dienstleistungssektor lange Zeit seine Stellung als Erfolg versprechendes Zukunftsprojekt. Über neue Flugplätze an der West- und Südküste und neu angelegte Straßen werden Tausende von Touristen in moderne Hotelkomplexe und All-Inclusive-Ferienanlagen befördert. Der Tourismus ist der am schnellsten wachsende Wirtschaftsfaktor im Dienstleistungsgewerbe und trägt erheblich zum türkischen BIP bei.

Allerdings ist er in den strandnahen Touristikzentren am Mittelmeer nicht mehr ausbaufähig, die Umweltproblematiken haben sich dort erheblich verschärft. Daher versucht man, den Bildungs- und Kulturtourismus weiter auszubauen. In Istanbul steht diese Art des qualifizierten Fremdenverkehrs seit jeher an erster Stelle. Es besteht aber kein Zweifel, dass dieses Konzept auch auf die Kulturzentren Anatoliens übertragbar ist.

Gleichzeitig »Erste« und »Dritte Welt«

Entwicklungspolitisch repräsentiert die Türkei ein mehrfach geteiltes Land. In den Industriezonen des Westens sind nahezu alle Kriterien einer modernen Industrienation erfüllt (z. B. in den Bereichen Industrieproduktivität, Bevölkerungszuwachs, Lebenserwartung, Informationszugang und Alphabetisierungsrate), während im Inneren Ost- und Südostanatolien z. T. noch Subsistenzwirtschaft und feudale Sozialstrukturen herrschen. An den Küsten der Ägäis und des Mittelmeeres hat sich demgegenüber eine moderne Dienstleistungsgesellschaft herausgebildet, die von westlichen Touristikunternehmen als leistungsfähig eingeschätzt wird. Trotz der hohen Wachstumsraten der Jahre 2002 bis 2007 sind die Risiken für die türkische Wirtschaft keineswegs gebannt. Sie liegen in der eklatanten Verschuldung und im Staats- und Handelsdefizit. Die Arbeitslosigkeit ist nach wie vor hoch. Die Produktivitätssteigerungen der genannten Jahre ließen verhältnismäßig wenige neue Arbeitsplätze entstehen. Zudem ist nicht zu übersehen, dass vom Aufschwung der vergangenen Jahre nur ein geringer Teil der Bevölkerung profitiert hat.

5. Sozialstruktur

■ Gesellschaftliches Spektrum

Gesellschaftsordnung und Sozialstruktur der Türkei werden seit den 80er-Jahren von dynamischen Prozessen der vertikalen und horizontalen Mobilität geprägt und verändern sich stetig. Grundsätzlich lassen sich folgende Aussagen treffen:

Aufgrund ihrer Geschichte stellt die Türkei eine ausgesprochene Klassengesellschaft dar, in welcher deutliche Einkommensunterschiede herrschen. Einkommen generiert Macht, die patriarchalisch-autoritär ausgeübt wird und in »orientalischer Obrigkeitshörigkeit« nicht in Frage gestellt wird. Dazu treten noch Anklänge der traditionellen Standeshierarchie, die sich in rechtlichen Unterschieden manifestiert. Wirksam sind diese quasifeudalen Strukturen noch innerhalb von Dorfgemeinschaften, Stämmen und Familien, aber auch in Stadtvierteln und Gecekondus.

Die Neue Türkei setzt sich aus folgenden gesellschaftlichen Gruppen zusammen:

① *»Alte« republikanisch-kemalistische Oberschicht: Hohe Beamtenschaft, Offiziere sowie Hochschulabsolventen und Personen mit akademischen Berufen (hierin mit relativ hohem Frauenanteil).*
Diese Gruppe verfügt über hohes Ansehen, aber mäßiges, seit Einführung der Marktwirtschaft fallendes Einkommen. Sie ist nach Europa orientiert und gegenüber der Religion indifferent bis abweisend.

② *»Neue« Oberklasse: Unternehmer, Großhändler, Realitätenbesitzer und -spekulanten, besonders die Privatisierungsgewinner der Ära Özal und Çiller (1983– 1997) sowie Politiker auf der »richtigen« Seite.*
Diese Schicht verfügt über ein exponentiell steigendes Einkommen. Ihr Image schwankt zwischen Kriminalitäts- und Korruptionsverdacht. Infolge sozialer Wohltaten genießt die neue Oberklasse jedoch zugleich ein recht gutes Ansehen. Sie orientiert sich, mitunter in übersteigerter Form, an den USA. Das Verhältnis zur Religion ist pragmatisch und nutzenorientiert.

③ *»Alte« republikanisch-kemalistische Mittelschicht: Beamtenschaft, Militär, Lehrer und Intellektuelle.*
Diese Schicht genießt Respekt, hat aber durch extrem fallendes Einkommen ihre Rolle als Stütze der kemalistischen Gesellschaft verloren. Sie ist nach Europa orientiert, bewahrt aber auch traditionelle Rollen. Die alte Mittelschicht ist der eigentliche Träger des türkischen Nationalismus. Das Verhältnis zur Religion ist ambivalent und steht unter dem Diktat des Nationalismus.

④ *Traditionelle urbane Mittelschicht, »der Bazar«: kleine Händler, Handwerkerbetriebe, Gastgewerbe, eigenständiges Kleingewerbe.*
Diese typisch orientalische Schicht hält sich seit Jahrzehnten. Charakteristisch ist die enge Sippenbindung, welche eine gewisse Nachfrage garantiert. Als Vertreter der »guten alten Zeit« genießen Händler und Kaufleute gesellschaftliche Achtung. Der »Bazar« orientiert sich an Tradition und Religion.

⑤ Gesellschaftlich wenig ausgeprägt war lange Zeit die *Industrie- und Fabrikarbeiterklasse*. Wer mit den eigenen Händen für andere arbeitete, genoss kein Ansehen. Hier hat durch die Erfahrung der »Gastarbeiter« ein Wertewandel stattgefunden, da in Europa »Handarbeit« für türkische Verhältnisse sehr gut entlohnt wurde. Mittlerweile hat sich durch das anspruchsvolle Arbeitsangebot in der modernen Industrie eine qualifiziert ausgebildete Facharbeiter- und Technikerschicht herausgebildet. Ihr Frauenanteil entspricht westlichen Standards. Sie ist international und säkular ausgerichtet und vertritt das moderne, europäische Gesicht der Türkei.

⑥ Die ländlichen Sozialstrukturen befinden sich in weitgehender Auflösung. *Bauern, Hirten und Tagelöhner* bildeten jahrhundertelang die traditionelle Unterschicht. Sie war entzweit durch die Gegensätze von Sesshaften und Nomaden sowie von Landbesitzern und Pächtern bzw. Landlosen. Signifikant waren die Macht- und Einkommensunterschiede zwischen Großgrundbesitzern (*Ağa's*) und abhängigen Bauern. Diese ländliche Unterschicht hat sich in den vergangenen Jahrzehnten infolge von Landflucht und Binnenwanderung zu einem entwurzelten Agrarproletariat verwandelt, das in die Städte gezogen ist. Die Gecekondus z. B. sind ihre typischen Siedlungsformen, in welche einerseits ländliche Strukturen übertragen werden, andererseits aber doch städtische Lebensformen eindringen. Soziographisch spricht man von der neuen Unterklasse als den »Modernisierungsverlierern«. Sie zeichnet sich durch prekäre Lebensverhältnisse und hohe Beschäftigungslosigkeit aus.
Diese wachsende einkommenslose Schicht bildet den Großteil der gegenwärtigen türkischen Bevölkerung! Sie findet ihren Halt in der Religion und bildet die Klientel für religiös-konservative Parteien.

▨ Soziale Bilanz: Spaltung der Gesellschaft
Die rasche Einführung der freien Marktwirtschaft in den 80er-Jahren (Privatisierung) hat zu einer Teilung der Gesellschaft geführt: Einer wohlhabenden bis sehr reichen Schicht von Privatisierungsgewinnern steht eine wachsende Schicht

von Modernisierungsverlierern gegenüber. Nach EU-Kriterien bewegt sich der überwiegende Teil der türkischen Bevölkerung an oder unter der Armutsgrenze. Die Wohlstandsschere driftet nach Art eines Entwicklungslandes auseinander. Auch die einschneidenden Reformen nach 2002 brachten der Masse der erwerbstätigen Bevölkerung keine Vorteile. Weder Einkommen noch Beschäftigungsmöglichkeiten sind gestiegen. Der monatliche Durchschnittsverdienst in Industrie, Landwirtschaft und Handwerk beträgt ca. 280 Euro. Auch hier sind die West-Ost-Unterschiede beträchtlich: Im Raum Istanbul verdient ein Fabrikarbeiter rund 600 Euro, in Diyarbakır nicht einmal 100 Euro. Die Abwanderung der ländlichen Bevölkerung in die Industriestädte und Touristikzentren hält daher unvermindert an und erhöht dort die sozialen Probleme weiter.

6. Zur Stellung der Frau in der Türkei

Bereits bei den Jungtürken (1885–1918) spielten fortschrittliche Frauenvereine eine entscheidende Rolle, auf deren Programm die Abschaffung der Polygamie (Vielehe), des Schleierzwangs und der Zwangsehen mit Kindsbräuten unter 14 Jahren stand. Der Unanhängigkeitskrieg (1918–1922) wurde nicht zuletzt aufgrund der tatkräftigen Unterstützung der »Frauenvereine zur Verteidigung des Vaterlandes« gewonnen. Staatsgründer Atatürk hat auch deshalb in zahlreichen Reden ausdrücklich bekundet, den »neuen Türkinnen« grundlegende Rechte in juristischer, politischer und gesellschaftlicher Hinsicht einzuräumen. Ehe- und Familienrecht wurden nach europäischem Muster umgeändert. Nur die standesamtlich geschlossene Zivilehe – selbstverständlich Monogamie – gilt seit 1926 als rechtsgültig. Manche Präferenzen zugunsten des Mannes, wie die notwendige Zustimmung des Ehemannes zur Berufstätigkeit der Gattin, entstammen übrigens keineswegs orientalischer Tradition, sondern dem zeitgenössischen Schweizer Zivilrecht! Im Zuge der EU-Angleichung ist diese Bestimmung 1992 gefallen. 1930 erhielten Frauen das aktive und 1934 das passive Wahlrecht.

Gegenwärtig stellt sich die Situation wie folgt dar: Der 2004 neu formulierte Paragraph 10 der Verfassung besagt: »*Frauen und Männer genießen dieselben Rechte. Der Staat ist verpflichtet, für diese Gleichheit zu sorgen.*«

Der Anteil weiblicher Erwerbsarbeit an der Gesamtbeschäftigung beträgt etwas weniger als 50%. Der Anteil weiblicher Führungskräfte in der Türkei erreicht mit 20% durchaus westeuropäische Dimensionen (hier rund 25%). Auffallend ist der Frauenanteil im höheren Bildungsbereich. Rund ein Drittel aller Universitätsdozenten sind weiblich, Deutschland stagniert in diesem wichtigen Sektor bei einem Frauenanteil von 14%. Auch im Bereich Bankwesen sind in der Türkei mehr als die Hälfte der Führungspositionen mit Frauen besetzt. Dagegen war der

Frauenanteil im Parlament mit 5% lange Zeit unterrepräsentiert (in Deutschland erreicht er fast ein Drittel). Nach den Neuwahlen 2007 hat sich der Frauenanteil indessen erhöht und erreicht mit knapp 9% den höchsten Politikerinnen-Anteil in der Geschichte der Republik. Bemerkenswert erscheint der Sachverhalt, dass die konservativ-islamische Regierungspartei AKP 28 Parlamentarierinnen stellt, die säkular-nationalen Oppositionsparteien CHP 10 und die MHP 2 Frauen. Dazu kommen 9 Vertreterinnen unabhängiger politischer Gruppen.

Im Hinblick auf die allgemeinene gesellschaftliche Stellung der Frau spielt die deutliche Teilung des Landes in einen entwickelten Westen und einen eher rückständigen Osten und Südosten eine große Rolle: So werden vorwiegend in den ländlichen Landesteilen noch heute bis zu 500.000 Mädchen von den Eltern nicht zur Schule geschickt. Die Analphabetenrate unter Frauen erreicht daher in manchen östlichen Provinzen 50% und schwankt landesweit um die 20%. Das Kinderhilfswerk Unicef rief dagegen 2003 das Programm »Haydı Kızlar Okula« (Mädchen, auf zur Schule!) ins Leben. Auch die Regierung unterstützt den Schulbesuch von Mädchen aus ärmeren Verhältnissen.

Die in Europa als sogenannte »Zwangsehe« eingeschätzte Verheiratung von Männern und jungen Frauen (auch Minderjährigen unter 18 Jahren) ohne deren Beteiligung und Zustimmung betrifft in erster Linie den ländlichen Osten und Südosten des Landes. Durch Sippenälteste und Eltern arrangierte Ehen sind Teil der traditionellen patriarchalischen Lebenspraxis Anatoliens und Kurdistans. Von Bedeutung ist die Verwandtenehe (akraba evliliği), zumeist zwischen Cousin und Cousine, bei der es häufig zu einem unausweichlichen Druck seitens der Familie kommt. Entgegengesetzte Verordnungen des säkularen Staates zeigen keine Wirkung, solange die Betroffenen im engen ländlichen Sippen- und Dorfverband verharren. Zum Problem werden Zwangsverheiratungen, wenn in Europa lebende muslimische Migranten sich Mädchen aus der Türkei »nachholen«, die von den Familien zur Ehe bestimmt worden sind.

Verstärkt ins Licht der europäischen Öffentlichkeit treten die sogenannten »Ehrenmorde«, seitdem sich mehrere derartige Fälle im westlichen Ausland zugetragen haben. Nach Schätzungen der EU sind in der Türkei seit 2001 über 1.800 Mädchen und Frauen Opfer von Gewaltverbrechen im Namen der Familienehre (Namus) geworden. 2003 zählte der Türkische Menschenrechtsverein 40 »Verbrechen aus Ehre«, wies aber auf eine hohe Dunkelziffer und mehrere erzwungene weibliche Selbstmorde hin. In der patriarchalischen Gesellschaft begehen weibliche Familienmitglieder, die gegen den rigiden Ehrenkodex verstoßen (Verlust der Jungfräulichkeit vor der Ehe, uneheliche Schwangerschaft, Widerstand gegen Zwangsheirat, Ehebruch, Freundschaften mit Nicht-Muslimen, Anzeige und Zeugenaussage vor Gericht gegen Familienmitglieder usw.), Vergehen, die nur »mit Blut gereinigt« werden können. Die Ahndung obliegt den älteren

Brüdern bzw. denjenigen männlichen Familienmitgliedern, deren Abwesenheit (durch Gefängnis) hinsichtlich des Familieneinkommens am wenigsten ins Gewicht fällt und denen (aufgrund ihrer Minderjährigkeit) die geringere Strafe droht.

Bis vor Kurzem wurden solche innerfamiliären Gewaltakte von der Justiz als eine Art Gewohnheitsrecht akzeptiert und nur selten verfolgt. Die Täter erhielten mildernde Umstände, da sie »Ehrverletzungen« rächten. Bis 1999 konnten sogar frisch vermählte Bräute vor der Hochzeitsnacht oder vermutete Ehebrecherinnen per Gerichtsbeschluss dubiosen Jungfräulichkeitstests unterzogen werden. Erst mit der EU-Angleichung des türkischen Rechtssystems im Jahre 2002 wird die Selbstbestimmung der Frau in den Mittelpunkt gehoben. Sogenannte Ehrenmorde müssen seitdem als Mord verfolgt und verurteilt werden.

Das Problembewusstsein in der Öffentlichkeit ist zweifellos gestiegen und sensibilisiert. Presse und Fernsehen in der Türkei berichten offen über dieses Thema. Staatliche, kommunale und zahlreiche private Institutionen bieten Hilfe, wie z. B. Frauenhäuser und Rechtsberatung, an. Trotzdem wird für 2006 eine Zahl von 842 innerhalb von Sippen und Clans ermordeten oder in den Suizid getriebenen Frauen (und einer weit höheren Dunkelziffer) genannt. Der Grund für die drastische Steigerung der Gewalt gegen Frauen dürfte einerseits in der erhöhten Anzeigepraxis liegen, da nun auch Nachbarn und Polizeidienststellen nicht mehr gewillt sind, derartige Verbrechen als »traditionelle Lebensform« zu akzeptieren, andererseits aber in der Modernisierungs- und Emanzipierungswelle, die per Television und Presse bis in die hintersten anatolischen Dörfer schwappt und den Lebensstil von Frauen und Männern – besonders letzterer – durcheinanderbringt. Allerdings neigen die türkischen Medien dazu, Ehrenmorde vorab als kurdische Angelegenheit zu betrachten. In der Tat sind von diesen Praktiken in erster Linie die kurdisch besiedelten Ost- und Südostgebiete betroffen bzw. jene türkischen *Gecekondular* oder Stadtviertel in Europa, die von kurdischen Migranten dominiert werden.

Im Westen der Türkei haben sich die Lebensweisen längst europäisiert bzw. amerikanisiert. Istanbul gewährt genügend Raum für unverheiratete Paare, weibliche Singles und Nonkonformis-

Moderne Verkäuferin in Mersin

tinnen. Und während sich die Eheanbahnung in diesen urbanen und westlich ausgerichteten Bevölkerungsschichten nicht von dem in Europa und den USA gängigen Modell unterscheidet (und daher ähnlich hohe Scheidungsraten aufweist), erfreut sich in der restlichen Türkei nach wie vor die Verkupplungsehe (*Görücü üslü*) der größten Beliebtheit. Söhne und Töchter verschiedener Familien werden einander von einem befreundeten Vermittler vorgestellt. In den Möglichkeiten, sich näher kennenzulernen, sind die jungen Leute sodann meist sehr trickreich. Finden sie kein Gefallen aneinander, dürfen sie ohne weitere Konsequenzen ablehnen. Diese Art der Ehestiftung wird gesellschaftlich allgemein anerkannt.

7. Staatsvolk und Minderheiten

Die türkische Nation definiert sich über die türkische Staatsbürgerschaft, die türkische Sprache und die Religion des sunnitischen Islam.

■ Anerkannte Minderheiten: Griechen, Armenier und Juden

Neben dem türkischen Staatsvolk existieren folgende offiziell anerkannte Minderheiten: Griechen, Armenier und Juden. Das international anerkannte Abkommen von Lausanne (1923) hatte bereits die gesamte muslimische Einwohnerschaft des neuen Staates als »Türken« definiert.

Ausschließlich nicht-muslimischen Volksgruppen wurden auf Druck der Garantiemächte Minderheitenrechte eingeräumt. Sie bezogen sich auf den Gebrauch der eigenen Sprache, die christliche bzw. jüdische Religionsausübung und die Einrichtung von eigenen Bildungs- und Wohlfahrtseinrichtungen. Infolge des Bevölkerungsaustausches nach dem griechisch-türkischen Krieg (1919–1921) sank der bis dahin bedeutende griechische Anteil an der Bevölkerung der Türkei zu einer marginalen Größe herab. Ausgenommen von diesem »Transfer« (im Gegenzug mussten Türken Griechenland verlassen) blieb das Ökumenische, griechisch-orthodoxe Patriarchat in Istanbul sowie die griechische Bevölkerung Istanbuls. Infolge des Zypernkonflikts kam es 1955 zu gewalttätigen antigriechischen Pogromen, durch welche die noch verbliebenen Griechen aus Istanbul vertrieben wurden.

Die christlichen Armenier spielten bis in die spätosmanische Zeit eine bedeutende kulturelle und wirtschaftliche Rolle im Osmanischen Reich und waren in allen größeren Städten in der Führungsschicht vertreten. In den östlichen Provinzen um Kars, Erzurum, Van sowie in der Region Adana stellten sie bis zu einem Viertel der Gesamtbevölkerung. Verfolgungen und Vertreibungen Ende des 19. Jahrhunderts und abermals während des Ersten Weltkrieges führten das

Ende der armenischen Existenz in Anatolien herbei. Überlebt hat das Armenische Patriarchat in Istanbul und eine kleine armenisch-christliche Gemeinde in der Stadt.

In der Existenz bedroht ist die syrisch-orthodoxe Kirche, deren Patriarch in Damaskus residiert. Auf türkischem Staatsgebiet ist die kleine Glaubensgemeinschaft, deren Liturgiesprache das von Jesus gesprochene Aramäisch ist, nur in zwei Klostersiedlungen – in Mardin und Midyat – an der syrischen Grenze vertreten. Im Verlauf der letzten Jahrzehnte sind die meisten Christen des syrischen Ritus ausgewandert. Größere Gemeinden finden sich in Schweden und Deutschland.

Die im Lausanner Vertrag und in den türkischen Verfassungen verankerten Schutzklauseln für die christlichen Minoritäten wurden generell sehr repressiv ausgelegt. Als besonders wirksame Instrumente zur Unterdrückung erwiesen sich Enteignung und Verstaatlichung kirchlicher Grundstücke und Gemeindehäuser. Auf diese Weise fiel fast der gesamte griechisch-orthodoxe und armenische Immobilienbesitz an den Staat, der ihn z.T. weiter veräußerte. Diese Praxis wurde bis 2004 fortgeführt. Erst unter der Ägide der EU wurde das nationale Stiftungsgesetz von 1936 außer Kraft gesetzt – bis 2007 jedoch noch nicht formell annulliert.

Juden wanderten in nennenswerter Zahl im 16. Jahrhundert in das Osmanische Reich ein. Sie waren aufgrund der Inquisition aus Spanien geflohen und ließen sich in Saloniki (bis 1912 türkisch) und in der Sultansstadt nieder. Ein kleiner Teil näherte sich dem Islam an (sogenannte *Dönme*, »Gedrehte«). Das Jüdische Oberrabbinat befindet sich in Istanbul. Antisemitismus ist in der modernen Türkei durchaus präsent, und zwar nicht unter religiösen, sondern unter nationalistischen Vorzeichen.

Mit einem Anteil an der Gesamtbevölkerung von unter 1 % spielen die genannten offiziellen Minderheiten in der Gegenwart allerdings keine gesellschaftliche und politische Rolle mehr.

■ Ethnische Vielfalt

Das türkische Staatsvolk der Gegenwart basiert auf der muslimischen Bevölkerung des Staatsgebiets in der frühen Republikzeit. Sie wurde von Kemal Atatürk als Volk der Türkei (*Türkiye'nin halkı*) bezeichnet und in der Ersten Verfassung (und allen nachfolgenden) als türkische Nation definiert. Freilich repräsentierte Anatolien aufgrund seiner Geschichte schon immer ein Vielvölkergebiet und beherbergte neben den eigentlichen Türken eine Vielzahl anderer Ethnien und Völkerschaften, die sich zwar auch zum Islam bekannten, aber nicht Türkisch sprachen. Im Schwarzmeergebiet etwa die Lasen, deren Sprache mit dem Georgischen verwandt ist. Die heute etwa eine Viertelmillion umfassende Volksgruppe nimmt im Volkswitz eine Art »Ostfriesenstatus« ein.

Im Verlauf des 19. Jahrhunderts strömten zahlreiche nichttürkische Muslime aus den verlorenen Gebieten des schrumpfenden Osmanischen Reiches in Anatolien ein, die *Muhacir* (Flüchtlinge): aus Russland Krimtataren, aus dem Kaukasus Tscherkessen und Tschetschenen und aus dem Balkanraum Bosniaken, Bulgaren und Arnauten (muslimische Albaner). Alle diese Volksgruppen bewahrten zwar ihre Herkunftsgeschichten, verloren aber ihre ursprünglichen Sprachen und assimilierten sich. Ihre Loyalität zur neuen türkischen Staatsnation steht außer Zweifel.

Seit jeher präsent waren die Araber im Südosten, in Antakya und in der Harran-Ebene. Die etwa 1,2 Mio. zählende Volksgruppe der Araber in der Türkei ist weitgehend zweisprachig, ihre Muttersprache wird geduldet.

▓ Nicht anerkannte Minderheit: Kurden

Prekär ist die Lage der Kurden, die nicht offiziell als Minderheit anerkannt werden. Kurden bilden die größte, sich als eigene Sprach- und Volksgruppe verstehende Minderheit in der Türkei. Kurdisch, das in zahlreiche Idiome und Dialekte aufgespalten ist (darunter das bisweilen als eigenständige Sprache aufgefasste *Zaza*), zählt zur indoeuropäischen Sprachfamilie und ist mit dem Iranischen verwandt, zeigt also keinerlei Ähnlichkeit mit dem Türkischen. Die Gesamtzahl der Kurden im Nahen Osten wird auf etwa 26 Mio. veranschlagt. Die von ihnen bewohnte Region »Kurdistan« ist politisch auf die Staaten Türkei, Syrien, den Iran und Nordirak aufgeteilt. In religiöser Hinsicht folgt die Mehrheit aller Kurden (rund 75 %) der Glaubensrichtung des sunnitischen Islam, das restliche Viertel gehört den Schiiten und Aleviten an.

Die Zahl der in der Türkei lebenden Kurden liegt Schätzungen zufolge zwischen 6 und 15 Mio. Menschen, also bei einem Anteil, der fast ein Viertel der Gesamtbevölkerung erreicht. Eine offizielle Zählung hat es aber noch nicht gegeben. Die traditionellen Hauptsiedlungsgebiete der Kurden liegen in Südostanatolien und nehmen Gebirgs- und Steppenzonen ein, die bis heute von wirtschaftlicher Unterentwicklung und sozialer Rückständigkeit geprägt sind (Diyarbakır, Batman, Bitlis, Van, Mardin, Hakkari). Die Siedlungsübergänge in den Iran und Irak sind fließend. Die nordirakische Ölregion Mossul und Kirkuk stellt ein geschlossenes kurdisches Siedlungsgebiet mit 4 Mio. Bewohnern dar, das nach staatlicher Autonomie strebt. Im Verlauf der allgemeinen anatolischen Ost-West-Wanderung und verstärkt durch Fluchtbewegungen infolge des innertürkischen Kurdenkriegs der 1980er und 1990er-Jahre hat ein Großteil der Kurden seine alten Siedlungsgebiete verlassen, lebt heute über ganz Anatolien verstreut und konzentriert sich im Raum Istanbul. Die kurdischstämmige Bevölkerung der Türkei ist heute überwiegend zweisprachig.

■ Das Kurdenproblem

Politische Vorstellungen eines unabhängigen kurdischen Staatswesens bestehen seit Beginn des 20. Jahrhunderts. In den ersten Nachfolgeregelungen des Ersten Weltkriegs war verschiedentlich von einem unabhängigen Kurdistan die Rede, doch ließ die politische Lage und der Sieg Kemal Atatürks nach 1922 diese Pläne Makulatur werden. Unter Atatürk und seinen Nachfolgern wurden die Kurden einem starken Turkisierungsdruck ausgesetzt, der mit dem Verbot ihrer Sprache, ihrer Kultur und der Leugnung ihrer ethnischen Existenz einherging. Man bezeichnete sie offiziell als »Bergtürken«, die ihre Sprache verlernt hätten.

Die nationalstaatliche Repression Ankaras führte jedoch dazu, dass sich die kulturell und politisch unterdrückte Bevölkerung ihrer kurdischen Identität immer mehr bewusst wurde. Nach dem Zweiten Weltkrieg übernahmen kurdische Intellektuelle ihrerseits den Nationalgedanken und forderten nationale Selbstbestimmung. Ihre Forderungen spannten sich von der Erlangung föderaler Rechte und Autonomie innerhalb der Türkei bis zur Gründung eines eigenen Staates. Beide Postulate stießen auf schroffe Ablehnung Ankaras, besonders des Militärs, das die Unteilbarkeit der Türkei durch Separatismus gefährdet sah. Bei den Kurden selbst fiel die Forderung nach Selbstbestimmung übrigens keineswegs auf allgemeine Zustimmung. Ein Teil ihrer modernen Kräfte hatte sich schon unter Atatürk mit der Republik identifiziert und ihr Kurdentum bewusst vergessen. Und die traditionell über ihre Stämme herrschenden kurdischen Ağas (Großgrundbesitzer) verstanden es, sich mit der Staatsmacht zu arrangieren, um ihre Macht zu erhalten. Diese beruhte im Wesentlichen auf der Ausbeutung der eigenen Landsleute und der Verhinderung der Modernisierung. Die Folge war die Entstehung sozialer und nationaler Brandherde im kurdischen Südosten.

Nach jedem der Armeeputsche 1960, 1971 und 1980 eskalierte die Situation im Südosten und wurde mit Ausrufung des Ausnahmezustands und Militäreinsätzen beantwortet. Politische Parteien, die sich der kurdischen Sache parlamentarisch verschreiben wollten, wurden regelmäßig verboten und verfolgt.

Der türkische Sprachparagraph

Die Verfassung von 1983 bestätigte das Verbot des Gebrauchs der kurdischen Sprache in der Öffentlichkeit und untersagte die Herausgabe kurdischer Medien. Die Gesetzesartikel vermieden dabei die Nennung nicht-türkischer Sprachen und formulierten wie folgt: *»Den türkischen Staatsbürgern darf in Erziehungs- und Lehranstalten als Muttersprache keine andere Sprache beigebracht werden als Türkisch«* und *»Die Darlegung, Verbreitung und Veröffentlichung von Gedankengut in einer anderen Sprache als der ersten Amtssprache der von der Türkei anerkannten Staaten ist untersagt.«* Da Kurdisch in keinem

Staat der Welt als erste Amtssprache fungiert, blieb es von den anerkannten Sprachen ausgeschlossen. 1991 wurden diese Bestimmungen im juristischen Sinne aufgehoben. Die Umsetzung in der Rechtspraxis machte freilich bis 2001 kaum Fortschritte. Erst die EU-nahe Regierung Erdoğan ergriff seit 2002 Maßnahmen zur Entschärfung des Sprachparagraphen und erlaubte z. B. Kurdisch-Unterricht in Privatschulen und die Einrichtung kurdischsprachiger Radio- und Fernsehkanäle.

Eine der in den Untergrund gedrängten Parteien war die 1976 gegründete PKK (*Partiya Karkeren Kurdistan*; Arbeiterpartei Kurdistans), die 1984 unter ihrem Führer Abdullah Öcalan den bewaffneten Kampf mit der Armee aufnahm. Attentate der kurdischen Freischärler und massive Gegenschläge des Militärs stürzten die ganze kurdische Region in Aufruhr. Die Gesamtopferzahl bis 1999 wird mit 25.000 bis 37.000 Menschen angegeben. 1999 wurde Öcalan gefasst und 2002 zu lebenslänglicher Haft verurteilt.

Die revidierte Verfassung von 2001 räumte den Kurden gewisse regierungsamtliche Zugeständnisse ein, wie die Zulassung kurdischer Pressemedien und Radio- und Fernsehprogramme. 2002 beendete die Regierung den militärischen Ausnahmezustand in den Südostprovinzen, der dort – mit Unterbrechungen – seit 1978 geherrscht hatte.

Ausnahmezustand

1978 wurde das Kriegsrecht über die mehrheitlich kurdisch besiedelten unruhigen Provinzen im Südosten verhängt und 1987 in den militärischen Ausnahmezustand (oder Notstand) verwandelt. Betroffen waren u. a. die Provinzen Diyarbakır, Hakkari, Şirnak und Tunceli. Die Notstandsverfassung setzte wichtige Bürgerrechte wie Versammlungs-, Demonstrations- und Pressefreiheit außer Kraft, übertrug die Judikative der Militärgerichtsbarkeit, erlaubte Festnahmen auf Verdacht und sprach der dem Verteidigungsministerium unterstehenden Gendarmerie (*Jandarma*) weitgehende Polizeifunktionen zu. An der Tagesordnung waren Ausgehverbote, Sperrungen ganzer Regionen, Straßenkontrollen, Hausdurchsuchungen und Zwangsräumungen. Ein Spezifikum der Türkei war das von ziviler Seite ungehinderte Agitieren von militärischen Geheim- und Sicherheitsdiensten in den Notstandsgebieten. Der Ausnahmezustand endete 2002. Nach dem Wiederaufflackern der Kämpfe im türkisch-irakischen Grenzgebiet wurde dort eine vom Militär kontrollierte »Sicherheitszone« eingerichtet, um das Eindringen von PKK-Kämpfern aus dem Irak zu unterbinden. Für die Bevölkerung hat die »Sicherheitszone« dieselben Auswirkungen wie ein Notstandsgebiet.

Eine neue prokurdische Partei wurde 2005 von der bekannten Politikerin Leyla Zana (geb. 1961) unter dem Namen DTP (Partei der Demokratischen Gesellschaft) ins Leben gerufen. Sie erreichte im 2007 neu gewählten Parlament Fraktionsstärke, sah sich aber gleichzeitig einem Verbotsantrag der Militärstaatsanwaltschaft ausgesetzt.

◾ Die internationale Dimension des Kurdenkonflikts

Nach dem ersten Irakkrieg (1990) richteten die USA und ihre Alliierten im Auftrag der UNO eine Schutzzone für die kurdische Mehrheitsbevölkerung im Norden des Irak ein. Sie umfasste die erdölreichen Gebiete um Mossul am Tigris, Kirkuk und Erbil. Unter dem Schutzschirm des Westens etablierte sich hier ein autonomes kurdisches Gebiet. Das unzugängliche Bergland im irakischen Norden erwies sich auch für die kurdischen Partisanen in der Türkei als gut geeigneter Rückzugsraum. Seit 1986 überschritten daher die türkische Luftwaffe und die Armee bei der Verfolgung der PKK regelmäßig die irakische Staatsgrenze und riefen Proteste der UNO, der USA und der EU auf den Plan.

Der Zerfall des Einheitsstaates Irak nach dem zweiten Irakkrieg (2003) beschleunigt die kurdische Staatswerdung in der nordmesopotamischen Region. Für 2008 vorgesehene Volksabstimmungen im Nordirak werden an einer politischen Selbstständigkeit der kurdisch besiedelten Region nicht vorbeikommen. Ein kurdisches, vom Westen kontrolliertes Verwaltungsgebiet als Stabilitätsfaktor im Irak liegt im geostrategischen Interesse der USA. Aufgrund der umfangreichen Ölvorkommen wäre Irakisch-Kurdistan sogar wirtschaftlich autark. Die Türkei fürchtet jedoch, dass damit ein Exempel für die Föderalisierung bzw. sogar für die Abspaltung der eigenen Kurdenterritorien statuiert werden könnte. Die Weigerung des türkischen Parlaments, sich am Irak-Feldzug zu beteiligen, und die schroffe Ablehnung der kurdischen Autonomie im Nachbarland haben daher das Verhältnis Ankaras zu Washington und zur NATO schwer belastet.

◾ Interreligiöse Differenzen: Sunniten und Aleviten

Neben der ethnisch-sprachlichen Differenzierung existiert noch eine inner-muslimische Trennung in eine Mehrheit von Sunniten und eine Minderheit von Aleviten, deren Anteil auf 20 % geschätzt wird und Türken wie Kurden umfasst. Die Aleviten (»Anhänger Alis«) berufen sich auf den Kalifen Ali als alleinigen rechtmäßigen Nachfolger des Propheten. Im Wesentlichen ist es die Glaubenspraxis der Aleviten, die kein verbindliches Dogma kennt und nicht schriftlich fixiert ist. Sie unterscheiden sich vom Mehrheitsislam durch die Ablehnung der fünf Säulen des Islam, was ihnen im Sultansreich Verfolgungen eingebracht hat. Wegen der jahrhundertelangen Unterdrückung durch die sunnitische Obrigkeit haben sich die Aleviten abgekapselt und ihren Glauben als Geheimlehre ausgeübt. In fremder Umgebung geben sich Aleviten bis heute in der Regel nicht als solche zu erkennen. Auch in der modernen Türkei genossen sie keinen eigenen Status als Glaubensgemeinschaft und wurden des »Separatismus« verdächtigt. Erst seit 2002 dürfen Stiftungen und Vereine mit der Bezeichnung alevitisch gegründet werden.

Sowohl die ethnische wie religiöse Gemengelage in der Türkei hat immer wieder zu Spannungen geführt, die auch in die neue Umwelt der Arbeitsemigration übertragen worden sind.

II.

DER HISTORISCHE HINTERGRUND:
DIE GESCHICHTE ANATOLIENS UND DER TÜRKEI

1. Uraltes Kulturland

Anatolia: »Land des Sonnenaufgangs«

Vor 12.000 Jahren vollzog hier der Mensch den entscheidenden Schritt vom Jäger und Sammler zur bäuerlichen Sesshaftigkeit und zur Agrarwirtschaft. Das anatolische Hethiterreich repräsentiert neben Ägypten und Babylonien den dritten Großstaat des Alten Orients. Der berühmte trojanische Krieg markiert das erste Auftreten der Griechen in Kleinasien.

Kleinasien bzw. Anatolien zählt mit Mesopotamien und dem Nilland zu den »Wiegen der menschlichen Zivilisation« und zu den ältesten Kulturlandschaften der Erde. Vor rund 12.000 Jahren machte der Mensch den bedeutendsten Schritt in der Geschichte: Er änderte seine Lebensweise vom umherziehenden Jäger und Sammler und wurde sesshaft, entwickelte Ackerbau und Viehzucht und baute die ersten Städte und Tempel. Fast im Jahresrhythmus legen derzeit Archäologen in Südostanatolien städtische Siedlungen und Tempelanlagen aus der Jungsteinzeit frei. Die älteste weist ins 10. Jahrtausend v. Chr.: Auf dem Göbekli Tepe (»Nabel-Berg«), einem Hügel bei Şanlı-Urfa, fanden deutsche Ausgräber

*Göbekli Tepe
(»Nabel-Berg«)*

Löwentor in Hattuşa

1995 einen Kultplatz mit mächtigen, bis zu fünf Meter hochragenden Pfeilern und tonnenschweren Steinsäulen, die nur von einer hierarchisch und arbeitsteilig gegliederten Gemeinschaft errichtet worden sein können. Zeugnisse ihrer Handwerkskunst sind Steindolche, Spiegel aus Obsidian, farbige Steinperlen und fein gearbeitete Knochennadeln. Eine dauernde Besiedlung mit festen Häusern ist in Çatal Hüyük bei Konya für das 8. bis 5. Jahrtausend v. Chr. nachgewiesen worden. Die Lehmhäuser mit Flachdächern beherbergten etwa 5.000 Menschen. Bemalte Innenräume, Wandreliefs und verzierte Gefäßkeramik sprechen für eine verfeinerte Kultur. Die »neolithische Revolution« breitete sich vom Südosten der heutigen Türkei aus, erreichte um 6000 Westanatolien und die Ägäis und erst gegen 5000 unseren mitteleuropäischen Raum. Die Bezeichnung Bosporus (»Rinderfurt«) könnte eine Menschheitserinnerung daran sein, dass das Hausrind vor 8.000 Jahren in Anatolien domestiziert wurde und sich die Viehzucht über die Meerengen nach Europa hin ausgebreitet hat.

Im Reich der Hethiter war das kleinasiatische Binnenland im 2. Jahrtausend v. Chr. zum ersten Mal politisch vereinigt worden. Das Großreich umfasste Kleinasien und den Nordwestteil Syriens. Seine weitläufig angelegte Hauptstadt Hattuşa mit dem Felsenheiligtum Yazılıkaya im Innersten Anatoliens stellt eine der archäologischen Hauptsehenswürdigkeiten der Türkei dar. Die hethitische Geschichte ist durch zahlreiche Keilschriftentexte gut dokumentiert. Aus ihnen geht auch hervor, dass das Hethitische zu den indoeuropäischen Sprachen gehörte. Die Blütezeit des Reiches dauerte von 1650 bis 1200 v. Chr.

Um 1200 ging das Hethiterreich aufgrund umfangreicher Wanderungsbewegungen aus dem südosteuropäischen Raum (dorische Wanderung) zugrunde. An seine Stelle traten kleinere Reichsgründungen der eingewanderten Völker, wie der Phryger, Karer und Lyder. Eine Vorstellung von dem einstigen Gold- und Metallreichtum des Landes bieten die Sagen von Midas, dem König der Phryger, dem alles, was er anfasste, zu Gold wurde, von Gyges und seinem Ring und dem sagenhaft reichen König Krösus von Lydien. Ihm wurde geweissagt, dass er ein großes Reich zerstören würde, wenn er den mittelanatolischen Fluss Halys (*Kızıl Irmak*) überschreite. Er ging davon aus, dass damit das angrenzende Perserreich gemeint sei, doch war es sein eigenes Lyderreich, das er zerstörte, als die Perser zurückschlugen und Anatolien unterwarfen.

Auch die Griechen erschienen an den Küsten Kleinasiens. Der Kampf um Troja, ein wichtiges städtisches Zentrum am Eingang zu den Dardanellen, reflektiert den ersten Versuch der Griechen, sich in Kleinasien niederzulassen, und dürfte sich kurz nach 1200 abgespielt haben. Der Dichter Homer – auch er ein kleinasiatischer Grieche – fasste die mündlich überlieferten Episoden dann um 800 zur »Ilias« und zur »Odyssee« zusammen. Unter den 10 ermittelten Siedlungsschichten wird das Troja der Phase IV vor etwa 3.750 bis 3.000 Jahren mit dem homerischen Troja gleichgesetzt. Der Hügel Hisarlık, der Ort der Ausgrabungen, liegt heute sechs Kilometer vom Meer entfernt. Durch Verlandung und Hebung der Erdschollen infolge von Erd- und Seebeben hat sich die Küstenlinie stark verändert.

Im östlichen Bergland Anatoliens bildete sich das Reich von Urartu, das in enger Verbindung zu den Hochkulturen im Zweistromland, Babylon und Assur, stand. Seine Hauptstadt war Tuspa, das heutige Van. Als eigenständiges Staatsgebilde bestand es bis in das 7. Jahrhundert v. Chr. Agrarwirtschaft und Warentransport waren ähnlich hoch entwickelt wie in Mesopotamien. Dann wurde es Teil der Perserreiches und später des hellenistischen Alexanderreiches. Die biblische Bezeichnung des Bergmassivs des Ararat gibt den in Inschriften belegten Reichsnamen Urartu wieder. Auch der Landschafts- und Volksname Armenien/ Armenier soll auf Urartu zurückgehen.

In der griechisch-römischen Antike wurde Kleinasien tiefgreifend vom Hellenismus geprägt, einer geistig-kulturellen Weltbewegung, die auf der griechischen Kultur basierte, aber auch viel Orientalisches mit einbezog. Aus dieser Zeit stammt auch der griechische Raumbegriff »Anatolia« (»Aufgang«, im Sinne von Sonnenaufgang), der später als Anadolu ins Türkische übernommen worden ist. Auch die heute noch gebräuchlichen Landschaftsnamen Lykien, Kappadokien und Kilikien gehen auf die Griechen zurück, genauso wie die Namen Bosporus und Pontus (Schwarzes Meer). Vom 7. bis ins 5. Jahrhundert erfasste die griechische Kolonisation das ganze westliche Kleinasien. Der Seehandel warf stets gute Gewinne ab. Zahlreiche »Pflanzstädte« und Poleis (Stadtstaaten) entstanden, wie Byzantion (das heutige Istanbul), Trapezunt (Trabzon) an der Schwarzmeerküste sowie Milet, Priene und Didyma an der Ägäis. An der Südküste reihten sich griechische Kolonien von Kaunos und Patara bis Phaselis, Termessos, Side und Aspendos aneinander – heute sind dies viel besuchte antike Ruinenstätten.

Ein Geheimtipp hingegen ist das hoch gelegene Selge. Zentren griechischer Kultur waren die ägäischen Hafenstädte Smyrna (Izmir) und Ephesos (Selcuk bzw. Efes).

Ionien

Das griechisch besiedelte Gebiet Kleinasiens hieß Ionien, benannt nach dem dort siedelnden Volksstamm der ionischen Griechen. Wer sich Monumente der alten Griechen anschauen möchte, muss die türkische Ägäisküste besuchen. Sie bietet eine erstaunliche Fülle an Kunst- und Kulturstätten aus der Zeit des griechischen Altertums. Kein Wunder, war Ionien doch der Schauplatz der »ionischen Aufklärung«, des Beginns der Philosophie im europäischen Sinne. Die in Milet begründete »Ionische Philosophie« umfasste Wissenschaft, Literatur und Staatslehre und markiert den Anfang europäischen Denkens. Wichtige Vertreter waren Thales von Milet, Heraklit von Ephesos und Pythagoras von Samos.

■ Byzantion am Bosporus

Die Griechen durchquerten im 7. Jahrhundert v. Chr. den Bosporus und gründeten zahlreiche Kolonien rund ums Schwarze Meer. Am Eingang des Bosporus entstand damals die griechische Siedlung Chalkedon, das heutige Kadiköy auf der asiatischen Seite. Merkwürdigerweise blieb die viel günstiger gelegene Halbinsel zwischen Marmarameer und Goldenem Horn auf der europäischen Seite noch längere Zeit unbeachtet. Daran knüpft sich eine hübsche Sage: So habe das Orakel von Delphi einer Gruppe von griechischen Kolonisten, die auf der Suche nach einem geeigneten Siedlungsplatz waren, geraten, sie sollten den »Platz gegenüber den Blinden« suchen. Die Blinden waren die Einwohner von Chalkedon, die nicht erkannt hatten, dass sich auf der Landzunge genau gegenüber ihrem Ort ein weitaus besserer Platz befand – geschützt vom Meer, mit einem natürlichen Hafen versehen und mit reichlich Süßwasserzufluss.

Byzas, der Anführer der Kolonisten, löste dieses vom delphischen Orakel gestellte Rätsel und gründete sogleich an der bezeichneten Stelle eine Stadt, die nach ihm benannt wurde und den Namen Byzantion, Byzanz, erhielt. Soweit die griechische Sage, die insofern mit der modernen Wissenschaft übereinstimmt, als man die Gründung der Stadt Byzanz auf etwa 660 v. Chr. datieren kann. Die griechische Stadt Byzantion nahm einen raschen Aufschwung: Sie kontrollierte den Seehandel zwischen dem Schwarzen Meer und dem Mittelmeer und war ein wichtiger Umschlagplatz für Getreide und gepökelten Fisch. Obwohl sie von ihrer ausgezeichneten handelspolitischen Lage profitierte, erreichte sie in der Zeit der griechisch-römischen Antike jedoch nie den Rang einer überregionalen Großstadt. Auch im Stadtbild des heutigen Istanbul hat sich aus der Antike nichts Bedeutendes erhalten.

> ### Asia Minor: Kernland der hellenistisch-römischen Zivilisation
>
> Die Eroberung durch Alexander den Großen (334 v. Chr.) und wechselnde Oberhoheiten unter den hellenistischen Großreichen der Seleukiden, Ptolemäer und Eumeniden förderten die Prosperität des Landes. Die griechische Verkehrs- und Kultursprache (*Koine* »die Gemeinsame«) wurde allgegenwärtig. Die griechische Kultur verschmolz mit ägyptischen und altorientalischen Einflüssen zur globalen Zivilisation des »Hellenismus«, die auch in der Römerzeit vorherrschend blieb.

Die kriegerischen Auseinandersetzungen Athens und Spartas mit dem Perserreich störten die ionische Hochkultur nicht. Bei Gordion am Fluss Sangarios (Sakarya) zerschlug Alexander der Große den legendären »gordischen Knoten« und startete seinen erfolgreichen Feldzug gen Osten. Nach seinen Eroberungen wurde ganz Kleinasien Teil des riesigen hellenistischen Kulturraums, der sich vom griechischen Mutterland über Anatolien bis Ägypten und weit in den Nahen Osten hinein erstreckte. Ein typisch hellenistischer Staat war Pergamon (Bergama), dessen ausgedehnte Ruinenstätte mit Palästen und Tempeln hoch über der Ebene noch heute von der einstigen Hochkultur zeugt. Der prächtige Pergamon-Altar wurde gegen 160 v. Chr. vollendet. In den Jahren 1878–1886 wurde er Stück für Stück nach Berlin verfrachtet und im dortigen Pergamon-Museum aufgestellt.

Ein weiteres Indiz für die Bedeutung Kleinasiens in der griechisch-römischen Antike ist die Tatsache, dass sich hier zwei der sieben Weltwunder befanden: Das Mausoleum von Halikarnass (heute Bodrum) und der gewaltige Artemistempel in Ephesos. Der legendäre Koloss von Rhodos erhob sich auf der gleichnamigen, heute zu Griechenland gehörenden Insel vor der kleinasiatischen Küste. Einem wahren Weltwunder kommt auch das riesenhafte Grabmal des Herrschers Antiochos von Kommagene auf dem 2.150 m hohen Nemrut Dağı gleich, das um 50 v. Chr. errichtet worden ist (s. farbige Abb., S. B-3).

Der Übergang der kleinen griechischen Stadtstaaten und des Reiches von Pergamon (133 v. Chr.) ins Römische Reich verlief ohne Brüche. Die Römer schufen die Verwaltungseinheit »Provincia Asia Minor«. Die Präsenz der Weltmacht beschränkte sich auf Beamte und kleine Garnisonen. Größere Städte in der Römerzeit waren u. a. Ancyra (Ankara), Caesarea (Kayseri) und Melitene (Malatya) am Euphrat. Auch unter der politischen Herrschaft Roms blieben der hellenistische Kultureinfluss und die griechische Sprache weiterhin vorherrschend. Die Pax Romana – der römische Friede – garantierte eine mehrhundertjährige wirtschaftliche und künstlerische Blütezeit. Die meisten Monumente der Antike, die wir heute in der Türkei bewundern – Tempelanlagen, Foren, Theater –, stammen aus der florierenden römischen Kaiserzeit des 1. bis 3. Jahrhunderts.

Zeugnisse der Römerzeit

Im »Monumentum Ancyranum« auf der hochgelegenen Burg über Ankara ist ein singuläres epigraphisches Schriftdenkmal aus der Regierungszeit des Kaisers Augustus erhalten geblieben. Sein zweisprachiger Text (griechisch / lateinisch) handelt von den Taten des Kaisers und kann auch mit mäßigen Kenntnissen der Alten Sprachen übersetzt werden. In der türkischen Riviera-stadt Antalya (Attaleia) ist das gut erhaltene Triumphtor des Kaisers Hadrian ein beliebter Treffpunkt für Einheimische und Touristen.

Das Christentum setzte sich schon früh durch, nicht zuletzt bestärkt durch die Reisen des Apostels Paulus nach Kleinasien und seine Briefe an die Epheser und die kleinasiatischen Galater. Bereits im 4. Jahrhundert war Kleinasien christlich. Mehrere Konzilien, die in Nikäa (Iznik, 325 und 787), in Ephesos (431) und in Chalkedon (Kadıköy, 451) abgehalten wurden, dienten der Festigung der Glau-benslehre. Die griechisch-orthodoxe (rechtgläubige) Glaubensform der »Ost«-Kirche setzte sich als byzantinische Staatsreligion in der Folgezeit immer mehr von der lateinisch-päpstlichen »West«-Kirche ab.

Hadrianstor in Antalya

Typische Tuffstein-landschaft in Kappa-dokien

Höhlenklöster und unterirdische Städte

Ein besonderes Zeichen der frühen Ostkirche war ihr Hang zur Kontemplation und zur Weltabgeschiedenheit. Im abgelegenen Kappadokien fanden Mönche und Klostergemeinschaften die gewünschte Einsamkeit. Das weiche vulkanische Tuffgestein und die daraus herausragenden bizarren Felsformationen eigneten sich vortrefflich zur Anlage von Höhlenklöstern und im Gestein verborgenen Kirchen. Ihre farbenprächtigen Malereien aus dem 4. bis 11. Jahrhundert sind z. T. noch erhalten. Als im frühen Mittelalter arabische Einfälle das Land heimsuchten, wurden ganze christliche Siedlungen in das Innere des Gesteins verlegt. Die unterirdischen Städte waren nur durch enge Stollen begehbar, die mit schweren Rollsteinen verschlossen werden konnten. Die eigenartige Landschaft um die heutigen Touristenzentren Göreme und Ürgüp (seit 1985 Nationalpark) hat noch nicht alle ihre hinter Felswänden versteckten Geheimnisse preisgegeben.

Das Königreich Armenien

Noch vor den Römern hatte sich im Jahre 300 in der Region des alten Reiches von Urartu um den Berg Ararat das Christentum im Königreich Armenien als offizielle armenisch-apostolische Staatsreligion durchgesetzt. Im 5. Jahrhundert entwickelte sich mit der Bibelübersetzung eine religiöse Schriftkultur mit eigenem Alphabet. Die Sakralarchitektur manifestierte sich in bedeutenden Kloster- und Kirchenbauten. Armenien vermochte seine eigenständige Kultur als Pufferstaat zwischen den Großreichen der Römer bzw. später der Byzantiner und der Perser zu bewahren. Am byzantinischen Kaiserhof nahmen sie bald eine wichtige politische Rolle ein. Die armenischen Handelsverbindungen erstreckten sich über den ganzen Nahen Osten und Kleinasien und reichten bis Westeuropa. Ostarmenien (das Gebiet der heutigen Republik Armenien) geriet im 15. Jahrhundert unter persische, im 19. Jahrhundert unter russische Herrschaft. Westarmenien (Ostanatolien) gehörte seit dem 15. Jahrhundert zum Osmanischen Reich. Unter den Sultanen nahmen Armenier geachtete und hohe Stellungen ein. Mit dem

Vorrücken des russischen Zarenreiches im 19. Jahrhundert verschlechterte sich das türkisch-armenische Verhältnis, da die Armenier unter den Generalverdacht der heimlichen Hilfe für ihre russischen Glaubensbrüder fielen. Die Spannungen entluden sich in den letzten Jahrzehnten des 19. Jahrhunderts und besonders 1915 während des Ersten Weltkriegs in antiarmenischen Pogromen.

Die armenischen Siedlungsgebiete erstreckten sich bis ins 19. Jahrhundert weit nach Ostanatolien hinein und reichten bis nach Kilikien und zum Mittelmeer. Bedeutende armenische Kulturzentren befanden sich in Kars, Erzurum, Van und Adana. Im Zuge der Vertreibung und Vernichtung der im Osmanischen Reich lebenden Armenier während des Ersten Weltkriegs als angebliche »Kollaborateure Russlands« wurden die meisten Kunstdenkmäler zerstört und die Dörfer neu besiedelt und türkisch umbenannt. Als offizielle armenische Sehenswürdigkeiten in der Türkei werden nur die Kirchen und Klosterbauten in Ani und Ahtamar gezeigt.

Die armenische Sprache gehört dem indoeuropäischen Zweig an. Heute wird sie von etwa 10 Mio. Menschen gesprochen, von denen aber nur ein gutes Drittel in der seit 1991 unabhängigen Republik Armenien (Hauptstadt Erivan) lebt. Große armenische Diaspora-Gemeinden mit z. T. bedeutendem gesellschaftlichen Gewicht leben in Frankreich, den USA, Kanada und Russland. In der Türkei wird ihre Zahl auf 60.000 geschätzt.

■ Christen im Tur Abdin

Eine der ältesten Christengemeinschaften, die der »syrisch-orthodoxen Kirche« angehört, hat sich bis ins letzte Jahrhundert in der Gebirgslandschaft Tur Abdin am Oberlauf des Tigris erhalten. Der Name bedeutet »Berg der Knechte (Gottes)« und entstammt dem Aramäischen, einer semitischen Sprache, die seit dem ersten vorchristlichen Jahrhundert als Volks- und Verkehrssprache im ganzen Nahen Osten verbreitet war. Aramäisch war die Sprache Jesu, weswegen sie in der Liturgie der Syrisch-Orthodoxen bis heute Verwendung findet. Daher stammt auch die Bezeichnung der Gemeinschaft als »Aramäische Christen«. Der Legende nach sollen sich die Bewohner des Tur Abdin bereits im 1. Jahrhundert zum Christentum bekannt haben. Die ältesten Klöster, Mar Gabriel, Mar Jakub und das Anani-

Mardin: Blick in die Harran-Ebene

askloster, wurden zwischen dem 4. und 6. Jahrhundert gegründet. Auch in Mardin und Midyat (heute unmittelbar an der Grenze zu Syrien gelegen) entstanden Kirchen und Klöster. Mardin war der Sitz des Patriarchen. Auf dem Hochplateau südlich des Tigris erhoben sich 80 klösterliche Gemeinschaften, darunter ganze Klosterstädte. Dieses Gebiet der Syrischen Christen war – und ist noch immer – von Übergriffen der muslimischen kurdischen Mehrheitsbevölkerung bedroht. Zu Beginn des 20. Jahrhunderts verstärkte sich der Druck, der nun auch von nationaltürkischer Seite erfolgte. Während des Ersten Weltkriegs kam es zu zahlreichen Gewaltakten, Vertreibungen und Belagerungen der Klöster durch Kurden und Türken. Auch nach Gründung der Republik Türkei (1923) blieb die Existenz der Aramäischen Christen gefährdet. Minderheitenrechte – die ihnen nach den Buchstaben des Lausanner Vertrages als Nicht-Muslimen eigentlich zugestanden hätten – wurden verweigert, ihre Sprache unterdrückt. Das Patriarchat zog daher nach Damaskus um. Die prekäre Lage führte dazu, dass heute der weitaus größte Teil der Aramäischen Christen im Ausland lebt, allein in Schweden etwa 60.000 und in Deutschland 40.000.

Die 2.000 im Tur Abdin verbliebenen Aramäer versuchen, ihr frühchristliches Kulturerbe zu bewahren. Seit den Beitrittsverhandlungen der Türkei mit der EU bemüht sich auch das offizielle Ankara um eine Verbesserung der Lage ihrer christlichen Minderheiten. Das Kloster Mar Gabriel (türkisch: *Deyrelumur*), das 1997 sein 1.600-jähriges Bestehen feierte, erfuhr eine umfassende Renovierung und dient gegenwärtig als Residenz des syrisch-orthodoxen Bischofs des Tur Abdin. In der Klosterschule werden wieder die aramäische Kirchensprache und die reiche syrisch-christliche Literatur gelehrt.

■ Gefährdetes Erbe der Menschheit

Alle türkischen Regierungen der Nachkriegszeit haben sich vorbehaltlos mit dem GAP-Projekt identifiziert (s. o.). Es sieht vor, die Ströme von Euphrat und Tigris aufzustauen und hydroelektrisch zu nutzen. Beide Flusstäler werden dafür in weiten Strecken unter Wasser gesetzt. Neben den gegenwärtig bewohnten Städten und Dörfern sind davon auch historische Kulturstätten von unschätzbarem Wert betroffen.

Die am Euphrat gelegene hellenistische Stadt Zeugma galt wegen ihres guten Erhaltungszustandes und ihrer prächtigen Mosaike zu Recht als das »türkische Pompeji«. Leider ist diese Kulturstätte im Jahr 2000 von den Wassern des Birecik-Staudammes bedeckt worden – ein Schicksal, das zahlreichen antiken Orten im Euphrat- und Tigristal droht. Glücklicherweise fanden die Bildwerke buchstäblich in letzter Minute eine neue Bleibe in einem neu gegründeten Mosaikenmuseum in Gaziantep, das in seiner mosaikgeschichtlichen Bedeutung heute gleich hinter dem Bardo-Museum in Tunis steht.

Ein Beispiel für die aktuelle Bedrohung archäologischer und historischer Stätten infolge der Staudammprojekte im Osten der Türkei ist das Städtchen Hasankeyf (arab. Hisn Keyfa »Felsenburg«) im tief eingeschnittenen Tal des Tigris bei Batman (s. farbige Abb. S. B-3). 34 km flussabwärts ist der gewaltige Ilisu-Staudamm projektiert, der das ganze Areal oberhalb der Aufstauung überfluten wird. In Hasankeyf sind davon Zeugnisse aller Epochen der Menschheitsgeschichte betroffen, einzigartig erhaltene Höhlenwohnungen der Steinzeit genauso wie mittelalterliche Kirchen und Moscheen und eine Bogenbrücke der Seidenstraße, die hier den Tigris querte. Ca. 70.000 Menschen meist kurdischer Herkunft sind von Aus- und Umsiedlungen bedroht. Die Vorschläge der türkischen Regierung, die untergegangenen Bauwerke in archäologischen Parks nachzubauen, klingen wenig überzeugend. Politische Brisanz erhält das Ilisu-Projekt auch durch die Beteiligung bundesdeutscher und österreichischer Großfirmen, die durch Hermes-Bürgschaften der Regierungen in Berlin und Wien abgesichert werden.

2. Das Oströmische Reich (330 – 1453)

Konstantinopel repräsentierte von 330 bis 1453 die Kaiserstadt des christlich-orthodoxen (ostchristlichen) »Byzantinischen Reiches«. Das Oströmische Imperium umfasste Südosteuropa und Kleinasien. Aber auch Russland, die Ukraine, Rumänien, Serbien und Bulgarien sind kulturell tief von Byzanz beeinflusst worden. Gegen den lateinischen Westen bildete sich ein starker religiös-kultureller Antagonismus heraus (Schisma von 1054). Konstantinopel war während des Mittelalters die mit Abstand volkreichste Stadt des europäischen Kontinents. Wichtige Zäsuren der byzantinischen Geschichte sind die erste Eroberung durch die Kreuzritter 1204 und die – endgültige – zweite Eroberung durch die Osmanen 1453. Politik, Wirtschaft, Kunst und Kultur des Reiches konzentrierten sich voll und ganz auf die »gottbehütete Kaiserstadt«. Besonders die anatolischen Provinzen wurden vernachlässigt, was die Einwanderung von Stämmen und Völkern aus dem Osten ermöglichte.

Auch unter römischer Herrschaft behielt der griechisch-hellenistische Kultureinfluss seine vorherrschende Stellung in Kleinasien. Im 4. Jahrhundert verlagerte sich der politische und kulturelle Schwerpunkt des Imperiums in die östliche Mittelmeerwelt. Das riesige Weltreich war praktisch unregierbar geworden. Rom selbst und Italien wurden von den Germanen bedroht, was die Verlagerung der gefährdeten Hauptstadt nach Osten zur Folge hatte.

Kaiser Konstantin erwählte im Jahre 330 n. Chr. das alte Byzantion am Bosporus zur neuen kaiserlichen Residenzstadt. Die neue Hauptstadt, das »Neue Rom«, wurde von Grund auf neu und in aller Pracht erbaut und trug fortan den Namen seines Gründers: Konstantinopolis – Konstantins Stadt. Da unter Kaiser Konstantin das Christentum im Römischen Reich Einzug gehalten hatte, war Konstantinopel von Anfang an eine christliche Stadt. Außerdem war es von Anfang an eine griechische Stadt, da der Osten des Römischen Reiches stets seine griechische Sprache und seine griechische Kultur bewahrt hatte.

Hier am Schnittpunkt zwischen Europa und Asien konzentrierte sich eine ungeheure politische, ökonomische und kulturelle Machtfülle. Während das lateinische Rom verödete, entwickelte sich das griechische Konstantinopel zum Neuen bzw. »Zweiten Rom«. Im Jahre 395 wurde das Römische Reich endgültig geteilt: in den Westteil – das Weströmische Reich, welches bald von den Germanen übernommen wurde – und in das Oströmische Reich mit dem Zentrum Konstantinopel. Diese Teilung der damaligen Welt in einen lateinischen Westteil – den Okzident – und einen griechischen Ostteil – den Orient – war ein Vorgang von ungeheurer weltgeschichtlicher Tragweite, der bis in unsere Gegenwart fortwirkt.

Mit der politischen Teilung des Gesamtreichs entstand das Oströmische oder Byzantinische Kaiserreich.

> ## Was ist »byzantinisch«?
>
> Die Bezeichnung »byzantinisch« ist neuzeitlichen Ursprungs und kam erst im 16. Jahrhundert in europäischen Humanistenkreisen auf. Die Byzantiner bezeichneten sich selbst weiterhin als Römer – in griechischer Form »Rhomäer« – und fühlten sich auch als die legitimen Nachfolger Roms. Demgegenüber wurde die Bezeichnung Ost-Rom im Gegensatz zu West-Rom bereits in der Spätantike und im Mittelalter verwendet.

Byzantinisch bedeutet griechische Sprache, orthodoxes Christentum und autokratische, das heißt orientalische Staatsform. Der Kaiser herrschte autokratisch und war das Oberhaupt in religiöser wie staatlicher Hinsicht. Man spricht daher auch vom byzantinischen Cäsaropapismus, weil der oströmische Herrscher Kaiser und Papst in einer Person verkörperte. Vom 5. bis ins 12. Jahrhundert stellte das Oströmische Reich mit seiner Metropole Konstantinopolis eine Weltmacht dar, die den universalen Titel und Anspruch des Imperium Romanum fortsetzte. Das Oströmische Reich umfasste Südosteuropa, Anatolien und den Ostmittelmeerraum. Kulturell und religiös strahlte Konstantinopel über ganz Osteuropa aus und missionierte die Ukraine und ganz Russland nach griechisch-christlichem Vorbild. Gegenüber dem lateinisch-germanischen Abendland, das erst die Folgen der Völkerwanderung zu überwinden hatte, erwies sich Byzanz zunächst als himmelhoch überlegen. Wie ein Symbol dafür strahlte die monumentale Kuppel der Hagia Sophia, der Kirche der Heiligen Weisheit, über die »gottbehütete Kaiserstadt« und ihr Reich.

Doch ab dem 11. Jahrhundert konsolidierte sich der Westen, der nun ebenso wie Ost-Rom die Nachfolge des Römischen Reiches beanspruchte. Im römisch-deutschen Kaisertum und Papsttum erwuchsen den byzantinischen Kaisern mächtige Konkurrenten. Gegenüber dem lateinisch-katholischen Westen bildete sich ein scharfer konfessioneller und politischer Gegensatz heraus. Der Riss zwischen Ost- und Westchristentum wurde tiefer und endete schließlich in dem Schisma von 1054. Kulturell, mental und politisch drifteten das katholische Westeuropa und das orthodoxe Osteuropa auseinander. Diese innerkirchliche Teilung ist bis heute nicht überwunden.

Bis ins 13. Jahrhundert gab es weder in Europa noch im Nahen Osten eine Stadt, die an Ausdehnung, Bevölkerungszahl und prächtigen Bauwerken der oströmischen Kaiserstadt Konstantinopel gleichgekommen wäre. Reisende aus dem Westen standen staunend vor den mit Mosaiken geschmückten Palästen und gepflasterten Prachtstraßen, vor den durchweg aus Stein erbauten Häusern und den gigantischen Stadtmauern. 12 km² umfasste das von mächtigen Land- und Seemauern umgebene Stadtgebiet. Auf knapp 1 Mio. Menschen wird die Bevölkerungszahl Konstantinopels im Mittelalter geschätzt – eine ungeheure Zahl, vor allem, wenn man sie mit den damaligen Bevölkerungszahlen im Westen vergleicht. Köln, die größte deutsche Stadt des Mittelalters, kam gerade auf 20.000 Einwohner. Im ganzen Oströmischen Reich sprach man nur von der »Polis«, was auf Griechisch »die Stadt« bedeutet. Konstantinopel war die Stadt an sich, es gab in der damaligen Welt kein Gemeinwesen, das mit ihr vergleichbar gewesen wäre. Mit Recht durfte sich Konstantinopel »Nabel der Welt« nennen.

Aus »Is tin Polin« wird »Istanbul«

Den Ausdruck »in die Stadt gehen« verwenden wir auch heute noch. Wenn ein Byzantiner Konstantinopel – die »Polis« – besuchte, so ging auch er »in die Stadt«, was auf Griechisch »eis ten Polin«, gesprochen »is tin polin«, hieß. Daraus ist die volkssprachliche Bezeichnung Istanbul entstanden. Als Stadtname findet Istanbul jedoch erst seit 1922 offizielle Verwendung. Vorher – also auch während der gesamten osmanischen Periode – galt die herrschaftliche Bezeichnung Konstantinopel, osmanisch Qostantiniyye.

Freilich war diese einmalige geopolitische Lage auch von Nachteil, denn kaum eine andere Großstadt der Erde wurde im Laufe ihrer 2.500-jährigen Geschichte so oft militärisch bedroht, angegriffen, belagert oder von inneren Umstürzen heimgesucht wie Konstantinopel. Feinde gab es genug: muslimische Araber, Normannen, die italienischen Seerepubliken Genua und Venedig und die päpstlichen Kreuzritter.

▨ Monumentale Bauwerke in der Kaiserstadt

Aus der byzantinischen Kaiserzeit haben sich monumentale Bauwerke im Stadtbild des modernen Istanbul erhalten:

① *Landmauern* Gegen die Landseite war die Stadt durch einen gewaltigen dreifachen Mauerring geschützt. Die Wehrmauern staffelten sich hintereinander bis zu einer Höhe von 11 m auf und waren in bestimmten Abständen durch Wehrtürme verstärkt. Insgesamt gab es 96 Türme mit einer Mauerstärke von 5 m. Sieben prächtig ausgeschmückte Tore gewährten Einlass ins Stadtgebiet. Über 700 Jahre vermochte kein Feind diese Befestigungsanlagen zu überwinden. Die 6,7 km langen Landmauern sind streckenweise noch überraschend gut erhalten und z. T. begehbar. Sie wurden in den letzten Jahren sukzessive restauriert.

② *Das Valens-Aquädukt* Bewunderungswürdig war auch das Bewässerungssystem: Über kilometerlange Aquädukte wurden Flüsse und Bäche aus der näheren Umgebung in die Brunnen der Stadt geleitet. Ein Beispiel hiefür ist das Valens-Aquädukt aus dem 4. Jahrhundert.

Valens-Aquädukt

③ *Zisternen* Das nicht sofort verbraucht Wasser wurde in gewaltigen unterirdischen Zisternen gesammelt. Die Yerebatan-Zisterne geht auf das Zeitalter Justinians, also das 6. Jahrhundert zurück. Sie liegt 15 m unter der Erdoberfläche, weshalb sie von den Türken den schönen Namen »versunkenes Schloss« erhielt. Ihr Gewölbe wird von 336 Säulen von

Yerebatan-Zisterne

8 m Höhe und mit schön geschmückten Kapitellen gehalten und führt immer noch Wasser. Heute werden die Besucher über Holzstege geführt, begleitet von Lichtspielen und Klängen Beethovens oder Brahms (s. auch farbige Abb. S. B-7).

④ *Das Hippodrom* Das Hippodrom war der zentrale Versammlungsplatz Konstantinopels. Es befand sich unmittelbar neben den kaiserlichen Palästen. Hier fanden Pferderennen (Hippodrom) und Sportveranstaltungen statt – aber auch politische Versammlungen, Kaiserproklamationen und sogar mehrere Volksaufstände. Die Arena war 400 m lang und 150 m breit. Auf 40 Sitzreihen fanden 100.000 Menschen Platz. In seinen alten Ausmaßen ist das Hippodrom noch heute als lang gestrecktes, freies, z. T. begrüntes Rechteck kenntlich. Vier Meter beträgt die Schuttschicht über dem Niveau des byzantinischen Platzes. Ein 20 m hoher ägyptischer Obelisk, den Kaiser Theodosius im 4. Jahrhundert aufstellen ließ, markiert den Mittelpunkt des Hippodroms.

Hippodrom mit Obelisk, im Hintergrund die Sultan-Ahmet-Moschee (Blaue Moschee)

⑤ *Die Hagia Sophia* Das wichtigste Monument aus byzantinischer Zeit, das die Stadt bis heute dominiert, ist die Kirche der Heiligen Weisheit, griechisch Hagia Sophia. Sie ist die erste kaiserliche Großkirche der Christenheit überhaupt und repräsentiert in besonderer Weise die wechselvolle Geschichte der Türkei: Ursprünglich ein griechisch-orthodoxes Gotteshaus, weist sie auf das reiche byzantinische kulturelle Erbe des Landes hin, durch die spätere Umwandlung in eine islamische Moschee symbolisiert sie die Geschichte des mächtigen Osmanischen Reiches. Die Hagia Sophia wurde 537 zum ersten Mal geweiht und nach Erdbebenschäden im Jahre 552 in der heutigen Form vollendet. Erdbeben haben der Kirche im Laufe ihrer fast 1.500-jährigen Geschichte immer wieder schwer zugesetzt. Davon künden die massiven Stützmauern, die den eigentlichen Kirchenbau verdecken und den Gesamtbau irgendwie unförmig erscheinen lassen.

Die Hagia Sophia ist ein wohlproportionierter und genau berechneter Zentralbau über einem rechteckigen Grundriss, der von einer mächtigen Kuppel überwölbt ist. Ihr Durchmesser beträgt 33 m, der Scheitelpunkt erhebt sich 55 m über dem Fußboden des Kirchenraumes. Die gewaltige Baumasse der Hauptkuppel wird nach außen abgestützt durch 2 Halbkuppeln mit je 3 kleineren Nebenkuppeln. Diese Konstruktion erweckt den Eindruck, dass die Kuppel fast schwerelos über dem Kirchenraum schwebt. Die Byzantiner sagten, sie wäre mit einer goldenen Kette im Himmel verankert! Auf jeden Fall handelt es sich um eine technische Meisterleistung, deren praktische Ausführung bis heute noch nicht hundertprozentig geklärt ist. Diese Form des überkuppelten Zentralbaus ist charakteristisch für die orthodoxe, ostchristliche Sakralarchitektur – und es ist unschwer zu erkennen, dass auch die späteren Moscheebauten der Osmanen dem Vorbild der Hagia Sophia folgten.

Hagia Sophia –
Aya Sofya

Im Inneren war die Kirche mit Marmor, Alabaster und Porphyr verkleidet, z. T. auch mit Gold überzogen und mit zahlreichen Mosaiken ausgeschmückt. Im Jahr 1453, unmittelbar nach der Eroberung Konstantinopels durch die Türken, wandelte der siegreiche Sultan die christliche Kirche der Heiligen Weisheit – sie war immer noch die größte Kirche der Christenheit – in eine Moschee um, und zwar in die zentrale Reichsmoschee des Osmanischen Staates. Die Hagia Sophia behielt also ihre hohe Bedeutung und ihren hohen religiösen Rang, sie behielt auch ihren Namen, türkisch abgewandelt in Aya Sofya. Denn mit Sophia war keine Heilige gemeint, sondern die göttliche Weisheit an sich, die ja von den Muslimen in gleicher Weise verehrt wird.

Die Türken fügten die Minarette hinzu, vier an der Zahl – was auf den Rang einer Sultansmoschee hinweist. Ein Teil der farbenprächtigen byzantinischen Mosaike im Inneren hat sich erhalten, paradoxerweise weil die Türken sie über-

Pantokrator, Mosaik in der Hagia Sophia

tüncht, wohlgemerkt nicht zerstört, sondern mit Stuck oder Gips unter Putz gelegt hatten – und zwar wegen des vom Koran verordneten Verbotes, Gott und deshalb auch die Menschen, die nach seinem Bilde geschaffen worden sind, leiblich abzubilden. Aus diesem Grund konnten die Mosaike wieder Quadratzentimeter für Quadratzentimeter freigelegt werden. Das Hauptmosaik zeigt Christus in seiner Eigenschaft als Weltenherrscher, griechisch Pantokrator. In der ganzen Ostkirche wird Christus weniger als der Leidende am Kreuz gezeigt, sondern vielmehr als Herrscher im Himmel und auf Erden.

Die Hagia Sophia war für fast 1.000 Jahre das größte Heiligtum der Christenheit. Der Petersdom zu Rom, der in seiner gegenwärtigen Form an Baumasse umfangreicher ist und nun die größte christliche Kirche darstellt, ist der Konstantinopler Kaiserkirche gegenüber ein Emporkömmling des 16. und 17. Jahrhunderts, letztlich ein Parvenü des Barockzeitalters. Als Michelangelo um das Jahr 1550 herum die Kuppel des Petersdoms berechnete, bestand die Hagia Sophia schon 1.000 Jahre.

Im Jahre 1934 wurde das Bauwerk auf Befehl Kemal Atatürks, des Begründers der Türkischen Republik, in ein weltliches Museum umgewandelt und damit allen Besuchern zugänglich gemacht. Ihre Benennung zu einem Museum und zum kulturellen Welterbe ist ein Zeichen für die säkulare Ausrichtung der neuen türkischen Republik.

▨ Das Katastrophenjahr 1204

Kein Imperium – war es zeitweise noch so mächtig – hat sich in der Weltgeschichte als beständig erwiesen, und auch das Reich der Byzantiner, der Ost-Römer, hat sein Ende gefunden. Der Untergang des Oströmischen Reiches erfolgte in zwei Etappen. Im Jahre 1204 wurde die christlich-orthodoxe Kaiserstadt zum ersten Mal von einer Flotte und einem Heer christlicher Kreuzritter während des 4. Kreuzzuges erobert. Anstifter zu diesem Überfall war wohl die Handelsrepublik Venedig, die sich auf diese Weise ihres mächtigsten Handelsrivalen entledigte. Die Ausführenden waren französische, italienische, flämische und deutsche Kreuzritter. Sie plünderten die orthodoxen Kirchen und kaiserlichen Paläste gnadenlos aus und zogen mit den geraubten Schätzen wieder zurück, ohne Anstalten zu machen, weiter ins Heilige Land einzudringen. Auch aus der Hagia Sophia wurde alles fortgeschafft oder eingeschmolzen, was nicht niet- und nagelfest war. Das berühmteste Raubgut ist die Quadriga: die vier sogenannten Markus-Pferde am Markusdom von Venedig, die bis 1204 über der kaiserlichen Loge auf dem Hippodrom standen.

Diese Katastrophe von 1204 ist im Westen nahezu in Vergessenheit geraten, im orthodoxen Ost- und Südosteuropa jedoch markiert dieses Datum auch nach 800 Jahren immer noch ein furchtbares Trauma. Konstantinopel hat sich von diesem barbarischen Schlag, der aus dem katholisch-christlichen Westen kam und in den westlichen Geschichtsbüchern als 4. Kreuzzug bezeichnet wird, nicht mehr erholt. Das Oströmische Reich wurde zerschlagen und um Konstantinopel blieb lediglich ein kleines griechisches Restreich bestehen. 1261 bezog wieder ein byzantinischer Kaiser die Residenz in Konstantinopel. Das arg geschrumpfte Reich sah sich bald mit einem übermächtigen Gegner, nämlich mit den muslimischen Türken konfrontiert, die unaufhaltsam aus Anatolien nach Westen und schon bald über den Bosporus in den Balkan vordrangen. So schrumpfte das byzantinische Restreich immer mehr zusammen, bis nur noch die Stadtfläche innerhalb der mächtigen Landmauern als Staatsgebiet übrig blieb. Der Erhalt des Reiches ist der geschickten kaiserlichen Diplomatie und einer Bündnispolitik zu verdanken, die nach allen Seiten, auch zu den Osmanen, offen war. Die Stadt selbst war zu diesem Zeitpunkt weitgehend verödet und zählte kaum mehr als 20.000 Einwohner.

Galata – Pera – Beyoğlu

Als Folge des 4. Kreuzzugs entstand jenseits des Goldenen Horns, gegenüber der griechisch-byzantinischen Kaiserstadt, eine eigene europäische Siedlung, in der sich in erster Linie genuesische und venezianische Kaufleute niederließen. Diese Stadt, die unabhängig von Byzanz, selbstständig und schwer befestigt war, hieß Galata, später auch Pera (griechisch »gegenüber«). Als Zeichen ihrer städtischen Autonomie erhebt sich seit dem 14. Jahrhundert der tonnenförmige Galata-Turm über der Stadt und dominiert das Goldene Horn.

Die genuesische Stadt Galata bzw. Pera wurde nach europäischem Muster mit breiten Straßen und Plätzen errichtet. Erst in osmanischer Zeit verlor Pera seine Selbstständigkeit und wurde Istanbul eingemeindet. Das europäische Erbe in diesem Stadtteil, der heute Beyoğlu genannt wird, ist auch heute noch deutlich zu erkennen.

Blick auf das Goldene Horn und den Galata-Turm

■ 1453: Eroberung Konstantinopels durch die Osmanen

Die Eroberung Konstantinopels durch die muslimischen Türken im Jahre 1453 stellte einerseits zweifelsohne einen gewaltsamen Bruch in der Stadtgeschichte dar, ermöglichte aber andererseits auch den Neubeginn und Wiederaufbau.

Nach 53-tägiger Belagerung fiel die Stadt am Bosporus 1453 in die Hände der Osmanen. Der siegreiche Sultan Mehmet II. trägt seitdem den Beinamen Fatih, »der Eroberer«. Der Erfolg der Osmanen stützte sich nicht nur auf ihre machtpolitische Überlegenheit, sondern auch auf die verbreitete antiwestliche (»antilateinische«) Stimmung im griechisch-orthodoxen Byzanz. Von zeitgenössischen griechischen Chronisten ist uns der Spruch »Lieber den Turban des Sultans als die Tiara des Papstes« überliefert, wie es ein zeitgenössischer griechischer Chronist ausgedrückt hat.

3. Das Osmanische Reich (1453–1922)

Ein orientalisch-europäisches Weltreich

Siehe Karte »Osmanisches Reich« im Farbteil, Seite B-1

Seit dem 11. Jahrhundert drangen islamisierte türkische Nomadenstämme aus Zentralasien nach Anatolien vor und drängten das Byzantinische Reich Schritt für Schritt zurück. Die türkische Dynastie der Osmanen gründete um 1280 im Inneren Anatoliens das »Osmanische Sultansreich«. 1453 nahm Sultan Mehmet II. (Beiname »der Eroberer«) Konstantinopel ein und errichtete hier die Residenz des osmanischen Staates. Konstantinopel blieb (wie in byzantinischer Zeit) die größte und volkreichste Stadt Europas, nahm aber in der Folgezeit den Volksnamen »Istanbul« an. Prächtige Moscheen, Paläste und Bäder (Hamams) bezeugen bis heute die hohe osmanische Kunst und Kultur. Im 16. und 17. Jahrhundert erreichte das Osmanische Reich eine große territoriale Ausdehnung, »der Schatten des Großherren fiel über drei Erdteile«, hieß es. Das Reich umfasste den gesamten Balkan, Kleinasien und den Nahen Osten mit Mekka und Medina sowie Ägypten und Nordafrika. Es war kulturell und administrativ ein orientalisch-europäisches Staatswesen, das Orient und Okzident in sich vereinte. Obwohl der Islam die bestimmende Staatsreligion war, blieb die griechische Orthodoxie weiterhin ein wichtiger Machtfaktor. Auch die christlichen Untertanen standen der Sultansherrschaft durchaus loyal gegenüber. Christen und Juden wurden in ihrer Religionsausübung nicht gestört und stiegen bis in höchste Ämter auf. Die Osmanen beherrschten ein in sich fein abgestimmtes und austariertes multikulturelles Vielvölkerreich. Bis in das 18. Jahrhundert hinein verfügte das Reich über eine funktionierende Verwaltung und ein schlagkräftiges Heer, weswegen es ein gefragter Bündnispartner der europäischen Mächte war. Den sogenannten Türkenkriegen (Niederlage der Osmanen vor Wien im Jahre 1683) folgte eine Annäherung des Osmanischen Reiches an die europäischen Mächte (Habsburgerreich, Frankreich), um den gemeinsamen Gegner Russland abzuwehren. Damit einher ging ein intensiver Kulturaustausch zwischen Okzident und Orient. In Europa hielt z. B. die sogenannte Türkenmode Einzug: Kaffee- und Tabakgenuss, Opern in osmanischem Ambiente (Mozart) und Möbel (Ottomane, Divan).

Der machtpolitische Niedergang des Osmanenreiches zum »kranken Mann am Bosporus« erfolgte im 19. Jhd. Gründe waren die Expansion des russischen Zarenreiches und der Imperialismus der europäischen Großmächte. Aus der von den europäischen Mächten beabsichtigten Aufteilung der osmanischen Territorien entstand die »orientalische Frage«, die zum Ersten Weltkrieg führte. 1914 stellte sich das Sultansreich auf die Seite der Mittelmächte (Deutschland, Österreich-Ungarn) und fand 1918 zusammen mit der kaiserlichen und königlichen Monarchie und dem Deutschen Reich sein Ende.

Die Geschichte des Osmanischen Reiches verlief während der letzten zwei Jahrhunderte von Byzanz (im 14. und 15.Jahrhundert) parallel zur byzantinischen Geschichte. Die Osmanen gewannen innen- wie außenpolitisch immer mehr Einfluss auf das späte Byzanz, immer mehr griechische Gebiete fielen unter osmanische Herrschaft, bis infolge der osmanischen Eroberung Konstantinopels 1453 der byzantinische Kaiserstaat definitiv beseitigt wurde und das türkisch-osmanische Sultanat die politische, aber auch die ideelle Nachfolge des oströmischen Imperiums antrat.

■ Turkvölker – Türken – Osmanen

Woher kamen die Türken? Wann erschienen sie in Anatolien? Zur Beantwortung dieser Fragen gehen wir in der Geschichte noch einmal um ein halbes Jahrtausend zurück, in die Zeitepoche, in der sich türkische bzw. turkvölkische Stämme zum erste Mal historisch wie archäologisch fassbar zu größeren politischen Einheiten, zu Herrschaftsverbänden und Reichen zusammenschlossen. Im 5. Jahrhundert sind türkische Nomadenvölker in Zentralasien und in der Steppenzone Osteuropas belegt. Von dort breiteten sich türkische Reiternomadenstämme über das riesige Gebiet von der Westgrenze Chinas bis nach Mitteleuropa aus. Einige Völkernamen wurden schon erwähnt: Kasachen, Kirgisen, Turkmenen, Usbeken. Auch in Zentraleuropa traten Turkvölker als politisch und kulturell gestaltende Kräfte auf: So waren die Hunnen des 5. Jahrhunderts mit ihrem König Attila türkischer Herkunft, ebenso die Tataren, die im 13. Jahrhundert nach Westen vorstießen und für zwei Jahrhunderte Russland beherrschten.

Alle diese Stämme waren Reiterhirten, also auf Weidegründen wandernde Viehzüchter. Diese schweifende Lebensform des Nomadismus steht in signifikantem Kontrast zur Landwirtschaft treibenden, sesshaften, bäuerlichen bzw. städtischen Lebensform, wie sie im Orient, aber auch im Abendland üblich war. Aus diesem Gegensatz heraus ist zu verstehen, dass sowohl die christliche wie auch die muslimische Historiographie diese Hirtenvölker stereotyp als aggressiv, kriegerisch und auf Ausbeutung der sesshaften Zivilisationen bedacht beschrieb.

Ab dem 11. Jahrhundert drangen Turkvölker über den Iran in die islamische, persisch-arabische Hochkultur des Nahen Ostens ein. Sie assimilierten bzw. akkulturierten sich, übernahmen den Islam und bildeten in den muslimischen Reichen von Bagdad, Damaskus und Kairo bald einflussreiche Kriegerkasten. Diese türkischen Prätorianergarden schwangen sich dann selbst zur Herrschaft auf und übernahmen im 12. und 13. Jahrhundert die militärische und politische Macht im Nahen Osten. Die militanten Gegner, auf welche die abendländischen Kreuzritter im Orient stießen, waren also eigentlich nicht die Araber, sondern eben diese islamisierten türkischen Kriegerdynastien.

Eine dieser türkischen Dynastien waren die Seldschuken (Selcuk), die vom 11. bis zum 13. Jahrhundert ihre Macht auf ganz Anatolien ausdehnten und ein eigenes Sultanat gründeten: das Sultanat der Rum-Seldschuken von Konya. »Rum« ist der aus dem Griechischen entnommene türkische Begriff für Rom, womit Ost-Rom, also Byzanz gemeint war. Rum-Seldschuken bedeutete also »Staat der Seldschuken auf oströmischem Boden«. Denn das südliche und innere Kleinasien musste bereits zu dieser Zeit von der byzantinischen Herrschaft geräumt werden. Die Kultur der Seldschuken in Anatolien war stark vom Iran, also von persischen Einflüssen bestimmt. Wer heute Antalya besucht, kann beispielsweise das berühmte Yivli-Minarett, ein seldschukisches Bauwerk von 1230, besichtigen.

Nach dem Zerfall des Seldschukenreiches wanderten weitere türkische Stämme aus Zentralasien in Anatolien ein und gründeten in der zweiten Hälfte des 13. Jahrhunderts kleine Herrschaftsbezirke, sogenannte *Beyliks*, benannt jeweils nach dem Stammesältesten oder Häuptling (Bey). Das christliche byzantinische Restreich wurde dabei immer weiter zurückgedrängt und beschränkte sich schließlich nur noch auf Konstantinopel und das Gebiet rund um das Marmarameer. Die Hauptlast des muslimischen Kampfes lag auf den Schultern der *Gazi*, wie die Glaubensstreiter für den Islam genannt wurden. Um 1288 wird im äußersten Nordwesten Kleinasiens, an der umkämpften byzantinischen Grenze, ein Gazi namens Osman erwähnt, dem es gelungen war, zahlreiche türkische Beyliks und Kleinfürstentümer zu einem Staatsgebilde zu vereinigen. Aus der Stammesföderation entstand noch unter Osmans Herrschaft um 1300 ein Emirat (Emir bedeutet »Befehlshaber«, in westlichem Sinne »Fürst«). Zu Byzanz und der noch immer in ihrer Spätblüte prächtigen Kaiserstadt Konstantinopel entwickelten sich besondere Beziehungen. Zwar wurde die Metropole am Bosporus von Emir Osman und seinem Sohn Orhan in Bedrängnis gebracht, doch fand ein reicher kultureller Austausch statt, der sich in engen diplomatischen und dynastischen Verbindungen äußerte. Das junge Osmanische Reich hat dabei viel Byzantinisches in Kultur und Staatsauffassung übernommen und in seine Gesellschaft integriert. Tiefen Einfluss übte die kaiserlich-imperiale Tradition Ostroms aus. Zusammen mit dem islamischen Recht und der alttürkischen militärischen

Ordnung bildete das byzantinische Erbe die dritte Säule des kommenden Weltreichs.

1326 eroberte Orhan die byzantinische Großstadt Bursa am Fuße des Bithynischen Olymps (der Berg heißt türkisch *Uludağ*) und verwandelte sie zur ersten Residenzstadt des Reiches. Der berühmte Konzilsort Nikäa ergab sich 1330 der neuen muslimischen Macht. Nikäa (türkisch *Iznik*) war nur mehr eine Tagesreise von Konstantinopel entfernt. Orhan und sein Nachfolger Murat I. (1359–1389) übernahmen bereits den höchsten muslimischen Herrschertitel Sultan (»Alleinherrscher«). Ihre Dynastie erhielt die Bezeichnung »Osmanen« nach ihrem Gründer Osman, und ihr wachsendes Reich nannte man entsprechend das »Osmanische Reich«.

> ### Die Dynastie der Osmanen
>
> Osman stand am Anfang der Sultansreihe, die erst 1922 enden sollte.
> 37 Herrscher verschiedenster Persönlichkeitstypen – vom Eroberer bis zum Dichter – repräsentierten das Reich. Mit über 700 Jahren auf dem Sultansthron stellte die osmanische Dynastie demnach das am längsten regierende Herrschergeschlecht der Weltgeschichte dar.

In einem der zahlreichen Kleinkriege mit Byzanz überschritten die Osmanen im Jahr 1354 die Dardanellen und setzten sich in Europa fest. 1362 eroberten sie das thrakische Adrianopel, die drittgrößte byzantinische Stadt nach Konstantinopel und Saloniki, und erklärten sie sogleich zur neuen Hauptstadt (Adrianopel ist das heutige türkische Edirne). Mit der Eroberung Thrakiens wurde der osmanische Anspruch auf die Herrschaft über den alten oströmischen europäischen Teil des Reiches manifestiert. Das christlich-orthodoxe Südosteuropa, das nun sukzessive von den Osmanen erobert wurde, heißt in osmanischer Diktion daher Rumelien, also römisches, oströmisches Reich. Der kleinasiatische Teil des Reiches behielt seinen griechischen Namen Anatolia (Land des Sonnenaufgangs), türkisch Anadolu.

■ Expansion nach Europa

Im Balkanraum – Bulgarien, Makedonien, Albanien und Serbien – stießen die Osmanen auf eine politisch völlig zersplitterte Region, auf eine Vielzahl von sich gegenseitig bekriegenden Clans, Stämmen und Kleinfürstentümern. Diese waren zwar christlich-orthodox und damit tief von byzantinischer Kultur geprägt, jedoch unfähig, eine politisch einheitliche Kraft herzustellen. Dem militärisch straff organisierten Osmanenreich vermochten sie keinen Widerstand entgegenzusetzen. Die Osmanen versprachen Schonung des orthodoxen Klerus, gerechte Steuern für die christlichen Unterworfenen und Befriedung des Landes. Wie sich bald unter den Balkanchristen herumsprach, waren dies keine leeren Versprechungen. 1371 wurde Makedonien türkisch, 1389 fand die berühmt-berüchtigte osmanisch-serbische Schlacht auf dem Amselfeld im Kosovo statt, in deren Folge der innere Balkan osmanisch wurde. 1393 wurde Bulgarien in eine osmanische Provinz umgewandelt.

Auch in Anatolien ging die Expansion voran; mit teils friedlichen, teils kriegerischen Mitteln wurden die noch bestehenden seldschukischen und turkmenischen Kleinherrschaften in den osmanischen Gesamtstaat eingegliedert. Byzanz, das – noch – nicht direkt attackiert wurde, war zur Tributpflicht gezwungen und wandelte sich damit de facto zu einem Vasallenstaat. In der Ägäis trafen die Osmanen auf die Interessen der italienischen Handels- und Seemächte Venedig und Genua. Diese beiden Stadtrepubliken erkannten bald, wem die Vormacht in diesem Raum zufallen würde, und versuchten zunächst mit Erfolg, ihre Handelstätigkeit in diesem Raum durch Verträge mit dem Sultan abzusichern. Doch ab dem 16. Jahrhundert verdrängten die Osmanen die Venezianer aus der Levante, also aus dem östlichen Mittelmeerraum, und überließen den Griechen, mithin osmanischen Untertanen, die wirtschaftliche Erschließung der Handelsrouten von Ost nach West.

Bei ihrem Vormarsch nach Mitteleuropa stießen die Osmanen auf den energischen Widerstand des Königreichs Ungarn. Ungarn, im späten Mittelalter auch Kroatien und Siebenbürgen mit einbeziehend, war die Vormacht Südosteuropas, ein katholisches, abendländisch-feudalrechtlich geprägtes Königreich. Den Ungarn gelang es, die Osmanen noch für ein Jahrhundert an der Donau aufzuhalten. Zwei Kreuzzüge westlicher Ritter, die das Ziel hatten, die Osmanen aus Europa zu vertreiben und ihrerseits Konstantinopel einzunehmen, scheiterten in spektakulären Niederlagen 1396 und 1444. Der osmanische Sieger von 1396, Sultan Bayezit, erhielt daher den Beinamen Yıldırım »der Blitz«, einen Namen, auf den man in der Türkei noch heute oft stößt. Diese osmanischen Siege ließen im Abendland für die nächsten eineinhalb Jahrhunderte den Nimbus der »Unbesiegbarkeit der Türken« aufkommen.

▨ Mehmet II. Fatih: der Eroberer

Der Balkan (Rumelien) und Kleinasien (Anatolien) waren nun osmanisch. Zwischen beiden Reichsteilen eingekeilt lag Byzanz, dessen Staatsterritorium buchstäblich auf das Stadtgebiet Konstantinopels eingeschränkt war. 1453 fiel die Stadt nach längerer Belagerung in die Hände Sultan Mehmets II., der von da an den Beinamen Fatih (gespr.: Fatich) »Eroberer« trug. Hierbei ist zu bedenken, dass es nicht nur die machtpolitische Überlegenheit der Osmanen war, die Konstantinopel fallen ließ, sondern auch die Überzeugung des griechisch-orthodoxen Klerus, dass die Herrschaft des Sultans einer eventuell drohenden Macht-übernahme lateinisch-päpstlicher Kräfte bei Weitem vorzuziehen sei.

Konstantinopel, genau am Schnittpunkt des asiatisch-europäischen und osma-nischen Großreiches gelegen, wurde zur neuen Hauptstadt des Osmanenreiches erhoben und entsprechend im imperialen und repräsentativen Stil ausgebaut. In den folgenden Jahrhunderten wurde Konstantinopel erneut das, was es in der byzantinischen Glanzzeit einst war: die größte Stadt Europas.

Die Eroberung der alten Kaiserstadt am Bosporus rief im Abendland relativ wenig Resonanz hervor, denn im Westen war die Meinung vorherrschend, dass dies der »häretischen« Ostkirche zu Recht geschähe. Nicht zuletzt vor diesem Hintergrund rollte die osmanische Expansion weiter. Unter Selim dem Gestrengen (Yavuz Sultan Selim) wurden Syrien und Ägypten dem Reich einverleibt, dazu die unermesslichen Ressourcen Mesopotamiens. Mit dem Besitz Mekkas und Medinas ging 1517 der Kalifentitel auf den Sultan über. Bis 1922 war der osma-nische Sultan auch der Kalif, das heißt der Stellvertreter des Propheten auf Erden und damit der religiöse Führer nicht nur der osmanischen Muslime, sondern der Muslime der Welt. Dem Sultan wurde damit eine beispiellose Rangerhöhung zuteil. Die zeitgenössischen westlichen Quellen versuchten, die hohe Stellung des osmanischen Herrschers zum Ausdruck zu bringen, indem sie ihn den »Tür-ckischen Kayser« nannten. Am osmanischen Hof selbst – im Topkapı Sarayı – wurde der aus dem Persischen stammende Titel Padischah – König der Könige oder »Großherr« – üblich. Blumige orientalische Quellen sprachen vom »Schatten Gottes auf Erden«.

Der Nachfolger Selims war Süleyman, den das Abendland »Il Magnifico« (den Prächtigen) nennt und der in der osmanischen Historiographie »Kanunî« (der Gesetzgeber) heißt. Unter ihm wurde die streng zentralistische, autokratische Staatsform kodifiziert.

Das Zeitalter Süleymans des Prächtigen

Die Geschichte des Osmanischen Reiches ist verworren und kompliziert. Ihre Agie-
renden sind nicht nur die Dynastie der Osmanen, sondern auch die das Reich beherr-
schenden und die von ihm beherrschten Völker – Türken, Araber, Serben, Griechen,
Armenier, Juden, Bulgaren, Ungarn, Albanier und viele andere Völker mehr. Diese
Geschichte ist zugleich die Geschichte der bedeutendsten religiösen Gruppen wie
Muslime, Juden und Christen, die Untertanen des Osmanischen Reiches waren. Sie
beinhaltet die Beziehungen der Osmanen zu ihren Nachbarn in Europa und Asien
und die als die Orientalische Frage bezeichneten komplizierten Kriege, Eroberungen,
Verhandlungen und Festlegungen der Hoheitsgebiete. Weiterhin gibt es innerhalb der
Geschichte der Osmanen die Geschichte der politischen, sozialen und Verwaltungs-
institutionen des Multinationalen und multikulturellen Reiches.

Stanford Shaw, 1976

So wie das Osmanische Reich unter Süleyman dem Prächtigen seine größte
territoriale Ausdehnung erfuhr, erreichten auch Gesellschaft und Regierung,
die sich seit den Zeiten Osmans I. entwickelt hatten, ihre klassischen Formen und Ausprägungen, die sie für die nächsten vier Jahrhunderte charakte-
risieren sollten. Vier Grundbegriffe waren es, die in besonders hohem Maße
Denken, Handeln und Institutionen in der traditionellen osmanischen Ordnung bestimmten. Es waren dies: **devlet**, die Art und Weise, auf die sich die
Gesellschaft als Staatswesen organisierte; **mukata'a**, das Instrument, durch
das die herrscherliche Autorität zum Zwecke der Verwaltung auf Untertanen
übertragen wurde; **kanun ve adet**, die Begriffe des Gesetzes und der Gebräuche, die die Grundlagen der Autorität bildeten; und **had**, die Vorstellung
von den Schranken, die den Status des Einzelnen und seine persönlichen
Beziehungen innerhalb der osmanischen Gesellschaft bestimmten und be-
grenzten.

Der Staat

Die osmanische Gesellschaft war sowohl horizontal wie vertikal strukturiert.
Die grundlegende horizontale Teilung war die zwischen der kleinen Gruppe
der Herrschenden und der großen Masse der Untertanen. Die Mitglieder der
herrschenden Klasse wurden **Osmanlı**, Osmanen, genannt. Um in dieser
Klasse akzeptiert zu werden, musste man drei Bedingungen erfüllen: 1. Loyalität zum Sultan und zu seinem Staat bekunden, 2. den Islam annehmen
und ausüben, einschließlich des ganzen dazugehörenden Komplexes von
Vorstellungen und Handlungen, und 3. den sogenannten osmanischen
Weg kennen und praktizieren, jenes verwickelte System von Gebräuchen

und Verhaltensweisen, zu dem auch eine eigene Sprache, das Osmanische, gehörte. Menschen, die irgendeine dieser Bedingungen nicht erfüllten, wurden zu den Untertanen gezählt, die **reaya**, die behütete Herde des Sultans, genannt wurden. Reaya konnten jedoch ohne Schwierigkeit in die Schicht der Osmanen aufsteigen, wenn sie die genannten Bedingungen erfüllten, während andererseits Osmanen, die die Charakteristika verloren bzw. die vorgeschriebenen Handlungen nicht mehr ausführten, zu reaya werden konnten. Es gab also eine Gesellschaftsstruktur, die soziale Mobilität auf der Grundlage genau umschriebener und erreichbarer Attribute ermöglichte. In diesem Zusammenhang sollte darauf hingewiesen werden, dass der Begriff reaya sich im 16. Jahrhundert auf alle Untertanen, Christen wie Muslime, bezog und erst in der Periode des Niedergangs nur noch auf die christlichen Untertanen des Sultans angewandt wurde.

Jede der beiden großen Klassen, Herrschende und Untertanen, hatte ihren Platz und ihre Funktion in der osmanischen Gesellschaft. Mitglieder der herrschenden Klasse wurden als Sklaven des Sultans angesehen. Ihr Besitz, ihre Person, ja sogar ihr Leben, standen darum völlig zu seiner Verfügung, sodass er mit ihnen machen konnte, was ihm gefiel. Es gab allerdings einen grundlegenden Unterschied zwischen der osmanisch-islamischen und der westlichen Vorstellung von Sklaverei, denn osmanische Sklaven wurden in jeder Hinsicht als Mitglieder der Familie ihres Herrn betrachtet und genossen dementsprechend auch seinen sozialen Status. Darum erreichten die ›Osmanlı‹ als des Sultans Sklaven seinen sozialen Status und wurden damit zur herrschenden Klasse, deren wesentliche Aufgabe es war, die islamische Natur des Staates zu erhalten und das Reich zu regieren und zu verteidigen. Nach osmanischer Vorstellung war das entscheidende Merkmal der Souveränität das Recht, alle Quellen des Reichtums im Imperium zu besitzen, verbunden mit der notwendigen Autorität, diese Quellen auch auszubeuten. Die Aufgabe, diesen Reichtum für das Wohl des Sultans und seines Staates zu vergrößern, zu schützen und auszubeuten, war darum die wichtigste Pflicht der herrschenden Klasse. Die erste Pflicht der reaya dagegen war es, jenen Reichtum zu produzieren, indem sie das Land bebauten oder sich Handel und Industrie widmeten.

Der osmanische Staat umfasste die Institutionen und Hierarchien, die sowohl von der herrschenden Klasse wie von der Klasse der Untertanen entwickelt worden waren, damit sie ihre Funktionen ausüben konnten. Die herrschende Klasse unterteilte sich in vier funktional bestimmte Institutionen: die imperiale Institution (**mülkiyye**), die vom Sultan selbst geführt wurde, hatte den übrigen Institutionen wie der osmanischen Ordnung in ihrer

Gesamtheit Führung und Richtung zu geben; der militärischen Institution (**seyfiyye**) fiel die Aufgabe zu, das Reich auszudehnen und zu schützen; die Verwaltungsinstitution (**kalemiyye**), die den Staatsschatz (hazine-i 'amire) betreute, hatte besonders die Aufgabe, die Einkünfte des Imperiums einzutreiben und auszugeben; die kulturelle Institution (**ilmiyye**), zu der alle Osmanen gehörten, die sich in den religiösen Wissenschaften auskannten, hatte die Aufgabe, den Glauben zu vertreten und auszubreiten, insbesondere das religiöse Gesetz (Şeri'at) aufrechtzuerhalten, seine Anwendung in den Gerichtshöfen, seine Darstellung in den Moscheen und Schulen, sein Studium und seine Interpretation wahrzunehmen.

Devşirme

Jede Institution unterhielt ihre eigenen Schulen, um neue Mitglieder in den besonderen Techniken und Traditionen zu erziehen, die sie von den anderen unterschied. Viele neue Mitglieder waren die Kinder von alten; es sollte jedoch daran erinnert werden, dass ihnen der Eintritt in die herrschende Schicht nicht durch erbliche oder andere Rechte ermöglicht wurde, sondern allein aufgrund der Erziehung, die sie zur Erfüllung der von ihnen verlangten Qualifikationen befähigte. Viele neue Mitglieder kamen durch das **devşirme**-System herein, also durch die Aushebung der bestgeeigneten christlichen Jugendlichen für den Dienst des Sultans; sie wurden zum Islam bekehrt und als Osmanen in der von Mehmed II. errichteten Palastschule wie auch an anderen Schulen erzogen, die zu diesem Zweck in Istanbul und den Provinzen unterhalten wurden. Die besten *devşirme*-Zöglinge wurden in Ämter im Palast und in der imperialen Institution eingesetzt, andere wurden Verwaltungsbeamte oder Soldaten, als die sie das Infanteriekorps der Janitscharen bildeten. Wie wir bereits gesehen haben, stärkten in den Jahren nach 1453 Mehmed II. und seine Nachfolger die *devşirme*-Renegaten, indem sie ihnen äußerst umfangreiche neue Einkünfte und Stellungen übertrugen, die durch Eroberungen gewonnen worden waren. Mit der Regierung Süleymans des Prächtigen erlangten die *devşirme*-Männer dann die dominierende Stellung innerhalb der herrschenden Schicht, obwohl die Nachkommen der alten türkischen Aristokratie und auch Verwaltungsbeamte und **ulema** aus Anatolien und den arabischen Provinzen weiterhin Dienst taten.

Die herrschende Klasse hatte auch andere Möglichkeiten, den Nachwuchsbedarf zu decken. Sklaven, die als Kriegsgefangene erworben oder aus dem Gebiet des Kaukasus oder aus Zentral-Afrika gekauft worden waren, stiegen in den Haushalten ihrer Herren auf, bis viele von ihnen die Charakteristika und die Würde von Osmanen annahmen. Erwachsene Muslime und Christen aus allen Teilen des Reiches strömten in die Hauptstadt, um ihr Glück zu suchen, und viele von ihnen wurden ebenfalls Osmanen und stiegen zu hohen Ämtern auf. Überall im Reich gab es eine ständige Bewegung von muslimischen, christlichen und jüdischen Untertanen, die die Attribute von Osmanen erwarben und deutlich kundtaten, bis auch sie als solche anerkannt wurden. So eröffnete ein fließendes Sozialsystem begabten Untertanen und selbst Sklaven die Möglichkeit, die höchsten Ziele zu erreichen, auf die sich ihr Ehrgeiz und ihre Fähigkeiten richteten. Der Sultan aber konnte die besten seiner Untertanen in seinen Dienst ziehen und ständig den Bedarf nach mehr und mehr Männern für jene Institutionen befriedigen, von denen das Reich getragen wurde.

Es ist einfach, das *devşirme*-System zu verurteilen, weil es die Trennung von Familie, Heimat und Religion zur Vorbedingung für das Emporkommen im Staatsdienst machte, und die Forderung zu kritisieren, dass man als eine der wichtigsten Voraussetzungen für den Eintritt in die herrschende Klasse zum Islam übertreten musste – aber diese Forderungen waren nicht mehr als natürliche Erscheinungsformen jener Gesellschaft, in der sie erhoben wurden, denn in der osmanischen Gesellschaft war ebenso wie im Europa jener Zeit die Religion die bedeutsamste Angelegenheit im Leben des Einzelnen. Religion war nicht einfach nur eine Äußerung von Überzeugungen eines Einzelnen oder einer Gruppe über das Leben und die Stellung des Individuums, sondern es war mehr eine verbindliche Bestimmung richtigen Verhaltens und des Standorts des Menschen in allen Lebensbereichen. Menschen sprachen, handelten, arbeiteten, heirateten, kauften, verkauften, erbten und starben unter Beachtung der jeweiligen Vorschriften ihrer Religion. Ihre Religion äußerte sich in der Art und Weise, wie sie sprachen, und in der Kleidung, die sie trugen. Die gesamte menschliche Existenz drückte sich in religiösen Formen aus und war unter ihnen geordnet. Es war darum nur natürlich, dass eine Veränderung im sozialen Status auch von einem Wandel im religiösen Bereich begleitet war und dass eine Änderung der Religion für den Einzelnen ein Mittel war, die Charakteristika zu erwerben, die ihm den Eintritt in eine neue Klasse eröffneten. In vielen Fällen erfolgte überdies die Konversion nur an der Oberfläche; es ging darum, die äußeren Voraussetzungen für ein Emporkommen zu erwerben, während die alten Überzeugungen und Traditionen wie auch die alten Familienbande insgeheim so wirksam blieben wie zuvor.

Millet

In jenen Bereichen des Lebens, deren Organisation sich nicht in Händen des Staatsapparats und der herrschenden Klasse befand, stand es den Untertanen frei, ihr Leben so zu gestalten, wie sie es wünschten. Als eine natürliche Äußerung der osmanischen Gesellschaft war diese Gestaltung weitgehend von religiösen und beruflichen Unterscheidungen geprägt. Die grundlegende vertikale Strukturierung der Untertanen wurde von der Religionszugehörigkeit bestimmt. Jede religiöse Gruppe durfte sich als weitgehend selbstbezogene und autonome Gemeinschaft, genannt **millet**, mit ihren eigenen Gesetzen und mit einer eigenen Verwaltungsstruktur unter ihrem jeweiligen religiösen Oberhaupt organisieren. Das Oberhaupt der muslimischen *millet* war der Şeyhülislam, der Scheich des Islam, der zugleich der Führer der kulturellen Institution der herrschenden Klasse war; das Oberhaupt der jüdischen *millet* war der Oberrabbiner (*Hahambaşı*); der Patriarch der Orthodoxen Kirche leitete die orthodoxe christliche *millet*, und so weiter. Jedes Oberhaupt einer *millet* war der Herrscher seines Volkes nach den jeweiligen Regeln seiner Religion und seiner Gemeinschaft. Er war gegenüber der herrschenden Klasse des Reiches für die Erfüllung der Pflichten und Aufgaben der *millet*-Mitglieder verantwortlich, insbesondere für das Steuerzahlen und die Aufrechterhaltung der öffentlichen Ordnung. Einzelne der reaya waren darum normalerweise dem Staat gegenüber nur indirekt verantwortlich und hatten mit Mitgliedern der herrschenden Schicht nur indirekt durch die Person ihrer jeweiligen *millet*-Oberhäupter Kontakt. Nur wenn letztere bei der Ausübung ihrer Pflichten versagten, griffen Regierungsbeamte direkt in die inneren Angelegenheiten ihrer *millet* ein. Die *millet* nahm also zahlreiche soziale und administrative Funktionen wahr, die nicht als in den Rahmen der Staatsaufgaben fallend betrachtet wurden, wie etwa Heiraten, Scheidungen, Geburten und Todesfälle, Gesundheitsfürsorge, Erziehungswesen, öffentliche Ordnung und Rechtspflege. Jede *millet* unterhielt darum ihre eigenen Schulen, Hospitäler, Wohlfahrtseinrichtungen und Gerichtshöfe – eine Tradition, die im Vorderen Orient noch weiter wirkte, lange nachdem das offizielle *millet*-System, das sie hervorgebracht hatte, durch Entwicklungen in jüngerer Zeit aufgehoben worden war. Theoretisch genossen die *millets* in der traditionellen osmanischen Gesellschaft den gleichen Status, in Wirklichkeit hatte die muslimische *millet* jedoch eindeutig eine herausgehobene Position, und das aus ersichtlichen Gründen: Sie allein von allen *millets* hatte die gleiche Religion wie die herrschende Schicht. Nur nach vorheriger Mitgliedschaft in der muslimischen *millet* konnten Anhänger anderer Religionen in die herrschende Klasse eintreten. Nur in der muslimischen *millet* war Apostasie verboten. Erhoben sich Streitigkeiten zwischen Mitgliedern verschiedener *millets*, mussten solche Fälle nach muslimischem Recht von muslimischen Gerichtshöfen entschieden werden. Und schließlich spielte allein der Şeyhülislam unter den Oberhäuptern der *millets* eine bedeutsame Rolle bei den politisch wichtigen Entscheidungen im Reich.

Innerhalb des *millet*-Systems gab es genauso wie in der osmanischen Gesellschaft als ganzer eine relative Mobilität. Je nach Glück und Fähigkeit konnte der Einzelne sich in jeder *millet* die soziale Stufenleiter hinauf- und hinabbewegen. Auch konnte jeder Einzelne von einer *millet* in die andere überwechseln, wenn er es wünschte – mit der einen Einschränkung, dass es ihm verboten war, die muslimische *millet* zu verlassen, wenn er ihr einmal angehörte. Allerdings waren die *millets* außerordentlich feindselig gegen solche Mitglieder, die sie verließen, um zu einer anderen Religion überzutreten, weswegen denn auch die Regierung solche Übertritte soweit wie möglich einschränkte, um den sozialen Frieden, der das Hauptziel des *millet*-Systems war, zu bewahren. Die Hauptaufgabe des Staates war es, Reichtümer auszubeuten, nicht Untertanen zu bekehren. Für die herrschende Klasse war es weitaus einträglicher, den Menschen vieler Religionen, Rassen und Sprachen zu gestatten, ihre Gebräuche, Traditionen und Gesetze innerhalb der *millets* zu bewahren, solange sie ihren finanziellen Verpflichtungen gegenüber dem Staat nachkamen. Fünfhundert Jahre funktionierte dieses System, indem es die verschiedenen Völker des Reiches so weit wie irgend möglich auseinanderhielt und damit mögliche Konfliktstoffe auf ein Minimum reduzierte. Das *millet*-System war also ein grundlegender Faktor der Stabilität.

Die Grundlagen des persönlichen Verhaltens

Wie sah nun der einzelne Osmane innerhalb der Grenzen der osmanischen Gesellschaft, unter dem Diktat der Tradition und mit den Beschränkungen, die ihm das Gesetz auferlegte, sich selbst und die Menschen um sich herum? Das individuelle Verhalten in der osmanischen Gesellschaft war eng an die Vorstellung von einem persönlichen **had**, einer »äußeren Grenze« gebunden, die durch eine Reihe von Faktoren – Familie, Position, Klasse und Rang – definiert war. Innerhalb dieses *had* stand es dem Osmanen weitgehend frei, sich so zu verhalten, wie es ihm gefiel, mit keinen anderen Beschränkungen als denen, die das traditionelle osmanische Verhalten vorschrieb. Über sein *had* hinausgehen konnte er jedoch nicht, es sei denn, er war bereit, das Risiko auf sich zu nehmen, den *had* eines anderen zu verletzen, ein Verhalten, das nicht nur als grob und ungebildet galt, sondern als Vergehen, das mit Strafen bis hin zum Verlust der Stellung innerhalb der Osmanen-Klasse belegt werden musste. Auf jedes Amt in der osmanischen Administration angewandt und als eine Art *mukata'a* betrachtet, folgte aus der Vorstellung des *had*, dass jeder Beamte innerhalb seines eigenen Amts-bereiches autonom und so gut wie unabhängig war und dass ihm selbst höchste Würdenträger nicht in seine Amtsführung hineinreden konnten, solange er nicht die Grenzen seines *had* überschritt. Dazu gehörte, dass der einzelne Beamte seine Aufmerksamkeit und sein Interesse völlig auf seinen eigenen Amtsbereich zu beschränken und die Angelegenheiten innerhalb der *hads* seiner Kollegen zu ignorieren hatte. Aus diesem Grunde brachten es nur einige wenige fertig, die gesamte Struktur der osmanischen Institutionen zu kennen, zu verstehen und in schriftlicher Form niederzulegen. Aus dem gleichen Grund hat sich auch bis in neuere Zeit im Vorderen Orient die Tradition erhalten, nach der Bürokraten keine Ahnung von den Tätigkeiten in den Abteilungen um sie herum haben sollen, selbst wenn diese Tätig-keiten ihren eigenen Aufgaben und Interessen gleichen, mit ihnen zusam-menhängen oder auf sie Einfluss haben.

Seinem *had* entsprechend hatte jeder Osmane seine persönliche Ehre, *şeref*, als ein direktes und wesentliches Merkmal seiner Stellung im Leben und seiner Position innerhalb der herrschenden Klasse. Jeder Eingriff in die von seinem *had* gedeckten Rechte war ein Angriff auf diesen *şeref* und damit nicht nur eine persönliche Beleidigung, sondern ein Angriff auf seinen Status und sein Amt, der vergolten werden musste, wollte er diese behalten. Denn da die Abgrenzung der individuellen *hads* nicht schriftlich fixiert war, ging jedes einzelne Recht verloren, sobald ein anderer es sich anmaßte, es sei denn, dass Einwendungen gegen die Handlung des anderen erhoben oder Vergeltungsmaßnahmen durchgeführt wurden. Die Reaktion auf sol-che Übergriffe hing in der osmanischen Gesellschaft allerdings sehr stark von der Stellung und der Macht des Übertreters und des Angegriffenen ab. Wurde die Ehre eines Mannes von einem Stärkeren verletzt, so akzeptierte die Gesellschaft die Tatsache, dass Rache in dieser Situation unmöglich war, und gab sich damit zufrieden, dass der Beleidigte irgendein Protestzeichen von sich gab, um seinen Status zu erhalten. War der Gegner jedoch schwach und verletzlich, dann wurde von der angegriffenen Person erwartet, dass sie die erfahrene Beleidigung mit aller Macht vergalt, indem sie ihren Gegner angriff und strafte, um volle Rache (*intikam*) zu üben; ein solches Verhalten wurde als notwendig erachtet, wollte die beleidigte Person letztlich ihren Platz behaupten. Ein letzter grundlegender Faktor, der das individuelle Verhalten bestimmte, war die Idee des *intisab*, eine stillschweigende »Beziehung«, die im gegenseitigen Einvernehmen zwischen zwei Personen aufgenommen wurde, von denen eine mächtiger als die andere war. Der schwächere Teil stellte sich ganz in den Dienst des stärkeren, um dessen Wohlstand zu mehren und seine Position zu verbessern, während der stärkere den schwächeren als Protegé behandelte und ihn bei seinem Aufstieg zu Macht und Wohlstand mit sich zog. Verlor der stärkere Mann seine Stellung oder schied gar aus der Schicht der Osmanen, fiel sein *intisab*-Protegé normalerweise mit ihm; und wurde an einem der Partner *intikam*, Vergeltung, geübt, so wurde sie auch auf den anderen ausgedehnt. Das Band der *intisab* war das grundlegende Charakteristikum der herrschenden Klasse der osmanischen Gesellschaft. Die meisten Besetzungen von bestimmten Verwaltungsposten wurden weit eher aufgrund solcher persönlichen Verbindungen und Loyalitäten als aufgrund von Erwägungen der Tüchtigkeit oder Eignung der in Frage kommenden Personen vorgenommen. Die Beziehung abzubrechen oder aber die sich aus ihr ergebende Verpflichtung im entscheidenden Moment nicht zu erfüllen, galt für beide Seiten als außerordentlich unfein, ja geradezu als eine Verletzung der persönlichen Ehre. Die Regeln des *intisab* beeinflussten darum jede administrative und politische Entscheidung im Osmanischen Reich und haben die politischen Verbindungen und Beziehungen im Vorderen Orient bis in die jüngste Zeit hinein erheblich beeinflusst.

Die traditionelle osmanische Verwaltung als wesentlicher Bestandteil der osmanischen Gesellschaft war also weder so allumgreifend noch so autokratisch, wie oft behauptet worden ist. Sie war in ihrem Handlungsspielraum durch die allgemeinen Beschränkungen begrenzt, die der osmanischen herrschenden Klasse auferlegt waren. Sie war in semi-autonome *timars* und Steuerpachten dezentralisiert und den Restriktionen der individuellen *hads* unterworfen. Sie wurde weiter behindert durch das Überleben von Tausenden von lokalen Organisationen, Institutionen und Traditionen, die unter einer dünnen osmanischen Tünche, die die *kanune* des Sultans aufgetragen hatten, unversehrt erhalten geblieben waren. Ein Großteil der Befugnisse und Pflichten der Regierung wurde darüber hinaus an die organisierten religiösen Gemeinschaften und die Gilden abgetreten, die alle ohne Eingriffe seitens des Staates ihren eigenen Gesetzen und Gebräuchen folgten. Es sollte bis ins 19. Jahrhundert hinein dauern, ehe osmanische Reformer versuchten, die osmanische Regierung und die osmanische Gesellschaft wirklich zu zentralisieren.

aus: Bizim Almanca – Unser Deutsch 40/41, August 1988 (S. 30–39).

Nach der Eroberung des gesamten Vorderen Orients – nur der Iran blieb unbehelligt – wendete sich Süleyman der Prächtige erneut Südosteuropa zu. Ungarn, das ehedem so mächtige Königreich, war durch dynastische Kämpfe und soziale Unruhen völlig ruiniert und wurde 1526 besiegt. Die pannonische Tiefebene und die Königsstadt Buda fielen für die nächsten eineinhalb Jahrhunderte unter osmanische Herrschaft. 1529 standen die Osmanen zum ersten Mal vor Wien, zogen sich aber wieder zurück. Wien, die deutsche Kaiserstadt und habsburgische Residenz, in osmanischer Diktion »der goldene Apfel«, blieb jedoch das große Ziel der osmanischen Eroberungspolitik.

> *Der »Türck« als Antithese zum christlichen Europa*
>
> In zahllosen Druckschriften und Holzschnitten erschien im 16. Jahrhundert der Säbel schwingende »Türck« als Antichrist und Gottesgeißel, der das christliche, aber in sich verfeindete Europa wegen seiner Sünden heimsuchte. Auch Luther hielt den »Türcken« für eine göttliche Zuchtrute und drohte mit deren Endsieg, falls die Christen nicht »umkehrten«. Die unbußfertige Christenheit wurde bestraft und mit Untergangsszenarien bedroht. Man deutete das mächtige Türkenreich und den Islam als totale Gegenbilder der eigenen Verfassung und der christlichen Wahrheit. Letztlich hat die »Türkenfrage«, die gemeinsame Türkenabwehr im 16. Jahrhundert, in der Tat integrativ im Sinne eines katholisch-protestantischen Europas gewirkt.

Im Habsburgerreich trafen die Osmanen auf einen Gegner, der ihnen Paroli zu bieten vermochte. Die Dynastie der Habsburger stellten die römisch-deutschen Kaiser sowie zu dieser Zeit auch die Könige von Spanien und Unteritalien. In Österreich, Böhmen und einem Teil Ungarns hatten sich die deutschen Habsburger eine eigene Hausmacht aufgebaut, die sie nach absolutistischen und neuzeitlichen Prinzipien verwalteten. Wien war ihr Zentrum. Das Habsburgerreich war zentral und bürokratisch aufgebaut und für damalige Verhältnisse modern organisiert. Entsprechend hoch waren die Staatseinkünfte. Aufgrund dessen gelang es den Habsburgern im 16. Jahrhundert, die osmanische Expansion im Südosten aufzuhalten. Als Grenze bildete sich ein Landstreifen von Dalmatien quer durch Kroatien bis nach Siebenbürgen heraus. Es war dies die Militärgrenze, in welcher die habsburgischen Behörden privilegierte Wehrbauern aus Serbien, Kroatien und Ungarn ansiedelten.

■ Bündnisse in Europa
Aufhorchen ließ ein Bündnis zwischen dem allerchristlichsten König von Frankreich mit dem Sultan im Jahre 1536, durch welches der gemeinsame Gegner, die Habsburger, in die Zange genommen werden sollte. Doch war diesem Impium

Foedus, diesem »unheiligen Bund«, wie es in der damaligen Propaganda hieß, kein durchschlagender Erfolg beschieden. Frankreich profitierte insofern davon, als es vom Sultan als Schutzherr und Protektor der im Osmanischen Reich lebenden katholischen Christen anerkannt wurde. Die Katholiken bildeten allerdings nur eine kleine Minderheit im Osmanischen Reich – der Großteil der dortigen Christen waren Griechisch- und Slawisch-Orthodoxe. Trotzdem erreichte Frankreich, besonders ab dem 18. Jahrhundert, mit diesem Bündnis eine nicht unbeträchtliche Einflussmöglichkeit. 1570 fand die berühmte Seeschlacht vor Lepanto (das alte Naupaktos im Korinthischen Golf) statt, in der die spanisch-habsburgische Flotte siegreich bleib. Politisch war diese Niederlage für die Osmanen zunächst folgenlos, im Abendland jedoch rief sie ein gewaltiges Propagandaecho hervor, da der Nimbus von der Unbesiegbarkeit der Osmanen damit zerstört war.

▓ Der Zenit ist erreicht

1517 wurden Ägypten, Mesopotamien und die Arabische Halbinsel dem Osmanischen Reich einverleibt. Mit dem Besitz der Heiligen Stätten Mekka und Medina übernahmen die Sultane zudem auch den Kalifentitel. Sie stellten damit für alle Muslime der Welt die höchste religiöse Instanz dar (Kalif = Stellvertreter des Propheten auf Erden). Erst 1923 wurde der Kalifentitel von Atatürk abgeschafft. Im 17. Jahrhundert erreichte das Osmanische Reich seine größte territoriale Ausdehnung: »Der Schatten des Großherren fällt über drei Erdteile«.

Kleinasien (Anatolien) war innerhalb des Reiches eine eher vernachlässigte Region und vergleichsweise dünn besiedelt. Ankara, damals in westlichen Quellen Angora geheißen, war ein staubiges Dorf unterhalb einer zerbröckelnden Zitadelle. Antalya, das unter den Seldschuken ein wichtiges Karawanen- und Seefahrtszentrum gewesen war, verfiel in osmanischer Zeit. Im Landesinneren bewahrte nur Bursa, die alte Hauptstadt, urbanen Charakter. Smyrna an der Westküste war wie heute ein wichtiges Hafen- und Handelszentrum und überwiegend griechisch besiedelt, wie überhaupt die Westküste stark mit griechischer, ehemals byzantinischer Bevölkerung durchsetzt war. Smyrna hatte daher im Osmanischen Reich den Beinamen »das ungläubige Smyrna«.

Der Schwerpunkt des Reiches lag in Südosteuropa, in Rumelien. Hier lagen die großen städtischen Zentren: Edirne, Saloniki, Athen, Skopje. Anatolien galt demgegenüber als arme Provinz.

▓ Stagnation und Anzeichen des Niedergangs

Im Rahmen zweier wichtiger Friedensschlüsse (1606 Zsitvatorok, 1663 Vasvar – hierbei ging es um ungarische Probleme) musste der Sultan den römisch-deutschen Kaiser – einen Habsburger – ausdrücklich als gleichberechtigten Verhand lungspartner akzeptieren. Die dabei gewählten, sehr gewundenen diplomatischen Formulierungen können nicht verhehlen, dass der Osmanenherrscher gegenüber seinem habsburgischen Widersacher einen deutlichen Machtverlust einräumen musste. Hinzu kam, dass nach dem Tod Süleymans des Gesetzgebers im Jahr 1566 ausgesprochen schwache Herrscher den Thron im Topkapı bestiegen. Denn gerade in einem autokratischen System, in dem die gesetzgeberische, ausführende und richterliche Gewalt letztlich in einer Person an der Spitze zusammenlaufen, hat das Versagen des Herrschers natürlich besondere Auswirkungen.

Im 16. und 17. Jahrhundert betraten Figuren wie »Selim der Säufer« oder der »tolle Ibrahim« das politische Parkett. Das Reich erlebte eine längere Phase der sogenannten »Weiberherrschaft«, in der offenbar der Harem regierte. Die europäischen Geschichtsschreiber des 19. Jahrhunderts wiesen empört darauf hin, dass die Sultane zunehmend »im Haremsleben erschlafften«.

In der Mitte des 17. Jahrhunderts wurden die Zeichen des Niedergangs nicht nur außenpolitisch, sondern auch im Innern des Osmanenstaates immer augenscheinlicher. Die Expansion geriet ins Stocken, und damit auch die Zufuhr von Tributen, Beute und Steuern. Das Reich hatte seine Grenzen zu stark ausgeweitet, was auch Auflösungstendenzen im Innern zur Folge hatte. Einzelne Provinzmachthaber versuchten, sich selbstständig zu machen und eine eigene Politik zu betreiben. Zwei Großwesiren – dem muslimischen Albaner Mehmet Köprülü und seinem Sohn Ahmet Köprülü – gelang es noch, die Verwaltung des Riesenreiches zu reorganisieren und eine gewisse Konsolidierung im Innern zu erreichen. Ihr Ziel war es, »die gute alte Zeit« wieder zum Leben zu erwecken, weshalb man von der »Restauration der Köprülü« spricht. Diese Bemerkung ist wichtig, denn im benachbarten Europa des 17. Jahrhunderts hatten Renaissance und Reformation bereits die Grundlagen für einen gewaltigen gesellschaftlichen Aufschwung gelegt, den man mit den Begriffen »frühe Aufklärung« und »beginnende Emanzipation des Bürgertums«, kurz mit »Fortschritt« beschreiben kann. Auch machtpolitisch und militärisch begann sich nun die Überlegenheit der europäischen Staaten auszuwirken, was sich deutlich in der traumatischen Niederlage der Türken vor Wien im berühmten »Türkenjahr 1683« zeigte. Wie war es dazu gekommen? Die durch die Köprülüs erreichte innenpolitische Stabilisierung sollte durch einen großartigen außenpolitischen Erfolg gekrönt werden. Dafür bot sich die Eroberung der habsburgischen Kaiserstadt Wien, des legendären »goldenen Apfels« an der Donau an. Diplomatisch geschickt versicherten sich die Osmanen der Unterstützung Ludwigs XIV. von Frankreich, schließlich waren die österreichischen Habsburger der gemeinsame Gegner. Trotzdem war der osmanische Feldzug ein von Anfang an hoffnungsloses Unterfangen gegen einen taktisch und strategisch versierteren Gegner. (Weshalb im Übrigen auch alle Spekulationen wie »was wäre gewesen, wenn ...« völlig unrealistisch sind!) Nach dem Gegenschlag der von Habsburg geführten Heiligen Liga unter Prinz Eugen mussten die Osmanen in den zwei Friedensschlüssen von Karlowitz (1699) und Passarowitz (1718) Ungarn sowie weite Gebiete Südosteuropas den triumphierenden Österreichern überlassen. Die Niederlage vor Wien war also eigentlich vorprogrammiert, die Rettung des Abendlandes war eine fromme habsburgische Legende. Ab 1683 trat das Osmanische Reich in eine neue Phase.

▩ Theokratie: Kontinuität zu Byzanz

Um die Wende des 16. und 17. Jahrhunderts erreichte das Osmanische Reich seine größte territoriale Ausdehnung. Es erstreckte sich über die beiden Reichsteile Anatolien und Rumelien (hierzu zählte der Balkanraum einschließlich Griechenland). Die Donaufürstentümer Moldau und Walachei (das spätere Rumänien) waren tributpflichtig, beherrscht wurden der Nordsaum des Schwarzen Meeres, die Halbinsel Krim, der südliche Kaukasus sowie der Nahe Osten mit Ausnahme des Iran. Osmanisch waren Zypern, Syrien, Arabien (*Hedschas*), Palästina mit Jerusalem, Ägypten, der Sudan sowie die nordafrikanische Küste mit Libyen, Tripolitanien, Tunis und Algier. Das Herrschaftsgebiet erstreckte sich also über drei Erdteile. Dieses riesige Territorium war in Großprovinzen (*Eyalets*) und Subprovinzen (*Sandschaks*) gegliedert. Die kleinste Verwaltungseinheit war die Kaza, der Gerichtsbezirk.

Die Administration und infolgedessen auch die Bürokratie – in erster Linie natürlich der Steuererfassung dienend – waren sehr fein gesponnen und kompliziert aufgebaut. Es gab vom Provinzgouverneur, dem *Vali*, ausgehend etwa 20 hierarchische Stufen in diversen Beamtenlaufbahnen und infolgedessen eine große Anzahl an Amtsträgern. Die Befehlsstränge liefen alle in Konstantinopel zusammen. Als Beamtenstaat hat das Osmanenreich eine schier unübersehbare Menge von Urkunden und Akten – die sogenannten *Defter* – in den Archiven hinterlassen, die bis heute zum überwiegenden Teil noch nicht ausgewertet worden sind. Hier bietet sich für Historiker noch echte Pionierarbeit!

An der Spitze des Staates und ihn repräsentierend stand der *Sultan*. Er herrschte autokratisch, also als Alleinherrscher, sowie absolut und uneingeschränkt. An das göttliche Gesetz, in diesem Falle also an das islamische Scheriatrecht, war er dennoch sehr wohl gebunden. Der Sultan vereinigte in seiner Person die höchste weltliche, religiöse und richterliche Macht. Im Islam existierte keine Trennung von Staat und Kirche, von Glauben und Welt, eine Tatsache, die den Islam signifikant von den Herrschaftsverhältnissen im Abendland unterschied. Hier war der König oder der Kaiser nur weltlicher Herrscher und auch in dieser Hinsicht weitgehend vom Adel sowie vom städtischen Bürgertum abhängig. Eine Aristokratie, das heißt ein feudaler Geburtsadel oder eine privilegierte urbane Schicht, die der herrscherlichen Dynastie den Rang hätte streitig machen können, existierte im Osmanischen Reich nicht. Wichtige Posten, Pfründe und Landbesitz wurden vom Sultan nicht nach Herkunft und Stand vergeben, sondern nach Können und Einsatz – ein durchaus moderner Gedanke, der vermutlich auch die anfängliche Überlegenheit des osmanischen Systems bewirkt hat.

Grundlegende Strukturen des oströmischen zentralistischen Staatsaufbaus lebten im Osmanischen Reich weiter. Wie Byzanz war das Osmanische Reich eine Theokratie. Der absolute Herrscher an der Spitze, der oströmische Kaiser (griechisch: Autokrator, »Selbstherrscher«) gleichwie der Sultan, verkörperte die weltliche sowie religiöse Macht. Die alte byzantinische Führungsschicht bekleidete auch in osmanischer Zeit weiterhin hohe Positionen, ohne konvertieren zu müssen. Nach dem von ihnen bevorzugten Istanbuler Stadtteil Fanar (Leuchtturm) nannte man sie »Fanarioten«. Festzuhalten bleibt auf jeden Fall, dass das hoch entwickelte byzantinische Hof-, Zeremonial- und Verwaltungssystem keineswegs zerstört, sondern modifiziert von den Osmanen übernommen wurde. Wir können also durchaus Kontinuitätslinien von Byzanz ins Osmanenreich feststellen.

Der Sultan stützte sich in seinen Entscheidungen auf den *Diwan*, eine Versammlung von Würdenträgern, eine Art Kronrat. Der Diwan hatte im Grunde nur konsultative Funktion, übernahm bei schwachen Sultanen (die ab dem 17. Jahrhundert fast die Regel wurden) aber auch die Exekutive. Diwan wurde damit synonym mit Regierung. Aus dem Diwan ging der Großwesir, die höchste exekutive Institution, sozusagen der Ministerpräsident hervor. Die Wesire stiegen in der Spätphase des Reiches zu den eigentlichen Führungsfiguren und den Vertretern der Sultane empor. Der Großwesir leitete auch die auswärtige Politik und verhandelte mit den Gesandten fremder Mächte. In puncto Außenpolitik tauchte oft der Begriff »Hohe Pforte« auf, der ursprünglich ganz prosaisch das Amtsgebäude in Konstantinopel bezeichnete, in welchem die westlichen Geschäftsträger und Botschafter empfangen wurden.

Die »Hohe Pforte«

(türkisch: *Babiali*; osmanisch: Bâb-i âlî; in französischer Diplomatensprache: La Sublime Porte). Ursprünglich ein Synonym für das »Innerste« der herrscherlichen Macht, seit dem frühen 18. Jahrhundert auch die Bezeichnung für den Amtssitz des Großwesirs unterhalb des Serails und damit für die osmanische Regierung. Man sprach im Westen beispielsweise von den »Verhandlungen mit der Pforte«. Das namengebende Tor mit geschwungenem Baldachin, unter welchem die ausländischen Gesandten empfangen wurden, ist heute noch erhalten.

Von Byzanz beeinflusst war auch eine gewisse Form des Lehenswesens. Die Grundstrukturen waren ähnlich, besonders die zwischen dem byzantinischen Pronoia-System und dem osmanischen Timar-System. Der osmanische Staat, personifiziert im Sultan, war grundsätzlich der Eigentümer allen Landes. Es gab de iure kein Land als Privateigentum. Der Sultan vergab nach dem Verdienst- oder Dankprinzip Ländereien als Lehen, sogenannte *Timare*. Daraus bildete sich die Lehensmiliz der Spahi (Reiter). Der *Spahi* war zum Kriegsdienst verpflichtet, zumindest zur Stellung von Pferden und Ausrüstung. Während des Machtaufstiegs des Reiches entstand aufgrund der stetig fortschreitenden Aufteilung neu eroberten Landes ein voll funktionierendes Lehenssystem, allerdings zeigten diese eigentlich nur verliehenen Besitztümer die fatale Tendenz, von den Besitzern als vererbbares Eigentum behandelt und damit dem staatlichen Zugriff entzogen zu werden – gerade in der langen Zeit der schwachen Zentralgewalt ab dem 17. Jahrhundert. Was sich – im deutlichen Gegensatz zum abendländischen Feudalismus – jedoch nicht formierte, war eine Aristokratie. Es entstand – trotz des Prozesses der Autonomisierung, das heißt der inneren Auflösung des Zentralstaats in selbstständige Einheiten – also kein herrschaftstragender Adelsstand, der sich mit dem von ihm beherrschten Land identifiziert hätte.

Die Wirtschaft, sowohl das produzierende Gewerbe wie auch in besonderem Maße der Handel, galt in den Augen der herrschenden osmanischen Kriegerkaste als unwürdig. Dieser Bereich konzentrierte sich deshalb in nicht-muslimischen Kreisen. Bis ins 16. Jahrhundert gaben die Lateiner noch den Ton an, die ja bereits in Byzanz das Wirtschaftleben kontrolliert hatten, doch ab dem 16. Jahrhundert ging der gesamte ökonomische Sektor in die Hände armenischer, jüdischer und ab dem 18. Jahrhundert in erster Linie griechischer Kaufleute über.

■ Ein multikulturelles Vielvölkerreich

Ein bedeutender Teil der Reichsbevölkerung setzte sich aus Christen zusammen. Von diesen bildeten wiederum Angehörige der ostchristlichen Kirchen die Mehrheit, nämlich griechische und slawische Orthodoxe und armenische Christen. Im islamischen Recht gelten Judentum wie Christentum als »Religionen des Buches«, weil sie mit dem Alten Testament bzw. der Bibel von Gott offenbarte Heilige Schriften besitzen, die dem endgültigen Koran vorangegangen seien. Moses und Jesus gelten daher als Vorgänger Mohammeds und werden im Islam als Propheten verehrt. Daraus folgt, dass Juden und Christen keine »Heiden« und daher vom Bekehrungszwang ausgenommen sind. Im Osmanischen Reich wurden Juden und christliche Glaubensgemeinschaften als *Dhimmi* (»Schutzbefohlene«) geduldet. Diese Rechtsform legte zwar einen erheblich minderen öffentlichen Rechtsstatus gegenüber den Muslimen fest, ermöglichte den Buchreligionen aber ein in der Regel ungestörtes privates Weiterleben unter der Schutzherrschaft des Sultans. Nicht-Muslime waren allerdings zur Zahlung einer Sondersteuer (*Harac*) verpflichtet, die nicht unerheblich zu den Staatsfinanzen beitrug. Schon aus diesem Grunde konnte den Osmanen also nicht an einer Islamisierung ihrer christlichen Untertanen gelegen sein.

Grundsätzlich war die gesamte arbeitende Bevölkerung steuerpflichtig, gleich ob muslimisch oder christlich. Sie galt als *Raya* »Herde«, jedoch keinesfalls im abfälligen Sinne, sondern als Herde, welche der Sultan-Kalif als Hirte zu leiten und zu schützen hatte. Erst im 18. und 19. Jahrhundert erfuhr der Begriff der Raya eine soziale Abwertung und wurde nur noch auf die nicht-muslimischen Untertanen angewandt.

Eine Besonderheit der osmanischen Staatsverwaltung stellte das »Millet-System« dar. *Millet* bedeutet Religionsgemeinschaft, was vom Mittelalter bis weit ins 19. Jahrhundert gleichbedeutend war mit ethnisch-sprachlicher Gemeinschaft. Juden, Griechen und Armenier repräsentierten eigene Millets, d.h. in sich geschlossene Glaubensgemeinschaften, die entweder jüdisch, griechisch-orthodox oder christlich-armenisch definiert waren. Diese Millets genossen Autonomie und verwalteten sich nach ihren eigenen Gesetzen selbst. Die osmanische Obrigkeit griff also nicht in ihre inneren Angelegenheiten ein. Dagegen waren der jüdische Oberrabbiner, der griechisch-orthodoxe Patriarch und der armenische Erzbischof in ihrer Eigenschaft als Oberhäupter ihrer Millets für die Eintreibung und Abgabe der Sondersteuern verantwortlich. Die religiöse Führungsschicht der nicht-muslimischen Dhimmi war somit fest in das osmanische Herrschaftssystem eingebunden und behielt ihre Machstellung über die eigenen Schäfchen. Besonderer Privilegien erfreute sich das griechisch-orthodoxe Patriarchat in Konstantinopel, das sich vom Sultan auch die Verfügungsgewalt über die serbisch- und bulgarisch-orthodoxen Untertanen übertragen ließ.

Man darf also durchaus von einer Symbiose zwischen Osmanen und der Führungsschicht der Millets sprechen. Bis ins 19. Jahrhundert funktionierte die innerchristliche Selbstverwaltung und bescherte dem Reich eine Art innerer Harmonie und ein geregeltes Nebeneinander der verschiedenen religiösen Kulturkreise. Dies ermöglichte jedem Untertanen ein geregeltes Leben, sofern die Zentralgewalt durchsetzungsfähig war, sodass manche neueren Historiker gar von einer »pax ottomanica«, einer inneren wie äußeren Friedensperiode vom 16. bis ins 18. Jahrhundert sprechen (analog zur »pax romana«, der römischen Friedens- und Ruhezeit vom 1. bis zum 3. Jahrhundert). Wobei man den Begriff »Toleranz« in diesem Zusammenhang nicht strapazieren sollte. Toleranz ist ein typisch abendländischer Begriff aus der Zeit der Konfessionskriege und der Aufklärung. Die islamische Staatsreligion tolerierte die Buchreligionen nicht, sondern kümmerte sich bewusst nicht um sie und duldete sie lediglich als etwas Zweitrangiges. Auch war das Osmanische Reich zwar ein Vielvölkerstaat, aber niemals eine »multikulturelle Gesellschaft« (im modernen Sinne). Die Osmanen und die einzelnen Millets waren streng voneinander getrennt sowie regional und in den Städten deutlich voneinander abgegrenzt.

Die den Nicht-Muslimen auferlegte Verpflichtung, Sondersteuern zu zahlen, hatte übrigens den Effekt, dass der Sultansstaat überhaupt kein Interesse an einer muslimischen Missionierung oder Islamisierung der Christen haben konnte, denn das hätte ja letztlich die Staatseinnahmen entscheidend geschmälert! Eine Zwangsislamisierung, etwa auf dem Balkan, gehört ins Reich der Geschichtslegenden. Aber es erfolgten freiwillige Übertritte, und davon nicht zu wenige, beispielsweise in Bosnien, Albanien, Mazedonien und Bulgarien. Denn der Übertritt ins religiöse Lager der Sieger war natürlich mit dem Erlangen einer privilegierten Stellung verbunden. Eine Besonderheit des osmanischen Herrschaftssystems war die »Dewschirme« (*Devşirme*), die Knabenlese: Eine Art Menschenzoll, der ausschließlich aus der balkan-christlichen Bevölkerung in gewissen Zeitabständen erhoben worden war. Was für heutige Ein-Kind-Familien grausam klingen mag, traf für die patriarchalischen Großfamilienverbände sicher nicht zu. Die rekrutierten Knaben wurden in Konstantinopel muslimisch erzogen, sie stellten die Elitesoldaten, die sogenannten *Janitscharen* (türkisch: *Yeni Çeri* »Neue bzw. Neuartige Truppe«), oder stiegen über die zivile Laufbahn bis in höchste Stellungen empor. Ein nicht geringer Teil der Großwesire entstammte der Knabenlese. Jeder Clan auf dem Balkan hatte versucht, einen männlichen Angehörigen auf diesem Wege am Sultanshof oder bei den Janitscharen zu platzieren, um einen einflussreichen Fürsprecher zu haben. Denn die Verbindung der Auserlesenen zum christlichen Verwandtschaftsfeld war keineswegs abgerissen. Die Devschirme wurde im 17. Jahrhundert nach und nach eingestellt, in erster Linie, weil sich die eigentlichen türkischen Eliten gegenüber diesen Emporkömmlingen zurückgesetzt fühlten.

■ Osmanische Besonderheiten

Vom ersten Fußfassen der Türken in Europa Mitte des 14. Jahrhunderts bis zum entscheidenden Jahr 1683 hat sich das Osmanische Reich geopolitisch von Osten nach Westen bewegt und auch Südosteuropa – jenen Teil, den man gemeinhin Balkan nennt – einbezogen. Man kann sogar behaupten, dass dieser europäische Reichsteil, auf dem auch Konstantinopel liegt, den eigentlichen Kern des Imperiums gebildet hat. Die Türken nannten ihren europäischen Reichsteil »Rumili« (Rumelien), was nichts anderes als »Land der (Ost-)Römer« bedeutet. Das ostchristliche Byzanz und die griechisch-orthodoxe Hochkultur waren nämlich keineswegs untergegangen, sondern Konstantinopel – eine über jeden Zweifel erhabene europäische Stadt – bewahrte auch unter äußerer osmanisch-muslimischer Herrschaft seine Stellung als Metropole der ostchristlichen Ökumene von Serbien bis Armenien. Die politische Position des christlich-orthodoxen Patriarchats von Konstantinopel blieb so bedeutend, dass moderne Historiker gern auf die Wertung des Osmanischen Reiches als ein »griechisch-türkisches Kondominium«, wie es der berühmte rumänische Südosteuropa-Historiker Nicola Iorga 1934 formulierte, zurückgreifen. In der Tat kann der Sultanstaat im autokratischen Staatsaufbau, in der Gesetzgebung und besonders in der akribischen Verwaltung durch Beamte seine Anleihen aus dem, sei es konstantinischen oder justinianischen, in jedem Fall spätrömischen Zentralstaat nicht leugnen. Auch unter den Sultanen behielt Konstantinopel seinen Namen, weil die muslimischen Herrscher sich in der Tradition der allmächtigen Kaiser verstanden. Konstantin der Stadt- und Reichsgründer und Justinian der Gesetzgeber lebten ja vor dem Propheten Mohamed und konnten daher problemlos als theokratische Vorgänger der Sultane in das muslimische Weltbild und die osmanische Reichsideologie übernommen werden. Die Griechen stellten nach wie vor einen bedeutenden Bevölkerungsteil der Hauptstadt, sodass Konstantinopel/Istanbul bis zum Beginn des 20. Jahrhunderts die größte »griechische« Stadt war und die Griechen im gesamten Reichsgebiet in Handel, Seefahrt und Gewerbe eine durchaus privilegierte Stellung erlangten. Der »Hohen Pforte« dienten sie als bevorzugte Diplomaten und Dragomane (Dolmetscher) und vertraten den Sultanstaat in seinen Außenbeziehungen. Die zahlreichen Kontinuitätslinien, die das Osmanische Reich mit Byzanz verbinden, lassen den Schluss zu, dass dieses Staatswesen nicht rein orientalisch-muslimisch strukturiert war, sondern ebenfalls auf europäischem Erbe fußte.

Osmanische Architektur und Kunst in Beispielen

Unter den Sultansmoscheen gilt die Sultan-Ahmet-Moschee heute als die prachtvollste. Sie bildet in ihrer imposanten Größe ein urbanes Gegengewicht zur Hagia Sophia. Zwei gewaltige Bauwerke stehen sich hier also gegenüber, sind aber keineswegs konfrontativ oder einander abweisend, sondern sich in durchaus ästhetischer Form ergänzend. Auch der schöne grüne Park zwischen beiden Bauwerken mag zu dem harmonischen Miteinander beitragen.

An der Sultan-Ahmet-Moschee mit ihrer gewaltigen Zentralkuppel von 22 m Durchmesser erkennt man den Vorbildcharakter und den Einfluss der Formensprache der Hagia Sophia auf den osmanischen Moscheebau. Dabei handelt es sich keineswegs um eine reine Kopie des älteren byzantinischen Vorbilds, sondern um eine eigenschöpferische osmanische Variante dieses Bautypus.

Die Sultan-Ahmet-Moschee stammt aus dem anfänglichen 17. Jahrhundert, mithin aus der Blütezeit des Osmanischen Reiches. Ihre religiöse Sonderstellung kommt in der Ausstattung mit sechs Minaretten zum Ausdruck. Dieses Privileg kam damals eigentlich nur der muslimischen Hauptmoschee in Mekka zu. Um diesen Vorrang Mekkas unangetastet zu lassen, musste der Sultan der mekkanischen Moschee extra ein siebtes Minarett stiften.

Die Abbildung zeigt den Blick durch das Tor in den Vorhof der Moschee mit dem sechseckigen Reinigungsbrunnen in der Mitte. Die Waschung von Gesicht, Händen und Füßen ist jedem Muslim vor dem Gebet vorgeschrieben. Deutlich zu erkennen ist hier die aufsteigende »Hierarchie der Kuppeln« von Halbkuppeln und kleineren Kuppeln bis zur Hauptkuppel.

Im Gegensatz zur Kuppel der Hagia Sophia, die fast schwerelos über dem Raum zu schweben scheint, wird die Kuppel der Sultan-Ahmet-Moschee von vier monumentalen runden Pfeilern gestützt, was ihr den Beinamen »Elefanten-Moschee« eingebracht hat.

Im Innenraum empfängt die Sultan-Ahmet-Moschee den Besucher in einem fast unwirklichen blaugrünen kühlen Licht (s. farbige Abb. S. B-4). Es strahlt von tausenden blauer Fayence-Kacheln wider, mit denen die Wände verkleidet sind. Deshalb heißt die Moschee auch »Blaue Moschee«, und unter diesem treffenden Namen wird sie auch in den Reiseführern bezeichnet.

Auf dem äußersten Sporn der Istanbuler Halbinsel zwischen Goldenem Horn und Marmarameer ließen die Sultane ab 1470 ihre Residenz, den Topkapı-Palast, erbauen: eine eigene Palast-Stadt.

Das osmanische Wort für Residenz oder Palast ist Saray. Der Beiname Topkapı bedeutet eigentlich »Kanonentor« und bezieht sich auf ein heute nicht mehr existierendes Portal, das von zwei Kanonen flankiert war. Dies sollte den Leser aber nicht dazu verleiten, in dem Topkapı-Saray eine Festung zu sehen. Ganz im Gegenteil: Der Saray war eine Ansammlung verspielter und herrschaftlicher großer und kleiner Bauten inmitten grüner Parks, die von Zypressen und Platanen beschattet wurden. Brunnen und Wasserläufe plätscherten und Pfaue und zahme Gazellen stolzierten umher. Kein Gebäude ist höher als zwei Stockwerke, nur der sogenannte »Turm der Gerechtigkeit« mit seinem achteckigen Kegeldach ragt 41m über die Gebäudegruppen heraus. Jeder Herrscher fügte ein neues Gebäude oder einen neuen Trakt hinzu, sodass im Verlauf von 400 Jahren ein weitläufiges Konglomerat von Palästen und kleineren, aber sehr prächtig gestalteten Repräsentationsbauten entstand. Diese kleinen, aber sehr feinen Pavillons wurden Köşk (deutsch: Köschk) genannt (hieraus leitet sich unser Wort Kiosk ab) und dienten verschiedenen Zwecken: So gibt es beispielsweise einen Audienz-Köşk, einen Ratsaal-Köşk und mehrere Ruhe- und Aussichts-Köşk, die alle inmitten gepflegter Gärten liegen.

Der Harem für die weiblichen Angehörigen der Sultansfamilie bildete einen eigenen abgeschlossenen Saray innerhalb der Gesamtanlage, ein in sich verschachteltes Gewirr von Hallen, Innenhöfen, Gemächern und Bädern. Die Abbildung zeigt den verborgenen Eingang zum »Reich der Frauen«.

Bis zu 1.000 Menschen lebten hier in 400 Räumlichkeiten: Die vier sultanischen Ehefrauen sowie eine hohe Anzahl von Nebenfrauen und Konkubinen aller Altersstufen, allesamt unter Aufsicht der Sultansmutter. Hinzu kamen noch die weibliche Dienerschaft sowie weiße und schwarze Eunuchen als Wächter. Weilte der Sultan im Harem, stand ihm der prächtige Thronsaal zu.

Der erste Hof des Saray war allgemein zugänglich, allerdings unter dem Gebot der absoluten Stille. Der zweite Hof, den man durch das »Tor des Friedens« betrat, war dienstlichen Angelegenheiten vorbehalten, hier befanden sich Sekretariate, Kanzleien und Gerichte. Jeder Untertan, gleich welcher Religion, konnte hier Eingaben und Beschwerden vorbringen. In den Küchentrakten wurden Mahlzeiten für die 5.000 Bediensteten des Saray zubereitet. Die Küchenbrigade selbst soll schon 900 Mann gezählt haben.

Den dritten Hof durch das »Tor der Glückseligkeit« durften nur geladene Gäste betreten, zumeist Diplomaten und Vertreter ausländischer Mächte. Im Bild zu sehen ist das »Tor der Glückseligkeit« (Bab-ı Saadet). Die fremden Gesandten mussten hier in dem Audienz-Saal des Sultans warten, bis sie vorgelassen wurden. Auch die sultanische Schatzkammer befand sich im dritten Hof und kann im Rahmen eines Museumsbesuchs besichtigt werden.

Der vierte der innersten Höfe war nur dem Sultan und seinen engsten Vertrauten vorbehalten. In diesem Areal auf der höchsten und äußersten Saray-Spitze befinden sich die drei schönsten Pavillons, die alle aus dem 17. Jahrhundert stammen. Die

Tulpen, die hier auch heute wieder wachsen, waren dem Sultan vorbehalten und wurden wie ein Staatsgeheimnis gehütet. Erst im 17. Jahrhundert soll es holländischen Gesandten gelungen sein, Tulpenzwiebeln nach Europa zu schmuggeln.

Wer im Saray-Areal bis zum vierten Innenhof vorgedrungen ist, sollte es nicht versäumen, die wunderschöne, von einem goldenen Baldachin überdachte Aussichtsplattform zu besuchen. Dieser exklusive Platz symbolisiert das Herz des alten Osmanischen Reiches. Hier saß der Sultan und gab sich der »Weltenschau«, das heißt der Kontemplation und der Versenkung hin. Heutige Besucher genießen von hier aus einen herrlichen Blick zur Süleymaniye, das Goldene Horn, die Galatabrücke und den Galataturm.

In der Altstadt Istanbuls treffen Besucher allerorts auf restaurierte osmanische Baudenkmäler und Monumente. Der Wasserversorgung dienten beispielsweise zahlreiche Brunnenanlagen. Vor dem Eingang zum Sultanspalast steht das stattliche Brunnenhaus Sultan Ahmets III. aus dem Jahr 1728. Mit seinem

verschnörkelten Dekor und seinen eleganten, geschwungenen Proportionen gilt es als ein Beispiel des osmanischen Rokoko. Jeder Untertan, der sich der Residenz näherte, musste sich hier gründlich reinigen.

In der Mitte des 19. Jahrhunderts verließ die sultanische Hofhaltung das mittlerweile nicht mehr zeitgemäße Topkapı-Saray. Die Herrscher erbauten sich neue Paläste nach europäischem Vorbild. Ein schönes Beispiel ist der Çırağan-Palast am Ufer des Bosporus, der von 1863–1867 als Sommerresidenz erbaut wurde (s. farbige Abb. S. B-6). Seine pompösen Architekturformen repräsentieren eine Stilmischung aus italienischer Renaissance, Barock, Rokoko und üppigen orientalischen Elementen. Kaiser Wilhelm II. war hier im Jahre 1898 zu Gast, als er seinem osmanischen Verbündeten, dem vorletzten Sultan Abdülhamit, einen Staatsbesuch abstattete. Im Innern erwartete die preußisch-deutsche Delegation geradezu ein Übermaß an Silber, Kristall, Marmor und Stuck. Nach einem verheerenden Brand im Jahre 1910 dient der Palast heute als Hotel der Luxusklasse.

Nicht nur die Herrscher und hohen Würdenträger erbauten sich am Bosporus ihre Schlösser. Auch reiche Familien leisteten sich den Luxus einer

Residenz direkt am Wasser des Bosporus, *Yalı* genannt. Früher waren die gesamten Ufer gesäumt von aufwendig gestalteten hölzernen Villen, in denen die Istanbuler die Sommermonate verbrachten. Jede Strandvilla hatte ihre eigene Zugangstreppe zum Wasser. Gegenwärtig werden ganze Ensembles dieser  Holzbauten restauriert und neu eingerichtet. Sie geben dem Bosporus dadurch wieder ein kleines Stück seiner früheren Bedeutung zurück. In osmanischer Zeit durften die Anhöhen des Bosporus übrigens nicht bebaut werden. Man bemüht sich aber auch heute, die Bosporusufer nach planloser Bebauung wieder grün zu gestalten.

■ 1683: Traumatisches Jahr vor Wien

Mit der unter Süleyman dem Prächtigen erreichten gewaltigen Ausdehnung hatte das Reich buchstäblich seine Grenzen »überdehnt«. 1683 erlitten die Osmanen eine folgenschwere Niederlage vor Wien, mächtige außenpolitische Gegner traten nun auf: das österreichische Habsburgerreich in Südosteuropa und das russische Zarenreich nördlich des Schwarzen Meeres. Besonders Russland übte im 18. und 19. Jahrhundert einen gewaltigen militärischen Druck auf das Osmanenreich aus. In 20 russisch-osmanischen Kriegen versuchten die russischen Zaren, ihr Ziel, nämlich die Kontrolle des Schwarzen Meeres, der Meerengen und des östlichen Mittelmeeres, zu erreichen.

Der vergebliche Vorstoß auf Wien im Jahre 1683 und die darauf folgende Räumung Ungarns bedeuteten eine signifikante Zäsur in der osmanischen Reichsgeschichte. Von nun an waren eine Expansion und eine damit einhergehende wachsende Tributvergrößerung militärisch nicht mehr möglich. Stattdessen fand ein jäher Umschwung von der triumphalen Offensive zur traumatisch empfundenen Defensive statt.

Die Gründe für diese Veränderungen sind oben bereits angedeutet worden: Es war nicht so sehr die osmanische Schwäche, sondern eben die epochalen gesellschaftlichen Entwicklungen, die ab dem 17. Jahrhundert einen gewaltigen Modernisierungsschub im Abendland hervorriefen: Aufklärung, Säkularisierung, Emanzipation des Bürgertums, Nationalstaatsgedanke, Volkssouveränität, industrielle Revolution usw. Im Orient, wozu nicht nur der Islam, sondern auch die Orthodoxie zu rechnen ist, war von diesen umwälzenden Bewegungen nichts zu spüren. Zwar reagierte der Orient auf diese Impulse, brachte sie jedoch nicht selbst hervor. Er stagnierte zwar auf hohem Niveau und auf derselben antiken Grundlage wie der Westen, aber er blieb stehen und erfuhr dadurch einen kontinuierlichen Machtverlust gegenüber dem sich dynamisch fortentwickelnden Westen.

Der Machtverlust zeigte sich in allen Gebieten, am augenscheinlichsten war er in politischer Hinsicht. 1699 schloss die Hohe Pforte mit Österreich den »Frieden von Karlovitz« und das osmanische Reich räumte Ungarn. Karlovitz ist somit einer der wichtigsten europäischen Verträge der Neuzeit. Das Habsburgerreich stieg für die nächsten zwei Jahrhunderte als königlich-kaiserliche österreichisch-ungarische Doppelmonarchie zur Hegemonialmacht in Südosteuropa empor. Die anderen europäischen Großmächte ergriffen ebenso die Gelegenheit, ihren Einfluss im niedergehenden Osmanenreich geltend zu machen. Frankreich, England und die Niederlande nutzten die wirtschaftliche Schwäche des Sultansreiches und sicherten sich vorteilhafte Handelsverträge und Schutzklauseln für ihre Konsuln und Kaufleute. Diese Vereinbarungen wurden nach den kapitelweise beurkundeten Bestimmungen »Kapitulationen« genannt. Ausländische Mächte erreichten mit diesen ungleichen Abkommen immer mehr Privilegien und Handelsvorteile und erhielten sogar exterritorialen Status in der Hauptstadt sowie in den Großstädten Smyrna (Izmir) und Saloniki. Die Kapitulationen werden als eine der entscheidenden Ursachen für den wirtschaftlichen Rückstand und die Auflösung der Osmanischen Reichsordnung gewertet.

Mode »alla Turca«

Die Kontakte von Osmanen und Europäern hatten eine verstärkte wechselseitige kulturelle Beeinflussung zur Folge, die sich im Westen in der Kaffee- und Tabakkultur sowie in den Bereichen der Musik, Malerei, Literatur und der Mode *»alla Turca«* zeigte (Mozart-Opern, Diwane, Ottomane, Teppiche, Tabakspfeifen, Kaffeegeschirr). Tiefgreifender waren die Einflüsse des Westens auf das Osmanenreich: Der Buchdruck, technische Geräte sowie europäische Rüstung, Taktik und Uniformierung hielten Einzug. Ein wichtiges Indiz für die Europäisierung des Osmanenreiches war die Übernahme der westlichen Zeiteinteilung. In jeder größeren osmanischen Stadt wurden in zentraler Lage Uhrtürme (*saat kulesi*) errichtet, die das europäische Zeitgefühl vermittelten. Die osmanischen Oberschichten orientierten sich an den Lebensformen Europas, abzulesen bereits im 18. Jahrhundert an der Barock- oder Rokoko-Ausstattung von Palästen und Moscheen.

◼ Bedrohung aus dem Norden

Im 18. Jahrhundert änderte sich infolge des Aufstiegs Russlands die Mächtekonstellation in Europa. Die österreichische Monarchie sah ihren Hauptgegner angesichts der neuen Großmacht im Norden nun nicht mehr im Osmanischen Reich und leitete friedliche Beziehungen zum Sultan ein. Russland war unter Zar Peter dem Großen zur Großmacht und unter Zarin Katharina der Großen zur Weltmacht avanciert. Das Zarenreich dominierte im 18. und besonders im 19. Jahrhundert die europäische Politik und wurde zum Gegenstück der alten Großmächten Österreich, Frankreich und England. Trotz seiner Hinwendung zum Westen blieb Russland tief von der Orthodoxie geprägt und verfolgte aggressiv seine imperiale Reichsidee vom russischen Zarenreich als dem legitimen Nachfolger des Oströmischen Kaiserreiches, was nichts anderes implizierte als die Zerstörung des Osmanischen Reiches und die russische Eroberung Konstantinopels als neuer Hauptstadt eines russisch-griechischen orthodoxen Imperiums. Diesem Ziel sollte auch die »Befreiung der orthodoxen Balkanvölker vom Türkenjoch« dienen. Im russisch-osmanischen Friedensschluss von Küçük Kaynarca im Jahre 1774 kam Zarin Katharina diesen Zielen schon sehr nahe: Das Sultansreich wurde gezwungen, Russland die Schutzherrschaft (»Protektorat«) über alle seine christlich-orthodoxen Untertanen zu überlassen. In der politischen Praxis bedeutete dies das Ende der osmanischen staatlichen Souveränität. Denn das Protektorat ermöglichte es der russischen Politik, sich direkt in die inneren Angelegenheiten des Osmanischen Reiches einzumischen. Russland machte von dieser Möglichkeit Gebrauch und wiegelte die orthodoxen Untertanen, d. h. die Serben, Bulgaren, Griechen und Armenier systematisch gegen die Sultansherrschaft auf. Dies geschah weniger im Interesse dieser kleinen Völker, sondern vielmehr aus eigenen, imperialistischen Interessen.

Die orientalische Frage

Der Machtzerfall des Sultanstaates war mit der Gefahr des Auseinanderbrechens des Osmanischen Reiches verbunden. Wer sollte das Riesengebilde beerben? Wo sollten die Grenzen zukünftiger Nachfolgestaaten verlaufen, wo die Interessenssphären der europäischen Großmächte abgesteckt werden? Sollte das Reich gar aufgeteilt werden? Russland erhob unverhohlen Anspruch auf Konstantinopel und die Meerengen, was für London, Paris und Wien gleichermaßen unakzeptabel war. Eine Maxime der westlichen Politik des 19. Jahrhunderts lautete daher, Russland von den Meerengen und dem Mittelmeer fernzuhalten. Diese »orientalische Frage« ist sowohl auf dem Balkan wie im Nahen Osten bis heute im Grunde nicht gelöst.

Für Österreich – sowie im Hintergrund für die Westmächte Frankreich und Großbritannien – war der gewaltige Machtzuwachs Russlands auf Kosten des Osmanischen Reiches nicht hinzunehmen. Daraus entstand im 19. Jahrhundert die »orientalische Frage« und die Westmächte London und Paris versuchten im Einklang mit Wien durch die künstliche Aufrechterhaltung des Osmanischen Reiches, Russland von den Meerengen und dem Mittelmeer fernzuhalten. Das Osmanische Reich wurde als Gegengewicht zu Russland also bewusst unterstützt und erhalten. Der Sultanstaat avancierte damit zum Verbündeten Europas gegen Russland. Bis heute erkennt man darin eine Konstante der internationalen Politik.

Der »kranke Mann am Bosporus«

Der russische Zar und Selbstherrscher Nikolaus I. soll am Vorabend des Krimkriegs (1853–1855) diese Persiflage für das ins Wanken geratene Osmanenreich ins Leben gerufen haben. Wie der für Russland unglückliche Ausgang des Krieges 1855 bewies, sollte der »kranke Mann« aber noch eine erstaunliche Lebensfähigkeit beweisen. Verantwortlich dafür war nicht zuletzt die Unterstützung seitens der europäischen Mächte, welche das Osmanische Reich als Gegengewicht zum Zarenreich am Leben erhielten.

Die europäische Realpolitik war darauf ausgerichtet, den »kranken Mann am Bosporus« noch so weit zu stützen, um ihn als Bollwerk gegen die russische Expansion erhalten zu können. Das mag die erstaunliche Lebensfähigkeit dieses Staatsgebildes bis ins 20. Jahrhundert hinein erklären. Auch die gegenseitige Blockade der Großmächte, die sich im Falle der Aufteilung des Reiches keinen Vorteil gönnten, schob das Ende immer weiter hinaus. Ein weiterer Grund waren die Erneuerungsbestrebungen, die eben von diesen Großmächten ausgingen, um das Reich zu stabilisieren. Schließlich fiel das bis zum Anfang des 19. Jahrhunderts einheitlich regierte Reich im Innern sukzessive auseinander und Konstantinopel war gegen die zentrifugalen Kräfte zunehmend machtlos. Der französische Philosoph und Orientreisende Lamartine nannte das Reich 1830 eine »Konföderation von Anarchien«.

Nicht nur an der Peripherie, sondern auch in Anatolien und auf dem Balkan rissen örtliche Machthaber die Herrschaft an sich und versuchten für ihren Herrschaftsbezirk Autonomie und eine Art Immunität, also staatliche Selbständigkeit, zu erlangen. Ägypten löste sich 1812 vom Reich und blieb nur de jure noch als Vizekönigtum unter der Oberherrschaft des Sultans. Die Franzosen besetzten Algier und Tunis und in Südosteuropa machten sich, von europäischem Gedankengut beeinflusst, nationale Bewegungen breit, die auf ehemals osmanischem Territorium schließlich eigene Staaten bildeten: Griechenland wurde 1830, Serbien 1861 souverän, ein neuer bulgarischer Staat wurde 1878 geschaffen und 1912 folgte Albanien.

Russland versuchte nun, seine imperialistischen Ziele mit militärischen Mitteln zu erreichen, und führte im 19. Jahrhundert vier große Kriege gegen das Osmanische Reich. 1878 stand es kurz vor seinem großen Ziel, nämlich der Eroberung Konstantinopels. Russische Truppen standen in Yeşilköy, dem heutigen Flughafengelände von Istanbul, nicht sehr weit entfernt von der Stadtmauer. Dies konnten die Westmächte jedoch nicht zulassen, was zu dem Berliner Kongress von 1878 führte, auf dem das Osmanische Reich abermals von London, Paris und Wien gegen Russland verteidigt wurde. Der Leiter des Berliner Kongresses war der deutsche Reichskanzler Bismarck. Er stellte sich in der »orientalischen Frage« als ehrlicher Makler dar, weil das junge deutsche Kaiserreich im Orient zu dieser Zeit keine Interessen hatte. Bismarck gelang es, einen Kompromiss zwischen den diversen Großmachtinteressen herzustellen. Russland wurde vom Balkan zurückgeholt und dafür im Fernen Osten entschädigt. Die Souveränität des Osmanischen Reiches wurde zwar garantiert, das Land in seinem europäischen Bestand zugunsten der neuen Balkanstaaten jedoch schwer beschnitten. Bosnien, das seit 1462 osmanisch war, fiel unter österreichisch-ungarische Okkupation, Zypern und Ägypten fielen der britischen, Syrien und der Libanon der französischen Interessenssphäre zu.

Als erheblich erfolgreicher als die russische Gewaltpolitik erwies sich die britische und französische Politik der *Penetration pacifique*, der »friedlichen Durchdringung« mit wirtschaftlichen Mitteln und finanzieller Erpressung. Die bereits genannten »Kapitulationsverträge« ermöglichten es London und Paris, das Osmanische Reich einerseits als billige Rohstoffquelle auszubeuten und es andererseits in einen konkurrenzlosen Absatzmarkt für die eigenen Produkte – industrielle Massenwaren – zu verwandeln. Eine neuzeitliche Entwicklung der einheimischen osmanischen Ökonomie kam damit nicht zustande. Der semikoloniale Status des Reiches wurde 1875 durch den offiziellen Staatsbankrott besiegelt, und der Sultansstaat musste sich unter eine britisch-französische Schuldenverwaltung stellen. 80 Prozent der künftigen Staatseinnahmen flossen in Zins- und Tilgungszahlungen für die Auslandsschulden. Auch das Deutsche Kaiserreich bediente sich nach der Jahrhundertwende dieser effektiven Form des Wirtschaftsimperialismus, um sein politisches Gewicht am Bosporus geltend zu machen.

4. Verordnete Europäisierung im 19. Jahrhundert: Reformsultane und Jungtürken

Der Weg nach Westen

Gerade in der Zeitspanne des außenpolitischen Machtverlusts im 19. Jahrhundert fand eine profunde Europäisierung des osmanischen Staates statt. In der Epoche der »Reformsultane« wurde mit gewissem Erfolg versucht, europäische Reformen von oben durchzudrücken. Die Neuordnung (*Tanzimat*) erstreckte sich zwar nur auf eine kleine Elite – vorwiegend aus dem Militär –, setzte aber den langsamen Umbruch der Gesellschaft in Gang, der bis heute anhält.

Ende des 19. Jahrhunderts fanden die westlichen Ideen des Nationalstaatsgedankens, der Republik und des Laizismus (Trennung der Religion vom Staat) Eingang in die Gesellschaftsreform. Die jungtürkische Nationalbewegung erstrebte einen modernen, einheitlichen türkischen Nationalstaat nach europäischem Vorbild, dessen Kehrseite allerdings die rigorose Turkifizierung des alten osmanischen Vielvölkerstaates war. Daraus folgten das Armenierproblem (1915) und die bis heute anhaltende Kurdenproblematik.

■ *Tanzimat:* verordnete Wohltaten

Wie reagierten die osmanischen Eliten auf die neuartigen Herausforderungen des 19. Jahrhunderts? Anfangs kam es zu einer Reformbewegung, die nicht mehr nur die Restauration alter Verhältnisse, sondern auch die Durchführung einer wirklichen Erneuerung der Gesellschaft und des Staates nach europäischem Muster zum Inhalt hatte. Diese Epoche der Reformzeit wird Tanzimat-Periode, Zeit der Neuordnung, genannt und umfasst die Regierungszeiten der Reformsultane Mahmut II. und Abdülmecit I., also die erste Hälfte des 19. Jahrhunderts. Die Reformen nach europäischem Vorbild waren ein typisches Beispiel einer von oben oktroyierten, aufgesetzten Neuordnung. Nach preußischem Vorbild wurde eine Heeresneuorganisation eingeleitet und nach französischem Vorbild eine Staatsaufbau- und Verwaltungsreform durchgeführt. Exogene Faktoren, also der massive Einfluss vom Ausland, spielten in der Tanzimat-Zeit eine tragende Rolle. Die Forderung der europäischen Regierungen nach wirtschaftlichem Liberalismus etwa führte zu weitgehenden Konzessionen an ausländische Wirtschaftskräfte.

1839 erfolgte das erste Reichsreformgesetz, in welchem die Bürgerrechte formuliert wurden, die den Nicht-Muslimen die volle Gleichberechtigung zusicherten. Dies war ein wichtiger Schritt in Richtung Europa. Weitere Reformmaßnahmen mit deutlicher antiislamischer Tendenz erfolgten im Erziehungswesen. 1845 wurde die Konstantinopler Universität nach französischem Vorbild gegründet,

1856 schließlich wurden alle Reformdekrete in einem neuen Grundgesetz zusammengefasst und das Scheriatrecht für ungültig erklärt. Damit war das Osmanische Reich zumindest auf dem Papier zu einem europäischen laizistischen Rechtsstaat geworden. Der Umbau von Staat und Gesellschaft mündete 1876 in die erste osmanische Verfassung, die nach dem damaligen Premierminister Midhat-Pascha-Konstitution genannt wurde. Sie verkündete die politische Gleichberechtigung, die rechtliche Gleichstellung und die Religionsfreiheit aller osmanischen Staatsbürger, wies andererseits jedoch auf den Islam als Staatsreligion hin. Ein Zwei-Kammer-System nach belgischem Vorbild wurde eingerichtet: Der vom Sultan einberufene Senat verfügte über die Gesetzesinitiative, das reichsweit gewählte Parlament war nur abstimmungsberechtigt. Doch hatte mit dem Prinzip der Wahl immerhin auch der Gedanke der Volkssouveränität Eingang in der osmanischen Gesellschaft gefunden. Das Sultansreich wandelte sich mit diesem Schritt de jure zu einer konstitutionellen Monarchie. Was in der Hauptstadt des noch immer riesigen Reiches auf dem Papier beschlossen wurde, kam in der fernen Provinz, wenn überhaupt, nur verzögert zur Geltung. Die Widerstände gegen die Europäisierung waren außerordentlich stark, die islamische Geistlichkeit, die *Ulema*, verhinderte die Modernisierung auf dem Lande und hielt unbeirrt am Scheriatrecht fest.

Auch den laizistischen konservativen Kreisen ging die undifferenzierte und unkritische Anpassung an die europäischen Normen entschieden zu weit. Sie befürworteten zwar eine Liberalisierung, jedoch ohne den Ausverkauf des Reiches an den Westen. Einer dieser liberal gesonnenen Oppositionskreise waren die Jung-Osmanen, eine 1865 gegründete Intellektuellengruppe, welche die Verbindung eines vom Obskurantismus gereinigten Islams mit europäischem, republikanischem Gedankengut anstrebte. Die führenden Kräfte der Jung-Osmanen, darunter auch der bekannte Schriftsteller Namik Kemal, mussten 1868 in die Emigration fliehen. Sie gründeten in Paris die programmatische Zeitung *Hürriyet* (»Freiheit«).

Auf eine Institution konnten sich alle Reformer verlassen, sowohl die herrschaftlichen »Reformsultane« als auch die radikalen Reformkräfte: auf das Militär. Eine sowohl im Osmanenreich wie auch in der neueren Türkei sehr einflussreiche und durchsetzungsfähige Klasse, die damals wie heute alle Gesellschaftsschichten durchdringt. Einen Adelsstand im westlichen Sinne kannte die Osmanische Gesellschaftsordnung nicht. Im Offizierskorps waren seit jeher alle sozialen Schichten vertreten. Im Tanzimat-Zeitalter und in der Reformzeit des 19. Jahrhunderts bot die Armee fähigen, vor allem an Wissenschaft und Technik interessierten Personen klassen- und schichtenübergreifend beste Bildungs- und Aufstiegschancen. So entstand eine neue militärische Elite, die sich an Europa orientierte und zum Teil auch in Europa ausgebildet worden war: Die politische Einstellung dieser Offiziere, Ingenieure, Techniker und Verwaltungsbeamten war republikanisch, radikalreformerisch und zumeist höchst antiklerikal. In ideologischer Hinsicht waren sie die ersten Vertreter des türkischen Nationalismus und des türkischen Nationalstaatsgedankens.

▓ Nationalidee und Nationalromantik: die Revolution der Jungtürken

Die jungtürkische Bewegung

Die sozialrevolutionäre Bewegung der Jungtürken erstrebte ein einheitliches nationales Türkisches Reich. Reines Türkisch sollte Staatssprache werden. Die Jungtürken beriefen sich auf das europäische Gedankengut des Nationalstaats und des Säkularismus und wurden stark durch den deutschen Kultur- und Sprachnationalismus beeinflusst.

Ab 1880 bildeten sich in militärischen Führungskreisen zahlreiche Geheimkomitees, die auf eine Abschaffung des Sultanats hinarbeiteten. In London, Paris und Genf traten Emigrantenkreise mit demselben Ziel zusammen. In Paris erschien 1885 eine Zeitung mit dem bezeichnenden Titel *La Jeune Turquie*, Die Junge Türkei.

Der Begriff »Türkei« im Titel deutet auf das nationalistische Programm der Zeitung hin, da das Wort *Türke* im osmanischen Bereich sich nur auf die breite bäuerliche Bevölkerung bezog und einen despektierlichen Beiklang hatte. Kein Angehöriger der osmanischen Mittel- und Oberschicht wäre auf den Gedanken gekommen, sich als Türke zu bezeichnen, er war Osmane. Die Jungtürken verwendeten den Volksbegriff Türke bewusst als Nationalbezeichnung für das ganze Volk und formulierten damit den türkischen Nationalgedanken. Als Türke galt, wer die türkische Sprache sprach und sich der gemeinsamen Abstammung und Geschichte bewusst war. Die Religion spielte demgegenüber eine untergeordnete Rolle und wurde vom türkischen Nationalismus marginalisiert. Der Islam, der ja von Arabien ausgegangen war, galt als untürkische Religion. Extreme Kreise der türkischen Nationalisten rekurrierten gar auf eine eigene »alttürkische Religion«. Die Jungtürken versuchten, die gesamte Reichsbevölkerung als Türken zu deklarieren und notfalls zu turkifizieren. Der Verkünder dieser nationalen Ideologie war der Schriftsteller Ziya Gökalp. Auch Atatürk sollte sich später zwar nur auf Anatolien als türkisches Nationalgebiet beschränken, aber ebenso rigoros versuchen, die dortigen Nicht-Türken (Griechen, Armenier, Kurden) zu assimilieren.

Ein großer Teil des Tanzimat-Erneuerungsschubes war wegen des klerikalen und konservativen Widerstandes auf der Strecke geblieben. Dieses Schicksal widerfuhr auch der Midhat-Pascha-Verfassung von 1876 sowie dem im selben Jahr gewählten ersten osmanischen Parlament. Denn Konstitution und Wahl fielen mit einer außerordentlich kritischen außenpolitischen Situation zusammen: 1878 standen die Russen in Sichtweite Konstantinopels und nur das Eingreifen des Berliner Kongresses verhinderte das Ende des Osmanischen Reiches.

In dieser Lage löste der neue Sultan Abdülhamit das Parlament auf und suspendierte die Verfassung. Er regierte ab 1878 wieder autokratisch wie seine Vorgänger. Abdülhamit blieb bis 1908 auf dem Thron und war, das darf man wohl so sagen, der letzte Sultan-Kalif. In der heutigen türkischen Geschichtsschreibung und neueren westlichen Darstellungen wird ein sehr negatives Bild von ihm gezeichnet. Er wird als orientalischer Despot beschrieben, der sich nur mit Zensur, Terror und Geheimpolizei an der Macht gehalten habe. Das ist sicherlich richtig, berücksichtigt aber nur einen Aspekt seiner Herrschaft. Denn die Politik der verordneten Reformen wurde vorbehaltlos weitergeführt und unter Abdülhamits Regiment die Justiz von der Exekutive getrennt, d. h. eine Gewaltenteilung gemäß europäischer Staatslehre eingeführt. Diesem Ziel diente die Zusammenfassung aller bisherigen Gesetze in einem bürgerlichen Gesetzbuch, das allerdings noch Spuren des alten Gewohnheitsrechtes enthielt. Das Scheriatrecht blieb dagegen exkludiert. Unter Abdülhamit begann man auch mit der Einrichtung eines weltlichen Schulwesens, das sich de facto nur über die Hauptstadt und die größeren urbanen Metropolen erstreckte. Die alten Medresen, die religiösen Ausbildungsstätten, blieben daneben weiter bestehen. Der Sultan versuchte in seiner Innenpolitik demnach, einen Kompromiss zwischen reformerischen und traditionalistischen Kräften herbeizuführen, dergestalt, dass er beide Systeme, das alte und das neue, in der Praxis parallel bestehen ließ – ein Unterfangen, das zwangsläufig scheitern musste!

Abdülhamit orientiert sich als Kalif am Panislamismus. Der Panislamismus vertrat die Forderung nach politischer Zusammenfassung aller Muslime ohne Rücksicht auf nationale Zugehörigkeit. Persönlich war der Sultan ein Anhänger einer islamischen Reformbewegung, die den Islam als Religion modernisieren und vom Staatsrecht trennen wollte. Für das Reich propagierte die Sultansregierung die Idee vom Osmanismus, das heißt vom patriotischen Zusammengehörigkeitsgefühl aller osmanischen Reichsangehörigen ohne Anerkennung ihrer jeweiligen Nationalität. Der Osmanismus war eine übernationale und suprareligiöse Bewegung und stand damit in scharfem Gegensatz zum türkischen Nationalismus, den die (noch) im Untergrund tätigen Jungtürken propagierten.

Abdülhamit stützte sich außenpolitisch auf das Deutsche Reich unter Kaiser Wilhelm II. und räumte deutschen Interessen wirtschaftlicher und militärischer Art großen Freiraum ein (Konzessionen für die anatolische Bahn und Bagdadbahn, 1888/1914). Die deutschen Militärmissionen knüpften auch enge Verbindungen mit den oppositionellen Jungtürken, in welchen sie – zu Recht – die künftigen Machthaber und in ihrem militanten Nationalismus auch die künftigen Verbündeten sahen.

Das Deutsche Reich, das sich unter Bismarck noch ganz bewusst und absichtlich vom Balkan und vom Orient ferngehalten hatte, geriet damit in die schwelende Orientkrise und wurde mit der orientalischen Frage konfrontiert. Berlin traf im Balkan auf entschiedene russische Interessen und im Orient auf eine vehemente Konkurrenz Großbritanniens und Frankreichs. Diese Interessenskollision sollte unter anderem eine Ursache für den Ersten Weltkrieg darstellen.

Um die Jahrhundertwende gewannen die Jungtürken innerhalb des Offizierskorps immer mehr an Zulauf. Auch Intellektuelle, Studenten der neuen Hochschulen und Beamte in der Ministerialbürokratie schlossen sich den neuen Ideen an und es bildeten sich innerhalb der jungtürkischen Bewegung zwei Fraktionen heraus:

① eine eher liberale, gemäßigte Fraktion, die aus den Jung-Osmanen hervorgegangen war;
② eine stärkere Gruppe, die einen rigorosen türkischen Nationalismus vertrat. In dieser zweiten Gruppe formte sich noch ein besonderer Flügel aus, der sich die Vereinigung aller Turkvölker auf die Fahnen schrieb: die Panturkisten.

> *Die großtürkische Ideologie: Panturkisten/Turanisten*
>
> Die Vertreter dieser Ideologie strebten die politische Zusammenfassung aller Turkvölker in einem einheitlichen Reich an. Dies sollte sich unter Einschluss der Türkei über Mittelasien bis China erstrecken und z. B. Baku, Buchara und Samarkand mit einbeziehen. Nach der angeblichen »Wiege der türkischen Völker«, dem Tiefland von Turan, wird die Bewegung auch Turanismus genannt. Eine gewisse Renaissance erlebte die großtürkische Ideologie nach dem Zerfall der Sowjetunion und der Neubildung der Turkstaaten.

Gemeinsames Ziel der jungtürkischen Bewegung war zunächst die Beseitigung der sultanischen Autokratie. Zu diesem Zweck gründete der radikalreformerische Flügel unter zwei Offizieren, Enver Bey und Talat Bey, das nationalrevolutionäre Komitee »Einheit und Fortschritt«, das in Edirne und Saloniki erfolgreich den Umsturz vorbereitete.

1908 überahm das Komitee in Konstantinopel die Macht und setzte die Verfassung von 1876 wieder in Kraft. Ein Gegenputsch wurde 1909 mit der endgültigen Absetzung Abdülhamits beantwortet und das Sultanat von den neuen Machthabern zu einer reinen Repräsentativfunktion degradiert. Die zwei nach Abdülhamit noch folgenden Sultane spielten im politischen Leben keine eigenständige Rolle mehr.

Mustafa Kemal betritt die politische Bühne

An der jungtürkischen Machtübernahme 1908 und 1909 war auch ein gewisser Mustafa Kemal beteiligt, ein Offizier aus Saloniki, der unter dem Namen Atatürk später noch eine große Rolle spielen sollte. Kemal sympathisierte mit dem Revolutionskomitee, zählte aber nicht zur Führungsgarnitur.

Anzunehmen ist – nebenbei gesagt – die Beteiligung der deutschen Militärmission an der jungtürkischen Machtergreifung. Enver und viele seiner Mitarbeiter waren in Deutschland ausgebildet worden und verfolgten einen strikt pro-deutschen Kurs.

Die neue Regierung, in welche die Jungtürken zwar nicht integriert waren, aber im Hintergrund die Fäden zogen, begann damit, das national- und sozialreformerische Programm umzusetzen. Der Staat sollte endlich säkularisiert, die Medresen geschlossen und die konterrevolutionären Derwischorden verboten werden. Frauen sollten aktiv am öffentlichen Leben teilnehmen. Dieses durchaus fortschrittliche Maßnahmenbündel sollte jedoch mithilfe einer kompromisslosen Turkifizierungspolitik der Minderheiten einhergehen. Der jungtürkische Nationalismus ließ keine Minderheitenrechte und keine anderen Sprachen im Reich mehr zu und strebte ein zentralistisches, einheitliches Staatswesen an, dessen Ziel ein national-türkisches Reich anstelle des multiethnischen Osmanischen Reichs war. Erst jetzt wurde der Name »Türkei« zum offiziellen Staatsnamen erhoben und fand Eingang in die internationale Diplomatie. Enver und die hinter ihm stehenden pantürkischen Kreise gingen noch weiter und forderten ein großtürkisches Reich von Bosnien bis Turkestan.

Die autoritäre Nationalisierungspolitik betraf die Minderheiten, die nun nicht mehr religiös, sondern sprachlich-national definiert wurden. Griechen und besonders die Armenier waren davon betroffen; ebenso die Kurden, die innerhalb des Osmanischen Reiches als Muslime nicht als Millet gegolten hatten, wurden aufgrund ihrer anderen Sprache nun als Minderheit definiert und dem Turkifizierungsprozess ausgesetzt.

Die rigide Minoritätenpolitik führte 1912 zum erzwungenen Rücktritt des radikalen Flügels der jungtürkischen Einheits- und Fortschrittspartei. Dieser machte einer liberaleren Regierung Platz, die die Minderheiten konföderativ einbinden wollte und sich außenpolitisch an die Entente, das britisch-französische Bündnis, anlehnte. Die sich anbahnende liberale und demokratische Option wurde durch die 1912 und 1913 folgende militärische Katastrophe in den zwei Balkankriegen jedoch zunichte gemacht.

Die auf Initiative Russlands zustande gekommene Offensive der Balkanstaaten Griechenland, Bulgarien und Serbien drängte die Türkei aus Südosteuropa hinaus. Auf dem Friedensschluss von London im Jahre 1913 wurden die Grenzen der Türkei in Europa neu festgelegt: nur das östliche Thrakien mit der Stadt Edirne /Adrianopel verblieb der Türkei von ihren ehemaligen europäischen Besitzungen. (Diese Grenzziehung besteht bis heute.) Eine große Anzahl muslimischer Flüchtlinge aus dem Balkanraum, die sogenannten *Muhacir* (Muhadschir), strömte daraufhin nach Konstantinopel und Anatolien und veränderte die dortigen, noch sehr traditionellen sozialen Verhältnisse entscheidend. Anatolien nahm durch diesen Bevölkerungszuwachs eine positive Entwicklung.

■ Radikales Nationalismuskonzept

Die totale Niederlage des Osmanischen Reiches in den Balkankriegen 1912/13 bedeutete auch das Ende der liberalen und kompromissbereiten Regierung. Anfang 1913 übernahmen Enver und Talat in einem gewaltsamen Staatsstreich erneut die Macht, setzten die Verfassung außer Kraft und errichteten eine Militärdiktatur. Auch bei diesem Machtwechsel ist eine unterstützende Rolle der deutschen Militärmission anzunehmen, denn Berlin war 1913 daran gelegen, am Bosporus ein germanophiles Regime ans Ruder zu bringen.

Enver und Talat richteten mithilfe der Armee eine rigide Diktatur mit allen üblen Begleiterscheinungen ein. Dennoch setzten sie, wenn auch mit brachialer Gewalt, das begonnene europäisierende Reformwerk der »Einheits- und Fortschrittspartei« unbeirrt fort: Weitere weltliche Schulen wurden gegründet und die Schulen auch für Mädchen geöffnet. Die Universität von Istanbul wurde 1917 nach deutschem Muster reorganisiert, Polygamie unter Strafe gestellt und die islamische Reaktion mit Waffengewalt verfolgt. Viele der Reformmaßnahmen bestanden wegen des im Juli 1914 ausbrechenden Ersten Weltkriegs lediglich auf dem Papier.

Enver, der zu einer Art Militärdiktator aufstieg, behielt andererseits das radikale Nationalismuskonzept bei, das die armenischen und griechischen, aber auch die arabischen und schließlich die kurdischen Minderheiten gegen die Regierung aufbrachte. Die verfolgten Minderheiten wurden dadurch zum bevorzugten Ziel ausländischen Einflusses. Griechen, Araber und Kurden suchten Hilfe bei der britisch-französischen Entente, die Armenier bei den Russen. Die Jungtürken rächten sich mit Pogromen und Vertreibungen, von denen 1915 besonders die Armenier in Ostanatolien betroffen waren.

Enver – ein überzeugter Anhänger der imperialistischen pantürkischen Idee – manövrierte die Türkei dadurch noch am Vorabend des Ersten Weltkriegs in eine Konfrontation mit dem russischen Zarenreich.

■ Das Ende des Osmanischen Reiches: 1914–1922

Im Ersten Weltkrieg stand das Türkische Reich auf der Seite der Mittelmächte, das heißt der Kriegskoalition zwischen Wien und Berlin. Der Grund für das Zusammengehen mit dem Deutschen Reich und mit der Österreichischen K. u. K. Monarchie war die gemeinsame Bedrohung durch Russland und der gemeinsame Interessensgegensatz zu Paris und London.

1914 schloss Enver ein geheimes Offensivbündnis mit Berlin, er musste sich in der Türkei allerdings mit starken Widerständen dagegen auseinandersetzen. Einflussreiche Kräfte bevorzugten eine neutrale Haltung oder einen Schwenk zu den Westalliierten.

Zu diesen Opponenten zählte auch der bereits genannte Mustafa Kemal, der deshalb bei Enver in Ungnade gefallen war und auf einen sehr gefährlichen Posten, nämlich den des Kommandanten an die Dardanellenfront versetzt wurde.

Die Armenierfrage

Während der russischen Offensiven in Ostanatolien kam es 1915 zu antitürkischen Aufständen der dort lebenden Armenier. Um eine Kollaboration der armenischen Bevölkerung mit den vorrückenden zaristischen Truppen von vornherein auszuschließen, ergingen im Mai 1915 geheime Verordnungen an die Militärbehörden, alle Armenier aus den Provinzen Erzurum, Van und Bitlis zu vertreiben und nach Syrien in Steppen- und Wüstengebiete umzusiedeln. Während der Deportation kamen hunderttausende Menschen durch Hunger, Krankheit und Massaker ums Leben. Die 2.000-jährige Geschichte der christlichen Armenier in Anatolien fand darin ein traumatisches Ende. Nur wenigen Flüchtlingen gelang es, von Schiffen der Alliierten aufgenommen zu werden. Fest steht jedoch, dass Mustafa Kemal und seine ihm unterstellten Truppen an diesen Aktionen nicht beteiligt waren. Die Haltung der deutschen Verbündeten gegenüber der Deportation war unbestimmt. Durch Geheimberichte war man über das Geschehen informiert. Die Berliner Reichskanzlei wies im November 1915 die deutsche Botschaft in Istanbul an, »bei jeder sich bietenden Gelegenheit und mit Nachdruck ihren Einfluss bei der Pforte zugunsten der Armenier geltend zu machen«. Doch die deutsche Heerführung glaubte im damaligen Notstand nicht, in die inneren Angelegenheiten der jungtürkischen Verbündeten eingreifen zu dürfen. Die Armenierfrage ist bis heute eine der schwerwiegendsten Hypotheken für die neue Türkei. Während die armenische Seite (bestehend aus Exil-Armeniern, die in Frankreich und den USA leben) einen Genozid von eineinhalb Millionen Menschen beklagt und von der Türkei die Anerkennung der Tat als Völkermord verlangt, hat sich das offizielle Ankara lange Zeit für unzuständig erklärt und sich erst auf ausländischen Druck (z. B. der französischen Nationalversammlung 2001 und des US-Repräsentantenhauses 2007) dazu durchgerungen, von Exzessen auf beiden Seiten und von 300.000 armenischen Kriegs- (nicht Vertreibungs-)Opfern zu sprechen. Die vehemente Leugnung der Armeniermorde eint bis heute türkische Nationalisten und islamische Fundamentalisten.

Der tiefere Grund für die vehemente Ablehnung der Vorgänge als Völkermord liegt für die offizielle Türkei wohl in der Furcht, dass die unmittelbare Vorgeschichte der Republikgründung mit diesem monströsen Verbrechen in kausalen Zusammenhang gebracht werden könnte. Der Gründungsmythos der neuen türkischen Nation und die Legitimation ihres Staates würden damit in Frage gestellt werden.

Erst seit 2005 ist in der Istanbuler Presse ein offener Umgang mit der Armenierfrage erkennbar. Auch beschäftigen sich seitdem unabhängige türkische Wissenschaftler mit diesem historischen Problem. Franz Werfel etwa hat in seinem Roman »Die Vierzig Tage des Musa Dagh« dem armenischen Verhängnis ein eindrucksvolles literarisches Denkmal gesetzt. Die ehemalige Präsenz der wohlhabenden und bürgerlichen armenischen Schicht ist in der gesamten ostanatolischen Sphäre in Kloster- und Kirchenbauten sowie in heute verfallenen klassizistischen Stadtvierteln deutlich spürbar.

Von Anfang an waren die Türken in einen Mehrfrontenkrieg verwickelt. Die Engländer, erwähnt sei in diesem Zusammenhang den Name Lawrence of Arabia, wiegelten die Araber erfolgreich auf und marschierten dann selbst von Ägypten nach Palästina und in den Irak ein. Die Russen stießen bis nach Trabzon am Schwarzen Meer vor. Nur im Westen gelang den Türken 1915 ein spektakulärer Abwehrsieg, als sie die britisch-französische Invasion auf der Halbinsel Gallipoli erfolgreich verhinderten. Der Sieger der Dardanellenschlacht war der General Mustafa Kemal, dessen steile militärische und politische Karriere hier ihren Anfang nahm. Dieser Teilsieg konnte die totale militärische Niederlage 1918 jedoch nicht aufhalten: Das jungtürkische Kriegskabinett löste sich auf und Enver und Talat gingen 1918 nach Berlin ins Exil.

Im Waffenstillstand von Mudros zwischen den Westalliierten und der Türkei wurde im Oktober 1918 (auf Lemnos) die Aufteilung des Osmanischen bzw. Türkischen Reiches besiegelt. Die Grundlage für den Vorvertrag von Mudros war das Sykes-Picot-Abkommen von 1916 (benannt nach den damals beteiligten britischen und französischen Diplomaten), demzufolge Palästina, Jordanien und der Irak an London fallen sollten, Syrien, der Libanon und Kilikien an Frankreich und Lykien (das Gebiet um Antalya) an Italien.

Der Präliminarvertrag von Mudros ging darüber noch weit hinaus: Die Meerengen und Konstantinopel wurden von den Alliierten besetzt, den Armeniern wurde ein eigener Staat in Ostanatolien zuerkannt und den Kurden ein eigener Staat im Südosten in Aussicht gestellt (Kurdistan). Das Gravierendste war wohl, dass Griechenland Smyrna und die westanatolische Küste sowie Thrakien mit Edirne zuerkannt wurde. Für die eigentliche Türkei wäre also nur ein geschrumpftes Reservat zwischen Konstantinopel und Ankara übrig geblieben.

Dem Abkommen von Mudros war indes keine Zukunft beschieden, obgleich seine Bestimmungen zwei Jahre später, also 1920, im Vertrag von Sèvres nochmals bestätigt und völkerrechtlich verbindlich niedergelegt wurden. Sèvres, benannt nach dem gleichnamigen Ort des Vertragsschlusses bei Versailles, war ein Teil des Versailler Vertragswerks zwischen den Siegern und Verlierern des Ersten Weltkriegs. In den zwei Jahren zwischen dem Waffenstillstand von Mudros und dem Vertrag von Sèvres hatte sich die Situation in der Türkei jedoch so fundamental gewandelt, dass beide Vertragswerke obsolet wurden.

5. Geschichte der »neuen Türkei« (1918 – 2007)

Kemal Atatürk und die »neue Türkei«

Ohne die überragende Gestalt Mustafa Kemal Atatürks (1881–1938) ist die Geschichte der Türkei im 20. und 21. Jahrhundert nicht zu verstehen. Er ist der Gründer der modernen Türkei.

Mustafa Kemal, geboren 1881 im damals noch osmanischen Thessaloniki als Sohn eines Zollbeamten, schlug die Militärlaufbahn ein und stand in loser Verbindung zu den revolutionären Jungtürken. Während des Ersten Weltkriegs verteidigte er 1915 erfolgreich die Dardanellen-Front und wurde zum General (Pascha) befördert. Mustafa Kemal Pascha beendete zuerst siegreich den innertürkischen Bürgerkrieg und zwang 1922 die Besatzungsmächte zur Räumung Anatoliens. Der gleichzeitige griechisch-türkische Krieg endete mit der Vertreibung der Griechen aus Kleinasien. Nach Abschaffung des Sultanats gründete er 1922 die Republik Türkei mit der neuen Hauptstadt Ankara. Als erster Präsident der Republik (1923–1938) leitete er grundlegende Reformen nach dem Vorbild Westeuropas ein, darunter die Europäisierung von Schrift, Bildung und Kleidung sowie die Gleichstellung der Frau.

Die Waffenstillstandsbedingungen von Mudros sahen auch eine Demilitarisierung Anatoliens und eine Entwaffnung der dortigen türkischen Streitkräfte vor. Mit dieser Aufgabe betraute die in totaler Abhängigkeit von den Alliierten stehende Sultansregierung 1919 einen General, von dem sie überzeugt war, dass er aufgrund seiner eher anglophilen Ausrichtung der Forderung der Sieger nachkommen würde. Dieser Mann war Mustafa Kemal.

Er landete im Mai 1919 als oberster Heeresinspekteur in Samsun an der türkischen Schwarzmeerküste und tat genau das Gegenteil von dem, was man von ihm verlangte. Ein guter Grund dafür, sich diese Person, die bis heute die Zentralfigur der neuen Türkei darstellt, einmal näher anzusehen.

Mustafa, so der ursprüngliche Name Atatürks, entstammte den ärmlichen Verhältnissen einer türkischen Beamtenfamilie in Saloniki. Als Geburtsjahr wird das Jahr 1881 angegeben. Er besuchte die weltliche höhere Schule (was damals nicht die Regel war) und erhielt bereits dort von einem Lehrer den Beinamen Kemal (der Vollkommene). Das Militär bot ihm eine gute Plattform für seine Fähigkeiten und während der Offiziersausbildung kam er mit sozial- und nationalrevolutionären Debattierklubs in Berührung und war Mitbegründer einer oppositionellen Vereinigung namens *Vatan* (Vaterland).

In Saloniki schloss er sich den Jungtürken an, blieb aber immer im Hintergrund. Der Grund für diese Skepsis war seine Ablehnung des groß- und pantürkischen Gedankens, wie er in besonders vehementer Weise von Enver Bey vertreten wurde. Kemal zeigte dagegen Realismus und sah den künftigen türkischen Nationalstaat beschränkt auf das »Nationale Viereck«, das heißt auf Kleinasien. In der Forderung nach radikaler Europäisierung und in der militanten Ablehnung des Islam waren sich Jungtürken und Mustafa Kemal aber weitgehend einig. Gewisse Differenzen existierten in der außenpolitischen Ausrichtung, die Jungtürken waren ausgesprochen germanophil, Kemal hingegen tendierte zur Neutralität, was ihm später als Entente-freundlich ausgelegt wurde. Mit Enver verband ihn eine tiefe persönliche Feindschaft. Nicht zuletzt dies bewog die Siegermächte, gerade Mustafa Kemal in ihrem Auftrag nach Anatolien zu schicken.

Kemal berief im Juli 1919 in Erzurum einen ersten und im September 1919 einen zweiten Nationalkongress nach Sivas ein und sicherte sich zuerst die Macht im abgelegenen Ost- und Mittelanatolien. Die Situation eskalierte insofern, als gleichzeitig starke griechische Kräfte mit britischer Unterstützung in Smyrna gelandet waren und begannen, die Westküste zu okkupieren. Mustafa Kemal baute eine funktionstüchtige Gegenregierung zur immer noch bestehenden Sultansregierung in Istanbul auf, da diese in seinen Augen lediglich eine Marionette der Alliierten darstellte. Er selbst ließ sich zum Vorsitzenden eines nationalen Repräsentativkomitees bestimmen und zwang die Istanbuler Regierung zu Neuwahlen, aus welchen seine »Nationale Befreiungsbewegung« erwartungsgemäß als Sieger hervorging.

Erfolgreich operierte Kemal also sowohl auf der militärischen Ebene als auch zunehmend auf der politischen Bühne. Ende 1919 verlegte er den Sitz der Gegenregierung nach Ankara, damals eine Provinzstadt, die den unschätzbaren geo-strategischen Vorteil hatte, vom Zugriff der Alliierten weit entfernt zu sein.

Das neue kemalistisch beherrschte Parlament formulierte den Nationalpakt, nämlich die Integrität und Souveränität der Türkei in ihren nationalen Grenzen. Das war ein Minimalprogramm, dem sich auch konservative und sogar islamistische Kreise verpflichtet fühlen konnten.

Im April 1920 regierten die Alliierten, in erster Linie die Briten das Land. Sie besetzten Istanbul und lösten das Parlament gewaltsam auf. Das hatte den Effekt, dass nun auch zahlreiche Persönlichkeiten, die den Nationalisten skeptisch gegen-überstanden, sich der neuen Regierung in Ankara anschlossen. Kemal berief die Große Nationalversammlung in Ankara ein und ließ sich zum Präsidenten ak-klamieren. Dabei sprach er zum ersten Mal nicht nur von der Absetzung des Marionetten-Sultans, sondern auch von der Abschaffung des Sultanats über-haupt.

■ Nationaler Befreiungskrieg

Ein kurzer, aber blutiger Bürgerkrieg, bei dem sich die Kurdenstämme des Süd-ostens auf die Seite der Sultansarmee schlugen, endete 1920 mit dem Sieg Ke-mals. Interessant ist in diesem Zusammenhang, dass die religiöse Propaganda – der vom Sultan-Kalifen ausgerufene Heilige Krieg gegen die gottlosen Kemalisten – auch auf dem Lande relativ wirkungslos blieb.

Ein weiterer Trumpf in der Hand Kemals war das Diktat von Sèvres, das für die Türkei eine Art Kolonialstatus vorsah und just zu diesem Zeitpunkt von der Sultansregierung ratifiziert wurde. Die Nationale Regierung in Ankara hingegen nahm die Bestimmungen von Sèvres überhaupt nicht zur Kenntnis und erklärte den Sultan und seine Regierung im Gegenzug zu Hochverrätern und damit für abgesetzt.

London erteilte den Griechen, die sich jetzt an der Westküste etabliert hatten, daraufhin das Mandat, Edirne und Bursa zu besetzen, und zwar mit dem Versprechen, diese Gebiete später behalten zu dürfen.

Doch zeigten sich 1921 in Nahost mittlerweile die Auswirkungen einer sich grundsätzlich geopolitisch ändernden Lage. Frankreich und Italien waren nach dem auch für sie außerordentlich verlustreichen Ersten Weltkrieg nicht mehr in der Lage, die ihnen in Mudros und Sèvres zugesprochenen türkischen Gebiete militärisch zu halten. Rom verzichtete mehr oder weniger freiwillig auf Antalya und auch Paris zog sich 1921 vor Kemals Truppen aus Kilikien zurück.

Zwischen den Siegermächten London, Paris und Rom verstärkten sich die la-tenten Spannungen und man erkannte sehr wohl, dass die zukünftige Macht in Anatolien weder die auslandsabhängige Istanbuler Sultansregierung noch Athen sein würde, das seine militärische Leistungsfähigkeit längst überdehnt hatte, sondern eben jener neue »starke Mann in Ankara«, mit dem es sich zu arrangieren galt.

In London erfolgte 1922 ein bedeutsamer Wechsel innerhalb der Regierung und im Foreign Office. Die Unterstützung für Griechenland wurde abrupt eingestellt und der Frieden von Sèvres, der sich als unrealistisch herausgestellt hatte, offen zur Disposition gestellt.

■ 1922: Griechenlands »kleinasiatische Katastrophe«

Was war der Grund für diesen folgenschweren außenpolitischen Wechsel? Für die Beantwortung dieser Frage ist die Berücksichtigung einer Macht, von der hier längere Zeit nicht mehr die Rede war, unerlässlich: Russland, seit 1918 die Sowjetunion.

Mit dem Erstarken der Sowjetunion war die alte Mächtekonstellation des 19. Jahrhunderts wiederhergestellt, was bedeutete, dass die Westmächte Großbritannien und Frankreich in Nahost und an den Dardanellen eine stabile, verbündete oder zumindest nicht-feindlich gesonnene Regionalmacht als Gegengewicht zu Russland bzw. zur UdSSR benötigten. Diese fanden sie in der Türkei, und zwar in der neuen Türkei unter Mustafa Kemal.

Die griechischen Interessen gingen in diesem diplomatischen Schachspiel unter und wurden skrupellos geopfert. Das Ergebnis ist bekannt: Die kleinasiatische Katastrophe der Griechen, ihre traumatische Niederlage 1922, die Vernichtung Smyrnas und das gewaltsame Ende der griechischen Besiedlung Kleinasiens.

Diese Erfolge Kemals waren nicht zuletzt auch das Ergebnis eines gewagten diplomatischen Unterfangens, nämlich eines zeitweiligen Zusammengehens mit der Sowjetunion Lenins. Beide Staaten sowie beide Staatsführer verstanden sich als antiimperialistisch, antikolonialistisch und revolutionär, wobei Kemal aus seiner dezidiert antikommunistischen Haltung jedoch niemals einen Hehl machte. Kommunisten und solche, die man dazu erklärte, wurden unter Kemal verfolgt. Kemal verstand seine Revolution als nationalrevolutionär und wurde deshalb von Lenin als »der in der bürgerlichen Phase steckengebliebene Revolutionär« bezeichnet. Doch war die Ideologie zunächst zweitrangig.

Die ebenfalls um ihre Existenz kämpfende junge Sowjetunion war wie die neue Türkei über jeden Vertragspartner froh. Der gemeinsame Gegner waren die westlichen Interventionsmächte, in erster Linie London. Für beide Länder war Ruhe an der langen gemeinsamen Grenze von allerhöchstem Vorteil und diese Ruhe erhielt man, indem man das unruhige Armenien unter sich aufteilte. Im März 1921 wurde ein Freundschaftsvertrag zwischen Moskau und Ankara geschlossen, der im Wesentlichen die Beziehungen bis 1945 einvernehmlich regelte.

■ 1923: Der Frieden von Lausanne

Mit der Machtposition im Hintergrund – Sieg im Bürgerkrieg, Abzug von Italienern und Franzosen, Sieg über Armenier und Griechen, Abkommen mit Russland – wendete sich Kemal gegen die Briten, die angesichts der Größe der Commonwealth-Staaten jedoch nicht mehr kriegsbereit waren. Stattdessen stimmte London im Oktober 1922 dem Präliminarfrieden von Mudanya zu und die neue Türkei avancierte damit de facto zu einem Siegerstaat. Dementsprechend gestalteten sich sodann die endgültigen Friedensbestimmungen von Lausanne im Juli 1923: Die Türkei wurde völkerrechtlich als souveräner Staat anerkannt und umfasste nun Anatolien und Ostthrakien (Edirne), also die Türkei in den heutigen Grenzen, sowie das »nationale Viereck«, das Kemal gefordert hatte. Die Türkei verzichtete im Gegenzug endgültig auf ihre alten balkanischen und arabischen Gebiete und stimmte einer Demilitarisierung der Meerengen zu, was einer gewissen Einschränkung der Souveränität gleichkam. Mit Griechenland wurde ein umfangreicher Bevölkerungstausch vereinbart, in dessen Verlauf eine halbe Million griechische Muslime in die Türkei und 1,5 Millionen Griechen aus der Türkei nach Griechenland »transferiert« worden sind.

Als Erfolg konnte die türkische Delegation in Lausanne noch verbuchen, dass keinerlei Minderheitenrechte – etwa für Armenier oder Kurden – völkerrechtlich verbindlich vereinbart wurde, was bedeutete, dass die neue Türkei im internationalen Recht als einheitlicher Nationalstaat angesehen wurde.

1923–1936: Gründung und Konsolidierung der Türkischen Republik

Nach dem Nationalen Befreiungskrieg (1918–1922) entstand aus der Konkursmasse des Osmanenreichs die neue Türkische Republik (1923). Ihr Territorium beschränkte sich auf das »türkische Rechteck« in seinen noch heute bestehenden Grenzen. Neue Hauptstadt wurde das inneranatolische Ankara. Gründer und Präsident des neuen Staatswesens war Mustafa Kemal (1882–1938), Ehrenname »Atatürk« (»Vater der Türken«). Atatürks politisches Programm war ganz auf eine umwälzende Modernisierung aller Lebensbereiche gerichtet. Seine Vorbilder waren die zeitgenössischen europäischen Nationalstaaten und ihrer säkularen Gesellschaften. Verbunden damit war eine offensive Abkehr vom Islam. In rascher Folge wurden Reformen erlassen: europäischer Staatsaufbau und Gesetzgebung, lateinisches Alphabet, europäische Kleidungsvorschriften, Frauenwahlrecht (noch vor Frankreich und der Schweiz!). Atatürks Programm entsprach einer »Kulturrevolution von oben«.

Kemal, nun mit dem alten Ehrentitel »Ghazi« (Sieger, Held) ausgestattet, konnte damit beginnen, das schwer in Mitleidenschaft gezogene Land wieder aufzubauen und seinem Plan gemäß umzugestalten. In Ankara existierten zwar ein Parlament und eine Regierung, doch die eigentliche Macht war in der Person Kemals konzentriert. Der Machthaber wandelte sich nun – bewusst auch in seiner äußeren Erscheinung – vom uniformierten General zum ziviltragenden Staatsmann. Die Stütze seiner Macht aber war weiterhin die Armee. Um sich auch des Rückhalts in der Zivilbevölkerung zu versichern, gründete Atatürk eine eigene Partei: die Volkspartei.

Im Oktober 1923 ließ Atatürk sich mit so weitreichenden Befugnissen zum Präsidenten wählen, dass dies praktisch einer Diktatur gleichkam. Dieses Amt bekleidete er bis zu seinem Tod 1938.

Das Sultanat, eigentlich schon seit 1909 eine Schimäre, wurde am 1. November 1922 offiziell abgeschafft, der letzte Sultan verließ auf einem britischen Kanonenboot das Land, ohne dass es anschließende Revisionsversuche gab. Im Oktober 1923 erklärte die Nationalversammlung die Türkei offiziell zur Republik (*Cumhuriyet*), gleichzeitig wurde das zentralanatolische Ankara zur neuen Hauptstadt bestimmt.

Ein geschickter Schachzug Kemals ließ übrigens das Kalifat noch bestehen, um die Religiösen vorerst noch zu beruhigen. Kalif wurde ein Bruder des im Exil lebenden Sultans. Doch schon ein Jahr später war Kemals Stellung so gefestigt, dass er auch das Kalifat abschaffen ließ, das somit im Jahre 1924 aus der Weltgeschichte verschwand.

Die erste republikanische Staatsverfassung von 1924 war ein laizistisches, nach den zeitgenössischen westlichen Werten orientiertes Werk. Sie sollte bis 1961 in Kraft bleiben.

Ganz ohne Widerstand gingen die Umwälzungen jedoch nicht vor sich. 1925 riefen traditionalistische Kräfte zu Unruhen auf und im Kurdengebiet brach ein regelrechter Stammesaufstand los. Der totale Sieg der Kemalisten, der 1925 fast mit der Ausrottung der religiösen und kurdischen Gegner endete, ließ den Verdacht aufkommen, dass diese Aufstände vielleicht sogar provoziert worden waren, um unter allen antikemalistischen Gegnern tabula rasa machen zu können. Die geistlichen Stiftungen wurden enteignet, die Derwischorden verboten und die Ulema (islamische Gelehrte) verfolgt. Kemal benutzte den Ausnahmezustand, um auch seine gemäßigten Gegner – darunter eine ganze Reihe ehemaliger Jungtürken – in einer Serie von Schauprozessen verurteilen zu lassen und die Zensur auf allen Gebieten einzuführen. 1926 war die religiöse, militärische, politische und innerparteiliche Opposition ausgeschaltet. Die Volkspartei mit ihrem Vorsitzenden als Staatspräsidenten herrschte als Einheitspartei.

Ausgehend von dieser machtpolitischen Voraussetzung folgten in rascher

Folge in einem zehnjährigen Gewaltakt die großen gesellschaftlichen Reformen, die im Folgenden nur stichpunktartig aufgezählt sind:

1926 erfolgte die Rechtsreform nach dem Muster des Schweizer Zivilgesetzbuches, des italienischen Strafgesetzbuches und des deutschen Handels- und Wirtschaftsrechts. Großen Wert legte Kemal auf eine tiefgreifende Bildungsreform, welche die Senkung der hohen Analphabetenquote ermöglichen sollte. Diesem Ziel diente auch die verordnete Einführung der lateinischen Schrift anstelle der osmanisch-arabischen Buchstaben, die per Gesetz verboten wurden. Die Lateinschrift sollte auch der Verbindung mit der westlichen Wissenschaft und Technik dienen. 1925 wurde die Universität Ankara gegründet.

1928 traten die Sonntagsregelung und die Einführung des Gregorianischen Kalenders (christlicher Sonntag anstelle des muslimischen Freitags) in Kraft. Eher symbolträchtig, aber mit höchstem Einfluss auf das alltägliche Leben waren die neuen Kleidungsvorschriften: das Verbot von Fez (der Turban war schon unter den Jungtürken verboten worden) und die Unerwünschterklärung des weiblichen Schleiers. Die Emanzipation der Frau wurde besonders von Latife, der kurzzeitigen Ehefrau Kemals, vorangetrieben. Die Frauen erhielten 1930 das aktive und 1935 das passive Wahlrecht.

1934 wurden Familiennamen anstelle der alten Vatersnamen verbindlich eingeführt. Kemal erhielt den ehrenvollen Nachnamen Atatürk, sein enger Kampfgefährte Ismet nannte sich nach dem Ort des Sieges über die Griechen Inönü.

Atatürk: »Vater der Türken«

1934 wurde dem Staatsgründer von der Nationalversammlung der Ehrentitel *Atatürk* (»Vater der Türken«) verliehen. Noch vor seinem Tod 1938 entstanden die ersten Standbilder. Zahlreiche Statuen, Porträts und Inschriften in der gesamten Türkei künden seitdem von seinem Vermächtnis und kein öffentliches Gebäude und kein Restaurant oder Teehaus kommt ohne Atatürk-Bild aus! Die stahlgrauen Augen des gestrengen Republikgründers blicken in den letzten Winkel der Türkei! Jeden Montagmorgen treten die Schüler des Landes in den Schulhöfen an und geloben Atatürk die Treue. An seinem monumentalen Grabmal, dem Anıtkabir in Ankara, werden die Präsidenten der Republik vereidigt. Zum Zeitpunkt seines Todes, dem 10. November um 9.05 Uhr, erstarrte das Leben im Land für kurze Zeit. Auch heute noch hat jeder Türke die nächste Flagge zu grüßen und der Verkehr steht für eine Minute still. Der beispiellose Personenkult um den laut Verfassungspräambel »unsterblichen Führer und unvergleichlichen Helden« fällt jedem Türkeibesucher wohl als Erstes auf. Auch im Westen zählt Atatürk zu den bedeutendsten Staatsmännern des 20. Jahrhunderts.

Die Reformen waren eine Revolution von oben und hatten das Ziel der Europäisierung der Werte und der Säkularisierung einer bis dahin tief religiös-islamisch, zum Teil sogar noch stammesmäßig geprägten Gesellschaft. Atatürk selbst hegte seit früher Jugend eine tiefe Abneigung gegen den Islam, den er für mittelalterlichen Obskurantismus und für grundsätzlich reformunfähig hielt. Bekannt ist seine Wertung des Islam als der »Religion für Araber, nicht für harte Türken«. Über das Christentum dachte er grundsätzlich genauso, doch bestehe im Christentum die Möglichkeit, das Staatliche von der Religion zu trennen, was im Islam wegen der Einheit von Staat und Glauben nicht möglich ist. Um die Religion nach europäischem Vorbild zur Privatsache zu degradieren, muss im Islam die Religion selbst beseitigt werden. In dieser Haltung ging Atatürk gegen den Islam vor. Bezeichnend hierfür war auch die Umwandlung der Aya Sofya, der alten Hagia Sophia, damals immerhin eine der Hauptmoscheen der islamischen Welt, in ein staatliches Museum (1934).

Ein weiteres Ziel Atatürks kann mit dem Schlagwort »Entosmanisierung« umschrieben werden: der völlige Bruch mit der osmanischen Vergangenheit in kultureller Hinsicht. Schon die Verlegung der Hauptstadt vom imperialen Konstantinopel ins »echttürkische« Ankara diente dieser Absicht. Neubauten durften nicht mehr an die orientalische Vergangenheit erinnern, die neue Hauptstadt wurde von europäischen, vorwiegend deutschen Planern im neoklassizistischen Monumentalstil entworfen und aufgebaut. Der Bruch mit der osmanischen Geschichte erstreckte sich auch auf die Sprache. Das Osmanische, das stark mit persischen und arabischen Lehnworten durchsetzt war, wurde purifiziert und quasi re-türkisiert. Bei der Vergabe von Vornamen waren arabisch-muslimische Namen unerwünscht, man konstruierte dafür »echt-türkische« Namen.

Die offizielle Geschichtsschreibung hatte sich auf Atatürks Befehl in erster Linie mit der vor-islamischen Zeit zu beschäftigen. Der Islam und das Osmanentum galten in der neuen, verordneten Geschichtsschreibung als Zeit der Fremdherrschaft über die türkische Kultur. Gefordert waren Forschungsergebnisse, welche das Türkentum Anatoliens bis auf die Hethiter und die Sumerer zurückführen ließen. Atatürk untermauerte also seine Maßnahmen mit einer eigenen Geschichts- und Sprachtheorie, die zum Teil aus dem pantürkischen Repertoire stammte.

Sechs Pfeile, sechs Prinzipien

1931 formuliert Atatürk sechs Prinzipien (*altı ok* = sechs Pfeile) als Leitlinie seiner Politik, die nun auch offiziell »Kemalismus« genannt wurde:

① Republikanismus (*Cumhuriyetçilik*)

② Nationalismus (einheitlicher Nationalstaat, Negierung von Minderheiten) (*Milliyetçilik*)

③ Säkularismus (Trennung von Staat und Religion) (*Laiklik*)

④ Etatismus (Staat dirigiert die Wirtschaft, Staatswirtschaft, staatliche Groß- und Monopolunternehmen) (*Devletçilik*)

⑤ Reformismus (Fortsetzung der Reformpolitik) (*Reformacılık / İnkilapçılık*)

⑥ Populismus (Stützung auf die breite Volksmasse durch Akklamation, Mobilisierung und Volksabstimmungen; Oppositionsparteien sollen zugelassen werden, wenn sie sich an die sechs kemalistischen Grundsätze halten) (*Halkçılık*)

Diese sechs Punkte gelten als das Vermächtnis Atatürks. Nach seinem Tod 1938 verpflichtete sich sein Mitkämpfer und Nachfolger İsmet İnönü der Fortführung dieser Politik.

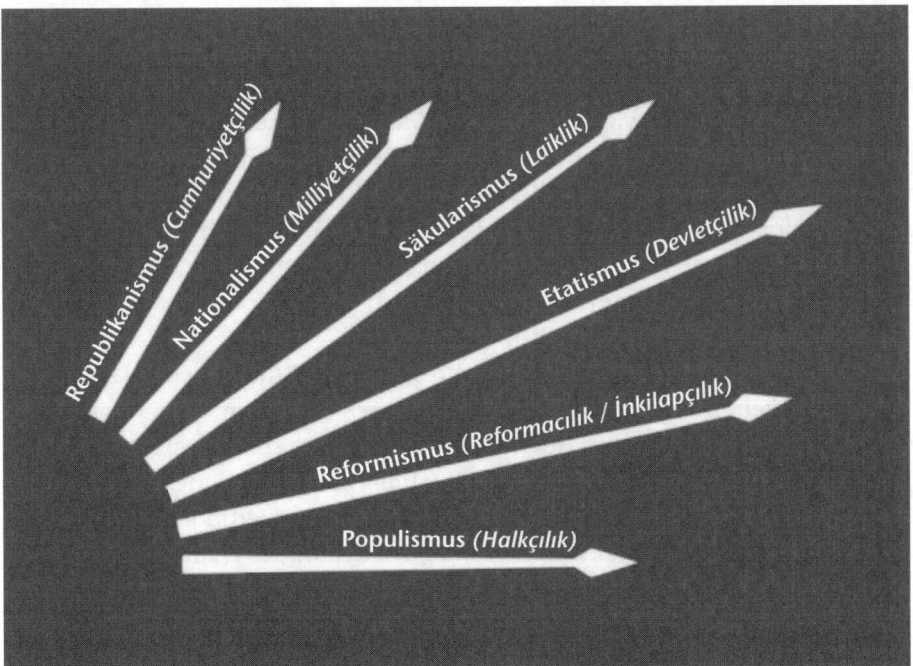

▪ Elitenwechsel und Revolution von oben: »Kemalismus« und Laizismus

»Kemalismus« gilt als Sammelbezeichnung für die politischen und sozialen Ideen Kemal Atatürks, die dieser von 1922 bis 1934 in einer weltgeschichtlich beispiellosen »Revolution von oben« durchsetzte. Die Reformmaßnahmen betrafen die Staatsform (Parlamentarische Präsidialrepublik), die Religion (Abschaffung des Islam als Staatsreligion und offensive Zurückdrängung der Religion aus dem öffentlichen Bereich), das Bildungswesen (Lateinschrift, Alphabetisierungskampagne) und das Rechtswesen (Bürgerliche Gesetzgebung nach europäischen Vorbildern). Bis heute bildet der Kemalismus die offizielle Basis des türkischen Staates.

Der Laizismus zählt zu den Grundprinzipien der Republik und war für Atatürk eine elementare Voraussetzung für die Modernisierung des Landes. Das »Amt für Religiöse Angelegenheiten« kontrolliert heute den Islam, der ja auch weiterhin das familiäre und öffentliche Leben prägt. Ein politisch strittiges Thema ist das strikte Kopftuchverbot an Schulen und Universitäten. In der traditionell islamisch geprägten Gesellschaft ist der Laizismus nie unumstritten gewesen. Seit Gründung der Republik hat es immer wieder Versuche gegeben, der Religion über islamistische Parteien mehr Einfluss auf den Staat zu gewähren.

Vieles von Atatürks Innenpolitik erinnert an das ähnlich rigorose Vorgehen der Jungtürken. Atatürk konnte auf eine reformbereite Grundlage der Bevölkerung und ein reformbereites Klima bauen, das von den Jungtürken geschaffen worden war. Die Atatürk'schen Gedanken waren keineswegs völlig neuartig, sondern hatten mit den Jung-Osmanen und den Jungtürken eine fast 50-jährige Vorgeschichte – wenn man die Tanzimat-Zeit hinzurechnet, gar eine 100-jährige. Um sich als den eigentlichen Neuerer zu stilisieren, blieben unter Atatürk sowohl die sultanischen Reformen wie auch der Jungtürkismus ein großes Tabu-Thema.

Es ist nicht zu übersehen, dass Kemal bei der Umgestaltung der Gesellschaft gewisse Anleihen aus der Praxis der Sowjetunion übernommen hat, und was die Mobilisierung der Massen betrifft, sind deutliche Parallelen zu dem faschistischen Italien Mussolinis erkennbar. Gleichwohl darf man die türkische Revolution, die in eine Entwicklungsdiktatur führte, ideologisch weder in die Nähe des Kommunismus noch des Faschismus stellen.

Im Kontrast zu den expansionistischen pan- und großtürkischen Vorstellungen der Jungtürken erwies sich Atatürk in der Einschätzung der außenpolitischen Rolle der neuen Türkei als Realist und war diesbezüglich sehr nüchtern – was man von seinem persönlichen Lebenswandel übrigens nicht behaupten kann.

Atatürk verzichtete auf alle Revisions- und Territorialforderungen und bemühte sich gemäß dem Motto »Frieden im Lande, Frieden in der Welt« um das Einverständnis aller Nachbarstaaten. 1925 wurde das Abkommen mit der UdSSR erneuert, 1929 kam es gar zu einem Freundschafts- und Neutralitätsvertrag mit Griechenland.

Die Türkei war auf diese Weise zwischen dem ruhelosen Balkan und dem unruhigen Nahen Osten zu einer regionalen Ordnungsmacht geworden. 1932 trat Ankara dem Völkerbund bei und bewirkte dadurch eine deutliche Besserung der Beziehungen zu London und Paris. Dies führte 1936 zu einem großen außenpolitischen Erfolg.

▨ 1936: Vertrag von Montreux

Im Vertrag von Montreux erhielt die Türkei die volle Souveränität über die Wasserstraßen Bosporus und Dardanellen zurück und erlangte die Berechtigung, den Schiffsverkehr zu kontrollieren. Dieser Meerengen-Vertrag, der im Wesentlichen noch heute gültig ist, war gegen die Expansionsbestrebungen Mussolinis gerichtet, wandte sich aber auch gegen die UdSSR. Bei Atatürk selbst hatte diese Konzession eine Sympathieverlagerung in Richtung London und Paris zur Folge. Für die Westalliierten stand ja immer die Gefahr im Hintergrund, dass die Türkei sich erneut mit Deutschland (also jetzt mit dem Dritten Reich) verbünden könne. Durch den Vertrag von Montreux und eine der Türkei entgegenkommende Politik wendeten die Alliierten diese Gefahr ab.

▨ Deutsch-türkische Beziehungen (1924–1945)

1924 nahmen Ankara und Berlin diplomatische Beziehungen auf und vereinbarten ein freundschaftliches und vertrauensvolles Miteinander. Die in nationalen Kreisen von beiden Seiten verklärte deutsch-türkische Waffenbrüderschaft des Ersten Weltkriegs spielte dabei nur eine propagandistische Rolle. Die schwergeprüfte Weimarer Republik (1919–1933) war bestrebt, aus der außenpolitischen Isolierung auszubrechen, und für Atatürk, den gestrengen Lehrmeister, erschien es wichtig, deutsches Wissen und deutsche Fachkräfte zu gewinnen. Kemal, der gut Deutsch sprach, war persönlich kein Deutschen- bzw. Preußenfreund, bewunderte jedoch die deutsche Wissenschaft und Technik und bot deutschen Experten beste Arbeitsbedingungen. Das Bildungswesen und die Landwirtschaft wurden ihr bevorzugtes Arbeitsfeld. Der urbane Aufbau Ankaras beispielsweise war zum großen Teil das Werk deutscher Ingenieure und Architekten. Die dort tätigen Architekten Hermann Jansen (1869–1945) und Bruno Taut (1880–1938) zählten zu den wichtigsten Vertretern der Architektur des 20. Jahrhunderts. Hymnisch berichteten deutsche Zeitungen aus der »aus dem Boden der Wüste aufstrebenden Stadt nach dem Vorbild modernsten Europäertums«. In den Handels- und Wirtschaftsbeziehungen nahm Deutschland seit Mitte der 20er-Jahre die vorderste Stelle unter den europäischen Mächten ein. Mit der Machtübernahme Hitlers (1933) intensivierten sich die Wirtschaftsbeziehungen weiter. Dahinter steckte die zunächst unerkannte Absicht des Dritten Reiches, den gesamten Balkan einschließlich der Türkei wirtschaftlich an sich zu binden und zu einer wehrwirtschaftlichen Rohstoffbasis und einem ökonomischen Ausbeutungsterritorium umzuwandeln.

Für Hitler und den Nationalsozialismus brachte Atatürk keine Sympathien auf. Er scheint einer der wenigen zeitgenössischen Staatsmänner gewesen zu sein, die Hitlers *Mein Kampf* gelesen hatten, und wunderte sich daher, dass »ein freies Volk wie die Deutschen« sich derart hatte verführen lassen.

■ **Exil in der Türkei**

Hitlers Machtantritt zeitigte einen ganz besonderen Effekt auf die Türkei: Vor der nationalsozialistischen Gewaltherrschaft flohen zahlreiche namhafte deutsche Wissenschaftler und Künstler aus ihrer Heimat, die als rassisch oder politisch Verfolgte bereitwillig Aufnahme in Atatürks Türkei fanden: Ernst Reuter (1889–1953), der spätere West-Berliner Bürgermeister, und sein Sohn, der Großindustrielle Edzard Reuter (*1928), der Komponist Paul Hindemith (1895–1963), der Mediziner Rudolf Nissen (1891–1981), der Jurist Ernst Hirsch (1902–1985) und der Finanzwissenschaftler Fritz Neumark (1900–1991). Die Emigranten erlernten rasch die Landessprache, hielten Vorlesungen, verfassten und übersetzten Lehrbücher und organisierten den Verwaltungsaufbau.

Von 1933 bis 1945 bildete sich um die Universität Ankara eine deutsche »Gelehrtenrepublik«. Die meisten der etwa 1.000 Emigranten bewahrten ihrem Gastland gegenüber später eine herzliche Sympathie und gründeten nach dem Zweiten Weltkrieg deutsch-türkische Freundschaftsvereine.

Die Neue Türkei in der Bewährung: Zweiter Weltkrieg und Kalter Krieg

Während des Zweiten Weltkriegs (1939–1945) bewahrte die Türkei ihre Neutralität, schloss sich aber zu Beginn des Kalten Krieges dem westlichen Lager an (1949 Mitglied des Europarats; 1952 NATO-Beitritt, seitdem »Wächter der NATO am Bosporus«). 1963 erfolgte die Assoziierung Ankaras an die EWG. Die Einbindung ins amerikanisch-westeuropäische Bündnissystem wurde nie ernsthaft in Frage gestellt. Außenpolitisch kamen periodisch Spannungen mit Griechenland auf – das Zypern-Problem ist bis heute ungelöst. Innenpolitisch traf die Fortführung der Reformen im Sinne Atatürks zunehmend auf Widerstand, der einerseits von unterdrückten Minderheiten (Kurden), andererseits von rechts- und linksradikalen Gruppen formuliert wurde. Seit den 80er-Jahren konstituierten sich zudem religiöse Parteien mit der Tendenz, Atatürks Europäisierung wieder rückgängig zu machen. Die Spannungen entluden sich in einer Reihe von militärischen Staatsstreichen (1961, 1971, 1980; kalter Putsch von 1997) und die Militärinterventionen setzten Menschen- und Bürgerrechte generell außer Kraft und schufen eine breite Oppositionsbewegung, die auch in Deutschland Fuß fasste (z. B. die kurdische PKK). Den rapide wachsenden sozialen Problemen seit 1980 standen sämtliche Regierungen gleich welcher Parteienzugehörigkeit verständnislos gegenüber. Vorherrschendes Politikmerkmal blieben Eigenbereicherung, Vetternwirtschaft, Korruption und die ausschließliche Sorge für die eigene Klientel. Die Konsequenz war das Anwachsen einer breiten islamistischen Volksbewegung mit z. T. sozialrevolutionären Tendenzen (Fundamentalismus), die 1997 nur durch Drohungen des Militärs von der Regierungsübernahme abgehalten werden konnte. Aufgrund der unklaren politischen Lage rückte auch die Annäherung an die EU in immer weitere Ferne. Jährliche EU-Berichte bescheinigten der Türkei regelmäßig schwere Rechtsverletzungen und mit der EU inkompatible Wirtschaftsdaten. Erst 1999 rang sich die EU durch, die Türkei in den Kreis der »Kandidaten für die EU« aufzunehmen, jedoch ohne verbindlichen Termin.

■ Integration ins westliche Lager

1939, zu Beginn des Zweiten Weltkriegs, waren London, Paris und Ankara durch einen Pakt verbündet, doch auch die deutschen Bemühungen um einen Vertrag blieben nicht erfolglos. Berlin konnte sich noch immer auf große pro-deutsche Kreise in der Türkei stützen, sodass es 1941 zu einem deutsch-türkischen Freundschaftsvertrag und damit zu dem Paradox, dass die Türkei während des Zweiten Weltkriegs jeweils mit den Kriegsgegnern verbündet war, kam. Es fehlte nicht an Pressionen von London und Berlin, in den Krieg einzutreten: Churchill versprach den Türken als Gegenleistung die Rückgabe der halben Ägäis und Hitler lockte mit der Herrschaft über das sowjetische Turkestan.

Es gelang dem Präsidenten Ismet Inönü bis unmittelbar vor Kriegsende jedoch, auf striktem Neutralitätskurs zu bleiben. Die türkische Kriegserklärung an Deutschland im März 1945 stellte nur eine Formsache dar, um auf der Konferenz von San Francisco als Siegerstaat und damit als Gründungsmitglied der UNO teilnehmen zu können.

Schockartig wirkte auf Ankara 1945 jedoch die einseitige Kündigung des türkisch-sowjetischen Vertrages durch Moskau. Massive Forderungen Stalins nach freier Durchfahrt durch die Meerengen und nach Grenzveränderungen ließen unmissverständlich die zukünftige außen- und sicherheitspolitische Problematik durchscheinen, denn die UdSSR, nach 1945 eine Weltmacht, trat ganz offensichtlich wieder in die Fußstapfen der alten russischen imperialistischen Politik.

Ankara musste seine Neutralität aufgeben und sich vorbehaltlos dem Westen anschließen. Washington, jetzt die Führungsmacht des Westens, garantierte 1947 den Bestand der Türkei und warnte Stalin unmissverständlich vor einer Einflussnahme auf Ankara (Truman-Doktrin). Die Türkei wurde in den Marshall-Plan integriert, trat 1948 der OEEC (Organisation für europäische wirtschaftliche Zusammenarbeit) bei und wurde 1949 in den Europarat aufgenommen. Die Integration ins westliche Lager fand 1952 im NATO-Beitritt ihren Höhepunkt. Die am Südrand der Sowjetunion gelegene Türkei war und ist geostrategisch für die NATO von höchster Bedeutung. Entsprechend wurde und wird sie aufgerüstet. Die Regierungen in Ankara lehnten sich nun besonders stark an die USA an. Von 1948 bis 1970 flossen 6 Milliarden US-Dollar in die Türkei – vorwiegend für den Aufbau einer modernen Armee nach NATO-Richtlinien – und in Izmir wurde das Südost-Hauptquartier der NATO eingerichtet. Die türkischen Landstreitkräfte sind die quantitativ stärksten innerhalb der NATO. Die Beziehungen zur UdSSR blieben unter diesen Umständen gespannt. Trotz beidseitiger Bemühungen kam es auch 1965 zu keiner Erneuerung des türkisch-sowjetischen Vertrages.

Die sowjetische Bedrohung und die eskalierende Nahost-Krise bewegten den Westen zu einer noch engeren Einbindung der Türkei in die westliche Staatengemeinschaft. Diesem Ziel diente 1964 die Assoziierung der Türkei an die EWG, mit der Inaussichtstellung, das assoziierte Land innerhalb der nächsten 20 Jahre als volles, gleichberechtigtes Mitglied aufzunehmen. Ein sehr folgenschwerer Schritt, der die EU noch lange beschäftigen sollte.

Im selben Jahr wurde ein umfangreiches Vertragswerk zwischen Bonn und Ankara geschlossen: Eine der Abmachungen enthält die Möglichkeit deutscher Firmen, türkische Gastarbeiter anzuwerben, was anschließend auch in hohem Maße geschehen ist. Die Bundesrepublik spielte die Rolle des Anwalts für Ankara innerhalb der EWG, der EG und der EU. Zwischen beiden Ländern bildete sich eine besondere Beziehung heraus, die man in der Internationalen Politik als »special relationship« bezeichnet.

■ Mehrparteiensystem

Die Innenpolitik nach Atatürk verlief turbulent, man kann fast sagen erwartungsgemäß, denn die forcierte kemalistische Modernisierung musste zwangsläufig auf Widerstand stoßen.

Ismet Inönü, Atatürks Nachfolger von 1938 bis 1950, genoss den Vorteil, dass er das Land während des Zweiten Weltkriegs per Ausnahmezustand regieren konnte. Unter seiner Regierung erhob sich wieder die islamische und konservative Reaktion, die von Atatürk zwar unterdrückt, aber doch nicht zum Schweigen gebracht werden konnte. Man sah sich gezwungen, dem Islam wieder einen höheren Stellenwert im öffentlichen Leben einzuräumen, religiöse Propaganda tauchte erneut auf. In der kemalistischen Volkspartei zeigten sich Risse zwischen 100-prozentigen und gemäßigten, konzessionsbereiten Reformern.

1945 sah sich Inönü – nicht zuletzt auch wegen einer recht unbedachten Einmischung der Amerikaner – gezwungen, ein Mehrparteiensystem zuzulassen. Im linken Parteienspektrum blieben die Kommunisten verboten und verfolgt, links von der Mitte standen die Kemalisten, die sich langsam in einen sozialdemokratischen Flügel und einen nationalrevolutionären Flügel spalteten. Rechts von der Mitte siedelte sich eine weitere Großpartei an, die 1946 unter dem Namen Demokratische Partei gegründet wurde. Gründer waren Adnan Menderes und Cemal Bayar. Die Demokratische Partei (DP) erkannte die sechs kemalistischen Grundsätze zwar an, entwickelte sich aber zu einer Sammelpartei für all diejenigen, die mit den Reformen unzufrieden waren. Aus ihr entstand 1961 die Gerechtigkeitspartei. In dem rechten Spektrum fanden sich radikale nationalistische und rassistische Parteien, darunter immer noch pantürkische Gruppen. (Die berüchtigten »Grauen Wölfe« beispielsweise zählten dazu.) Nicht in dieses Schema einordnen ließen sich die islamischen Parteien, die zunächst noch im Untergrund arbeiteten, heute aber in der Wohlfahrtspartei zusammengefasst sind. In Deutschland wird die islamische Partei meist dem rechten Spektrum zugeordnet, obwohl sie mit den chauvinistischen rechtsextremen Parteien nichts zu tun hat.

Bei den Wahlen von 1950 siegte Menderes als Vertreter der rechten Opposition zu Inönü und damit zu Atatürk. Infolgedessen kam es zu einer breiten religiös-reaktionären Bewegung, vor allem auf dem Lande wurden die Atatürk'schen Bestimmungen immer mehr ignoriert. Weitere Wahlsiege der Demokratischen Partei 1954 und 1957 verleiteten Menderes zu direkten Angriffen auf die kemalistische Volkspartei. Jedoch zeigte sich, dass die Reformen durchaus auf fruchtbaren Boden gefallen waren. Studentenunruhen angesichts der wachsenden Re-Islamisierung führten 1960 zu einer pro-reformistischen Machtübernahme des Militärs. Es bestand also wieder die alte Interessenskoalition zwischen Intellektuellen und Armee – eine in unseren Augen durchaus unübliche Zusammenstellung.

■ 1960: Erster Auftritt der Generäle

Das Motto der Revolte von 1960 lautete »Zurück zu Atatürk!«. Die heute fast grotesk anmutende Vielzahl von Atatürk-Bildern, Statuen und Porträts auf allen öffentlichen Plätzen der Türkei stammt aus dieser Zeit. 1961 wurde eine neue Verfassung erlassen und qua Referendum angenommen, Europäisierung und Säkularisierung wurden darin unter besonderen Schutz des Staates gestellt. Die Armee blieb präsent, die nächsten Staatspräsidenten kamen aus ihren Reihen.

Die Zeit ab 1961 bezeichnet man als 2. Türkische Republik. In der politischen Realität änderte sich wenig, denn keine der zwei rivalisierenden Großparteien war in der Lage, allein eine Regierung zu stellen – weder die kemalistische Volkspartei unter Inönü noch die konservative Gerechtigkeitspartei unter Süleyman Demirel. Nicht-funktionierende Koalitionskabinette wechselten sich ab. Zwischen Konservativen, Liberalen und Demagogen schillernd, wurde Demirel zu einer

Zentralfigur des politischen Lebens. Es gelang ihm bis zu einem gewissen Grade, die Islamisten in seine Partei zu integrieren und unter Kontrolle zu halten.

1962 und 1963 putschten radikalreformerische Offiziersgruppen – allerdings vergeblich. Viele Intellektuelle wanderten nach links ab, die Studentenschaft radikalisierte sich nach links und rechts. Die Folge war 1965 ein absoluter Wahlsieg Demirels.

Die innenpolitische, wirtschaftliche und soziale Lage war wegen der sprunghaften Modernisierung mittlerweile in eine gewaltige Krise geraten und Demirel und seiner aus völlig differenten Interessensgruppen zusammengefassten Partei gelang die Konsolidierung nicht. Hinzu kam ein Phänomen, das in zunehmendem Maße das intellektuelle Leben, besonders auch die Universitäten lähmte: der Terrorismus, und zwar von rechts wie von links. 1971 zwang die Armee die Regierung Demirels zum Rücktritt und forderte erneut »Reformen im Sinne Atatürks«. Doch waren die Widerstände dagegen in Geschäftskreisen – aus welchen die Klientel Demirels stammte – zwischenzeitlich so nachhaltig, dass Reformen ohne Ausrufung des Ausnahmezustands nicht mehr durchzusetzen waren.

In den Wahlen von 1973 erreichte zum ersten Mal eine religiös orientierte Partei einen größeren Erfolg. Regierungschef wurde allerdings Bülent Ecevit, den man dem sozialdemokratischen Flügel der Volkspartei (jetzt Republikanische Partei) zurechnete. Mit Ecevit wurden im Westen damals große Hoffnungen verbunden, die Reformen auf friedlichem, demokratischem Wege umzusetzen (z. B. eine immer noch anstehende Bodenreform). Ecevits Regierungsfähigkeit hing allerdings von einem Koalitionspartner ab und als die Verhandlungen mit Demirel scheiterten, ging Ecevit mit einer extrem rechts stehenden, nationalistischen Partei (keine islamistische, sondern eine faschistische Partei) ein Regierungsbündnis ein. Heute gilt Ecevit als derjenige, der gerade als Sozialdemokrat die extreme Rechte salonfähig gemacht hat. Die Folge dieser unnatürlichen Regierungsbildung war ein weiteres gegenseitiges Hochschaukeln von Rechts- und Linksterrorismus.

■ Alptraum Zypern (1974)

Ecevit wurde zudem massiv mit einem Problem konfrontiert, das bis heute immer wieder in den Schlagzeilen auftaucht: der griechisch-türkische Konflikt um Zypern.

Das Verhältnis Ankaras zu Athen war bis über den Zweiten Weltkrieg hinaus fast freundschaftlich gewesen. Man hatte seine jeweiligen Minderheiten ausgetauscht und aus diesem Grunde – so zynisch es klingen mag – keine Probleme mehr miteinander. Außerdem war man seit 1952 gemeinsam in der NATO integriert. Als London 1960 seine Kronkolonie Zypern in die Unabhängigkeit entließ, verschlechterte sich das türkisch-griechische Verhältnis sofort. Beide Seiten beanspruchten die Insel für sich und sahen die Unabhängigkeit nur als Übergangs-phase. Die zypriotische Bevölkerung bestand zu etwa 85 % aus Griechen und zu 15 % aus Türken, die unter den Engländern relativ friedlich nebeneinanderher gelebt hatten. Nun wurden die Volksgruppen politisch instrumentalisiert, d. h. gegenseitig aufgehetzt. 1974 unter Ecevit explodierte die Lage: Die Türken star-teten eine Invasion und okkupierten das nördliche Drittel der Insel. Zypern wurde geteilt: Ein Zustand, der bis heute andauert, ohne dass der türkische Teil, die türkische Republik Kibris (Zypern) völkerrechtlich anerkannt ist. Stattdessen ist der Zypernkonflikt ungelöst und führt periodisch zu schwersten Spannungen zwischen den NATO-Partnern Athen und Ankara, die nur knapp unter der Schwelle der direkten bewaffneten Auseinandersetzung bleiben. Hinzu kommt der grie-chisch-türkische Streit um den Ägäis-Meeressockel sowie das gebetsmühlenhafte Veto des EU-Staates Griechenland gegen den EU-Beitritt der Türkei.

Bis 1980 lösten sich Ecevit und Demirel in einer fast undurchschaubaren Reihe von Regierungsumbildungen und wechselnden Koalitionen ab, während das Land in dieser Phase von einem latenten Bürgerkrieg in den offenen Bürgerkrieg zusteuerte. Dabei muss betont werden, dass die Islamisten zu dieser Zeit noch keine große Rolle spielten und es vielmehr die extreme Rechte und extreme Linke waren, also zahlenmäßig kleine Gruppen, die sich mittels Bombenanschlägen und Attentaten bekämpften. 1978 gründete Abdallah Öcalan die separatistische »Kurdische Arbeiterpartei« (PKK).

Das Kurdenproblem wurde nun virulent, da die Linke versuchte, die von ihren Ağas ausgebeutete kurdische Landbevölkerung für sich zu instrumentalisieren. Daraus erwuchs ein radikaler kurdischer Nationalismus in den Südostprovinzen sowie der Anspruch, ein eigenes unabhängiges Kurdistan aus türkischen, ira-kischen, iranischen und syrischen Gebieten zu gründen. Das jedoch war nur in einem bewaffneten Guerilla-Krieg möglich, auf den die türkische Armee mit schärfsten Mitteln reagierte.

■ Militärintervention von 1980

1980 stürzte die Armee unter Kenan Evren die zivile Regierung, die zu jener Zeit gerade wieder von Demirel geführt wurde, löste das Parlament auf und verbot pauschal alle bestehenden Parteien. Demirel und Ecevit erhielten ein 10-jähriges Politikverbot. Bis 1985 herrschte Kriegsrecht und erst eine neue Verfassung, die sich wiederum eng an Atatürk orientierte, führte das Land ab 1983 in die 3. Re-publik.

In der Folge bildeten sich neue Parteien, die jedoch die alten Interessensgrup-pen weiter vertraten (»alte Parteien – neue Türschilder«). Die Kemalisten sammel-ten sich um die Sozialdemokratische Volkspartei unter Erdal İnönü, und Demirel, dem ab 1987 wieder das Politisieren erlaubt war, gründete die »Partei des richtigen Weges«. Ein Großteil seiner ehemaligen Gerechtigkeitspartei aber ging über zu einer Partei neuen Typs, zur »Mutterlandspartei«, deren Vorsitzender Turgut Özal war. Die Mutterlandspartei versammelte erfolgreich die wachsende, finanziell einflussreiche Mittelschicht, also Vertreter der modernen Geschäftswelt und die zu Geld gekommenen Gastarbeiter, um sich.

■ Die Ära Özal (1983–1991)

Özal bekleidete das Amt des Ministerpräsidenten von 1983 bis 1991. Unter ihm erfolgte eine innere Liberalisierung, auch gegenüber den Kurden (das Sprachverbot wurde endlich aufgehoben). Gewerkschaften erhielten das Streikrecht und kleinere Linksparteien wurden legalisiert. Die Liberalisierung erstreckte sich allerdings auch auf den Islam und seine Rolle im öffentlichen Leben, was zur Folge hatte, dass die islamistische Wohlfahrtspartei offen agieren konnte und seit Mitte der 80-er Jahre immer mehr Anhänger gewinnt. Der Vorsitzende der Wohlfahrtspartei war Necmettin Erbakan. Auch innerhalb der konservativen Partei des richtigen Weges wurde der islamistische Druck größer.

Özals liberale Wirtschaftspolitik und sein Privatisierungsprogramm riefen einen gewissen Wirtschaftsboom hervor, der neben Gewinnern freilich auch viele Verlierer mit sich brachte und die türkische Gesellschaft in eine zwar relativ breite, wohlhabende Mittelschicht und eine weit umfangreichere arme Unterschicht teilte. Özals politisches Motto lautete: »Erst die Wirtschaft, dann die Demokratie.«

1991 koalierten die Mutterlandspartei und die Partei des richtigen Weges und Demirel betrat folgerichtig wieder die politische Bühne als Ministerpräsident. Gegenüber den Kurden verfuhr er zweischneidig: Er erkannte die »kurdische Realität«, also die eigene Sprache und Kultur der Kurden, zwar an (die Kurden sind seither keine »Bergtürken« mehr), verweigerte aber jegliche Autonomie und Minderheiten-Schutzrechte. Die Südostprovinzen standen seit 1987 unter Kriegsrecht, das dem Militär unbegrenzten Spielraum gab. Der bewaffnete Konflikt mit der Guerilla-Gruppe der illegalen PKK stoppte – pauschal formuliert – die begonnene Demokratisierung. Özal und Demirel hatten aber immerhin auf eine politische Lösung des Kurdenproblems hingearbeitet.

1993 löste Tansu Çiller von der Partei des richtigen Weges Demirel als Ministerpräsidentin ab und Demirel wurde zum Staatspräsidenten befördert. Çiller setzte auf eine militärische Lösung des Konflikts mit den kurdischen Separatisten, sodass sich der Militäreinsatz immer mehr ausweitete und schließlich in der Überschreitung der irakischen Grenze 1994 kulminierte. Die Regierung Çiller stand ganz offensichtlich unter dem Druck der Militärs, die in Ostanatolien eine definitive Entscheidung herbeizwingen wollten. Dies war ein Dilemma, denn gleichzeitig versuchte die Regierung durch eine sogenannte »moderne« Wirtschaftspolitik im Sinne des Neoliberalismus den Anschluss an Westeuropa und die USA zu finden. Eine 1993 angekündigte Verfassungsreform, die bis heute immer wieder verschoben worden ist, sollte der völligen Angleichung an die EU-Rechtsnormen dienen.

Im Spannungsfeld des Gewalteinsatzes im Südosten einerseits und der Öffnung nach Westen andererseits befand sich das Land jedoch in einer unlösbaren Krise.

■ Der Weg in die Depression: Çiller, Erbakan und Yılmaz (1996 – 2002)

Vorgezogene Neuwahlen führten zur sogenannten »Winterwahl 1995«, dessen Sieger die islamische Wohlfahrtspartei (RP) wurde, die 1996 eine Koalition mit Çillers Partei einging und eine Regierung unter Necmettin Erbakan bildete. Ermöglicht wurde die Regierungsbildung durch die heillose Zerstrittenheit der säkularen Parteien und ihrer Führer. Dieses Zusammengehen der Partei des richtigen Weges mit den Religiösen stellte einen folgenschweren Bruch der politischen Mitte dar und leitete das Ende der alten Eliten ein, das sich in der Wahl von 2002 manifestieren sollte.

Der 54. Regierung der Republik (1996–1997) stand damit zum ersten Mal ein Politiker vor, der aus seiner islamischen Orientierung nie einen Hehl gemacht hatte. Gleichwohl achtete Erbakan darauf, die grundlegenden Richtlinien Atatürks nicht zu verlassen, und legte den Eid auf die laizistische Verfassung ab. Die erste von einem Religiösen geführte Regierung der Republik scheiterte freilich an ihren eigenen religiösen Ansprüchen, die sie in der nüchternen politischen Realität nicht zu erfüllen vermochte, und an der Generalität, die wieder einmal ihre Wächterrolle der säkularen Verfassung betonte und die Regierung in einem »kalten Militärputsch« zu Fall brachte. Unverhüllte Drohungen des von der Armee dominierten Nationalen Sicherheitsrats, die in zwei Forderungskatalogen vorgelegt wurden, führten im Juni 1997 zum Rücktritt der Regierung Erbakan / Çiller. Flankiert wurde dieser »kalte Militärputsch« mit dem Antrag zum Verbot der islam-orientierten Wohlfahrtspartei (RP), der 1998 rechtskräftig wurde. Nach dem Prinzip »das Türschild auswechseln« organisierten sich die Religiösen umgehend unter dem Namen »Tugendpartei« (FP) neu. Ihr Hoffnungsträger wurde Recep Tayyip Erdoğan, der als Oberbürgermeister der Mehrmillionenmetropole Istanbul politische Pragmatik bewiesen hatte.

Staatspräsident Demirel beauftragte Mitte 1997 den Vorsitzenden der Mutterlandspartei (ANAP), Mesut Yılmaz, mit der neuen Regierungsbildung. Unter dem Druck der Generalität entstand somit die Mehrparteienkoalition des »Nationalen Kompromisses«, die jedoch nur ein Minderheitenkabinett unter Ausschluss der Religiösen zusammenzustellen vermochte. Die innenpolitische Instabilität, die seit Jahren unverändert schlechte Lage der Menschen- und Bürgerrechte und die seit 1994 offensiv und ohne Rücksicht auf die Zivilbevölkerung durchgeführten Kampfhandlungen gegen die kurdische PKK bewegten die EU-Kommissionen, die Türkei auf dem EU-Gipfel in Luxemburg Ende 1997 nicht in den Kreis der offiziellen Aufnahmekandidaten mit einzubeziehen, was zu schweren Verstimmungen zwischen Ankara und Brüssel führte.

Plötzlich wieder ins grelle Rampenlicht der europäischen Berichterstattung gerückt, sah die Türkei am Ende des 20. Jahrhunderts in statistischen Daten wahrlich nicht gut aus: Das Bruttoinlandsprodukt mit 2911 US-Dollar pro Kopf erreichte 1998 gerade 12 % des EU-Durchschnitts, die Inflationsrate von 82 % stand gegen 2,5 % in der EU, ein signifikantes Ost-West-Gefälle von der wohlhabenden Marmara-Region mit Durchschnittseinkommen von 7350 US-Dollar übertraf die Provinzen im Osten und Südosten um das Elffache. 45 % der Erwerbstätigen waren noch in der Agrarwirtschaft tätig, gegenüber 5 % in der EU. Entsprechend weit weg vom EU-Standard bewegten sich die Kennziffern der Erwerbstätigkeit und der Handelsbilanz. Die Regierungen, allen voran die von Bundeskanzler Kohl geführte deutsche Bundesregierung, betonten immer wieder, dass zuerst die 1993 formulierten »Kopenhagener Kriterien«, das heißt die rechtlichen, innenpolitischen und ökonomischen Mindestanforderungen eines potentiellen EU-Beitritts, erfüllt werden müssten. Davon war die Türkei kurz vor der Jahrtausendwende genau so weit entfernt wie 20 Jahre zuvor.

> ### Die »Kopenhagener Kriterien«
>
> Auf dem 1993 in Kopenhagen zusammengetretenen Europäischen Rat wurden die sogenannten »Kopenhagener Kriterien« formuliert. Es handelt sich um politische, rechtliche und wirtschaftliche Forderungen, die alle Beitrittsländer vor Aufnahme in die EU zu erfüllen haben. Das Regelwerk präsentiert den »Gemeinsamen Besitzstand« (Acquis Communautaire), der die Rechte, Verpflichtungen und Ziele der EU-Staaten verbindlich aufzählt (ca. 80.000 Seiten juristische Texte).

Im November 1998 ging die Regierung Yılmaz ihrem Ende entgegen. Zu ernsthafter Regierungsarbeit war es in den 17 Monaten Regierungszeit nicht gekommen, doch zeichnete dafür nicht so sehr die Opposition der religiösen FP verantwortlich, sondern die starre Haltung der anderen säkularen Parteien und ihrer Führer, der kemalistischen CHP unter Deniz Baykal und der »Demokratischen Partei Linken« (DSP) unter Bülent Ecevit. Die vorgezogenen Neuwahlen im April 1999 brachten wieder eine andere Koalitionsvariante ans Ruder: Ecevit wurde Ministerpräsident einer sehr heterogenen Regierung aus Mitgliedern seiner Linkspartei (DSP), der Partei des richtigen Weges (DYP) und der extrem nationalistischen »Aktionspartei« (MHP).

Das Jahr 1999 wurde von drei zentralen Ereignissen beherrscht: Im Februar des Jahres gelang die Gefangennahme des PKK-Chefs Abdullah Öcalan, der seit 1976 aus der Illegalität heraus Regierung und Armee bekämpft hatte und als »Staatsfeind Nummer Eins« galt. Die Hoffnungen, der gewaltsame Kampf zwischen Armee und kurdischen Separatisten im Südosten würde damit zum Ende kommen, haben sich freilich nicht bewahrheitet. Im August 1999 erschütterte als zweites gravierendes Ereignis ein gewaltiges Erd- und Seebeben die Marmara-Region, das industrielle und bevölkerungsreiche Herz der modernen Türkei. Die Naturkatastrophe offenbarte schlaglichtartig ein hohes Maß an bürokratischer Inkompetenz, als der allgewaltige »Vater Staat« und seine Institutionen kläglich versagten. In der Hauptstadt reagierte man wochenlang mit Hilflosigkeit und autoritärem Gehabe. Die Armee, nicht zum Katastropheneinsatz ausgebildet, kümmerte sich in erster Linie um ihre eigenen Interessen und im medialen Zeitalter blieb die kopflose »Abwesenheit des Staates und seiner Organe« in dieser echten Notstandslage weder den türkischen Bürgern noch dem Ausland verborgen. Während Devlet Baba (Vater Staat) versagte, solidarisierte sich die gesamte Bevölkerung mit den Erdbebenopfern und lieferte den Beweis für ein hohes Maß an Organisationsfähigkeit und Verantwortung. Naturkatastrophen haben in der Menschheitsgeschichte schon oft gesellschaftliche Veränderungen in Gang gesetzt. Das Erdbeben von 1999 führte in der Türkei zu diversen politischen »Nachbeben«, die das Verhältnis der bis dato gehorsamen Bürger zum autoritären Staat wandeln sollten. Das dritte wichtige Ereignis des dramatischen Jahres 1999 war der EU-Gipfel in Helsinki, auf welchem im Dezember 1999 der Türkei zum ersten Mal eine konkrete Beitrittsperspektive eröffnet wurde. Eine Voraussetzung war der Regierungswechsel in Berlin im Jahre 1998. Der neue Bundeskanzler Gerhard Schröder und Außenminister Joschka Fischer betonten ihre Bereitschaft, der Türkei den EU-Kandidatenstatus zu eröffnen. Auch Griechenland, bis dahin erfolgreicher Blockierer aller türkischen EU-Ambitionen, wechselte auf die Seite der Befürworter, verlangte dafür jedoch die Klärung strittiger Grenzfragen in der Ägäis vor dem Internationalen Gerichtshof in Den Haag. Der EU-Gipfel in Helsinki stellte den bis dahin bedeutendsten Meilenstein auf dem Weg der Türkei nach Europa dar.

Innenpolitisch änderte sich zunächst wenig und Ecevits Regierung war wie die seiner Vorgänger des vorausgehenden Jahrzehnts aufgrund der Mehrheitsverhältnisse im Parlament und innerparteilicher Querelen kaum handlungsfähig. Ein deutliches Zeichen des sich anbahnenden Wandels im Politikverständnis des Landes setzte allerdings die Wahl des neuen Staatspräsidenten. Ins höchste Staatsamt wurde im Jahr 2000 kein Vertreter der alten Politiker-Garde oder des Militärs gewählt, sondern Ahmet Sezer, der Präsident des Verfassungsgerichts, der als Reformer und Vertreter eines EU-gerichteten Kurses galt. Sezers Diagnose, es gäbe keine verwurzelte Demokratie im Lande und keine ernsthaften Bemühungen aller Regierungen einschließlich der augenblicklichen, traf den Kern des »türkischen Problems« und korrespondierte mit den deprimierenden Berichten der EU-Kommission und anderer internationaler Menschenrechtsorganisationen, die, wie all die Jahre zuvor, Folter und ungeklärte Todesfälle anprangerten.

Nach Amtsantritt ermahnte der 10. Staatspräsident der Republik das Parlament und die Regierung, Reformen zur Anpassung der türkischen Verfassung – die noch auf der Generalsverfassung von 1980/1983 beruhte – an die Erfordernisse des modernen europäischen Rechtsstaates einzuleiten. Der Staatspräsident scheute sich auch nicht, das große Tabuthema der türkischen Politik anzusprechen, nämlich die absolute, aller zivilen Gesetzgebung enthobene Stellung des »Nationalen Sicherheitsrates«, sprich des Militärs. Bei der Angleichung an EU-Normen müsste dieses höchste Machtorgan, im welchem die Generäle die Richtlinien der Politik bestimmen, wenn nicht abgeschafft, so doch mehrheitlich in zivile Hände übergehen. Was die Regierung und die säkularen Parteien betrifft, verhallten Sezers Appelle ungehört. Vielmehr lehnte es die säkulare Parlamentsmehrheit ab, die des Amtsmissbrauchs, der Korruption und der Bereicherung verdächtige Politikergarde der vergangenen Regierungsperioden vor Gericht zu stellen. Das politische Establishment, das sich seit 1983 in wechselnden Koalitionen Macht und Pfründe teilte, erteilte sich im Jahr 2000 gegenseitig die Absolution. Damit war die Möglichkeit nicht mehr gegeben, den offensichtlichen Verflechtungen von Klientelpolitik und mafiösen Strukturen, von Armee und Terrorismus sowie insbesondere dem Versickern von Millionen von auswärtigen Hilfsgeldern auf rechtstaatlichem Wege nachzugehen.

16 Stützungsversuche des Internationalen Währungsfonds seit 1960 hatten den sich 2001 deutlich abzeichnenden definitiven Staatsbankrott nicht mehr aufzuhalten vermocht. Erneute Gelder, auch von Seiten der EU, wurden wie üblich an Bedingungen geknüpft (Reform des Bankensektors, Abbau der Subventionen, Aufhebung der staatlichen Monopole), deren umgehende Erfüllung – wie ebenfalls seit Jahrzehnten üblich – wortreich angekündigt wurden. Doch angesichts der bodenlosen Wirtschafts- und Finanzkrise der Jahre 2001 und 2002 drangen IWF, Weltbank und EU endlich auf die Aufklärung über den Verbleib und die Verwendung der umfangreichen Kredite und Zuschüsse. Was in der Türkei längst als das Phänomen des »Tiefen Staates« (*Derin Devlet*) bekannt war, nämlich die jahrelange unsachgemäße Verwendung der Stützungsgelder und die Bildung eines »parallelen Beutestaats« seitens der herrschenden Eliten, wurde nun auch westlichen Beobachtern unmissverständlich klar und die Regierung Ecevit/Yılmaz hatte damit auch in den Augen des Westens buchstäblich abgewirtschaftet. Der Versuch des parteilosen Wirtschaftsfachmannes Kemal Derviş, ein Stabilisierungsprogramm mit internationaler Hilfe durchzuführen und ein neues Tech-

nokraten-Kabinett aus unbelasteten Fachleuten zu installieren, wurde von den innenpolitischen Ereignissen überrollt.

Einer der Gründe für die mehr oder weniger widerwillige Stützung der höchst instabilen und in sich widersprüchlichen Regierungen Çiller, Yılmaz und Ecevit (1993–2002) seitens des Westens und der EU war die diffuse Furcht vor der »islamischen Reaktion«. Seit der »Winterwahl 1995« war offensichtlich, dass eine vereinigte islamische Partei – gleich unter welchem Namen – bis zu einem Drittel der türkischen Wählerschaft für sich gewinnen würde, wobei der Anteil der reinen Protestwähler mit der wachsenden Inkompetenz der »alten Garde« weiter anzusteigen drohte.

Das Verbot der religiösen Parteien 1980 und 1998 war jeweils folgenlos geblieben, weil sich jene Parteien unmittelbar danach unter anderem Namen wieder neu formierten. Die nachträgliche Kriminalisierung eines großen Teils der türkischen Wählerschaft wurde im Westen auch keineswegs als Zeichen der Demokratiefähigkeit gewertet, sondern als allzu billiges Unterfangen der herrschenden Klasse, echten politischen und sozialen Problemen auszuweichen.

Das im Juni 2001 vom Verfassungsgericht verhängte Verbot der islamischen Oppositionspartei FP wurde von den Betroffenen wie gehabt beantwortet: durch die Neugründung unter einem anderen Namen. Allerdings spaltete sich die religiöse Bewegung nun in zwei Parteien: Erbakan-Anhänger und fundamentalistische Radikale sammelten sich in der »Glückspartei« (SP), der wenig »Glück« zukommen und deren Anteil an der Wählerschaft gering bleiben sollte. Umso mehr wuchs die Bedeutung der »Gerechtigkeits- und Entwicklungspartei« (AKP), die den reformorientierten und kompromissbereiten Flügel der Islamisten vertrat. Auf Seiten der Islamischen Partei war mittlerweile nämlich ein bemerkenswerter Wandel eingetreten: Unter der Führung des angesehenen ehemaligen Oberbürgermeisters von Istanbul, Recep Tayyip Erdoğan, stellte sich die AKP zwar als religiös wertorientiert, aber demokratisch und wirtschaftsliberal im westlichen Sinne dar. Im Gegensatz zum fundamentalistischen Erbakan-Flügel vertrat Erdoğan einen ausgesprochen Europa-freundlichen Kurs und wurde dadurch auch für enttäuschte Anhänger der konservativen Parteien wählbar. Schließlich näherte sich das Ansehen der Regierungsparteien und ihrer Führer in der Bevölkerung in diesen Tagen des wirtschaftlichen Zusammenbruchs und der sozialen Spannungen dem Tiefpunkt, zumal auch die Presse täglich von Korruption, Ämterschacher und riesigen Summen »privatisierter« Gelder berichtete. Den religiösen Parteien kam es in diesem Zusammenhang zugute, dass sie in der Bevölkerung als praktisch korruptionsfrei galten. Der Spruch des Verfassungsgerichts kam den säkularen Parteien und der Regierung daher höchst ungelegen, bedeutete er in letzter Konsequenz doch die Auflösung des Parlaments und vorgezogene Neuwahlen. Schon damals war klar, dass die alte Klasse dies politisch nicht würde überleben können. Das Verdikt der FP wurde daher so formuliert, dass nur zweien von insgesamt 110 FP-Abgeordneten das Mandat entzogen wurde und die bestehenden Verhältnisse indes kaum verändert wurden.

Gegenüber den drängenden, gleichwohl seit Jahren immer wieder vorgebrachten Forderungen der Europäischen Kommission, die »Kopenhagener Kriterien« zu erfüllen und zumindest die Verfassungsreform voranzutreiben, zeigten sich Parlamentsmehrheit und Regierung – zumindest nach außen – reformbereit. Über die Änderung von 37 der insgesamt 177 Verfassungsartikel wurde sich eine überparteiliche Parlamentskommission Mitte 2001 einig, geriet damit – nicht zum ersten Mal – jedoch in ein großes Dilemma. Denn nach den EU-Vorgaben würden die Streitkräfte dem Primat der Politik und den gewählten Volksvertretern unterstellt und aus jeglicher zivilen Führungsrolle herausgenommen werden. Das widersprach jedoch diametral dem Selbstverständnis der türkischen Militärführung, die ihre von Atatürk verbriefte »Wächterrolle« über die entscheidenden Richtlinien der Politik nicht aufzugeben gewillt war.

Seit der Militärintervention von 1980 diente der von der Generalität bestimmte »Nationale Sicherheitsrat« der Überwachung der zivilen Regierungen. Seine Funktion der Kurskorrektur hatte er in den vorausgehenden Jahren mehrfach unmissverständlich zur Geltung gebracht, zuletzt 1997 im »Kalten Militärputsch«. Obgleich fest in die NATO-Struktur eingebunden, stand die Führungsriege des Militärs der Annäherung an die Zivilgesellschaft, wie sie von der EU verkörpert wird, ablehnend gegenüber. Alle bisherigen Ankaraner Regierungen sahen sich daher mit dem Dilemma konfrontiert, den Forderungskatalog der EU zu erfüllen, ohne die Machtstellung des Militärs zu beeinträchtigen. Dies war schlicht und ergreifend unmöglich und führte zu schizophrenen Verwerfungen – wie auch in der Verfassungsreform von 2001.

Solange es gegen vermeintliche Fundamentalisten ging, durfte das Militär auf Beifall und Zustimmung europäischer Kreise setzen. Die Ablösung der islamischen Regierung Erbakans auf Druck des Nationalen Sicherheitsrates 1997 wurde daher in den Hauptstädten Europas auch mehr oder weniger offen begrüßt. Doch nachdem sich in den Augen westlicher Beobachter die Meinung durchgesetzt hatte, dass sich die »islamistische« Bewegung in der Türkei zum überwiegenden Teil aus sozialen Protestwählern ohne stärkere religiöse Bindung rekrutierte und eine gegenüber der EU konsensbereite Haltung einnahm, rückte das Militär bzw. die nationalistischen Militärkreise als die eigentlichen »EU-Verhinderer« immer mehr in den Vordergrund. Der immer wieder aufflackernde »Kurdenkrieg« im Südosten sowie die inszenierten Konfrontationen um Zypern und in der Ägäis boten dem Generalstab die willkommene Gelegenheit zur Machterhaltung. Demgegenüber betonte die EU-Kommission, zuletzt im »Fortschrittsbericht der Türkei« von 2006, dass »Aussagen des Militärs [...] nur militärische, sicherheits-

und verteidigungsrelevante Aspekte betreffen [und] nur unter der Autorität der Regierung getätigt werden [sollten].«

Das Ziel der Regierung Ecevits, die Legislaturperiode bis 2004 durchzuhalten, wurde nicht erreicht, vorgezogene Neuwahlen ließen sich 2002 nicht mehr vermeiden.

> *Die Vierte Türkische Republik: Paradigmenwechsel im Entscheidungsjahr 2002*
>
> 2001 wurden Teile der Verfassung im Sinne der EU revidiert. Die Zeitung *Hürriyet* schrieb dazu: »Der neue Türke ist entstanden. Er wird nicht mehr beliebig durchsucht, nicht mehr abgehört, verschwindet nicht mehr plötzlich, darf reden und kritisieren«. Mit den Parlamentswahlen von 2002 trat eine völlig neue Situation ein. Sämtliche »Alt-Parteien« erhielten die Quittung für das Desaster der vergangenen 20 Jahre. Sieger wurde eine gemäßigte islamische Volkspartei, die ernsthaft daran interessiert ist, die Misswirtschaft zu beseitigen, und außenpolitisch pro-europäisch eingestellt ist. Ihr Reformwille wird nach anfänglichem Misstrauen auf dem internationalen Parkett anerkannt.

Den »alten« Parteien war es in den unterschiedlichsten Koalitionen und Regierungsbeteiligungen nicht gelungen, die schwere innenpolitische und wirtschaftliche Krisensituation des Landes in den Griff zu bekommen. Die Wählerschaft erteilte der »alten Garde« um Çiller, Erbakan, Yılmaz und Ecevit in den vorgezogenen Wahlen vom November 2002 daher eine deutliche Absage. Die vormaligen Regierungsparteien ANAP, DYP, MHP und DSP scheiterten an der 10 %-Klausel, den Sprung in die Große Türkische Volksversammlung schaffte nur die kemalistische, sich selbst als sozialdemokratisch bezeichnende Republikanische Volkspartei (CHP) unter Deniz Baykal mit 19,4 % und – für alle Beobachter wenig überraschend – die religiös-konservativ-liberale AKP. Als stärkste Fraktion mit 34,3 % der Stimmen und 345 Abgeordneten wurde daher die »Partei für Gerechtigkeit und Entwicklung« (AKP) mit der Regierungsbildung beauftragt. Da der Parteivorsitzende Erdoğan aufgrund verschiedener politischer Anklagen nicht kandidieren durfte, stand der Regierung zunächst sein Stellvertreter Abdullah Gül vor. Im März 2003 kam dann die 59. Regierung der Republik unter Ministerpräsident Erdoğan zustande und Gül wurde zum Außenminister ernannt. Das Veto des Staatspräsidenten Ahmet Sezer hatte nur einen kurzen Aufschub bewirkt, wies aber bereits auf Konflikte in der Zukunft hin.

Der Ausgang der Wahlen 2002 kam einem Paradigmenwechsel in der türkischen Politik gleich. Zum ersten Mal seit 1960 konnte eine stabile Alleinregierung gebildet werden, die über fast drei Viertel der Parlamentssitze verfügte.

Erdoğan, der sich zum Laizismus der Republik bekannte, kündigte in der Regierungserklärung die Fortsetzung der Reformpolitik an und bekräftigte den Wunsch seines Landes, der EU beizutreten. Er konnte sich dabei auf etwa 70 % seiner Landsleute stützen, die sich – Umfragen zufolge – 2004 den Beitritt wünschten. In der Tat wurden unter Erdoğans Regierung umfangreiche Reformmaßnahmen eingeleitet, welche die Türkei der EU näherbrachten. Besondere Aufmerksamkeit erregte Erdoğans Besuch in Diyarbakır 2005, bei welchem er zum ersten Mal als ein türkisches Regierungsmitglied den »kurdischen« Charakter des Konflikts im Südosten anerkannte und eine demokratische Lösung des Problems forderte. Da die islamischen Parteien, also auch die AKP, immer den gemeinsamen Glauben von Türken und Kurden betont hatten, vermochten sie auch die kurdische Wählerschaft zu erreichen. Sogar den verhaltenen Wünschen der einheimischen christlichen Minderheiten gegenüber zeigte sich die AKP aufgeschlossen und die Medien sprachen erstmals das Armenierproblem an. Aus westlicher Sicht schien sich unter der islamischen Regierung eine Art zaghafter Pluralismus herauszubilden. Erdoğans Reformmaßnahmen, seine effektive Regierungsarbeit und die zum ersten Mal ernsthaft betriebene Eindämmung der Korruption führten in der europäischen Presse zur Bewertung seiner Herrschaft als »gemäßigte« islamische Regierung. Nach anfänglicher Skepsis über den »wahren« Charakter der islamisch-konservativen Volkspartei in den westlichen Hauptstädten wurde die neue Regierung in Ankara auch international als verhandlungsfähiger, reform- und kompromissbereiter Partner eingestuft.

Wahlsieger Anatolien

Anatolien war die vernachlässigte Provinz und wurde von der urbanen Bourgeoisie Ankaras und Istanbuls als Steppe mit einer armen, im Glauben zurückgebliebenen Bevölkerung, den simplen *Köylüler* (Dörflern) und ihren verschleierten Frauen, wahrgenommen. Politisch mitbestimmend waren die anatolischen Bauern nie gewesen, und ihre Forderungen nach Berücksichtigung von Tradition und Religion wurden stets durch Regierungsumwandlungen und Militärputsche unterdrückt. Nach 1980 gehörten sie zu den klassischen Modernisierungsverlierern und fanden ihren Platz in den diversen islamischen Parteien der 1990er-Jahre. Der Wahlausgang von 2002 kam einem Erdrutschsieg Anatoliens zuungunsten der alten großstädtischen Führungsschicht gleich, die anatolischen Stimmen hatten dafür den Ausschlag gegeben.

EU-konforme Reformpakete

Im Dezember 2002 beauftragten Europas Staats- und Regierungschefs die Brüsseler Kommission, einen umfangreichen Fortschrittsbericht über die Lage in der Türkei anzufertigen. Bereits im Oktober 2004 empfahl der Erweiterungskommissar der EU, Günter Verheugen, Beitrittsverhandlungen mit der Türkei aufzunehmen. Der Bericht bescheinigte der Türkei »eine substanzielle institutionelle Annäherung in Richtung europäischer Standards. Politische Reformen haben Veränderungen bewirkt, die von verbesserten bürgerlichen Freiheiten und Menschenrechten bis hin zu einer erhöhten zivilen Kontrolle des Militärs reichen. Der Reformprozess unterstreicht den wachsenden Konsens für eine liberale Demokratie.« Dennoch gab es auch kritische Anmerkungen: »Ungeachtet der gesetzlichen (Reform-)Entwicklungen bleibt Korruption ein sehr ernsthaftes Problem in fast allen Gebieten des wirtschaftlichen und öffentlichen Lebens.« Und: »Obwohl Folter nicht mehr systematisch ist, gibt es weiter zahlreiche Fälle von Folter und weitere Anstrengungen werden nötig sein, um solche Praktiken auszumerzen.« Und zum Prinzip der Gleichheit von Männern und Frauen: »Nach dem neuen Strafrecht sollten die Täter von sogenannten Ehrenmorden mit lebenslanger Haft bestraft werden. Sexuelle Gewalt in der Ehe wird zu einem Straftatbestand erhoben. Allerdings bleibt Gewalt gegen Frauen in der Wirklichkeit ein ernsthaftes Problem.« Im Gesamtergebnis indes hieß es: »Mit Blick auf den gesamten erzielten Fortschritt sieht die Kommission die politischen Kriterien als erfüllt an und empfiehlt Beitrittsverhandlungen aufzunehmen.« Jedoch wurde auch betont, »[...] dass es ein offener Prozess ist, dessen Ergebnis nicht von vorne herein garantiert werden kann.« Im Dezember 2004 wurden die Empfehlungen auf dem EU-Gipfel in Brüssel angenommen.

Der Europäische Rat nahm im Oktober 2005 somit erste Beitrittsverhandlungen mit der Türkei auf. Sie blieben, wie es die »Empfehlungen« vorschrieben, zwar ergebnisoffen, boten aber eine reale Perspektive. Im Jahr 2007 erhobene Forderungen Ankaras, einen festen Termin für die Zeitspanne 2013 bis 2015 zu nennen und eine roadmap vorzulegen, wurden von Brüssel jedoch abgelehnt. Die europäische Kommission wies darauf hin, dass von 35 Verhandlungskapiteln gerade zwei eröffnet worden sind und wegen des Zypernkonflikts acht Kapitel gänzlich von den Verhandlungen ausgenommen wären. Ein Automatismus zur definitiven Mitgliedschaft bestehe nicht. Der Beitrittstermin werde grundsätzlich erst nach Abschluss aller Verhandlungen bekanntgegeben. Einen von Ankara nachgereichten 400-seitigen Reformkatalog für sieben Jahre schätzte die Kommission als unrealistisch ein. Bezeichnenderweise enthielt dieser Katalog nicht den berüchtigten Staatsschutzparagraphen 301 (»Beleidigung des Türkentums«). Trotz dieser Zurechtweisung Brüssels bedeutete der EU-Beschluss 2005 den ersten konkreten Schritt des Landes in die EU-Vollmitgliedschaft.

Wirtschaftlich wuchs die Türkei kontinuierlich in den europäischen Binnen-markt hinein. Der durch die Zollunion von 1995 eingeleitete Strukturwandel der türkischen Wirtschaft hatte besonders zu einer Vertiefung der engen wirtschaft-lichen Beziehungen zu Deutschland geführt und diese auf eine moderne markt-wirtschaftliche Basis gestellt.

Boom am Bosporus

Politisch wird die EU-Mitgliedschaft der Türkei noch einige Zeit in Anspruch nehmen, doch wirtschaftlich ist das Land längst auf Europa ausgerichtet und steht besonders mit der deutschen Wirtschaft in enger Verbindung. Deutschland ist der größte Handelspartner und Absatzmarkt für türkische Produkte, qualitative Industrieprodukte und Textilien stehen dabei an ers-ter Stelle des türkischen Exports, Agrarprodukte nehmen nur noch einen geringen Anteil ein. 2006 wuchs der Export um 20%. Seit Langem sind alle deutschen Großunternehmen in der Türkei präsent: Omnibusse der Auto-mobilhersteller Mercedes und MAN laufen hier vom Band, Siemens, Bosch und Boss lassen in der Türkei fertigen. 2004 ging der Elektronikproduzent Grundig in türkische Hände über, das Traditionsunternehmen Villeroy & Boch Fliesen GmbH folgte 2007. Auf der weltweit größten Industriemesse in Hannover präsentierte sich das Partnerland Türkei 2007 als zukunftsorien-tierter Industriestandort.

Durch sachgerechte und projektorientierte Verwendung der EU-Finanzhilfen und der in mehreren Tranchen von 2002 bis 2004 in die Türkei geflossenen umfang-reichen IWF-Kredite wurde die akute Wirtschafts- und Finanzkrise abgewendet und machte einem positiven Wirtschaftsklima Platz. Die neue Regierung ent-puppte sich als wirtschaftsliberal, setzte auf Marktwirtschaft, geregelte Privatisie-rung und den Abbau der monströsen Bürokratie und gewann die Unterstützung des Industriellen- und Unternehmerverbandes TÜSIAD. Die konsequente Tren-nung von (Partei-)Politik und Wirtschaft, deren korrupte Verflechtungen für die vorangegangenen Desaster verantwortlich zeichneten, setzten eine neue Dyna-mik in Gang.

Anatolische Tiger: Anadolu Kaplanları

Die kommerzielle Ausrichtung der AKP wurde im Westen meist übersehen. Infolge ihrer liberalen Wirtschaftspolitik hatte sie besonders der anatolischen Wirtschaft kräftige Impulse verliehen, die einen neuen Mittelstand, die »Anatolischen Tiger«, hervorbrachte. Diese neue Gesellschaftsschicht zeigte zunehmend politische Ambitionen, um das alte Establishment abzulösen, und stammte aus den Bereichen Möbelindustrie, Lebensmittelhandel, Baugewerbe, Hotellerie und moderne Computer- und Kommunikationstechnologien. Die nachfolgende Generation besuchte bereits die Hochschulen, die Töchter gingen wegen des Kopftuchverbots meist auf ausländische Universitäten. Hier wuchs eine gebildete, durchaus islamisch orientierte bürgerliche Mittelschicht heran.

Mehr Rechtssicherheit für Investoren ließen die ausländischen Investitionen von 3 Milliarden US-Dollar im Jahr 2004 auf 20 Milliarden im Jahr 2006 steigen. 2007 wurde mehr als das Doppelte erwartet. Die Inflation sank von fast 70 % im Jahr 2001 auf 7 % 2006. Staatsverschuldung und Haushaltsdefizit schwanden und das Wachstum der Wirtschaft bewegte sich 2006/2007 um 6 %. Die Reformpolitik ließ auch das BIP von 2120 US-Dollar im Jahr 2002 auf 5500 US-Dollar im Jahr 2006 steigen. Bei weiterem Wirtschaftswachstum scheint das Erreichen der 10.000 US-Dollar Stufe pro Kopf für 2013 nicht unrealistisch. Die nach wie vor extrem ungleiche Einkommensverteilung und das Ost-West-Gefälle müssen dabei freilich berücksichtigt werden. Auch die offizielle Arbeitslosenquote von 9,9 % trügt, da sie in manchen Städten des Südostens mehr als die Hälfte beträgt und die Landflucht in die übervölkerten Städte verstärkt. Dennoch ist unbestritten, dass das Land seit 2002 seinen längsten ökonomischen Aufschwung in der neueren Geschichte erfährt.

▓ Nationalistische Gegenpropaganda und ihre Folgen

Leider sorgt die innere Lage der Türkei auch immer wieder für negative Schlagzeilen und mehrere Vorkommnisse verdienen in diesem Zusammenhang nähere Aufmerksamkeit: Mitte November 2005 fassten Einwohner in einer hauptsächlich von Kurden bewohnten Kleinstadt im äußersten Südosten drei Personen, die unmittelbar vorher einen Sprengstoffanschlag auf eine kurdische Buchhandlung verübt hatten. Sie entpuppten sich als Mitarbeiter des Geheimdienstes. Eine anberaumte Gerichtsverhandlung ging den eindeutigen Hinweisen jedoch nicht nach und wies jede Verantwortung von Gendarmerie, Armee oder Sicherheitskräften zurück. Türkische Politiker äußerten sich dazu sehr verhalten und bekannten offen ihre Angst vor extremen nationalistischen Kräften, die im Untergrund operierten. Im Dezember 2006 wurde der Prozess gegen den Schriftsteller Orhan Pamuk wegen »Beleidigung des Türkentums« eröffnet. Er habe in einem Interview mit der Neuen Zürcher Zeitung behauptet, »dass im Osmanischen Reich und der Türkei eine Million Armenier und 30.000 Kurden umgebracht« worden seien, »niemand aber sich traue, davon zu sprechen«. Die Anhörung wurde von unglaublicher Propaganda nationalistischer Kreise begleitet und das Verfahren wurde nicht etwa aus rechtlichen, sondern aus formalen Gründen eingestellt.

Im Januar 2007 wurde der Redakteur Hrant Dink in Istanbul auf offener Straße erschossen. Dink, armenischer Christ und türkischer Staatsbürger, war seit 1996 Herausgeber der Zeitschrift *Agos*, die zweisprachig – türkisch und armenisch – über die historischen und aktuellen Probleme der Armenier in der Türkei berichtete. Untersuchungen über den Völkermord an den Armeniern während des Ersten Weltkriegs und die Aussage, dass »ein Volk, das 4.000 Jahre auf diesem Boden gelebt habe, ausgemerzt« worden sei, brachten ihm schier unzählige Anklagen wegen »Beleidigung des Türkentums« und eine rechtskräftige Verurteilung ein. Der Appell an den Europäischen Gerichtshof wurde durch seine Ermordung durch einen gedungenen Minderjährigen vereitelt. Vorangegangen war eine Kampagne rechtsextremer und nationalistischer Kreise, die nicht nur auf Dink, sondern auch auf den Nobelpreisträger Orhan Pamuk abzielte. Die Tat durch einen offensichtlich von Hintermännern abgerichteten Jugendlichen zeigte auffällige Parallelen zum Mord an einem katholischen Priester in Trabzon ein Jahr zuvor. Das Attentat auf Hrant Dink rief in Istanbul eine eindrucksvolle Gegenreaktion hervor: Mehr als 100.000 Menschen, überwiegend Türken, nahmen in einer friedlichen Demonstration Abschied und führten Transparente mit der Aufschrift »Wir sind alle Armenier« mit sich. Im April 2007 fielen in Malatya drei Mitarbeiter eines protestantischen Bibelverlages einem Mordanschlag zum Opfer. Auch hier war eine nationalistische Propaganda vorausgegangen.

Zwar kann man über die Hintergründe der genannten Attentate nur Spekulationen anstellen, doch ist nicht von der Hand zu weisen, dass rechtsextreme und nationalistische Kräfte, die traditionsgemäß im Sicherheitsapparat und seinen dunklen Ablegern ihr Reservoir finden, bestrebt sind, die moderat-religiöse Regierung auf diese Weise zu diskreditieren. Nachdem die Religiösen seit 2002 in der EU ihren stärksten Rückhalt erfahren, steht auch die EU-Orientierung bei Kemalisten und Nationalisten zur Disposition. Mit den USA haben diese Kreise auch gebrochen, da sie die Amerikaner im Irak als Helfer der Kurden sehen. Der militante Nationalismus erlebt in der Türkei wieder eine Konjunktur. Mit der Schürung innerer Konfliktherde lässt sich auch eine allgemein westlich-orientierte Politik torpedieren.

Die Beliebtheit der EU wird, wie schon so oft in der jüngeren Geschichte der Türkei, schweren Prüfungen unterworfen. Während 2002 noch 70 % der Bevölkerung den Beitritt wünschten, näherte sich die Zahl im Wahlkampf 2007 dem Tiefpunkt von 30 %. Solche Zahlenverhältnisse sind freilich nicht das Ergebnis demoskopisch abgesicherter Statistiken, sondern beruhen auf spontanen Blitzumfragen türkischer Zeitungen und Massenblätter.

■ Verfassungskrise 2007

Der innenpolitische und ökonomische Konsolidierungsprozess wurde im Jahr 2007 auf eine harte Bewährungsprobe gestellt. Für den Mai 2007 standen turnusgemäß Neuwahlen für das Amt des vom Parlament gewählten Staatspräsidenten an. Ahmet Sezer, der als neutrales und überparteiliches Staatsoberhaupt angetreten war, für den EU-Beitritt plädierte und den herrschenden Militarismus zu beschneiden versprach, hatte sich seit dem Regierungsantritt der AKP auf die Seite des nationalistischen und kemalistischen Establishments begeben. Solange er mit seinen Vetos (sollten sich bis 2007 auf 67 summieren) Gesetze abblockte, wie z. B. zur Strafbarkeit außerehelicher Beziehungen, zur Ausweitung des Religionsunterrichts oder zur Aufhebung des Kopftuchverbots in Ämtern, Schulen und Universitäten, durfte er sich der Zustimmung westlicher Kreise sicher sein. Als jedoch präsidiale Vetos gegen Gesetzesvorhaben erfolgten, die der Verbesserung der Lage der christlichen Minderheiten dienten, den Immobilienkauf durch Ausländer erleichterten oder ausländischen Ärzten die Niederlassung ermöglichen sollten, war der Verdacht der reinen Obstruktion nicht länger von der Hand zu weisen. Auch Sezers Einschätzung, die er 2007 in einer Rede in der Istanbuler Militärakademie äußerte, »die Gefahr der Islamisierung der Türkei sei so groß wie nie zuvor«, mutete angesichts der bewusst reformwilligen und westlich orientierten Ausrichtung der AKP-Regierung übertrieben, wenn nicht ungerecht an.

Es zeigte sich, dass die »alte Elite«, Privatisierungsgewinner sowie nationalistische und kemalistische Träger der vormaligen Regierungen, zwar von der Wählerschaft desavouiert worden war, ihre demokratische Niederlage jedoch keineswegs akzeptierte und verarbeitete.

Die alte Elite war nach wie vor im Staatsapparat und in der Justiz präsent und besaß in den Streitkräften ihr stärkstes Bollwerk. Traditionell wurde der »starke Staat« durch Armee, Justiz, Bürokratie und dem obersten Organ, dem Staatspräsidenten, repräsentiert. Das Staatsoberhaupt verfügte über Machtbefugnisse, Ernennungsrechte und Einspruchs-/(Veto-)Möglichkeiten, die weit über jedes europäische Maß reichten. Die gewählte zivile Regierung zählte man in diesem Staatsverständnis hingegen nicht zum Staat. Sie war volatil und konnte – daraus machten die Militärs keinen Hehl – bei Nichtgefallen jederzeit aus dem Amt gedrängt werden.

Als bekannt wurde, dass Erdoğan oder Gül das höchste Staatsamt anstrebten und angesichts der Parlamentsmehrheit der AKP auch über reelle Chancen verfügten, appellierte die Parlamentsopposition CHP unverblümt an die Armee-spitze und rief den Nationalen Sicherheitsrat auf den Plan. Zu ihrer Unterstützung wurden riesige Massendemonstrationen in allen größeren Städten der Türkei inszeniert. In Ankara und Istanbul sowie in Manisa, Izmir und Samsun versammel-ten sich Hunderttausende Menschen unter dem Motto »die Türkei ist säkular und wird säkular bleiben«. Den wohl organisierten Großkundgebungen (»Treffen für die Republik«), die von Polizei, Gendarmerie und unverhohlen von der Armee unterstützt wurden, wagten sich keine Gegendemonstranten gegenüberzustel-len. Auffallend viele der »säkularen« Demonstranten riefen auch Parolen gegen die USA und den Beitritt der Türkei zur EU. Unübersehbar war auch das Auftreten nationaler und kemalistischer Frauenvereine, die sich gegen einen »Imam als Präsidenten« aussprachen. Auf ein Statement des Generalstabs im Internet (in westlichen Medien »Drohbrief« genannt), die Regierung Erdoğan unternehme nichts gegen »islamistische Umtriebe« im Lande, antwortete der Regierungschef, dass der Premierminister – also er selbst – die Richtlinien der Politik bestimme und zudem Oberbefehlshaber der Armee sei. Obwohl er damit wortwörtlich die Verfassung zitierte, provozierte er die Gegenseite bis zu der Anschuldigung, ein »vaterlandsloser Verräter« zu sein.

Sympathisanten der AKP-Regierung im In- und Ausland betrachteten die Am-bitionen Erdoğans bzw. Güls auf das höchste türkische Staatsamt aus anderen Gründen mit Skepsis. Beide Persönlichkeiten galten als Garanten eines modera-ten islamischen Kurses und als allein befähigt, die in sich heterogene Partei zu-sammenzuhalten. Im Amt des Staatspräsidenten hätten sie ihre Parteimitglied-schaft gemäß der Verfassung aufgeben und sich jeglicher Parteiarbeit strikt ent-halten müssen. Eine direkte Beeinflussung der AKP wäre demnach nicht mehr möglich gewesen, was unter Umständen unerfreuliche Konsequenzen gehabt hätte und zur Spaltung der Partei hätte führen können, da im letzten Drittel der Regierungsperiode die Rufe und Forderungen, alte Wahlversprechen mit religiö-ser Tendenz endlich einzulösen, aus den Kreisen der »wirklichen« Religiösen in-nerhalb der AKP, die zu Anfang relativ ruhig geblieben waren, immer lauter und deutlicher wurden. Besonders an den Grundschulen veranlassten AKP-Mitglieder Aktivitäten zur Geschlechtertrennung, zur Einschränkung des Sports für Mäd-chen und zur Ausweitung des Islamunterrichts. Als Provokation empfanden Welt-liche besonders die Umfunktionierung von offiziellen »Tagen der offenen Schule« zu Koranlesewettbewerben. Konfliktstoff war jedenfalls genügend vorhanden, und nur die Autorität der AKP-Parteiführer hatte die Unzufriedenheit in den ei-genen Reihen zu dämpfen vermocht.

■ Kopftuch und Kommisskopf

Was man im Westen kaum als triftigen Grund für die vehemente Ablehnung der Kandidatur Erdoğans und Güls vorzutragen wagt, spielt in der Türkei eine tragende Rolle: die Kopftuchfrage. Das weibliche Kopftuch gilt seit Atatürk als politische Willensbekundung und ist Staatsbediensteten und Soldatinnen sowie allen Schülerinnen und Studentinnen in staatlichen Lehranstalten verboten. Ebenso ist sein Tragen in (und auch im näheren Umfeld von) Ämtern und staatlichen Einrichtungen untersagt. 1983 begründete die Militärregierung das Kopftuchverbot mit dem Verfassungsauftrag, den laizistischen Charakter der Republik zu schützen. Das Verfassungsgericht bekräftigte 1989 die Bestimmungen und auch der Europäische Gerichtshof für Menschenrechte hatte die Kopftuchbestimmungen des türkischen Rechts 2004 und 2005 als mit der Europäischen Menschenrechtskonvention vereinbar angesehen. 2006 bestätigte das oberste türkische Verwaltungsgericht das Kopftuchverbot in öffentlichen Einrichtungen erneut und folgte damit der Ansicht des säkularen Kemalismus, weibliche Kopftücher seien politische Symbole des staatsfeindlichen islamistischen Extremismus. Das Verbot schütze die bürgerlichen Freiheitsrechte und diene der öffentlichen Ordnung und der Unteilbarkeit des Landes.

Im Gegensatz dazu versprach Premierminister Erdoğan noch vor den Neuwahlen im Juni 2007, eine neue zivile Verfassung ausarbeiten zu lassen. Sie sollte die Bürgerrechte stärken, insbesondere das Recht einer jeden volljährigen Frau, über ihre Kleidung selbst zu bestimmen und ohne Vorschriften nach höherer Bildung zu streben. Dies richtete sich klar gegen das polizeilich rigoros durchgesetzte Betretungsverbot staatlicher Universitäten für Kopftuch tragende Studentinnen. Nach Ansicht der säkularen politischen Gegner stand der AKP-Führer bei seiner konservativ-religiösen Stammwählerschaft in Anatolien in der Pflicht, da die dort aufstrebende Mittelschicht nun auch ihren Töchtern das Recht auf höhere Bildung unter Beibehaltung ihrer traditionellen Kleidung verschaffen wollte.

In den 1990er-Jahren dehnte die Militärgerichtsbarkeit das Kopftuchverbot auf Ehefrauen und Töchter von Militärangehörigen aus. Zuwiderhandlungen wurden mit sofortigem Ausschluss aus dem Staatsdienst geahndet – was insbesondere in den Jahren der Erbakan-Regierung, 1997–1998, auch des Öfteren vollzogen wurde. Da der Staatspräsident verfassungsgemäß sowohl Oberbefehlshaber aller Waffengattungen war, als auch das oberste Verfassungsgericht besetzte, hätte sich folgendes Szenario ergeben: Erdoğan bzw. Gül, deren Gattinnen überzeugte Kopftuchträgerinnen sind, hätten als oberste Heeresrichter Soldaten und Offiziere von Kopftuch tragenden Ehefrauen aus der Armee entlassen müssen. Militär und Säkulare fürchteten daher, dass ein islamistischer Präsident das Kopftuchverbot in dem von ihm bestimmten Verfassungsgericht aufheben lassen könnte.

Politikum Kopftuch (başörtüsü; türban)

Neueren Umfragen der Zeitung *Milliyet* zufolge sind zwei Drittel der Türkinnen zu den Kopftuchträgerinnen zu zählen. Eine von Milliyet Ende 2007
in Auftrag gegebene Befragung von 2.600 türkischen Frauen präzisierte die
Aussage noch: Demnach halten fast 70 % aller Türkinnen ihr Haar in der
Öffentlichkeit generell bedeckt, 2003 hatte dieselbe Frage noch zu einem
Ergebnis von 65 % geführt. Bemerkenswert ist der Anstieg von Trägerinnen
des *türban*. Nach Informationen der Milliyet stieg der Anteil dieses bewusst
politischen Kopftuchs von 3,5 auf über 16 %. Diese Zahlen mögen für Besucher der modernen Metropolen Istanbul und Ankara übertrieben klingen,
treffen für die ländlichen Gebiete und die urbanen Randbezirke der Türkei
jedoch mit Sicherheit zu.

Vom »Schleierzwang«...

Ob die »Verschleierung der erwachsenen, d. h. geschlechtsreifen Frau«
theologisch aus dem Koran oder dem Hadith (der muslimischen Tradition)
abzuleiten ist, kann an dieser Stelle nicht erörtert werden. Fest steht, dass
im gesamten Orient, sei er jüdisch, christlich oder muslimisch geprägt,
die Bedeckung des Hauptes bei beiden Geschlechtern üblich ist. Die weibliche Kopfbehaarung gilt als besonderes Geschlechtsmerkmal, das in der
Öffentlichkeit vor fremden Männerblicken verhüllt werden sollte. In der
patriarchalischen Gesellschaft gilt eine Frau, was ihr Verhältnis zu Männern
betrifft, mit Kopftuch als »geschlossen« (*kapalı*), ohne Kopftuch als »offen«
(*açık*). Die Verschleierung der Frau ist z. B. auch in den christlichen Ostkir-
chen anzutreffen.

Die aktuelle Kopftuch-Debatte in der Türkei und in westeuropäischen Ländern mit muslimischen Minderheiten sollte berücksichtigen, dass mehrere
Formen der Verhüllung existieren: vom einfachen Kopftuch (*başörtüsü*), das
die Haare nur bedeckt, über den *türban*, ein besonders streng gebundenes
Tuch, das kein Haar erkennen lässt, bis hin zur Ganzkörperverhüllung
(*çarşaf*).

In der Türkei war lange Zeit nur das unter dem Kinn verknotete Kopftuch
üblich (sogenanntes »anatolisches Kopftuch«). Es wurde sowohl als Zeichen
religiöser Pflicht und Tradition wie auch ganz praktisch als Sonnen- und
Staubschutz gedeutet. In den ländlichen Gebieten Anatoliens, in den Dörfern und Kleinstädten gehört es weiterhin zum nicht hinterfragten und
selbstverständlichen Alltag. Die Trägerinnen entstammen ärmeren und bil-
dungsfernen Schichten.

... zum staatlichen Verbot der Verschleierung ...

Mögliche Probleme ergeben sich beim Besuch staatlicher Einrichtungen wie Krankenhäuser oder Behörden, in welchen offiziell das Kopftuchverbot herrscht. Falls dies dort überhaupt eingefordert wird, nimmt man es hin, da die staatliche Autorität von der einfachen Bevölkerung nicht in Frage gestellt wird. Das *başörtüsü* wird in diesen Kreisen als Ausdruck der Religionspraxis und des jahrhundertealten Brauchtums verstanden, nicht als politische Willensbekundung. Der Schulbesuch der Mädchen auf dem Lande wird in der Regel vor dem 14. Lebensjahr, also in einer Lebensphase, in welcher noch kein muslimisches Verhüllungsgebot gilt, abgeschlossen. Zur Kollision mit der säkularen Staatsgewalt kommt es hingegen in weiterführenden Schulen mit älteren Schülerinnen.

In der westlichen Welt gilt das »muslimische Kopftuch« als Zeichen der Rückständigkeit und Instrument des Patriarchats, um die Frau auf den ihr im Islam zugewiesenen untergeordneten Platz zu verweisen. Es muss angemerkt werden, dass diese westliche Interpretation in ländlichen und einfachen Kreisen der Türkei nicht vermittelbar ist.

... zum »Recht auf Verschleierung«

Seit der zunehmenden Präsenz des Islam in den 1980er-Jahren stößt man in der Türkei mehrfach auf geschlungene Kopftücher, bei welchen peinlich darauf geachtet wird, Hals und Stirnansatz zu bedecken. Aufgrund der Kompliziertheit dieser Form der Kopfbedeckung kann ihr kein praktischer Wert mehr zugemessen werden. Kombiniert wird diese Art des Kopftuchs in den meisten Fällen mit bodenlangen Mänteln, welche die Trägerinnen vollends verhüllen. Eine derartige Kleidung war und ist im iranischen und kurdischen Kulturkreis als *tschador* und bei den Arabern als *hidschab* bekannt. Im arabischen Bereich wird die Kopfverhüllung zudem mit dem Gesichtsschleier verbunden, der nur die Augenpartie freilässt. Eine derartige Gesamtverhüllung war in der türkischen Kultur jedoch kaum verbreitet. Auffallend ist heute, dass sich diese Form des *türban* besonders bei jungen Frauen, die aus einem gebildeten und städtischen Milieu stammen, wachsender Beliebtheit erfreut. Befragungen haben ergeben, dass gerade Studentinnen sich keineswegs aus patriarchalischer Repression, sondern freiwillig verhüllen. Dem *türban* muss demnach eine politische Willensbekundung zugemessen werden, die sich in mehreren Formen zeigt: als Protest gegen das säkulare Kopftuchverbot, das als Diskriminierung der Frau gesehen wird, als Symbol der kulturell-religiösen weiblichen Selbstbestimmung und als Widerstand gegen die unkritische Assimilation an die westliche Moderne.

Die Einschätzung westlicher Feministinnen, die weibliche Kopfbedeckung symbolisiere Männerdominanz und sexistische Fremdbestimmung, wird als neokoloniale Einmischung und westlicher Kulturimperialismus abgelehnt. In diesem Kontext wird häufig der Spruch von Hayrünnissa Gül, der Gattin des Staatspräsidenten Abdullah Gül, zitiert: »Das Tuch bedeckt meinen Kopf, nicht mein Gehirn!«

Bildungsorientierte junge Frauen – darunter auch Töchter aus dem säkularen Establishment – verwenden das Kopftuch heutzutage durchaus als Provokation gegenüber der übermächtigen türkischen Staatsgewalt, wenn sie es z. B. am Eingang zur Universität unter Protest ablegen. Sie verstehen ihr Handeln als einen Beitrag zur weiblichen Emanzipation. In diesem Zusammenhang gehört auch die Mode, die sich zunehmend des Schleiers und des Kopftuchs als modischen Accessoires annimmt und dies auch im Westen als »islamischen Chic« verbreitet.

Es ist nicht zu übersehen, dass sich jene »emanzipatorische Verhüllung« nur auf höhere (aber damit medienwirksame) Kreise beschränkt, in welchen das Kopftuch je nach persönlicher Situation an- und abgelegt werden kann. In einem anderen gesellschaftlichen Umfeld, wie etwa in kleineren Städten und in der Mittelklasse, ist eine individuelle Willensentscheidung in dieser Hinsicht nicht möglich. Interessanterweise sind es nicht mehr die Familien, die in erster Linie auf dem Kopftuch beharren, sondern der Gruppenzwang unter Gleichaltrigen in Ausbildung, höherer Schule und Universität. Von islamisch-politischen Kräften gefördert, führt er zu einem repressiven Kollektivismus, der sich gegenseitig überwacht und Zuwiderhandlungen mit Ausschluss aus der Gruppe, wenn nicht sogar aus der Dorf- oder Stadtteilgemeinschaft ahndet. In der Tat ist die Gefahr gegeben, dass besonders in den kleineren Universitätsstädten der gesellschaftliche Druck auf junge Mädchen so groß wird, dass sich bald alle gezwungen sähen, ein Kopftuch zu tragen. Vehemente Ablehnung der Aufhebung des »Kopftuch-Paragraphen« wird daher in der säkular ausgerichteten »Föderation türkischer Frauenvereine« zum Ausdruck gebracht.

Diese Art des islamistisch-politisch orientierten »neuen Zwangs« zum Kopftuch und gar zur gesamten Körperverhüllung ist es, die auch in den Zuwanderungsländern wie Deutschland und Frankreich zu Problemen in staatlichen Einrichtungen führt. In beiden Ländern wird das Tragen des Kopftuchs als Ausdruck kultureller Abgrenzung, offensiv abgelehnter Integration und öffentlicher Zurschaustellung politischer Meinung gewertet. Lehrkräften an staatlichen Schulen und Hochschulen ist daher das Tragen eines Kopftuchs während der Amtsausübung strikt untersagt.

Eine gewisse Relativierung zeigte sich immerhin in der häufig gehörten Losung »nein zur Scharia, nein zum Militärputsch«. Besonders die Anhänger der alten konservativen Parteien, der Mutterlandspartei und der Partei des richtigen Weges, hatten kein Interesse an einer antidemokratischen Militärregierung. In den nationalistischen Kreisen der MHP und Teilen der kemalistischen CHP hingegen wurde die Drohkulisse der Militärs offen begrüßt. Bemerkenswert war, dass von der Gegenseite kein eigener Kandidat für das höchste Staatsamt aufgestellt wurde. Von nationalistischer Seite wurde der Oberbefehlshaber der Streitkräfte zwar dazu gedrängt, lehnte jedoch ab.

Die Spaltung der türkischen Gesellschaft in zwei politisch-weltanschauliche Lager wurde abermals offensichtlich. Klar wurde aber auch, dass die tatsächlichen Machtverhältnisse im Land eine wie auch immer geartete »Islamisierung« nicht zuließen.

»The Hidden Agenda«: ein Geheimplan der Islamisten?

Weit verbreitet ist in weltlichen Kreisen die Ansicht, dass die AKP in Wirklichkeit eine Islamisierung vorbereitete und ihre Reformen nur dazu dienten, den Westen und besonders die Europäer über ihre wahren Absichten im Unklaren zu lassen. Kemalisten und Armeeführung weisen darauf hin, dass im Islam die Täuschung des Gegners zur Taktik gehöre. In der Tat begannen die Karrieren Güls und Erdoğans in der fundamentalistischen Partei Saadet-Partei Erbakans, die in den 1990er-Jahren allen Ernstes die Einführung der Scharia forderte. Dass sich beide Parteiführer davon mehrfach distanzierten, wird nicht ernst genommen. Für den Außenstehenden ist die zunehmende Islamisierung des türkischen Alltags allerdings ein Faktum, das nicht zu übersehen ist. Dafür ist die religiöse Basisarbeit der AKP verantwortlich, die allenthalben erfolgreich verläuft. Das Schulwesen wird mittlerweile von den Religiösen dominiert, die Absolventen der religiösen İmam-Hatip-Schulen beanspruchen die Aufnahme in die staatlichen Universitäten und werden dabei von der AKP unterstützt, und allenthalben entstehen neue Moscheen, für deren Finanzierung mitunter saudisches »grünes Geld« verantwortlich gemacht wird. Anatolien, seit jeher religiös, ist zu einem führenden politischen Faktor geworden.

Für politische Beobachter überraschend schnell erfolgte bereits zu Beginn des Jahres 2008 der parlamentarische Vorstoß der neuen AKP-Regierung, das für Studierende geltende Kopftuchverbot an den Hochschulen aufzuheben. Verbündete hierfür fand die Regierung bei Abgeordneten der nationalistischen MHP-Partei und die Gesetzesnovelle wurde erwartungsgemäß mit der erforderlichen Zwei-Drittel-Mehrheit angenommen. Mit einer definitiven Lösung des Problems ist hingegen noch lange nicht zu rechnen, da Militär und säkulare Opposition das Verfassungsgericht angerufen haben, mit dessen Entscheidung in diesem Jahrzehnt nicht mehr zu rechnen ist. Da die AKP-Regierungen von 2002 und 2007 die EU-Regeln nicht nur rhetorisch, sondern auch real übernommen haben, klingt der Verdacht eines »verborgenen Plans«, die Türkei in einen Religionsstaat à la Malaysia oder Iran umzuwandeln, wenig glaubhaft. Eine abschließende Bewertung ist jedoch noch nicht möglich.

Nachdem Erdoğan seine Kandidatur zurückgezogen hatte, scheiterte auch Gül im Parlament an der erforderlichen Zwei-Drittel-Mehrheit. Die Oppositionspartei CHP hatte den Urnengang boykottiert und das Verfassungsgericht angerufen. Die Lösung der Verfassungskrise sollte nun durch Neuwahlen vorangetrieben werden. Anfang Mai 2007 stimmte das Parlament mit großer Mehrheit zu, am 22. Juli 2007 vorgezogene Parlamentswahlen durchzuführen. Der geplante Termin wäre im November 2007 gewesen. Da Umfragen der AKP weitere Zuwächse in Aussicht stellten, war zu erwarten, dass die Oppositionsparteien reagieren und Wahlbündnisse schließen würden. Doch nur die CHP bildete eine gemeinsame Wahlliste mit der alten Ecevit-Partei DSP. Im rechtskonservativen Lager hingegen brach der groß angekündigte Zusammenschluss von ANAP und DYP zur DP (Demokratischen Partei) schon bei der Frage des Parteivorstandes auseinander.

Zuvor gelang es der noch amtierenden AKP-Alleinregierung, eine weitreichende Verfassungsänderung zu verabschieden. Hinfort sollte der Staatspräsident nicht mehr von den Volksvertretern, sondern von der gesamten Wählerschaft direkt gewählt und seine Amtzeit von sieben auf fünf Jahre begrenzt werden. Da das Veto des noch geschäftsführenden Staatspräsidenten nur aufschiebende Wirkung hatte, erlangte das Gesetz Ende Mai 2007 mit großer Parlamentsmehrheit Gültigkeit.

Wie reagierte die Europäische Union auf die neuerliche Krisensituation in Ankara? Es scheint, dass weder in Brüssel noch in den europäischen Hauptstädten mit dem »plötzlichen« Auftreten dieser Probleme gerechnet worden war. »Missachtung demokratischer Standards« und »Mängel in der Meinungs- und Religionsfreiheit« waren die üblichen Bezeichnungen, die Ankara erreichten. Die Hauptsorge Europas galt der Rolle der Türkei als außenpolitischer Stabilitätsfaktor für den Westen. Zu Recht wiesen türkische Kommentatoren darauf hin, dass die Europäer immer erst dann die Bedeutung der Türkei erkennen würden, wenn das Land in ein anderes Lager abzudriften drohe.

Dagegen berichteten die europäischen Medien ausführlich über die innenpolitischen Vorgänge im potenziellen EU-Land Türkei und es war die Rede vom

Kulturkampf zwischen Islamisten und Weltlichen, von der Gefahr der Rückkehr der Militärs in die Politik und einer nationalistisch verengten Isolation des Landes. Im Hinblick auf die EU konstatierte man, dass die alten Führungskräfte nun der EU und der von ihr vertretenen pluralistischen Demokratie skeptisch gegenüberstünden, während die AKP sich als Garant eines baldigen EU-Beitritts gerierte.

■ Die »kurdische Karte« des Militärs

Das Militär konterte auf seine Weise und zog wieder einmal die »kurdische Karte« aus dem Ärmel. Seit Beginn des Jahres 2007 wurde verstärkt auf die Gefahr hingewiesen, die von 4.000 aus dem Nordirak einsickernden PKK-Kämpfern ausging. In der Tat fanden im Südosten des Landes Attentate und Kämpfe zwischen Regierungstruppen und Freischärlern statt, weshalb die Militärführung für eine Invasion in den quasi autonomen Kurdenstaat Nordirak und die Errichtung einer Pufferzone plädierte. Dies würde indes nicht nur die USA als Schutzmacht des Irak gegen die Türkei aufbringen, sondern auch die EU-Bemühungen und den Wirtschaftsaufschwung auf lange Sicht abwürgen. Doch mit ihrer stärker werdenden Forderung, in den Nordirak einzumarschieren, erhöhte die Militärführung den innenpolitischen Druck auf die Erdoğan-Regierung. Das Kalkül war einfach: Lehnte die Regierungspartei AKP ab, so ließe sie sich leicht als »vaterlandsverräterisch, kurdenfreundlich und antinational« und als »Knecht der EU« denunzieren. Derartige Beschuldigungen, so das Kalkül der Streitkräfte, könnten im nationalistisch aufgeheizten Klima die Wahl entscheiden und die Regierung Stimmen kosten.

Diese Rechnung ging jedoch nicht auf. Sowohl die alte wie die seit Mitte 2007 neu amtierende konservativ-islamische Regierung ließen sich von der PKK zu keiner militärischen Offensive provozieren. Luftangriffe auf irakische PKK-Stellungen und der Aufmarsch türkischer Truppen an der irakischen Grenze dienten in erster Linie der Beruhigung der nationalistisch aufgeheizten Heimatfront. Erdoğan plädierte stattdessen für einen neuen Kurs gegenüber den Kurden in der Türkei, um die Rebellengruppe der PKK von der kurdischen Mehrheit zu isolieren. Dazu gehörte, dass die auf dem Papier bereits bestehenden pro-kurdischen Reformen und Rechte auch praktisch durchgesetzt werden sollten. Bei den Neuwahlen 2007 verzeichnete die Erdoğan-Partei einen signifikanten Stimmenzuwachs in den kurdisch besiedelten Südostprovinzen, sodass der neu gewählte Regierungschef mit einigem Recht behaupten konnte, dass seine Partei AKP mehr kurdische Volksvertreter in ihren Reihen habe als die »kurdische« Partei DTP (Partei für Demokratische Gesellschaft) und daher die kurdische Mehrheit repräsentiere.

Die Kurden – Gewinner des Irak-Krieges?

Nach dem Einmarsch der US-Armee in den Irak und dem Fall des irakischen Staatschefs Saddam Hussein 2003 verwandelte sich die frühere, weitgehend von Kurden bewohnte UN-Sicherheitszone im Nordirak zu einem selbstständigen Landesteil des Irak, »Irakisch-Kurdistan« mit den Hauptorten Mosul und Kirkuk. Die Autonomie der kurdischen Region wurde von der amerikanischen Besatzungsmacht gefördert, da die Lage hier von inneren Unruhen weitgehend verschont geblieben war. Die neue irakische Verfassung sieht eine Föderalstruktur vor und überträgt den Landesteilen die Rechte an der wirtschaftlichen Ausbeutung ihrer Ressourcen. Das autonome kurdische Gebiet profitiert wirtschaftlich bereits jetzt in hohem Maße von der Erdölförderung und dem Güterverkehr zwischen der Türkei und dem Irak. Gegenwärtig läuft der Großteil des Nachschubs für die US-Truppen im Irak über die türkisch-nordirakische Grenze.

In den vergangenen Jahren haben die kurdischen Quasi-Regierungen vollendete ethnische Tatsachen geschaffen und die arabischen Bevölkerungsteile aus ihrem Gebiet verdrängt. Zuerst wurde dies mit Gewalt durchgesetzt, seit einigen Jahren mit finanziellen Abfindungen für die arabischen Abwanderer. Die PKK spielt im Nordirak heute eine untergeordnete Rolle. Sie wird geduldet und als Faustpfand gegenüber Ankara eingesetzt.

Für das Jahr 2007 sah die irakische Verfassung ein Referendum in Kirkuk über die Zugehörigkeit dieser Region zum kurdisch verwalteten Nordirak vor, das jedoch immer wieder verschoben wurde. Ankara hofft heute, vermittels der Unterstützung der turkmenischen (also turksprachigen) Minderheit im Raum Kirkuk die Bildung eines unabhängigen Territoriums Kurdistan verhindern zu können. Realistischen Schätzungen zufolge erreicht der Anteil der Turkmenen etwa ein Viertel der Bevölkerung des Areals Kirkuk, derjenige der Kurden aber über die Hälfte. Am positiven, demokratisch legitimierten Ausgang der Abstimmung für die kurdische Sache besteht daher kein Zweifel. In kurdischen Gazetten wird Kirkuk als »kurdisches Jerusalem« gefeiert.

Seine politische Brisanz bezieht das Kirkuk-Problem aus der Tatsache, dass hier die umfangreichsten Erdölreserven des Irak lagern. Ein ölfinanzierter Kurdenstaat als unmittelbarer Nachbar, so befürchtet die Türkei, könnte Auswirkungen bis hin zu Anschlussforderungen der eigenen kurdisch besiedelten Südostprovinzen an den neuen Staat nach sich ziehen. Während den kurdischen Politikern des Iraks diplomatisches Geschick nicht abzusprechen ist, betonte die Ankaraner Militärführung (nicht die Regierung), dass die Unabhängigkeit des immer noch formal irakischen Kurdengebiets einen Kriegsgrund darstellen würde. Die Konfrontation mit Bagdad und dem dortigen amerikanischen Besatzungsregime wäre dann unausweichlich.

▪ 2007: Die Wahl zur 23. Großen Nationalversammlung der Türkei

Bei der Kandidatenaufstellung im unmittelbaren Vorfeld der Wahlen kam es innerhalb der regierenden AKP zur Auswechslung eines knappen Viertels der kandidierenden Mandatsträger. Die stark religiös ausgerichtete Fraktion war davon am meisten betroffen, da die Parteiführung offensichtlich Wert auf alevitische und kurdische Kandidaten legte. Auch die Frauenquote erhöhte sich leicht. Erdoğan und Gül verstanden es, ihre Partei als eine religiös wie ethnisch übergreifende Sammelbewegung zu präsentieren. Hilfreich für ihre Außenwirkung war auch die Tatsache, dass prominente Vertreter der armenischen und aramäischen Kirche für eine Weiterführung der AKP-Politik plädierten.

Die am 22. Juli 2007 durchgeführte Neuwahl über die 550 Sitze des türkischen Parlaments verlief ohne Komplikationen. Weder die EU, die sich im Vorfeld keinen Illusionen über einen Regierungswechsel hingegeben hatte, noch die internationalen Beobachter rechneten mit einem anderen Ergebnis. Erwartungsgemäß siegte die bisherige Regierungspartei AKP. Für eine Überraschung sorgte indes die Höhe von fast 47 % der für sie abgegebenen Stimmen (2002: 34,2 %), die zu 341 Parlamentssitzen führte. Den Sprung über die 10 %-Sperrklausel schafften noch die Republikanische Volkspartei CHP mit knapp 21 % und nunmehr 112 Abgeordneten (2002: 19,5 %) sowie die nationalistische MHP mit 14 % (2002: 8,3 %) und 70 Mandaten. Bemerkenswert war der Anteil der in die Volksversammlung eingezogenen »Unabhängigen« von über 5 % (26 Deputierte). Darunter befanden sich nämlich sowohl Angehörige der kurdischen Partei als auch von der EU als fortschrittsorientiert eingeschätzte Kandidaten.

Bei den Auslandstürken zeigte sich der Trend zur konservativ-islamischen Partei noch deutlicher. Da noch keine Möglichkeit der Briefwahl bestand, war die Stimmabgabe für im Ausland lebende türkische Staatsbürger mit Reisen in die Heimatorte bzw. zu Wahllokalen an der Grenze oder auf Flughäfen verbunden. Von den dort 0,22 Millionen abgegebenen Stimmen vereinte die AKP mehr als die Hälfte auf sich. Auch die 1,3 Millionen für die Türkei wahlberechtigten türkischen Staatsbürger und -bürgerinnen, die in Deutschland leben, votierten mehrheitlich für die konservativ-islamische Seite. Für das Jahr 2008 wird mit der gesetzlichen Einführung der Brief- und Konsulatswahl gerechnet.

... und wieder siegt Anatolien

War es 2002 noch die breite Masse der anatolischen »Modernisierungsverlierer«, die z.T. aus reinem Protest gegen die ausgebrannten Altparteien der AKP zur Regierung verholfen hatte, so kamen 2007 noch die »jungen anatolischen Aufsteiger« hinzu: wirtschaftlich erfolgreiche Unternehmer (»anatolische Tiger«), die von der liberalen AKP-Wirtschaftspolitik profitierten, eine

> neue Schicht Gebildeter aus wirtschaftsstarken anatolischen Städten wie Kayseri oder Gaziantep und vor allem die ländliche, nun auch aufstiegsorientierte Frauenwelt, die das Kopftuchverbot an höheren Lehranstalten nicht etwa als befreiend sondern als beleidigend empfand!

Dem Vorsitzenden der stärksten Partei, Recep Tayyip Erdoğan, kam der Auftrag zur Regierungsbildung zu. Das Wahlergebnis berechtigte ihn, eine AKP-Alleinregierung mit ihm als Premierminister zu bilden. In der Regierungserklärung bekräftigte der wiedergewählte Ministerpräsident die konsequente Weiterführung der für den EU-Beitritt notwendigen Reformen. Vorsichtig näherte er sich auch jenen Themen, die seine islamische Wählerschaft interessierten, wie etwa der Kopftuchfrage.

Die Wahl des von der AKP vorgeschlagenen ehemaligen Außenministers Abdullah Gül zum Präsidenten der Republik verläuft hingegen nicht ohne Komplikationen. Seine Wahl findet noch in der Volksversammlung statt. Er wird erst im dritten Wahlgang gewählt. Kurz vor der letzten Entscheidung bekräftigt die Militärführung des Landes ihre Entschlossenheit, die laizistische Republik Kemal Atatürks und die unantastbare Trennung von Staat und Religion mit allen Mitteln zu bewahren.

■ Ausblick und Agenda

Es steht außer Frage, dass die türkische Republik zum Ende des ersten Jahrzehnts unseres Jahrhunderts vor einer Zeitenwende steht. Der Kampf um die Macht im Staat ist 2008 voll entbrannt. Die damit verbundene Gefährdung des inneren Friedens hat die für 2002 bis 2007 so positiven Wirtschaftsdaten mittlerweile nach unten gehen lassen. Doch hoffnungsfroh mag immerhin stimmen, dass dieser Kampf zwar auf vielen Ebenen geführt wird – politisch, kulturell und juristisch –, aber ohne Gewalt und Militäreinsatz verläuft.

Die leidige Frage der Präsidentenwahl, die zur Staatskrise 2007 führte, wurde auf Vorschlag der neuen Regierung noch im November 2007 gelöst. In einem Referendum stimmten 70 Prozent der Wahlberechtigten dafür, dass der künftige Staatspräsident direkt vom Volk gewählt wird. Diese Regelung wird 2014 zum ersten Mal zum Einsatz kommen. Hingegen scheiterte der parlamentarische Antrag der AKP, im Verein mit der nationalistischen MHP das Kopftuchverbot für Studentinnen an den Hochschulen aufzuheben. Der umgehend von der kemalistischen Opposition eingereichten Verfassungsklage wurde im Juni 2008 stattgegeben.

Die Präsenz des »tiefen Staates« bzw. der »dunklen Seite des Staates« kam durch aufgedeckte Verschwörungspläne einer ultranationalistischen Organisation namens »Ergenekon« ans Tageslicht. Ergenekon (der Name ist eine Reminiszenz an das kriegerische Urtürkentum) scheint ein Netzwerk aus Geheimdienst und Gendarmerie unter Beteiligung nicht mehr aktiver Militärkreise zu sein. Ihr Vorhaben, durch Anschläge und Attentate einen Militärputsch zu provozieren, um anschließend einem autoritären Regime den Weg zu bereiten, klingt in der aktuellen Türkei anachronistisch und findet wenig Widerhall in der Gesellschaft. Bezeichnend ist, dass der amtierende Generalstab die Inhaftierung führender Ergenekon-Mitglieder gebilligt hat.

Befremden rief im westlichen Ausland das von Kemalisten und der Militärführung ausgelöste Rechtsverfahren zum Verbot der AKP hervor. Die Partei sei das »Zentrum von Aktivitäten gegen den säkularen Staat« und strebe »die Zersetzung der weltlichen Grundlage der Republik« an. Auch der augenblickliche Regierungschef Erdoğan und Staatspräsident Gül sollten mit fünf Jahren Politikverbot belegt werden. Im Lande selbst verursachte dieser Vorgang, der schon mehrfach vorgekommen war und nach dem Prinzip »Neue Türschilder – alte Parteien« keine Wirkung gezeigt hatte, nur mäßige Aufregung. In der EU hingegen galt das Vorhaben, eine über absolute parlamentarische Mehrheiten verfügende Regierungspartei als verfassungsfeindlich zu verbieten, als unerhörter Vorgang. EU-Erweiterungskommissar Olli Rehm sprach dezent von einem »Systemfehler in der türkischen Verfassung«. Die Ablehnung des Verbotsantrags durch das oberste türkische Verfassungsgericht am 30. Juli 2008 erfolgte zwar denkbar knapp, da von den elf Verfassungsrichtern nur sieben dagegen gestimmt hatten, beendete aber immerhin die in- und ausländischen Spekulationen um den so genannten »Putsch der Richter«. Dem Lande selbst blieben Neuwahlen erspart.

Was steht für das nächste Jahrzehnt auf der türkischen Agenda? Dass die kurdische Frage militärisch nicht lösbar ist, wissen die Regierungsverantwortlichen in Ankara seit Langem. Den jahrzehntelangen Einfluss der Streitkräfte auf rein politische und kulturelle Problemfelder, wie eben das Verhältnis zu Kurden, Armeniern und christlichen Mitbürgern, einzudämmen, ist ein wichtiges Gebot der Stunde. Es wird sich im Rahmen einer umfassenden ethnisch-sprachlichen und religiösen Minderheitengesetzgebung nach den Vorgaben der EU verwirklichen lassen. Auch die Umsetzung des EU-Rechtssystems geht voran, wenngleich hier in Dezennien gedacht werden muss. 2008 sollen immerhin neun der 35 Verhandlungskapitel mit der EU eröffnet sein. Unabdingbar für die Modernisierung des jungen, starken und dynamischen Landes ist eine grundlegende Reform des türkischen Bildungswesens. Über allem steht jedoch eine zeitgemäße Verfassung, die den zahlreichen, bereits erfolgten Veränderungen in Richtung einer türkischen Zivilgesellschaft Rechnung trägt.

6. Europa und die Türkei: eine lange und wechselhafte Geschichte

Die Nachrichten, die Europa im Verlauf des Jahres 2007 aus der Türkei erreichten, waren sehr widersprüchlich. Politische Unruhen und Massendemonstrationen, diesmal jedoch nicht etwa von religiöser, sondern von säkularer Seite, ausgelöst durch die Neuwahl des Staatspräsidenten und die offensive Ablehnung der beiden von der Regierung vorgeschlagenen Kandidaten durch das Militär, verbunden mit einem unüberhörbaren Säbelrasseln der Generäle, die sich als Hüter des säkularen Erbes des Republikgründers Kemal Atatürk verstanden. Seit dem letzten Parlaments-Wahljahr 2002 schienen innenpolitische Ruhe und wirtschaftliche Konsolidierung eingetreten zu sein, verursacht und eingeleitet gerade von einer Regierung, der wegen ihrer islamischen Ausrichtung anfänglich vom Westen sehr viel Skepsis entgegengebracht worden war.

Das Jahr 2002 bedeutete in der historischen Rückschau für die Türkische Republik innerhalb ihrer Geschichte einen ausgesprochenen Paradigmenwechsel: Zum ersten Mal in der Nachkriegszeit war es einer Partei gelungen, eine Regierung mit ausreichender Mehrheit im Parlament zu bilden. Diese Partei ist die religiös ausgerichtete AKP des seit den Neuwahlen amtierenden Ministerpräsidenten Tayyip Erdoğan. Sie hat sich einer sehr pragmatischen Politik verschrieben, die europa-orientiert ist und – was alle internationalen Beobachter bestätigen – die Vorgaben der EU ernsthaft zu erfüllen sucht. Was in den fünf Jahren der AKP-Regierung an EU-konformen Änderungen und Reformen im türkischen rechtlichen und staatlichen System durchgeführt worden ist, hat keine der sogenannten westlich ausgerichteten Vorgänger-Regierungen geschafft bzw. überhaupt angestrebt. Doch ist diese Politik keineswegs ungefährdet: Widerstände erfolgten ausgerechnet von den alten säkularen oder laizistischen Eliten, die ihre verheerende Wahl-Niederlage von 2002 nie überwunden haben. Die in der ersten Hälfte des Jahres 2007 in aller Schärfe entbrannte Verfassungskrise wurde freilich abermals auf die klassische türkische Art und Weise gelöst bzw. aufgeschoben, nämlich durch Parlamentsauflösung und Neuwahlen. Diese fanden am 22. Juli 2007 statt und bestätigten die Voraussagen vieler politischer Beobachter, dass die AKP noch mehr Wählerstimmen auf sich vereinigen würde als 2002. In der Tat hat die AKP im Parlament die absolute Mehrheit erreicht und garantiert heute stabile innenpolitische Verhältnisse. Doch eine der augenscheinlichsten Folgen des Wahlergebnisses ist eine an Deutlichkeit und Tiefe zunehmende Spaltung der türkischen Gesellschaft in einen religiös orientierten und einen säkularen Block.

Hingegen gibt es durchaus positive Seiten der aktuellen Türkei, über welche die Medien das europäische Publikum relativ selten informieren: Bei der Türkei handelt es sich um ein Land mit einer ungeheuren sozialen und wirtschaftlichen

Dynamik, das sich in einem – auch jedem flüchtigen Türkei-Besucher sichtbaren – Stabilisierungs- und Modernisierungsprozess befindet. Bewegte sich das Land 2002 noch am Rande des Staatsbankrotts, so ist die Finanzkrise längst überwunden, in erster Linie deshalb, weil die Stützungsgelder und Kredite des IWF (Internationaler Währungsfond) zum ersten Mal, so scheint es, wirklich zielgerichtet und projektorientiert eingesetzt werden. Die Wirtschaftsdaten sind gut und die Türkei ist nach den Kriterien des IWF und der Weltbank auf gutem Wege, von einem Schwellenland zu einem Industrieland aufzusteigen und damit zu einem immer wichtigeren Wirtschaftpartner der EU zu werden.

■ EU-Gipfel 2004: »ein bedingtes Ja«

Am 17. Dezember 2004 haben die Staats- und Regierungschefs der 25 damaligen Staaten der EU in Brüssel abermals die Frage nach der EU-Mitgliedschaft der Türkischen Republik mit einem entschiedenen »Jein« beantwortet, wobei – das sei gerechterweise hinzugefügt – das Ja überwog. Die EU-Kommission hatte im Oktober 2004 bereits mehr oder weniger offizielle Empfehlungen abgegeben, die sich in diesem Votum von Brüssel widerspiegelten. Ratskommissar Günther Verheugen nannte damals einen Zeitraum von 10 bis 15 Jahren und beantwortete die Hauptfrage mit einem bedingten Ja, »a conditional Yes«, das abhängig wäre von den »Kopenhagener Kriterien«, wie sie von der EU im Jahre 1993 für alle Aufnahmekandidaten in 34 Großkapiteln formuliert worden sind: Rechtsstaatlichkeit, Demokratie, Marktwirtschaft.

Im Oktober 2005 begannen die formellen Beitrittsverhandlungen mit der Türkei. Allerdings war eine Phase heftiger Kontroversen innerhalb der EU-Staaten vorausgegangen. Österreich schlug der Türkei eine »privilegierte Partnerschaft« anstelle der Vollmitgliedschaft vor, eine langjährige Forderung, die auch von starken politischen Kräften Deutschlands, Frankreichs und Dänemarks unterstützt wurde und nach wie vor als Alternative gehandelt wird. Der Brüsseler Gipfelbeschluss wurde daher durch eine Ausstiegsklausel ergänzt: Sollte der Reformprozess in der Türkei politisch willentlich aufgehalten werden, könnten die Verhandlungen suspendiert bzw. für einen gewissen Zeitraum ausgesetzt werden. Dies gilt, wenn von einem Drittel der EU-Staaten diese Forderung erhoben wird. Eine reale, allerdings noch weit in der Zukunft liegende Hürde ist die Forderung nach Abstimmungen in den EU-Einzelstaaten über die Ratifizierung des Beitrittsvertrages. Über die endgültige Aufnahme sollen Volksabstimmungen (Referenden) oder Parlamentsentschlüsse entscheiden.

Der von den 25 Außenministern der EU-Staaten im Oktober 2007 schließlich erreichte Kompromiss bestand darin, nach dem Ende der Beitrittsverhandlungen (»in 10 bis 15 Jahren«) nicht nur die Erfüllung der Kopenhagener Beitrittskriterien zu überprüften, sondern die grundsätzliche Aufnahmekapazität der EU.

Konkret orientierten sich die Einzelverhandlungen an den Kopenhagener Kriterien und umfassten 35 zu klärende Kapitel. In Verhandlungen sollten zunächst die »einfach« erscheinenden Punkte geklärt werden. Doch bereits beim Kapitel »Bildung und Kultur« kam es in Bezug auf die Frage, ob hierbei auch Menschen- und Bürgerrechte miteinbezogen werden sollten, zu Differenzen innerhalb der EU-Staaten. Auf diese Weise verzögerte sich die Behandlung der weiteren Kapitel, von welchen die Kapitel »Justiz und Grundrechte« und »Justiz, Freiheit und Sicherheit« die größten Probleme mit sich bringen dürften. Einem internen Plan der türkischen Regierung zufolge sollen sie bis 2009 geklärt sein: Ein Zeitplan, den die EU für unrealistisch hält. Von den 35 Kapiteln ist 2007 erst eines abgeschlossen worden (»Wissenschaft und Forschung«) und die verhandlungsintensiven Punkte Freizügigkeit, Sozialpolitik, Umwelt, Außenbeziehungen sowie Wirtschafts- und Währungspolitik werden mehrere Jahre in Anspruch nehmen und dürften beide Seiten harten Prüfungen unterwerfen.

In der langjährigen politischen Diskussion um den EU-Beitritt der Türkei sind nicht nur politische Gründe ausschlaggebend gewesen, sondern auch strategische Überlegungen. Die Türkei ist seit 1952 NATO-Mitglied und fungiert seitdem als »treuer Wächter am Bosporus«. Ihre einzigartige strategische Lage zwischen Kaukasus, Balkan, Mittelmeer und dem Nahen Osten macht sie für den Westen unverzichtbar. Ein Aspekt, der für die zukünftige Energieversorgung Europas entscheidend sein wird, sind die Transportwege für Erdgas und Erdöl, welche der Westen eher durch die Türkei als durch Russland, Iran oder Afghanistan laufen lassen möchte.

Also lautet die Frage: Gibt es eigentlich eine historische Legitimation für die Einbindung der Türkei in die Europäische Union? Wie gestaltete sich etwa das Verhältnis der Republik Türkei zu Europa? Und wie war das Verhältnis der geschichtlichen Vorgängerstaaten, die der Neuen Türkei vorausgegangen waren, zu Europa?

■ Marksteine auf dem Weg nach Europa: 1949, 1963 und 1999

Es gibt mehrere Eckdaten, welche den Weg der Türkei in die Europäische Wirtschaftsgemeinschaft bzw. in die Europäische Union markieren. Am Anfang steht im Jahre 1949 die Aufnahme des Landes in den Europarat, den Zusammenschluss des westeuropäischen Lagers zur Förderung des wirtschaftlichen und sozialen Fortschritts auf demokratischer Grundlage. Zu den Aufgaben des Europarats zählen u. a. auch ausdrücklich der Schutz und die Förderung des gemeinsamen europäischen Erbes. Alle Mitglieder des Europarats haben die Europäische Konvention zur Erhaltung der Menschenrechte und Grundfreiheiten unterzeichnet und erkennen den 1959 in Strassburg gegründeten Europäischen Gerichtshof für Menschenrechte an.

Bereits zwei Jahre nach der Gründung der Europäischen Wirtschaftsgemeinschaft (1957) bewarb sich die Türkei um die Mitgliedschaft. Die seit 1959 laufenden Verhandlungen mündeten in dem berühmten Assoziierungsabkommen der EWG mit der Republik Türkei vom 12. September 1963. Dieser sogenannte »Vertrag von Ankara« sah eine Zollunion vor, die zu einer Vollmitgliedschaft führen sollte. Ein zeitlicher Rahmen wurde nicht festgelegt, doch ging man damals von Seiten der EWG von einer 10-jährigen Vorbereitungs- und einer 12-jährigen Übergangsphase aus, also von einem Gesamtzeitraum von 22 Jahren seit 1964.

Die Folgezeit war in der Türkei von innenpolitischen Turbulenzen und zwei Militärputschen beherrscht, was zu Abwehrhaltungen seitens der Europäischen Gemeinschaft führte, wie etwa zu der schroffen Absage Brüssels auf den Beitrittsantrag der Regierung Turgut Özal im Jahre 1989. Man muss in diesem Zusammenhang jedoch einräumen, dass den häufig wechselnden Regierungskoalitionen in Ankara zwischen den 60er- und den 90er-Jahren des 20. Jahrhunderts kein besonderer Ernst in der innenpolitischen Erfüllung der von der EG bzw. EU gestellten »Hausaufgaben« zugestanden werden darf. Man glaubte offenbar, sich auf dem festen europäischen Fundament, das Kemal Atatürk gelegt hatte, ausruhen zu können. Zudem drängt sich der Eindruck auf, dass die Frage eines baldigen türkischen Beitritts in der Türkei selbst erst zu einem Hauptthema der Innenpolitik wurde, als der Rivale Griechenland 1981 in die EG aufgenommen wurde.

Die Situation zwischen der EG und der Türkei entspannte sich in den 90er-Jahren und mündete schließlich in die europäisch-türkische Zollunion von 1995, die einen wichtigen Schritt zur ökonomischen Integration darstellte. Die in der Türkei geschürten Hoffnungen auf eine baldige Vollmitgliedschaft wurden auf dem EU-Gipfel in Luxemburg 1997 zunächst getrübt, als das Land nicht in den Kreis der Kandidaten für die nächsten Erweiterungsrunden aufgenommen wurde. Gründe hierfür waren u. a. Korruptionsvorgänge und die anhaltend unbefriedigende Menschenrechtslage. Seit 1998 veröffentlicht der eigens von der EU beauftragte Erweiterungskommissar jährliche »Fortschrittsberichte der Türkei auf dem Weg zum Beitritt«. Die Beurteilungen der Umsetzung der Reformen dienen dem »Heranführungsprozess an die EU«.

Auf der EU-Gipfelkonferenz der Europäischen Union am 10./11. Dezember 1999 in Helsinki erlangte die Türkei sodann den Status eines offiziellen Aufnahmekandidaten der EU. Dies war der bisher entscheidendste Markstein, die entscheidende Hürde, welche die Türkei auf ihrem Weg nach Westen genommen hatte! Natürlich verlaufen die Diskussionen über die sogenannte »Europafähigkeit« seither weiterhin kontrovers und ein festes Datum des Verhandlungsbeginns nannte die EU-Kommission 1999 genauso wenig wie in der Folgezeit. Dennoch zählt die Türkei seit dem Helsinki-Gipfel von 1999 unwiderruflich zum Kreis der potentiellen Aufnahmekandidaten.

Es gab im Dezember 1999 aufschlussreiche Äußerungen der beteiligten Regierungsvertreter zu den Ereignissen in Helsinki, die auch den historischen Hintergrund mit einbezogen: Die damaligen Regierungschefs Deutschlands und Großbritanniens, Gerhard Schröder und Tony Blair, umschrieben den Vorgang diplomatisch als »bedeutsames historisches Ereignis«, der französische Präsident Jacques Chirac ging noch einen Schritt weiter und bezeichnete die Türkei »aufgrund ihrer Geschichte und ihrer historischen Ambitionen« als »europäischen Staat«. Der damals noch regierende türkische Premierminister Bülent Ecevit sprach von einem »Geburtsrecht der Türkei auf den Kandidatenstatus« und zwar aufgrund ihrer »600-jährigen europäischen Berufung«. Ecevit wies ferner auf den mehr als 30-jährigen Assoziationsvertrag Ankaras mit Brüssel und die seit fast 50 Jahren bestehende verlässliche NATO-Partnerschaft seines Landes hin. Während Ecevits letztere Aussagen, die sich auf den NATO-Beitritt 1952 und das Assoziationsabkommen mit der EWG beziehen, unbestritten sind, überrascht doch der Hinweis auf die 600-jährige türkisch-osmanische Vergangenheit, da die kemalistischen und laizistischen Vertreter der türkischen Republik (zu deren dezidierten Befürwortern Ecevit zählte) ihr Land ausschließlich als »Neue Türkei« definierten, wie sie von Kemal Atatürk in den Jahren 1923–1934 nach damaligem westeuropäischen Vorbild geschaffen worden war.

■ Die historische Dimension

In diesem Zusammenhang scheint ein Blick auf die kemalistische Geschichtsdoktrin sinnvoll: Die Bindungen zum vorhergehenden Osmanischen Reich mit seiner islamischen Kultur waren von Atatürk und seinen Nachfolgern immer bewusst gekappt und in die sogenannte »überwundene Vergangenheit« abgedrängt worden. Das war und ist eigentlich noch immer die offizielle Staatsdoktrin der Türkischen Republik! Der Staatsgründer Atatürk sowie sein Nachfolger Ismet Inönü wollten mit Sultanen und Kalifen nichts zu tun haben. Die Traditionen zur orientalischen Geschichte wurden bewusst gekappt. Atatürk ging sogar soweit, den Islam als »untürkische«, weil arabische Religion zu bezeichnen. Er lehnte es auch ab, das Osmanische Reich als den Vorgängerstaat der Republik Türkei zu definieren und bezeichnete die Neue Türkei demgegenüber als einen unter den vielen Nachfolgestaaten auf dem Gebiet des untergegangenen Osmanischen Reiches. Die Türken Anatoliens seien von den Osmanen und ihrer islamischen Reichsreligion genauso unterdrückt worden wie alle anderen Reichsuntertanen auch. Die Osmanen wären demnach keine »echten Türken« gewesen und ihre islamisch-orientalische Kultur auch keineswegs rein türkisch.

Atatürks Schau der Geschichte hat schließlich zu einer sehr eigenwilligen kemalistischen, türkisch-nationalistischen Geschichtshypothese geführt, die zum Ziel hatte, den Islam, das Osmanenreich und die Herrschaft der Sultane zu einer nur kurzen Episode innerhalb der Gesamtgeschichte der Türken umzudeuten. Dazu hat man die türkische Geschichte Anatoliens bis ins Altertum verlängert und die um 1930 neu entdeckten Hethiter zur eigentlichen türkischen Urbevölkerung erkoren. Dies ist die sogenannte *Autochthonitätstheorie*, also die Theorie von der Ureinwohnerschaft der türkischen Bevölkerung in Kleinasien. Ihr gegenüber steht die historisch belegte Einwanderungshypothese von der Herkunft der Türken aus Mittelasien. Das Osmanische Reich und seine orientalische Vergangenheit sollten also aus dem türkischen Geschichtsbewusstsein eliminiert werden. Und wenn bereits das Osmanenreich unter das nationalistische bzw. kemalistische Verdikt fiel, so kann man sich vorstellen, dass die Berührungsängste gegenüber Byzanz, dem Oströmischen Vorgängerreich der Osmanen, noch viel stärker ausgeprägt waren. Das auf diese Weise entstandene kemalistische Geschichtsbild ließ die türkische Geschichte eigentlich erst mit dem republikanischen Unabhängigkeits-krieg von 1919 bis 1922 beginnen. Was vorher geschehen war, galt als unwesent-lich, gar als abträglich für den Aufbau der neuen Republik. Auch die Jungtürken, die unmittelbaren Vorläufer und z. T. Mitkämpfer Atatürks, fielen unter das Tabu der kemalistischen Geschichtsdoktrin. Ihre historische Rolle wurde auf Atatürks Geheiß marginalisiert und lange Zeit aus den Geschichtsbüchern verbannt. Der 1923 neu geschaffene republikanische und nationale Einheitsstaat erlaubte keine Identifikation mit der sultanischen und muslimischen Vergangenheit.

Die politische Umdeutung der Geschichte bis hin zur Schaffung eines neuen Mythos ist eine klassische historisch-ideologische Konstruktion, wie sie allen eu-ropäischen Nationalbewegungen eigen war (man denke nur an den Germanen-kult in Deutschland oder den Galliermythos in Frankreich). Der Eingriff in die Geschichte zur Untermauerung aktueller Forderungen war im 19. und in der ers-ten Hälfte des 20. Jahrhunderts ein gängiges Verfahren. In der Türkei allerdings wirkte die bewusste Abkehr von der imperialen und multikulturellen musli-mischen Vergangenheit noch bis in die jüngste Zeit hinein. Erst nach dem Wie-dererstarken des politischen Islam Mitte der 70er-Jahre (erste islamische Regie-rungsbeteiligung 1974) gelangte die alte traditionelle muslimische Kultur auch offiziell wieder ans Licht der türkischen Öffentlichkeit. Als neue, dazu passende Theorie entwickelte die offizielle Ankaraner Geschichtswissenschaft die soge-nannte »Türkisch-Islamische Synthese«, die auf dem Versuch fußte, den »ara-bischen« Islam mit dem türkischen Nationalgedanken zu vereinigen. Erst im Zuge dessen wurde die Osmanische Geschichte in die Lehrpläne der türkischen Schu-len und Universitäten aufgenommen.

In diesem Zusammenhang spielte ein anderer Aspekt noch eine tragende Rolle: In der modernen westlichen Geschichtswissenschaft wurden die staatlich verordneten neutürkischen Geschichtsbilder nicht zur Kenntnis genommen bzw. als Ideologien erkannt. Mit der Entwicklung der Türkei zu einem bedeutenden

Fremdenverkehrs- und Touristengebiet reisten jedoch auch zahlreiche Besucher aus dem Westen in das Land, die die Kultur- und Baudenkmäler der osmanischen (und natürlich byzantinischen) Vergangenheit besichtigen und sich vor Ort über den Islam und die osmanische Geschichte informieren wollten. Für diesen Kulturtourismus, dessen Anteil am türkischen Wirtschaftsvolumen auch heute stetig wächst, zählt nicht das moderne Ankara zu den Hauptattraktionen, sondern Konstantinopel-Istanbul mit seiner hochherrschaftlichen Vergangenheit und Tradition, was dazu führte, dass historische Monumente – wie etwa die Hagia Sofia – restauriert worden sind und die reiche mehrtausendjährige Geschichte des Landes heute wieder einen würdigen Platz im Bewusstsein der türkischen Bevölkerung einnimmt.

■ Das Thema Türkei in der westlichen Geschichtswissenschaft

Ganz andere Schwerpunkte in Bezug auf die Türkei hat demgegenüber die moderne westliche Geschichtswissenschaft gesetzt. In den beteiligten Wissenschaften – u. a. Geschichtswissenschaft, Byzantinistik, Turkologie und Islamwissenschaft – hat sich eine Forschungsrichtung entwickelt, welche die Kooperation von Orient und Okzident stärker betont als deren Konfrontation und für welche die Neue Türkei ohne Zweifel den einzigen und wahren direkten Nachfolgestaat des muslimischen Großreiches der Osmanen darstellt. Als eine ihrer wesentlichen Aufgaben sieht die westliche Geschichtswissenschaft dabei die Dokumentation und Auswertung der osmanischen Quellen und ihre Miteinbeziehung in den umfassenden europäisch-orientalischen historischen Kontext. Als Folge ist auch bei den türkischen Wissenschaftlern das osmanische Erbe in der Türkei wieder in den Vordergrund des Interesses getreten, sodass die osmanische Vergangenheit in der Türkei heutzutage weitgehend enttabuisiert und überall präsent ist, sei es in den Medien oder an den staatlichen Universitäten. Dies ist jedoch eine sehr junge Entwicklung, denn lange Zeit betrachtete die in der Regierung von Ankara verortete offizielle türkische Historiographie jegliche Beschäftigung mit der vorrepublikanischen, also osmanischen Geschichte mit einer gewissen Skepsis. Man fürchtete, dass dadurch die moderne Türkei vor allem im Ausland mit dem als rückständig und dekadent erachteten, im negativen Sinne »orientalischen« und antiwestlichen Sultansreich gleichgesetzt werden könnte.

Diese Skepsis war und ist jedoch völlig unzutreffend, da gerade das Gegenteil der Fall war. Schließlich betrachtet die moderne westliche Wissenschaft das Osmanische Reich keineswegs isoliert, sondern analysiert seine politischen Entwicklungslinien und verfolgt seine kulturellen Einflüsse von außen und nach außen.

Zeittafel

330	Byzanz wird unter dem Namen Konstantinopel Kaiserstadt des (Ost-)Römischen Reiches
1054	»Schisma«; innerchristliche Kirchenspaltung in Ost- und Westkirche (bis heute)
Ab 11. Jh.	Einwanderung islamisierter türkischer Stämme aus Zentralasien nach Kleinasien
1204	Vernichtung des Byzantinischen Reiches durch europäische Kreuzfahrer. Griechisches (Rest-)Reich von Konstantinopel hält sich von 1262–1453
Um 1300	Emir Osman, Gründer des Osmanischen Reiches, als *ghazi* (Glaubenskämpfer) historisch belegt
14. Jh.	Rivalität, aber auch friedliche Symbiose mit dem Griechischen Reich von Konstantinopel
1354	Osmanen überschreiten die Dardanellen und lassen sich in Europa nieder. Hauptstadt Adrianopel (Edirne)
1453	Eroberung Konstantinopels durch Sultan Mehmet II. (1451–1481). Die Stadt wird Hauptstadt des Osmanischen Reiches, bleibt aber Zentrum der griechisch-orthodoxen Welt
1517	Mit der Eroberung Syriens und Ägyptens geht das Kalifat auf die Sultane über (bis 1924)
1520–1566	Sultan Süleyman der Gesetzgeber; Verbindung von islamischem Recht (*Scharia*) mit römisch-byzantinischem Staatsrecht.
1683	Niederlage vor Wien, Österreich (Habsburg) steigt zur Vormacht in Südosteuropa auf
18./19. Jh.	Russisches Vordringen zu den Meerengen; »Orientalische Frage«: Interessenskoalition Großbritanniens, Frankreichs und Österreichs gegen russischen Imperialismus
19. Jh.	Tanzimat: (Reform-)Zeit
1808–1839	Reformsultan Mahmut II.
1839	Erstes »Großherrliches Sendschreiben«: Verkündigung der Gleichberechtigung aller Untertanen
1839–1861	Sultan Abdülmecit I.
1856	Zweites »Großherrliches Sendschreiben«: Reformedikt, Religionsfreiheit, Gleichstellung aller Untertanen vor dem Gesetz
1876–1909	Abdülhamit II.

1876	Midhat-Pascha: Verfassung, Parlament
1878	Aufhebung der Verfassung, aber Fortsetzung der Tanzimat-Reformen; außenpolitische Anlehnung an Deutsches Reich (Konzessionen für Anatolische Bahn 1888, für Bagdadbahn 1903)
1885	Programm der Jungtürken: Türkischer Nationalismus (Staats- und Volksname Türke / Türkei), Säkularismus (Trennung von Religion und Staat), Assimilierung der Minderheiten (Griechen, Armenier, Kurden, Araber, Tscherkessen), Bildungsreform (Weltliche Schulen), Pantürkismus (Turanismus), Zusammenfassung aller Turkvölker unter türkischer Führung (Ziya Gökalp), außenpolitische Anlehnung an Deutsches Reich
1889	Jungtürkisches Komitee für Einheit und Fortschritt (Ittihat ve Terakki)
1908	Juli-Putsch der Jungtürken, Verfassung von 1876 wieder in Kraft
1909	»Otuz bir Mart« (31. März): Machtübernahme der Jungtürken (Enver Bey, Talat Bey), Absetzung Abdülhamits; »Türkisches Reich«
1912/13	Balkankriege; Verdrängung der Türken aus Südosteuropa; Muhacir (Flüchtlinge)
1913	Frieden von London: Festlegung der Landgrenze im Westen (bis heute), Trakya mit Edirne / Adrianopel türkisch
1913–1918	Jungtürkische Militärregierung (Enver Pascha): National- und sozialrevolutionäres Programm, militante Nationalitätenpolitik (gegen Armenier 1915)
1914–1918	Erster Weltkrieg: Bündnis mit den Mittelmächten (Deutsches Reich, Österreichisch-Ungarische Monarchie, Bulgarien) gegen Entente (Großbritannien, Frankreich) und Russland (Triple-Allianz); Deutsche Militärmission
1915	Abwehrsieg an den Dardanellen (Gallipolli) gegen britisch-französische Invasion unter Mustafa Kemal Pascha
1916	Sykes-Picot-Abkommen: Teilung des Nahen Ostens in britische und französische Interessenszonen
1918	Präliminarfrieden von Mudros, totale Niederlage
1919–1922	»Nationaler Befreiungskrieg« unter Mustafa Kemal
1919	Nationalkongresse in Sivas und Erzurum, Nationale Befreiungsbewegung (»Kemalisten«), Gegenregierung in Ankara, Nationalpakt.
1920	Diktat von Sèvres: Aufteilung des Osmanischen / Türkischen Reiches, Armenien und Kurdistan autonom, Smyrna und Thrakien griechisch, Okkupation von Konstantinopel und den Dardanellen

1920	Große Nationalversammlung in Ankara; Mustafa Kemal Präsident; Bürgerkrieg gegen Kalifatsarmee; Rückzug der Italiener aus Antalya und der Franzosen aus Kilikien
1921	Sowjetisch-Türkischer Vertrag (1925 erneuert)
1922	»Kleinasiatische Katastrophe« der Griechen, Präliminarfrieden von Mudanya
1923	Vertrag von Lausanne: Türkei im »nationalen Viereck« souveräner Staat; Bevölkerungstransfers mit Griechenland; keine Minderheitenregelung
1923	Republik (Cumhuriyet), Erste Republik: 1923–1961
1923	Gründung der kemalistischen Volkspartei; Ankara offiziell neue Hauptstadt
1923–1934	Reformmaßnahmen: Rechtsreform, Bildungsreform, Schriftreform (Lateinschrift), Namensreform (Mustafa Kemal Atatürk); Revolution von oben
1931	»Die 6 Pfeile Atatürks«: 1. Republikanismus, 2. Nationalismus, 3. Säkularismus, 4. Etatismus, 5. Reformismus, 6. Populismus; Außenpolitik: »Friede im Lande, Friede in der Welt«
1936	Meerengenvertrag von Montreux (Dardanellen unter türkischer Kontrolle)
1938	Tod Atatürks; Nachfolger Ismet Inönü (1938–1950)
1939–1945	Zweiter Weltkrieg, Neutralität
1945	Bündnis mit den USA; Beitritt zur UNO; Mehrparteiensystem (Demokratische Partei, Adnan Menderes)
1945	Einseitige Kündigung des Sowjetisch-Türkischen Vertrages durch Moskau
1945–1952	Türkei schließt sich dem westlichen Lager an (1947 Trumandoktrin, Marshall-Plan; 1948 OEEC; 1949 Europarat; 1952 NATO-Beitritt)
1950–1960	Regierung Menderes; restaurative Tendenzen
1960	Erste Machtübernahme der Militärs (»Zurück zu Atatürk!«)
1961–1980	Zweite Türkische Republik; rivalisierende Großparteien: Republikanische Volkspartei, Gerechtigkeitspartei (Süleyman Demirel)
1964	Assoziierung an die EWG; Vertrag Bonn-Ankara
1973	Regierung Bülent Ecevit (Republikanische Volkspartei in Koalition mit Islamischer Partei); Zypernkonflikt
1975–1980	Terror und beginnender Bürgerkrieg zwischen Rechts- und Linksextremisten

1978	Einfrierung der Beziehungen zur EWG unter Ecevit
1980	Zweite Machtübernahme der Militärs (»Reformen im Sinne Atatürks«, aber auch »Türkisch-Islamische Synthese«), Ausnahmezustand bis 1985; Aufflammen des Kurdenkonflikts
Ab 1983	Dritte Türkische Republik; neue Großparteien: Mutterlandspartei (Özal), Partei des richtigen Weges (Demirel), Sozialdemokratische Volkspartei (Erdal Inönü), Wohlfahrtspartei (Erbakan)
1982–1987	Verschärfung des Ägäis- und Zypernkonflikts mit Athen
1983–1991	Regierung Turgut Özal (Wirtschaftsliberalisierung und Privatisierung), Kurdenkonflikt (ab 1987 Kriegsrecht in den Südostprovinzen)
1989	EG lehnt türkischen Antrag auf Vollmitgliedschaft ab
1991	Schulterschluss der Türkei mit NATO und USA im Golfkrieg
1991–1993	Regierung Süleyman Demirel (Partei des richtigen Weges), Anerkennung der »kurdischen Realität«, aber keine Autonomie; Kaukasus- und Zentralasienpolitik
1993–1995	Regierung Tansu Çiller (Partei des richtigen Weges), Versuch der militärischen Lösung des Kurdenproblems; vertagte Verfassungsreform
1995	In der Parlamentswahl erreicht Erbakans Islamische Wohlfahrtspartei 21,5 %
1996	Zollunion mit der EU tritt in Kraft
1996	Kurzzeitige Koalition zwischen Çiller (Partei des richtigen Weges) und Mesut Yılmaz (Mutterlandspartei)
1996–1997	Koalition zwischen Erbakan (Islamische Wohlfahrtspartei) und Çiller; islamistische Tendenzen; Differenzen mit der EU
1997	»Kalter Militärputsch«; Mehrparteienkoalition des »nationalen Kompromisses« unter Mesut Yılmaz
1998	Verbot der Erbakan-Partei. 75-Jahrfeier der Türkischen Republik
1999	Verhaftung und Prozess gegen den Kurdenführer Abdullah Öcalan
1999	Dreierkoalition unter Bülent Ecevit. Schweres Erdbeben mit politischen Folgen
1999	EU-Gipfel zu Helsinki, Türkei als Beitrittskandidat der EU
2000–2002	Finanz- und Wirtschaftskrise
2001	Beginn EU-konformer Verfassungsrevisionen
2001	Nach den Anschlägen des 11. September bekräftigt Ankara seine Zugehörigkeit zum westlichen Bündnis
2002	Neuwahlen bringen gemäßigte Islamisten an die Macht: Regierung

Erdoğan mit parlamentarischer Mehrheit. Fortführung und Bekräftigung der EU-konformen Verfassungsänderungen. Vierte Türkische Republik

2002–2007	Wirtschaftliche Erholung, »Boom am Bosporus«
2003	Zweiter Golfkrieg der USA; Destabilisierung des Irak
2004	Beginn der konkreten Beitrittsverhandlungen mit der EU
2006	Nobelpreis für Literatur geht an Orhan Pamuk
2007	Verfassungskrise um die Präsidentenwahl führt zu Neuwahlen
2007	Vorgezogene Neuwahlen zur 23. Nationalversammlung bescheren der Erdoğan-Partei absolute Mehrheit. Staatspräsident wird Abdullah Gül. Der Staatspräsident wird künftig vom Volk direkt gewählt.
2007	Kurdenkonflikt in den Südostprovinzen führt zu türkischen Angriffen auf die kurdische Region des Irak
2008	Antrag auf Verbot der Regierungspartei AKP wird vom Verfassungsgericht abgelehnt
2010	Istanbul wird zusammen mit Essen (Deutschland) und Pécs (Ungarn) »Kulturhauptstadt Europas«

III.

DAS POLITISCHE SYSTEM DER TÜRKISCHEN REPUBLIK

1. Der »starke Staat«: die Staatsverfassung

Gültig ist im Wesentlichen noch immer die 3. Verfassung der Türkischen Republik, die seit 1983 in Kraft ist. Sie beruht auf der Revision der 2. Republikverfassung des Jahres 1961. Beide Verfassungen wurden im Anschluss an Militärputsche formuliert, in ihren Präambeln kam klar zum Ausdruck, dass sie aus einem Notstand heraus entstanden sind und die Bürgerrechte ausdrücklich dem Nationalinteresse unterordnen. Tragende Säulen sind die »unteilbare Einheit von Staatsgebiet und Staatsvolk« sowie die ausgeprägte Rolle des »starken Staates«. Die Bevölkerung nahm die 3. Verfassung in einer Volksabstimmung am 7. November 1982 mit 91 % an. Die neue Verfassung stärkte die Stellung des Staatspräsidenten und schränkte den Zugang der Parteien ins Parlament durch eine 10%-Sperrklausel ein. Dadurch sollten stabile parlamentarische Mehrheiten ermöglicht werden.

Grundlegend ist die Gewaltenteilung nach europäischem Muster in Legislative, Exekutive und unabhängige Justiz sowie die Staatsform der parlamentarischen Demokratie. Von jenen Prinzipien, die Atatürk zugrunde legte, erfuhren Zentralismus, Nationalismus und Säkularismus eine deutliche Stärkung, während die Rolle der Staatspartei und besonders der Grundsatz der Staatswirtschaft (Etatismus) gestrichen wurden, um die Wirtschaft des Landes nach westlichen, liberalen Vorstellungen umbauen zu können. Dies ist seit 1983 in der Ära Özal auch weitgehend geschehen. Für Verfassungsänderungen ist eine Dreiviertel-Mehrheit des Parlaments notwendig.

Artikel 2 der Verfassung erklärt die Republik zu einem demokratischen, laizistischen und sozialen Rechtsstaat. Der Grundrechtskatalog entspricht europäischen rechtsstaatlichen Standards. Bis 2002 bot jedoch der Notstandsartikel 13 noch genügend Handlungsspielraum, um die Grundrechte bei »Bedrohung der nationalen Einheit« oder der öffentlichen Ordnung einzuschränken oder außer Kraft zu setzen. Verantwortlich für die »Entschärfung« dieses Paragraphen war die EU. Weitere Überarbeitungen, Veränderungen und Revisionen folgten und passten die Verfassung seit 2000/2001 immer mehr an die EU-Vorgaben an. Die Verfassungsentwicklung befindet sich heute in einer Modernisierungsphase, deren Ziel eine EU-kompatible Konstitution der Republik ist.

▧ Exekutive

Als Staatsoberhaupt und »Hüter der Verfassung« fungiert der Präsident. Er wird vom Parlament in einem 7-jährigen Turnus gewählt, eine Wiederwahl ist ausgeschlossen. Der Staatspräsident beauftragt den Parteivorsitzenden der Mehrheitspartei mit der Regierungsbildung, ernennt den Ministerpräsidenten (Premierminister, meist Chef der Mehrheitspartei) und die Minister auf Vorschlag des Premierministers. Die Regierung wird sodann vom Ministerrat gebildet. Als regulierendes Mittel im Gesetzgebungsverfahren obliegt dem Staatspräsidenten ein Vetorecht.

▧ Legislative: Die Große Türkische Nationalversammlung (TBMM)

Das Parlament – die Große Türkische Nationalversammlung (*Türkiye Büyük Millet Meclisi*, TBMM) – ist das gesetzgebende Organ. Es verfügt über 550 gewählte Abgeordnete, die sich in Parteien und Fraktionen organisieren. Es herrscht allgemeines, aktives und passives, gleiches und direktes Wahlrecht. 1995 wurde das aktive Wahlrecht von 21 Lebensjahren auf 18 herabgesetzt, beim passiven Wahlrecht gilt ein Mindestalter von 30 Lebensjahren. Eine Besonderheit des türkischen Wahlrechts ist die Wahlpflicht. Schuldhaftes Versäumen wird mit Geldstrafe geahndet, in der Realität aber kaum verfolgt. Wahlberechtigt sind etwa 42 Mio. türkische Staatsbürger und -bürgerinnen (Stand 2007/2008).

> *Wahlpflicht*
>
> Die Teilnahme an der Wahl ist nur innerhalb der Staatsgrenzen möglich. Die Möglichkeit der Briefwahl oder der Stimmabgabe im Konsulat für im Ausland lebende Staatsbürger existiert nicht. Damit sind über 5 Mio. türkische Staatsangehörige, die im Ausland leben und arbeiten (vorwiegend in der EU), von der politischen Willensbildung ausgeschlossen. Die Vorgaben der EU sehen vor, die Regelung zur Stimmabgabe im Ausland in eine der nächsten Verfassungsänderungen aufzunehmen. Ein entsprechender Gesetzentwurf wurde dem Parlament zu Beginn des Jahres 2008 vorgelegt. Mit der Möglichkeit der Briefwahl würden in Deutschland etwa 1,3 Mio. Auslandstürken zur Wahl gehen.

Parlamentswahlen mit Regierungsbildung werden im 5-Jahres-Turnus durchgeführt. In der politischen Realität sind aufgrund instabiler Mehrheitsverhältnisse vorgezogene Neuwahlen jedoch sehr häufig. Sie beruhen nicht zuletzt auf »Wanderungen« von Parlamentariern von einer Fraktion in eine andere. Auch die drei letzten Parlamentswahlen 1999, 2002 und 2007 erfolgten vorzeitig.

▇ Politische Willensbildung

Seit der Einführung des Mehrparteiensystems (1946) zeichnet sich das türkische Parteiwesen durch Zersplitterung und häufige Veränderungen aus. Teilungen, Vereinigungen und Abspaltungen bringen immer wieder neue Formationen hervor.

▇ Parteien

Bis zu den Parlamentswahlen 2002 und 2007 waren folgende Parteien in wechselnden Bündnissen an der Regierung bzw. an der Opposition beteiligt:

Mitte-Links-Spektrum

– Republikanische Volkspartei (CHP): hervorgegangen aus der von Kemal Atatürk 1923 gegründeten Staatspartei. Sie ist »kemalistisch«, laizistisch und nationalistisch ausgerichtet und wird in der westlichen Presse als »sozialdemokratisch« eingestuft. Sie vertritt in erster Linie städtische Wählerschichten und kann als pro-EU gewertet werden.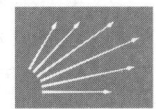
– Partei der Demokratischen Linken (DSP): ein Ableger der CHP, versteht sich selbst als sozialdemokratisch, vertritt aber auch einen extremen Nationalismus und ist der EU gegenüber kritisch eingestellt.

Mitte-Rechts-Spektrum

– Mutterlandspartei (ANAP): konservativ mit religiösen Tendenzen, wirtschaftsliberal und unternehmerorientiert, daher auch für den EU-Beitritt. Eher ländliche Wählerschichten, »Honoratiorenpartei«.
– Partei des richtigen Weges (DYP): konservativ und wirtschaftsliberal, für den EU-Beitritt.

Rechts, nationalistisch

– Partei der Nationalen Bewegung (MHP): extrem nationalorientiert mit sozialrevolutionären Tendenzen. Partei der Sicherheitsdienste und der mittleren und kleinen Beamtenschaft. Lehnt den EU-Beitritt ab.

Religiöse Parteien

Nicht im gängigen Rechts-Mitte-Links-Schema zu verorten sind die religiös-islamisch ausgerichteten Parteien, die seit 1982 unter diversen Namen wie »Heilspartei«, »Wohlfahrtspartei« oder »Tugendpartei« angetreten sind. Sie vertreten sowohl konservativ-religiöse wie auch soziale Wertvorstellungen, ihr gesellschaftliches Spektrum erstreckte sich ursprünglich auf die Landbewohnerschaft und die Gecekondus. Kontinuierlich drang die islamische Bewegung jedoch in städtische und mittlere Bürgerschichten vor. Die seit den 1990er-Jahren anwachsenden islamischen Parteien profitieren in erster Linie von der politischen Unfähigkeit der »Altparteien«, die sich gegenseitig Schaden zufügen.

Der überwiegende Teil der islamischen Parteien hat sich vor der Wahl 2002 zur »Partei für Gerechtigkeit und Entwicklung« (AKP) zusammengeschlossen. Sie erreichte 2002 die absolute Mehrheit von 345 Abgeordneten und stellte damit die Regierung.

Ethnische Parteien
Kurdisch-orientierte Parteien, z. T. mit deutlich sozialrevolutionärer Tendenz, waren und sind immer wieder Gegenstand von Verfolgung und Verbot. Da ihre besten Ergebnisse immer unter 10 % lagen, wird die 10 %-Klausel zum Einzug ins Parlament auch dahingehend interpretiert, kurdische Parteien von der Regierung fernzuhalten. Die kurdische »Demokratische Volkspartei der demokratischen Gesellschaft« (HADEP, später DEHAP) verpasste in den Parlamentswahlen 2002 mit 6,7 % den Einzug in die Volksversammlung, erreichte aber in 13 Südostprovinzen Anteile von über 50 %. 2003 wurde sie verboten, formierte sich aber unter dem Kürzel DEHAP neu. Nach den Kommunalwahlen von 2004 stellt sie im Südosten und in der Millionenstadt Diyarbakır die Mehrheit der Bürgermeister. Da auch gegen die DEHAP ein Verbotsverfahren läuft, gründeten die kurdischen Mandatsträger eine neue »Partei der Demokratischen Gesellschaft« (DTP).

Seit ihrer Gründung im Jahre 1976 agiert die »Arbeiterpartei Kurdistans« (PKK) im Untergrund. Versuche ihrer Legalisierung scheiterten nicht nur an der Staatsgewalt, sondern auch an der sogenannten marxistischen Befreiungsideologie der Partei sowie an ihrem Ziel der Schaffung eines selbstständigen Kurdistans.

> *Parteiverbote und wie man sie umgeht*
> Nach den Militärputschen von 1961, 1974 und 1980 sowie nach der militärischen Interventionsdrohung von 1998 wurden die vormaligen Regierungsparteien jeweils aufgelöst und verboten. Das hinderte die Parteiführer jedoch nicht daran, ihre »alten« Parteien nach kurzer Zeit regelmäßig unter neuem Namen wieder ins Leben zu rufen. Für dieses Vorgehen steht der geflügelte Ausdruck »neue Türschilder – alte Parteien«.

Die seit 1983 geltende nationale 10 %-Hürde zum Einzug ins Parlament hat die schier unüberschaubare Parteienlandschaft etwas sortiert. Von 30 im Zeitraum von 1990 bis 2002 existierenden Parteien schafften nur fünf bzw. sechs den Sprung in die Nationalversammlung.

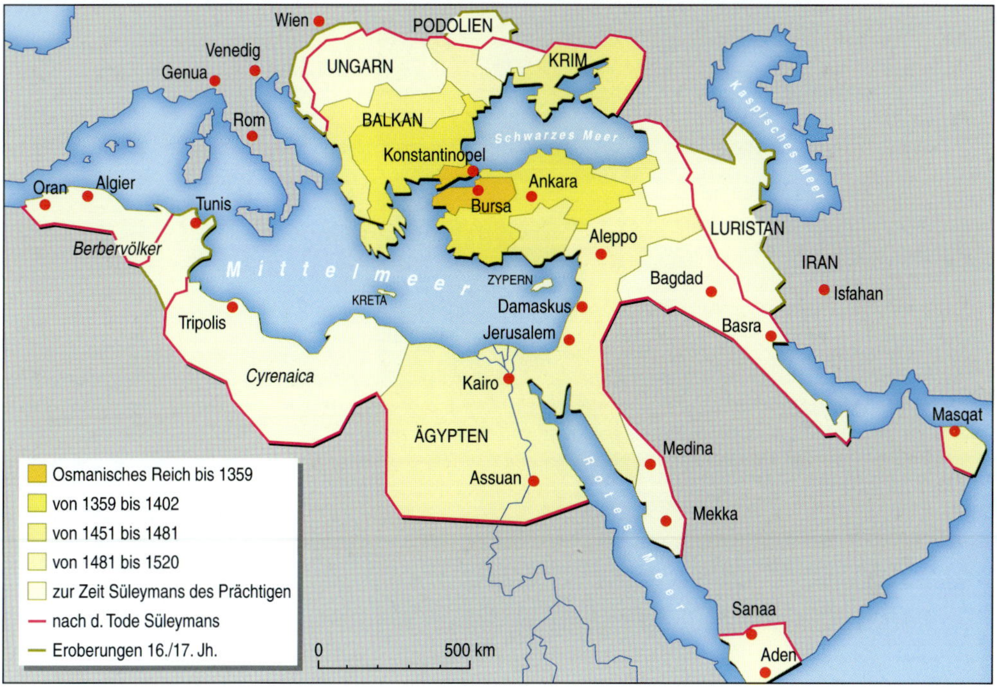

△ *Das Osmanische Reich (1453–1922)*

Legend (top map):
- Osmanisches Reich bis 1359
- von 1359 bis 1402
- von 1451 bis 1481
- von 1481 bis 1520
- zur Zeit Süleymans des Prächtigen
- nach d. Tode Süleymans
- Eroberungen 16./17. Jh.

0 — 500 km

▽ *Das Staatsgebiet der Türkei mit Städten ab 150.000 Einwohnern*

Legend (bottom map): Städte mit 1.000.000 u. mehr
- □ Einwohner (2006)
- ● 500.000 – 999.999
- ○ 150.000 – 499.999

0 — 200 km

B-1

◁ Das nordwestlich von Ankara
gelegene Safranbolu gehört dank
seiner erhaltenen historisch-
osmanischen Bausubstanz zum
Weltkulturerbe.

▽ Blick vom Galataturm auf die Galatabrücke und Altistanbul mit der Sultan-Ahmet-Moschee (links
außen).

△ *Grabmal des Herrschers Antiochos von Kommagene auf dem 2150 m hohen Nemrut Dağı.*

▽ *Hasankeyf – ein Beispiel für die aktuelle Bedrohung archäologischer und historischer Stätten infolge der Staudammprojekte im Osten der Türkei.*

△ Istanbul: Sultan-Ahmet-Moschee.

▽ Im Innenraum strahlt das Licht von tausenden blauer Fayence-Kacheln wider, weshalb die Sultan-Ahmet-Moschee auch »Blaue Moschee« heißt.

△ Links: Blick in die für ihre Fayencen berühmte Rüstem-Pascha-Moschee in Istanbul.
Rechts: Atrium des Çırağan-Palastes, der heute ein Luxushotel ist.

▽ Links: Osmanische Inschrift im Harem des Topkapı Sarayı.
Rechts: Mit Tulpen- und Mondornamentik verzierter Kaftan Murats III. (Topkapı Sarayı).

△ *Blick vom Bosporus auf die Dolmabahçe-Moschee und das Ritz Charlton Hotel zwischen Beyoğlu und Beşiktaş.*

▽ *Der Çırağan-Palast stellt ein schönes Beispiel europäisch beeinflusster Architektur dar.*

△ Trabzon: Wandmalerei in der Hagia Sophia, einem Kleinod byzantinischer Sakralkunst.

▽ »Unterirdisches Schloss«: die Yerebatan-Zisterne in Istanbul.

△ *Frauen in Mardin verkaufen selbstgefertigten Schmuck.*

▽ *Im Kapalı Carşı (Gedeckter Basar) in Istanbul.*

Türkische Parteien sollten nicht nach westeuropäischen Standards gemessen werden, da es sich in erster Linie um Klientelbündnisse ohne feste und längerfristige Parteiprogramme handelt und verbindliche Satzungen und Parteistatuten nicht vorgesehen sind. Die wichtigste Rolle spielt die Persönlichkeit des Parteiführers. Auffallend ist, dass es etwa zwischen ANAP und DYP, wie auch zwischen CHP und DSP kaum echte programmatische Unterschiede gibt. In der Tat sind neue Parteien meist nur aufgrund von persönlichen Rivalitäten innerhalb der Parteispitze entstanden, sodass die Abgrenzung meist allein in der Person des Parteichefs begründet liegt, von dem die Versorgung seiner Gefolgschaft mit Pfründen und Privilegien erwartet wird (Klientelismus). Häufig wechselnde Koalitionen und der Übergang ganzer Parlamentariergruppen in andere Parteilager sind an der Tagesordnung und eine zukunftsorientierte Sachpolitik ist auf diese Weise kaum möglich. Als feste Parteigröße mit einigermaßen stabiler Wählerschaft zwischen 10–15 % hat sich die CHP herauskristallisiert, die derzeit einen Wandlungsprozess hin zur europäischen Sozialdemokratie durchläuft. Die AKP ist in sich heterogen und verfügt über mehrere Parteiflügel. In der Regierungsverantwortung vertritt sie einen gemäßigten Einfluss des Islam auf die Gesellschaft und engagiert sich für den EU-Beitritt des Landes. Auch sie baut sich hierarchisch nach dem strikten Führerprinzip auf. Ihre Wählerschicht wird sich bei 30–35 % einpendeln, etwa 5 % ihrer Wähler von 2002 könnten sich in einer radikaleren islamistischen Partei abspalten. Die bis 2002 tonangebenden Altparteien ANAP, DYP, DSP und MHP sind bis auf Weiteres desavouiert und in Konkurrenzen und Rivalitäten verstrickt. Ein Überschreiten der 10%-Hürde ist in absehbarer Zeit nicht zu erwarten.

◼ Justizwesen

Das türkische Rechtssystem fußt auf Vorgaben, die unter Kemal Atatürk verschiedenen europäischen Gesetzbüchern entnommen worden sind. Für das Zivilrecht etwa diente das Schweizer Zivilgesetzbuch als Vorbild, für Wirtschafts- und Handelsrecht die deutsche Gesetzgebung, für das Strafrecht das italienische Gesetzbuch und für Verwaltungsrecht das französische System. Das höchste Gericht ist der 1961 geschaffene Verfassungsgerichtshof.

Eine Besonderheit des türkischen Rechtssystems stellt die hohe Stellung der Militärgerichtsbarkeit dar. Sie ist nicht nur für den eigentlichen Militärbereich zuständig, sondern auch für die Gerichtsbarkeit in den unter Kriegsrecht stehenden Gebieten.

Islamisches Recht in der Türkei?

Entgegen manchen Vorurteilen spielt das islamische Scheriatrecht in der offiziellen Justiz überhaupt keine Rolle. Die Zivilehe ist obligatorisch, die Monogamie seit 1923 gesetzlich festgelegt und seither nie ernstlich in Zweifel gezogen worden. Im Westen als unzeitgemäß empfundene Verordnungen wie Strafmilderung bei »Ehrenmorden« oder der »Ehebruchparagraph« sind keineswegs Relikte des islamischen Rechts, sondern entstammen dem italienischen Strafgesetzbuch der Mussolini-Zeit, das 1927 übernommen worden ist! Beide Paragraphen sind mittlerweile übrigens gestrichen. Eine Rückkehr zum Scheriatrecht, wie sie von radikalen türkischen Organisationen im Ausland gefordert wird, ist in der Türkei selbst völlig unrealistisch.

Die Hauptsitze der Legislative (Nationalversammlung mit den parlamentarischen Einrichtungen), der Exekutive (Sitz des Staatspräsidenten, Regierung, Ministerien, Zentralbehörden) und der Judikative (Verfassungsgericht, höhere Organe der Rechtsprechung) befinden sich in der Hauptstadt Ankara.

■ Justizreform

Während es die von der EU als Grundlage für Beitrittsgespräche verlangten Reformen im Justizwesen bis 2002 buchstäblich nur auf dem Papier gab, setzte die neue Regierung Erdoğan ernsthafte »Reformpakete« in Gang.

So wurde die 2002 beschlossene Abschaffung der Todesstrafe 2005 ratifiziert. Positive Gesetzesänderungen betrafen auch bestimmte kulturelle Minderheitenrechte sowie die soziale und wirtschaftliche Gleichstellung von Mann und Frau: Sogenannte »Ehrenmorde« an Mädchen und Frauen, für welche die Täter bisher aus Gewohnheitsrecht nur milde verurteilt wurden, müssen nach den neuen Strafgesetzen als Mord verfolgt werden.

Die vom Geheimdienst durchsetzten, gefürchteten Staatssicherheitsgerichte wurden 2004 aufgelöst. Beschleunigend wirkte sich in diesem Zusammenhang die von der EU durchgesetzte Möglichkeit aus, Verfahren auch nach erfolgter Verurteilung vor einem türkischen Gericht durch den Europäischen Gerichtshof für Menschenrechte wieder aufnehmen zu lassen.

2002 wurde der Gebrauch der kurdischen Sprache in den Medien zwar offiziell legitimiert, in der realen Umsetzung aber gleichzeitig erschwert. Jedoch scheint auch die Nachfrage nach kurdischen Medien nicht so groß zu sein, wie es sich kurdische Parteienvertreter gewünscht hätten. Immerhin strahlt der türkische Staatssender TRT seit 2004 mitunter Beiträge in kurdischer Sprache aus, mehr Resonanz rufen kurdische Privatsender in der Region Diyarbakır hervor.

Die Beschneidung der privilegierten Stellung des Militärs war Gegenstand mehrerer europakonformer Gesetzesreformen, doch bleibt die Realisierung selbiger noch abzuwarten. So hat die im November 2002 verfügte Aufhebung des Kriegsrechts und der Notstandsverordnungen in den kurdisch besiedelten Südostprovinzen beispielsweise die alltägliche Dominanz des Militärs dort kaum verringert. Die 2003 erfolgte gesetzliche Erschwerung des Verbots politischer Parteien – in der Vergangenheit ein beliebtes Handlungsmuster nach kemalistischen Militärputschen – wird nicht nur von der herrschenden Muslimpartei AKP, sondern auch von kleineren »linken« oder kurdischen Parteien favorisiert.

▩ Umstrittene Paragraphen

Die EU dringt auf Abschaffung mehrerer Passagen im Strafgesetzbuch, welche die Bürgerrechte und besonders die Meinungsfreiheit erheblich einschränken: An erster Stelle ist hier der strafbare Tatbestand der »Beleidigung des Türkentums« in Artikel 301 zu nennen, der die Pressefreiheit in nationalen und historischen Fragen (z. B. hinsichtlich der Armenierfrage) praktisch unmöglich macht. Ferner die »Maulkorb-Paragraphen« 159 und 312, in welchen die »Beleidigung oder Herabsetzung der Regierung, der Justiz, der Armee und der Polizei« unter Strafe gestellt wird. Die Streichung bzw. Entschärfung dieser Bestimmungen scheiterte bisher am Widerstand nationaler und kemalistischer Kräfte und nicht zuletzt am Nationalen Sicherheitsrat. Artikel 301 wurde 2006 sogar novelliert und zur Anklage gegen Hrant Dink, den Herausgeber einer armenischen Zeitung, und gegen den Literatur-Nobelpreisträger Orhan Pamuk verwendet. Auslöser waren ihre Forderungen nach einer vorurteilslosen Betrachtung der historischen Armenierfrage. Beide Angeklagten wurden zwar freigesprochen, Dink fiel 2007 jedoch einem Terroranschlag zum Opfer und Pamuk wanderte vor den Drohungen »Unbekannter« in die USA aus.

▩ Staatsapparat und Verwaltung

Das Gebiet des »Nationalen Einheitsstaates« wird streng zentralistisch verwaltet. Die erste Verwaltungsebene umfasst 81 Provinzen (*İl*), an deren Spitze der vom Innenministerium ernannte *Vali* (Gouverneur) steht. Bei der Einteilung in die Provinzen bzw. Departements wurde die Berücksichtigung historischer oder kultureller Regionen bewusst vermieden, um die nationale Einheit nicht durch Separatismus zu gefährden. Die Provinzen sind weiterhin in Kreise oder Bezirke unterteilt, die von einem ebenso vom Innenministerium ernannten Vorsteher (*Kaymakan*) verwaltet werden. Kommunal gewählt werden die Bürgermeister der städtischen Gemeinden (*Belediye*) und der Dörfer (*Köy*). Auch die Provinzversammlung wird gewählt. Dem Vali steht kraft seines Amtes der Vorsitz zu. Kommunale Selbstverwaltung ist in bestimmten Bereichen zwar pro forma möglich, ihre Realisierung hängt aber letztlich von den zentral vergebenen Finanzleistungen (und damit von Ankara) ab.

■ Die militärische »Konsultative«

Im historischen Kontext fungiert das Militär als höchster Hüter des Erbes Atatürks. Besonders wenn die Grundregeln der Nationalen Einheit und der Unteilbarkeit des Staates oder das Prinzip des Säkularismus bedroht scheinen, tritt die Generalität auf den Plan. Bisher war das in den Staatsstreichen von 1961, 1971, 1980 und 1997 der Fall. Im Anschluss an die erste Machtübernahme der Militärs im Jahre 1961 wurde der »Nationale Sicherheitsrat« (MGK) gegründet und in der Verfassung verankert. Ihm gehören die gesamte militärische Führung, auf ziviler Seite der Premierminister, der Außen-, Innen- und Verteidigungsminister sowie der Staatspräsident als formaler Vorsitzender an. Von Anfang an wurde das Gremium von den Militärs dominiert und sicherte deren starke und unabhängige Stellung in Politik und Gesellschaft. Laut Verfassung kommt dem MGK nur empfehlende und beratende Funktion in Fragen der inneren und äußeren Sicherheit zu. Seit der 3. Machtübernahme der Militärs 1980 jedoch übte der Nationale Sicherheitsrat die Funktion des obersten Regierungsorgans und der »letzten Instanz« aus. Die »Stellungnahmen«, Warnungen und Empfehlungen der Generäle hatten absoluten Vorrang. Ihnen kam quasi Gesetzeskraft zu.

Das Wächteramt der Generalität über die Reformen Atatürks wurde von den Regierungen und den politischen Eliten als Gegengewicht zu Islamismus und kurdischem Separatismus weitgehend akzeptiert, mit der Annäherung an die EU ist die dominante Stellung des Militärs jedoch nicht mehr zu vereinbaren. So wurde die Rolle des MGK durch das im Jahre 2003 beschlossene Reformpaket erheblich eingeschränkt und das Mehrheitsverhältnis besteht nun auf der zivilen Seite. Seitdem soll dem Gremium, das nun nicht mehr monatlich, sondern in größeren Zeitabständen zusammentritt, wirklich nur eine konsultative Funktion zukommen. Allerdings hat die direkte Einmischung der Generalität in die Präsidentenwahl im Jahre 2007 gezeigt, dass der militärische Flügel des »Nationalen Sicherheitsrates« keineswegs gewillt ist, auf eine Einflussnahme in die Politik zu verzichten.

■ Gefährdeter »Primat der Politik«

Die türkischen Streitkräfte gehören zu den tragenden Einrichtungen der Republik. In ihrer Dimension und Präsenz verstehen sie sich als Hauptstütze der neutürkischen Gesellschaft. Ihre Rolle ist durchaus ambivalent: Einerseits garantieren sie in der Tat die westliche Orientierung mit der Trennung von Staat und Religion, andererseits stellen sie immer wieder den in der westlichen modernen Gesellschaft unabdingbaren »Primat der Politik« in Frage. Das Militär bildet außerdem einen »Staat im Staate«, in dem eigene Gesetze und – je höher der Dienstgrad – Privilegien gelten. Das Armee-Versorgungsunternehmen OYAK hat sich mittlerweile zu einem der größten Konzerne des Landes entwickelt. Ihm unterstehen Banken, Versicherungen und Handelsketten.

OYAK – »Hilfsfond des Heeres«

Der »Hilfsfond des Heeres« (*Ordu Yardımlaşma Kurumu*, OYAK) wurde nach der Machtübernahme des Militärs 1961 gegründet, um Angehörige aller Streitkräfte (nicht nur des Heeres, sondern auch der Marine, der Luftwaffe und der Gendarmerie) sowie die Bediensteten des Ministeriums für Verteidigung mit besonderen sozialen Dienstleistungen, Krediten und Renten zu versorgen. Die Mitgliedschaft ist zwar freiwillig, doch nimmt in der Regel der Großteil der Soldaten- und Beamtenschaft die gewährten Privilegien in Anspruch (rund 300.000 Personen). Finanziert wird der Fond aus Gehaltsabtretungen des Offizierkorps, der Reserveoffiziere und der zivilen Beamtenschaft des Verteidigungsministeriums. Gestützt durch steuerrechtliche Vorteile gelang es dem Hilfsfond rasch, solide Kapitaldecken zu schaffen. Während zuerst die Auszahlung von Renten und der Bau von Wohnanlagen für Armeeangehörige im Mittelpunkt standen, expandierte OYAK nach der Wirtschaftsreform unter Turgut Özal (1983–1991) zu einem Firmenimperium mit eigener Bank und schloss lukrative Joint Ventures mit dem französischen Automobilbauer Renault und dem deutschen Versicherungskonzern AXA ab. Mittlerweile zählt die aus über 60 Unternehmen aus dem Finanz-, Dienstleistungs- und Industriesektor bestehende OYAK-Gruppe zu den sechs größten türkischen Konzernen überhaupt. Ihr letzter Coup war die 2006 erfolgte mehrheitliche Übernahme des staatlichen Stahlwerks Erdemir in Zonguldak, welche die Kontrolle über die türkische Schwerindustrie mit sich brachte.

■ Das Militär: ein Staat im Staat

Schon in osmanischer Zeit repräsentierte das Offizierskorps den fortschrittlichen und in Richtung Europa orientierten Teil der Führungskräfte. Die Jungtürken, vorwiegend Militärs, übernahmen den europäischen Nationalgedanken. Auch Mustafa Kemal erreichte durch militärische Erfolge die unantastbare Stellung, die ihm seine Reformpolitik ermöglichte: »Immer wenn die Nation einen Sprung nach vorne macht, hat sie stets auf die Armee geblickt. Die Armee ist die Führerin zu erhabenen nationalen Zielen«. Atatürk hat dem Militär, das er grundsätzlich für reformorientiert hielt, ein übergeordnetes Wächteramt übertragen: »Die türkische Nation betrachtet die Armee als die Hüterin ihrer Ideale«. Dies ist bis heute die Quintessenz der Lehre an den Militärakademien und in der Soldatenausbildung. Das kemalistische Sendungsbewusstsein hat sich bis heute am reinsten im Generalstab und in dem von ihm dominierten »Nationalen Sicherheitsrat« (*Millî Güvenlik Kurulu*) erhalten. Letzterer hält sich für den »eigentlichen Staat«, welcher die übergeordneten und langfristigen Interessen der Nation verträte. Den zivilen, auf Zeit gewählten Regierungen kämen nur untergeordnete Aufgaben zu, aus welchen sich die militärische Elite heraushalten könne, sofern das Wohl des Landes nicht bedroht sei. Eine Situation, die das Eingreifen des Wächteramts der Militärführungen erforderlich gemacht habe, ist in den vergangenen 50 Jahren fünf Mal eingetreten: die mit Gewalt verbundenen Interventionen 1960, 1971 und 1980 sowie der »kalte Putsch von 1997« und der jüngste »Militäreingriff per Internet« im April 2007. Als Hauptanlass galten in der Regel die Gefährdung der Unteilbarkeit des Landes und der zunehmende Einfluss des Islam. Die Rolle des Wächters über den Staat, wie er der Armee nach ihrem Verständnis zukommt, bringt es mit sich, dass die Militärregimes jeweils nur verhältnismäßig kurz ihre Macht ausüben und nach den von ihnen als notwendig erachteten Kurskorrekturen wieder in die Kasernen zurückkehren. Die Kontrolle von oben wird als effektiver erachtet als das Mitmischen in den Niederungen der Politik.

Nicht zu übersehen ist, dass die Streitkräfte und ihre Repräsentanten in allen Schichten der türkischen Gesellschaft ein traditionell hohes Ansehen genießen. Die Armee gilt als Schmelztiegel oder »Herd der Nation« (*Yurdun Ocağı*), in dem Chancengleichheit unabhängig von ökonomischem Status oder der sozialen Herkunft bestehe. Bis in die jüngste Zeit fungierte die allgemeine Wehrpflicht in den Augen der Betroffenen auch als Schule der Nation. In der Tat kamen gerade junge Männer aus den unterentwickelten Teilen des Landes bei der Armee zum ersten Mal mit grundlegenden Kulturtechniken (Lesen, Schreiben, Rechnen) und den Errungenschaften der Moderne (z. B. Autofahren) in Kontakt. Ausschlaggebend für das positive Image ist indes, dass das Militär als weitgehend frei von Korruption, privater Bereicherung und Bestechung gewertet wird – was im Vergleich mit Institutionen der Regierung und der Parteien sicher auch zutrifft. Die starke, definitiv entscheidende Stellung der Armeeführung ist im öffentlichen Bewusstsein jedenfalls durchaus legitimiert. Als »ihre« Parteien und Interessensgruppen fungieren die kemalistische CHP und die nationalistische MHP sowie letztlich alle säkularen Kräfte des Landes – zusammen immerhin ein relativ fester Block von 30 % der Wahlberechtigten.

2. Verfassungswirklichkeit

Die Betonung des »starken Staates« fußt auf der kemalistischen Ideologie des zentralen, nationalen Einheitsstaates. Allerdings regelte bereits in der osmanischen Zeit ein aufgeblähter Bürokratenapparat das Leben der Untertanen bis ins Kleinste. Auch die neutürkische Staatsadministration sieht in der Bevölkerung in erster Linie »zu verwaltende Untertanen«, Subjekte also, und keine eigenverantwortlichen Bürger. Aufgrund der patriarchalen und kollektivistischen Gesellschaftsauffassung in der Türkei wird die absolute Autorität der Staatsorgane von der breiten Bevölkerung nicht in Frage gestellt. Innerhalb der Staatsmacht repräsentiert wiederum das Militär die entscheidende Führungsrolle. Die Vermittlung des Bildes vom starken »Vater Staat« unter der Leitung des Militärs ist ein wesentlicher Bestandteil der staatlichen Schul- und Bildungspolitik. Eine Zivilgesellschaft kann sich aus der herrschenden und in der Erziehung propagierten Obrigkeitshörigkeit nur zaghaft entwickeln.

▦ Der »tiefe Staat« (*Derin Devlet*)

Über den »tiefen Staat« kann man nur spekulieren, weil er in verborgenen, »tiefen« Winkeln agiert. Der in der türkischen Presse gängige Name stammt von den »tiefen Taschen«, in welchen ausländische Hilfszahlungen, Korruptionsgelder und Privatisierungsgewinne verschwinden – ein Phänomen, das bis zum Regierungswechsel 2002 von den Alt-Parteien mehr oder weniger toleriert wurde und gar Teil des Systems war.

Zum »tiefen Staat« gehört aber auch das inoffizielle Treiben von Geheimdiensten und im Untergrund operierender Polizeieinheiten, die Terror mit Gegenterror beantworten und sich jeglicher ziviler Kontrolle entziehen. Im Kampf gegen Verdächtige von »untürkischen Umtrieben« oder gegen kurdische Separatisten werden die Menschenrechte kaum beachtet. Auch die Streitkräfte stehen in Verdacht, im kurdischen Südosten Untergrundagenten und Provokateure einzusetzen, um die Spirale der Gewalt, die ihren Einsatz rechtfertigt, aufrechtzuerhalten.

▦ Menschen- und Bürgerrechte

Die Missachtung grundlegender Menschen- und Bürgerrechte ist ein Dauerthema der europäisch-türkischen Beziehungen und Gegenstand des jährlich von der Europäischen Kommission publizierten »Berichtes der EU-Kommission über die Fortschritte der Türkei auf dem Weg zum Beitritt«. Nachdem die Türkei 1987 der Anti-Folterkonvention des Europarats beigetreten war, versprachen bereits die Regierungen Özal und Çiller »null Toleranz« und »gläserne Polizeidienststellen und Gefängnisse«, jedoch ohne praktische Auswirkungen. Besonders in den unter Kriegsrecht stehenden, kurdisch besiedelten Südostgebieten schalteten und walteten Militärs und offiziell »unbekannte« Geheimdienstkreise ohne Rücksicht auf grundlegende Rechte. Bis heute ist kein Brüsseler Kommissionsbericht ohne schwere Beanstandungen erschienen! Selbstverständlich werden die Menschenrechte nicht willkürlich verletzt, sondern vor dem Hintergrund eines übersteigerten inneren wie äußeren Bedrohungsszenarios. Interessierte politische Kräfte malen nach wie vor Gefahren des Staatszerfalls (kurdischer Separatismus), der Einmischung von außen (EU, USA) und der Gefährdung der inneren Sicherheit durch »untürkische« Bürgerrechtler und Journalisten, aber auch durch islamistische Bewegungen an die Wand. Parteipolitischen Rückhalt findet die Ansicht »Sicherheit vor Recht« in der nationalistischen Partei MHP sowie bei den Vertretern des Kemalismus in der linksnationalen CHP.

3. Bildungspolitik

Seit 1997 besteht eine 8-jährige Schulpflicht in der Grundschule (vordem 5 Jahre). Danach erfolgt der Übergang in eine weiterführende Schule (Sekundarstufe). Seit 2005 ist dort das Erlernen von zwei Fremdsprachen obligatorisch. Zur Sekundarstufe gehören allgemeinbildende Oberschulen (Gymnasium, Lyzeum – türkisch: *Lise*) und berufsbildende Fachschulen (Berufsschulen). Dem Zugang zur Universität ist eine zentrale, landesweit geltende Hochschulprüfung vorgeschaltet, an der jährlich rund 2 Mio. Aufnahmekandidaten teilnehmen. Das Ergebnis ist für die Wahl des Studienortes und des Studienfaches entscheidend.

Generell ist der Hochschulzugang von beiden Schularten der Sekundarstufe möglich, doch werden die Lise-Abgänger bei der höchst komplizierten Noten-(Punkte-)Vergabe deutlich bevorzugt.

İmam-Hatip-Schulen

Eine türkische Besonderheit stellen die »Vorbeter- und Predigerschulen« dar, deren Berufsziel ursprünglich der İmam Hatip (gelehrter Vorbeter) gewesen ist. 1990 ermöglichte die Regierung Özal den Absolventen den Zugang zur Hochschule, was ein sprunghaftes Anwachsen der İmam-Hatip-Schüler und -Schülerinnen zur Konsequenz hatte. Die frühere Freitagspredigerschule selbst wandelte sich zu einer Berufsfachschule mit weltlichen Lehrinhalten und einem Zusatzangebot an Religion, wie Arabischkurse und Koranrezitation. 1997 wurde den İmam-Hatip-Schulen der Status der berufsbildenden Fachschule zuerkannt. Sie sind damit der Berufsschule gleichgesetzt, erfahren beim Hochschulzugang aber dieselbe Zurücksetzung wie diese.

Zu den wichtigsten Wahlversprechen der religiösen Parteien gehört der ungehinderte Zugang der Berufsfachschüler (und damit der İmam-Hatip-Absolventen) zur Universität. Die weltliche Seite, besonders das Militär, hat dies bisher jedoch zu verhindern gewusst. Ein von der Regierung Erdoğan 2004 eingebrachtes Gesetz zur Gleichstellung der Berufsfachschulen und İmam-Hatip-Schulen mit den Oberschulen (Lise) scheiterte 2006 am Verfassungsgericht. Der Anteil der Imam-Hatip-Schulen unter allen berufsbildenden Oberschulen liegt unter 10 %.

Die Türkei verfügt über 94 staatliche Universitäten, 4 Militärakademien, 1 Polizeiakademie und 33 staatlich anerkannte private Stiftungshochschulen sowie 3 Berufsstiftungshochschulen. Etwa 28 % eines Jahrgangs beginnen eine akademische Ausbildung (im Mai 2008 gab es 1,95 Mio. Studenten). Zu den Neugründungen zählt eine deutsch-türkische Universität in Istanbul, die 2010 ihren Betrieb aufnehmen wird. Unterrichtssprachen sind Türkisch und Deutsch und geplant sind Rechts-, Wirtschafts-, Kultur- und Sozialwissenschaften sowie das Ingenieurwesen. Die Abschlüsse werden in beiden Staaten anerkannt. Das Universitätsprojekt ist Teil der Ernst-Reuter-Initiative, die den deutsch-türkischen Dialog in Wirtschaft, Wissenschaft, Medien und Bildungswesen fördert.

Deutsch-türkische Bildungsbeziehungen

Die 2006 ins Leben gerufene Ernst-Reuter-Initiative gründet auf dem Wirken des Verwaltungsexperten, Stadtplaners und Regierenden Bürgermeisters von Berlin in den Jahren 1948–1953, Ernst Reuter. Reuter wurde während des Dritten Reiches ins Exil getrieben und fand 1938 bereitwillige Aufnahme in der Türkei, wo er sich im Aufbau des Hochschulwesens engagierte.
Die Ernst-Reuter-Initiative kann gleichwohl auf eine lange Tradition deutsch-türkischer Bildungsbeziehungen zurückblicken. Dazu gehören Goethe-Institute in Istanbul, Ankara und Izmir, das Deutsche Archäologische Institut in Istanbul sowie deutsche Schulen im ganzen Land, z. B. das Deutsche Gymnasium (*Istanbul Özel Alman Lisesi*) in Istanbul, das Istanbul Lisesi (Deutsche Abteilung, das mit einem in Deutschland anerkannten Abitur endet) sowie 12 »Anadolu-Gymnasien«, die den Kindern türkischer Rückkehrer den Einstieg in das türkische Schulsystem erleichtern sollen. Zum heutigen Anadolu-Programm gehören Deutsch als erste Fremdsprache, deutscher Fachunterricht und der Erwerb des Deutschen Sprachdiploms. Es berechtigt u. a. zum Hochschulstudium in Deutschland. 2007 waren in den genannten deutschsprachigen Schulen in der Türkei 90 Lehrkräfte aus Deutschland tätig.

Die Hochschulen der Türkei sind dem »Rat des Höheren Bildungswesens« (*Yüksek Öğretim Kurulu*, YÖK) unterstellt, der 1981 von der Militärregierung eingesetzt worden war. Ihm unterliegt auch die Wahl der Universitätsrektoren. Der Hochschulrat kontrolliert faktisch die Hochschulen des Landes und deren Lehrinhalte, eine studentische Mitsprache ist nicht vorgesehen. Der 22-köpfige YÖK ist eine der säkularen Bastionen der Republik. Versuche der AKP-Regierung, das Gremium auf 16 Teilnehmer zu reduzieren und den Einfluss des Militärs zurückzudrängen, sind bisher gescheitert.

Das türkische Bildungssystem aus westlicher Sicht

Für westliche Betrachter gilt das türkische Bildungssystem als anachronistisch und veraltet. Grund- und weiterführende Schulen sind reine »Paukanstalten«: Erziehung zum Gehorsam vor dem Staat und zum Nationalstolz nehmen einen großen Raum ein, Offiziere vermitteln das Fach »Nationale Sicherheit«. Dem obligatorischen islamischen Religionsunterricht in der Grundschule kann allerdings keine übermäßige Tiefe beigemessen werden. Auch an den Hochschulen herrschen strenge Hierarchien und ein ausgesprochen autoritärer Ton von Seiten der Lehrenden.

Schätzungen zufolge besuchen nur 93 % der schulpflichtigen Kinder tatsächlich die Grundschule. Im Jahre 2000 betrug die Analphabetenrate bei Männern 6 %, bei Frauen 18 %. Die unbefriedigende Lage des türkischen Bildungssystems ist umso gravierender, als sich ein Viertel der Gesamtbevölkerung im schulpflichtigen Alter befindet.

---

4. Religionspolitik

Eine Besonderheit des politischen Systems der Türkischen Republik stellt das »Präsidium für religiöse Angelegenheiten« (*Diyanet İşleri Başkanlığı*, DİB) dar. Es handelt sich dabei um eine staatliche Einrichtung zur Verwaltung der Religion, genauer gesagt der in der Türkei vorherrschenden Mehrheitsreligion des sunnitischen Islam. Das DİB untersteht dem Amt des Ministerpräsidenten und gilt staatlicherseits als die höchste islamische Instanz des Landes. Als solche kann es islamische Rechtsgutachten (*Fetva*) erlassen.

Es muss konstatiert werden, dass das DİB als »türkischen Islam« lediglich die sunnitische Glaubensrichtung vertritt und nur diese akzeptiert. Weder die dominante muslimische Glaubensminderheit der Aleviten (20–25 %) noch nichtmuslimische Konfessionen (Juden, Christen) werden vom DİB vertreten. Aleviten (sofern sie sich als solche bekennen) und Nichtmuslime sind de facto von öffentlichen Ämtern und von der Armee ausgeschlossen.

Das DİB geht direkt auf eine Anordnung des Staatsgründers Kemal Atatürk aus dem Jahre 1924 zurück, der damit den Islam der weltlich-staatlichen Kontrolle zu unterwerfen beabsichtigte. Diesem Zweck dienen die Hauptabteilungen des DİB: Religiöse Dienste (staatlich reglementierte Ausbildung von Imamen, Vorbetern, Muezzinen und Gebetsrufern), Religiöse Erziehung (Religionsunterricht, Korankurse), Wallfahrtswesen sowie muslimische Publikationen (Freitagspredigten) und Außenbeziehungen. Dem Amt sind die etwa 70.000 vom Staat unterhaltenen Moscheen des Landes unterstellt. In den Provinzen werden die Aufgaben des DİB von »Mufti-Ämtern« (*Müftülük*) wahrgenommen. Im islamischen Recht ist der Mufti ein Rechtsgelehrter, der zur Erteilung von Gutachten (*Fetva*, arabisch: Fatwa) berechtigt ist – in der Türkei hingegen fungiert er als weisungsgebundener Staatsbeamter in religiösen Angelegenheiten.

Türkischer Laizismus (Laiklik): *Subordination der Religion*
Der in allen Verfassungen der Türkischen Republik hervorgehobene strikte Grundsatz des Laizismus – der Trennung von Staat und Religion – wird durch das Amt des DİB zu einer regelrechten Unterordnung der Religion unter die weltliche Staatsgewalt erweitert. Nach Atatürk sollte die Religion »verstaatlicht« werden. War das DİB unter seiner Ägide noch eine Bastion des Säkularismus, so zeigen sich mittlerweile entgegengesetzte Tendenzen.

Muslimischer »Marsch durch die Institutionen«
Während der ersten Regierungsbeteiligung der Islamisten in den 1970er-Jahren und besonders nach dem Militärputsch von 1980, der die »Türkisch-Islamische Synthese« propagierte, schwoll die »Religionsanstalt« zu einer Wasserkopfbehörde von 100.000 Mitarbeitern an. Die meisten von ihnen stehen den Islamisten nahe. Das Amt war das bevorzugte Ziel des »muslimischen Marsches durch die Institutionen« gewesen und hatte zum Ziel, das DİB ins Gegenteil, nämlich in ein Instrument der Islamisten zu verwandeln. Ob es somit noch eine echte »säkulare« Oberaufsicht über die Religion und die wachsende Islamisierung der Türkei zu führen vermag, sei dahingestellt.

In den Auslandsbeziehungen ist das DİB über eingetragene Vereine tätig und erkennt die jeweiligen Rechtsordnungen der Länder an. In Deutschland vertritt der »Dachverband der Türkisch-Islamischen Union der Anstalt für Religion« (*Diyanet İşleri Türk İslam Birliği*, DİTİB) die Leitungs- und Überwachungsfunktion der DİB über etwa 900 türkisch-muslimische Gemeinden mit eigenen Moscheen. Seit 2007 ist der DİTİB im »Koordinierungsrat der Muslime in Deutschland« vertreten.

IV.

DIE TÜRKISCHE SPRACHE UND IHRE SPRACHGESCHICHTLICHE ENTWICKLUNG

1. Die türkische(n) Sprache(n)

Das Türkische bildet zusammen mit 33 weiteren Turksprachen Innerasiens (z. B. Kasachisch, Turkmenisch, Usbekisch, Jakutisch) eine eigenständige Sprachfamilie und unterscheidet sich grammatikalisch deutlich von den in seiner Nachbarschaft gesprochenen indoeuropäischen (z. B. Iranisch, Kurdisch) und semitischen (Arabisch) Sprachen. Mit rund 200 Mio. Sprechern zählen die Turksprachen zu einer der größten Sprachfamilien der Welt. Auch in geographischer Hinsicht zeigen sie eine riesige Ausdehnung von Südosteuropa über Sibirien bis China.

▧ Turkvölker und Turkstaaten

In den nach dem Zerfall der Sowjetunion seit 1990 neu entstandenen zentralasiatischen Republiken Kasachstan, Turkmenistan, Aserbeidschan, Usbekistan und Kirgisistan haben turkstämmige Amtssprachen Gültigkeit. Innerhalb Russlands bestehen turksprachige autonome Gebiete in Tataristan, Baschkortostan und Jakutien. Mit annähernd 10 Mio. Sprechern bilden die turkstämmigen Uiguren in der Provinz Sinkiang (China) die Bevölkerungsmehrheit.

Türkisch und turksprachig

Eine oft gestellte Frage ist, ob sich Türken aus der Türkei mit Angehörigen der mittelasiatischen Turkstaaten verständigen können. Auf elementarer Ebene mag dies möglich sein, zumal Grammatik und Satzbau gleiche Strukturen aufweisen. Höherer Wortschatz und Aussprache differieren jedoch erheblich. Hierbei ist zu bedenken, dass die zentralasiatischen Turkvölker niemals Teil des Osmanischen Reiches waren und im Verlauf ihrer Geschichte kulturelle und sprachliche Einflüsse aus Iran und später aus Russland aufnahmen (siehe auch Themenbereich II). Die Verbindung der mittelasiatischen Turkvölker mit den nach Anatolien eingewanderten Turkstämmen (also den Türken) ist bereits im frühen Mittelalter abgerissen.

Unter diesen vergleichsweise kleineren Turksprachen nimmt das in der Türkei gesprochene Türkisch (»Türkei-Türkisch«) die größte und wichtigste Rolle ein.

■ Die ältesten türkischen Sprachdenkmäler: die Orchon-Inschriften

Die Sprachgeschichte des Türkischen lässt sich bis ins 7. Jahrhundert n. Chr. zurückverfolgen. Die ältesten Sprachdenkmäler stellen die nach ihrem Fundort am Fluss Orchon in der heutigen Mongolei benannten Orchon-Inschriften dar. Sie sind zumeist religiösen Inhalts, gehen auf die Göktürken bzw. Köktürken zurück und sind in einer Art »türkischer Runen« geschrieben. Bis ins 8. Jahrhundert reichen die Inschriften am Fluss Jenissej in Zentralasien zurück. An die Stelle des Alt- oder Göktürkischen trat Mitte des 8. Jahrhunderts das Uigurische. Die Uiguren waren vom 9. bis zum 14. Jahrhundert im Tarim-Becken, der Taklan Makan-Wüste, beheimatet. Das Uigurische hat zu jener Zeit die größte Ausdehnung erfahren und es sind bedeutende Handschriftenreste und Inschriften manichäischer und buddhistischer Literatur aus dem Uigurischen erhalten, darunter die Turfan-Texte aus Ostturkestan, der Provinz Sinkiang in der heutigen Volksrepublik China, die vor allem von deutschen Gelehrten entdeckt und erforscht wurden. (Weitere Ausführungen siehe unter »Literatur«, S. 203 ff.)

Die Orchon-Inschriften, benannt nach ihrem Fundort in der heutigen Mongolei, sind die ältesten türkischen Sprachdenkmäler.

Bei den meisten Turkvölkern ging die Übernahme der arabischen Schriftzeichen mit der Hinwendung zum Islam einher. Die literarische Schriftlichkeit der nach Anatolien gewanderten Türken – der Oghusen – entfaltete sich im 13. Jahrhundert, ebenfalls im Zeichen des Islam. Das heutige Türkisch geht in signifikanter Kontinuität auf das »Oghusische« zurück. Aus dem Westtürkischen oder Oghusischen entwickelte sich im Osmanischen Reich das sogenannte »Osmanische« (*Osmalıca*) als offizielle Schriftsprache.

■ Die osmanische Staats- und Kultursprache

Die Sprache der turkstämmigen Eroberer Anatoliens bildete das Substrat des Osmanischen (*Osmanlıca* oder *Osmanlı Türkçesi*, Eigenbezeichnung: لسان عثمانى), der Reichs- und Literatursprache des Osmanischen Reiches vom 13. Jahrhundert bis 1928. Was Struktur und Grammatik betrifft, beruhte das Osmanische durchaus auf türkischer Grundlage. Der Wortschatz hingegen setzte sich zum überwiegenden Teil aus Lehnwörtern und Redewendungen zusammen, die aus dem Arabischen (Religion und Gesetzgebung) sowie aus dem Persischen bzw. Iranischen (Gelehrten- und Literatursprache) übernommen worden waren. Seit dem 18. Jahrhundert traten Wörter aus europäischen Sprachen hinzu, vornehmlich aus dem Französischen (Alltagsleben), Italienischen (Banken- und Versicherungswesen), Deutschen (technische Begriffe) und aus dem Englischen (Sport). Zur Verschriftung wurden arabische Zeichen verwendet. (s. Literatur, S. 205.) Sprachgeschichtlich bildeten sich in der arabischen Schrift verschiedene Schreibweisen mit unterschiedlicher Linienführung (Duktus) heraus. Das Osmanische entwickelte vier eigene Schreibstile: ta'lık, rıq'a, siyaqat und dîvânî. Letztere diente vor allem als Schrift am Osmanischen Hofe.

■ Die »neu-türkische« Nationalsprache

Das (Neu-)Türkische als Nachfolgesprache des Osmanischen ist das Ergebnis der Sprachreform Kemal Atatürks. An die Stelle des Osmanischen (*Osmanlıca*) trat am 3. November 1928 per Dekret das *Öz Türkçe* (reines Türkisch). In nur dreimonatiger Tätigkeit des dafür eigens gegründeten Instituts für die türkische Sprache, dem *Türk Dil Kurumu* (TDK), entstand eine fast neue Sprache, die einerseits aus der bewussten Erhöhung der herkömmlichen, vom »einfachen Volk« gesprochenen Sprache, welche seit jeher nur wenige arabische oder persische Fremdwörter aufgenommen hatte, erwuchs und andererseits aus einer Purgierung des Osmanischen von allen »nicht-türkischen« Elementen bestand. Ersetzt wurden diese Elemente durch sogenannte »echt-türkische« Wörter oder Neologismen (neu-türkisch konstruierte Begriffe). In der gehobenen und vornehmlich in der Wissenschaftssprache ist nach wie vor ein großer Anteil arabischer Wörter vertreten.

Heute können nur noch wenige Menschen die osmanische Schrift und damit osmanische Urkunden lesen, das Osmanische wird nur mehr an einigen Universitätsinstituten gelehrt.

Die Einführung des lateinischen Alphabets hat sich für das Türkische als sehr vorteilhaft erwiesen, da die arabische Schrift nur über drei Vokalzeichen (â, î, û) verfügt. Zwei dieser Schriftzeichen dienen gleichzeitig als Konsonantenzeichen (y, v), und so ähnelte das Lesen stets einem Rätselraten, da das Türkische über acht Vokale verfügt. Das lateinische Alphabet, wie es für das Deutsche gebraucht wird, wurde für die Verschriftung des Türkischen um vier neue Buchstaben ergänzt (ç, ğ, ı, ş), andere deutsche Buchstaben hingegen sind dem Türkischen fremd (ä, ß, q, w, x). Die Schreibweise ausländischer, vornehmlich französischer Wörter erfolgt nach dem Lautprinzip: Sie werden so geschrieben, wie sie gesprochen werden (z. B. şoför für *chauffeur*), sodass sie für jeden Türkischsprecher problemlos artikulierbar sind.

Die Verbreitung der neuen Sprache erfolgte durch die Presse und die Schulen. Vor allem die jungen Literaten avancierten zu Vorreitern der neuen Sprache. Da das Medienwesen zum damaligen Zeitpunkt erst im Aufbau begriffen war und zudem 90 % der Bevölkerung Analphabeten waren, wurde für alle Erwachsenen bis zum Alter von 40 Jahren die Pflicht eingeführt, am Lese- und Schreibunterricht teilzunehmen. Damit konnte die Analphabetenrate in relativ kurzer Zeit auf unter 50 % gesenkt werden.

2. Besonderheiten der türkischen Sprache

Die türkische Sprache weist gegenüber den indoeuropäischen Sprachen einige Besonderheiten auf. Am augenscheinlichsten ist das Nichtvorhandensein eines grammatikalischen Geschlechts. Es wird im Türkischen nicht zwischen maskulin und feminin unterschieden, sodass es nur eine Form und keine bestimmten Artikel gibt. Dennoch lässt sich das Geschlecht durch den Kontext oder – wenn nötig – durch Zusätze erschließen. Der unbestimmte Artikel wird durch das Zahlwort *bir* »ein« ausgedrückt, ist aber nicht zwingend erforderlich. Das türkische Substantiv sagt nichts über Bestimmtheit und Unbestimmtheit aus, und der Singular kann auch in Kollektivbedeutung für den Plural stehen (z. B. *ev* »Haus, ein Haus, Häuser«, je nach Kontext). Verhältnisse zwischen Personen, Gegenständen oder Sachverhalten werden durch Genitivkonstruktionen wiedergegeben.

■ Die Vokalharmonie

Ein Charakteristikum der türkischen Sprache ist die Vokalharmonie, die zwischen hellen und dunklen Vokalen unterscheidet und im Türkischen als kleine und große Vokalharmonie vorkommt. Das Gesetz der Vokalharmonie zieht sich durch die gesamte Formenlehre der türkischen Sprache, die Anwendung unterliegt festen Regeln. Alle Vokale in einem türkischen Wort stammen (bis auf wenige Ausnahmen) entweder nur aus der Reihe der hellen (e, i, ö, ü) oder aus der Gruppe der dunklen (a, ı, o, u) Vokale. Wird ein Suffix an ein Wort angehängt, muss es sich der Vokalqualität des Grundwortes angleichen.

Kleine Vokalharmonie
Die kleine Vokalharmonie unterscheidet zwischen hellen und dunklen Vokalen und findet vor allem Anwendung bei den Kasussuffixen des Dativ, Lokativ, Ablativ und beim Plural. Die Vokale der Suffixe, die aus der kleinen Vokalharmonie folgen, lauten e und a:

e, i, ö, ü → e   ev *Haus* – evler *Häuser* – evlerde *in den Häusern*
a, ı, o, u → a   oda *Zimmer* – odalar *Zimmer* – odalarda *in den Zimmern*

Große Vokalharmonie
Die Vokale der großen Vokalharmonie, die bei allen Personal- und Possessivsuffixen, bei der Fragepartikel *mi*, bei den Kasussuffixen des Genitiv und Akkusativ sowie teilweise bei der Negation von Verben (Präsens) erfolgt, sind vierfach und lauten i/ı/ü/u:

e, i → i   ev *Haus* – evi *das Haus*
a, ı → ı   kız *Mädchen, Tochter* – kızı *das Mädchen, die Tochter*
ö, ü → ü   göl *See* – gölü *der See*
o, u → u   yol *Weg* – yolu *der Weg*

Durch den Vokalreichtum der türkischen Sprache ergibt sich fast zwangsläufig eine Armut an Konsonantenverbindungen. Eine Konsonantenverdoppelung erfolgt nur durch Anfügung bestimmter Suffixe oder bei arabischen Wörtern. Konsonantenhäufungen finden sich nur bei Lehnwörtern (z. B. arab. di*kk*at »Vorsicht«; film, spor, tren).

■ Agglutination

Ein weiteres Charakteristikum der türkischen Sprache ist die Agglutination, d. h. die Wortbildung, Deklination oder Konjugation durch das Anfügen oder Anleimen von Infixen (Zwischensilben) und Suffixen (Endungen) an den Wortstamm. Der Wortstamm kann Suffixe in großer Zahl annehmen, in der Verbindungsordnung gelten allerdings strenge Regeln.

Beispiel:	evdeyim	Ich bin zu Hause.
	ev-de-y-im	
	evdeymişim	Ich soll zu Hause (gewesen) sein.
	ev-de-y-miş-im	

Ein schönes Beispiel für die Möglichkeit, einen komplizierten Satz auf Türkisch in einem Wort auszudrücken, ist das folgende Wort:

Avrupalılaştırılamayacaklardanmışız   *Wir gehören angeblich zu denjenigen, die nicht europäisiert/verwestlicht werden können.*

Avrupa		Europa
	lı	Suffix zur Adjektivisierung *westlich*
	laş	Verbbildungssuffix: allmähliches Werden
	tır	Kausativsuffix
	ıl	Passivsuffix
	ama	Unmöglichkeitsform *nicht können*
	y	Füllkonsonant zwischen zwei Vokalen
	acak	Futursuffix
	lar	Pluralsuffix
	dan	Ablativ *von*
	mış	imiş-Vergangenheit (siehe oben!)
	ız	Personalsuffix 1. Person Plural *wir*

■ Satzbau

Die türkische Sprache zeichnet sich auch durch das Fehlen von Nebensätzen aus. Um beispielsweise deutsche Nebensätze wiederzugeben, stehen im Türkischen Verbalsubstantive, Verbaladverbien und Partizipien zur Verfügung, Subordination ist dem türkischen Satzbau fremd. Der einfache türkische Satz folgt dem Schema S-O-V (Subjekt-Objekt-Verb/Prädikat) und hat somit die Struktur eines deutschen Nebensatzes. Komplizierte Sätze erfordern ein völliges Umdenken und bedürfen der genauen Satzanalyse. Das Subjekt muss in einem türkischen Satz nicht unbedingt expressis verbis genannt werden, da es aus der Personalendung des Verbums oder Prädikats eindeutig hervorgeht. Um einen türkischen Satz zu analysieren, sollte man ihn am besten vom Ende her auflösen. Als Beispiel mag diese Satzpyramide dienen:

aldım.

bu kitabı aldım.

Erol'dan bu kitabı aldım.

kursta Erol'dan bu kitabı aldım.

dün kursta Erol'dan bu kitabı aldım.

(ben) dün kursta Erol'dan bu kitabı aldım.

(Ich) habe gestern im Kurs von Erol dieses Buch erhalten.

Je nach Bedeutung kann ein Satzteil nach hinten rücken, sodass der Satz auch folgendermaßen lauten könnte: *(ben) dün kursta bu kitabı Erol'dan aldım.* Hier liegt die Betonung auf Erol.

Es ist gut zu wissen, dass alles Wichtige im Satz stets am Ende zu finden ist. Dies zeigt sich auch sehr schön im kulturellen Verhalten: Ein typisches Gespräch unter Türken beginnt immer mit einem Small Talk über das eigene Befinden, über Familie und Wetter, über Gott und die Welt, um erst gegen Ende der Unterhaltung zum wesentlichen Punkt des Anliegens zu kommen.

■ Istanbuler Idiom
Türkisch ist eine sehr blumige Sprache, die – wie jede andere Sprache auch – natürlich auf sehr verschiedenen Ebenen gesprochen werden kann. Vor allem der Istanbuler Efendi (der gebildete Herr, natürlich auch die Dame) bedient sich bis heute einer gehobenen, variantenreichen Sprache, die für den Eingeweihten wunderschön klingt. Die Standardsprache orientiert sich am Istanbuler Idiom.

■ Eigennamen
Im Türkischen werden alle Eigennamen, zu denen neben den persönlichen auch Länder- und Städtenamen sowie Institutions- oder Firmennamen zählen, von den Suffixen mit einem Apostroph abgetrennt, um den eigentlichen Namen immer als solchen kenntlich zu machen (*Türkiye'deyim.* Ich bin in der Türkei). Als Personennamen findet man religiöse/arabische Namen (Ahmet, Fatima) neben sehr modernen Namen (Ülkü, Ufuk). Für einen Nichtmuttersprachler lässt sich oft nicht am Namen erkennen, um welches Geschlecht es sich handelt, da man manche Namen sowohl für Männer als auch für Frauen gebraucht. Man sollte zudem wissen, dass türkische Nachnamen sehr häufig die Endung -oğlu (Sohn des ...) tragen und die Betonung auf der Silbe vor -oğlu (ausgesprochen: oolu) liegt, z. B. Hacıoğlu (Sohn des Pilgers), Terzioğlu (Sohn des Schneiders), Osmanoğlu (Sohn des Osman) oder *Köroğlu* (Sohn des Blinden).

»Das schönste Wort der Welt«: yakamoz

Das Institut für Auslandsbeziehungen (ifa) veranstaltete 2007, gefördert vom Auswärtigen Amt der Bundesrepublik Deutschland, einen internationalen Wettbewerb um »das schönste Wort der Welt«. Unter rund 2.500 Einsendungen aus 60 Nationen wählte die Jury das türkische Wort »yakamoz«. Es beschreibt den Zustand, wenn sich der Mond im Wasser spiegelt. Ein Grund für die Wahl dieses Wortes war u.a. der Umstand, dass der türkische Begriff mit nur einem Wort das ausdrückt, wofür in anderen Sprachen – wie z. B. im Deutschen – mehrere Substantive benötigt werden.

V.

KULTURDIMENSIONEN:
RELIGION – KULTUR – WERTE – NORMEN

Die türkische Identität basiert im Wesentlichen auf drei Säulen: auf der Religion des Islam und der damit verbundenen patriarchalischen Gesellschaftsordnung sowie auf dem Nationalgedanken in seiner spezifischen »kemalistischen« Ausprägung.

Die Türkei ist ein Teil der muslimischen Welt. Einer offiziellen Statistik zufolge bekennen sich 92,6 % der türkischen Staatsbürger zum Islam. Die Reformen Atatürks und die von oben verordnete Säkularisierung haben zwar die verfassungsrechtliche Trennung von Staat und Religion herbeigeführt und den Islam aus dem öffentlichen Leben zurückgedrängt, doch ist das religiöse Bewusstsein in der breiten Bevölkerung nie geschwunden. Seit den 1990er-Jahren ist zudem eine religiös fundierte Gegenbewegung zum Laizismus festzustellen, welche die atatürkischen Staatsdoktrinen jedoch nicht in Frage stellt. Der Islam firmiert zwar nicht als offizielle Staatsreligion, wird im türkischen Selbstbild, das den Türken generell als Muslim sieht, aber als solche wahrgenommen. Der türkische Pass enthält z. B. die Religionszugehörigkeit. Eng verflochten mit dem Islam ist die traditionelle patriarchalische Wertordnung.

Daneben ist das türkische Selbstverständnis stark vom Nationalgefühl geprägt. Nationalismus und nationales Selbstbewusstsein sind tief in der türkischen Gesellschaft verankert. Unter Atatürk wurde der Nationalismus als emanzipatorische und dezidiert nach Westen orientierte Kraft formuliert. Beide Wertesysteme – die Religion und den eigentlich weltlichen Nationalismus – versucht die Politik in der »türkisch-islamischen Synthese« zu vereinigen.

1. Der Islam und die muslimische Identität

▮ Das Wesen der islamischen Religion

Der Islam ist die jüngste der drei monotheistischen Weltreligionen. Auch er stammt aus der gleichen Region wie das Juden- und das Christentum, nämlich aus dem Vorderen Orient, der Arabischen Halbinsel.

Das Wort *Islam* bedeutet etwa »Ergebenheit, Hingabe, Unterwerfung, Gehorsam« an den Einen Gott. Ein Mensch, der bereit ist, den im Islam von Gott vorgezeichneten Weg zu beschreiten, den Glaubenssatz »Ich bezeuge, dass es außer Allah keinen Gott gibt und Mohammad sein Gesandter ist« anerkennt, ihn arabisch aussprechen kann und bereit ist, nach ihm zu leben, ist ein *Muslim.* (Die Bezeichnung »Mohammedaner / mohammedanisch« ist unbedingt zu vermeiden, da sich Muslime nicht als Anhänger Mohammads sehen und dies ein im Westen geprägter Begriff ist!)

▨ Die fünf Säulen des Islam

Die Pflichtenlehre des Islam umfasst die sogenannten fünf Säulen des Islam (*arkân al-Islâm*):

① das Glaubensbekenntnis (*schahada*)

② die rituelle Reinheit (*tahâra*), Waschung und Äußerung der Absicht (*niyah*) zu beten vor dem Pflichtgebet (*salât*), das fünf Mal am Tage zu verrichten ist

③ das Fasten im Monat Ramadan (*saum*)

④ die Armensteuer (*zakât*)

⑤ die Pilgerfahrt nach Mekka (*haǧǧ*), die jeder Muslim wenigstens einmal im Leben vollziehen sollte, wenn er die finanziellen Mittel dazu hat.

Das fünfmalige tägliche Gebet (*salât*) · Die Pilgerfahrt nach Mekka (*haǧǧ*) · **Die fünf Säulen des Islam** · Das Glaubensbekenntnis (*schahada*) · Das Fasten im Monat Ramadan (*saum*) · Die Armensteuer (*zakât*)

Diese fünf individuellen Pflichten muss jeder Muslim erfüllen. Hinzu kommen die kollektiven Pflichten:

① zum gemeinsamen Freitagsgebet (in der Moschee)
② zum Glaubenskampf (*ǧihâd*)

Beim *Dschihad* gehen die Lehrmeinungen auseinander: Während die klassischen Rechtsgelehrten ihn als eine ständige Pflicht zur Ausbreitung des Islam sehen, gibt es auch die Auffassung, ein *Dschihad* sei einzig zur Verteidigung des Islam zu führen, und schließlich die spirituelle Interpretation, wonach er lediglich als Teil der religiösen Vervollkommnung zu verstehen ist, da das Wort etymologisch »Eifer, besondere Anstrengung« bedeutet. Der »Kampf um Gottes willen« ist im Koran mehrfach belegt, den Gefallenen wird (wie den christlichen Märtyrern) hier das Paradies prophezeit.

Neben den Pflichten gegenüber Gott gibt es eine Reihe von Pflichten gegenüber den Eltern, Kindern, Geschwistern, Verwandten und Nächsten. Auch gegenüber sich selbst ist man gemäß einem *Hadith* zur eigenen Gesunderhaltung und Reinheit verpflichtet: »Die Religion des Islam wurde auf der Reinheit gegründet.« Neben den Pflichten sind auch die Rechte des Einzelnen auf Freiheit, Leben, Würde, Ehre, Toleranz und Eigentum festgelegt.

■ Entstehung des Koran

Obwohl die Muslime von einer relativ kurzen Entstehungsgeschichte des Koran nach dem Tode Mohammads ausgehen, muss angenommen werden, dass er in seiner heutigen Form nur sehr vage auf die Prophetenzeit selbst zurückgeht und sich in ihm durchaus der Einfluss bestimmter heterogener Theologien feststellen lässt. Dies ist allerdings eine westliche Auffassung und steht im Widerspruch zur muslimischen. Nach orthodox-islamischem Verständnis ist die koranische, an den Propheten Mohammed übermittelte Offenbarung die abschließende Wahrheit, die für alle Zeiten, alle Religionen und die gesamte Menschheit gelte. Damit wäre die islamische Religion in ihrer Idee nicht veränderbar, an keine Realität je anzupassen, da sie selbst die abschließende, von dem »Siegel der Propheten« übermittelte Religion ist.

Der Koran enthält kein theologisches oder juristisches System, sondern lediglich Bausteine zu einem solchen. Die frühe Religionsgeschichte des Islam zeigt sehr deutlich, dass mithilfe ein und desselben Korans unterschiedliche Theologien und Rechtsschulen (im Sinne von Lehrmeinungen) entwickelt werden konnten. Alle erkennen die fundamentalen Glaubenssätze des Korans jedoch an. Nicht zuletzt durch die Ausdehnung des Reiches und die schnelle Verbreitung des Islam in Gebiete mit sehr unterschiedlichen kulturellen Verhältnissen war eine gewisse Flexibilität, die Gewohnheitsrechte integrierte, zwingend notwendig.

GLAUBENSRICHTUNGEN DES ISLAM

Ab 656 Partei (Schia) Alis, des Schwiegersohns Mohammeds (4. Kalif). Schiiten erkennen nur Nachkommen Mohammeds und Alis als Oberhaupt (Imam) an. Später Entwicklung besonderer Rituale und Lehrinhalte. Die verschiedenen Richtungen unterscheiden sich insbes. durch die Zahl der anerkannten Imame.

Sunniten ca. 750 Mio.

Die Sunna ist die orthodoxe Hauptrichtung des Islam. Richtschnur sind Koran, Brauch (Sunna) und Überlieferung (Hadith). Moderne Reformsekten sind u.a.: Wahhabiten in Saudi-Arabien, Senussi in Libyen, Ahmadija in Pakistan.

8–20 Mio. Aleviten in der Türkei: weltlich orientierte Gemeinschaft mit schiitischen Einflüssen.

Asien und Afrika

Schiiten ca. 130 Mio.

Charidschiten ca. 1 Mio.

Trennung von der Schia 657. Halten sich streng an den Koran u. betrachten die anderen Muslime als todeswürdige Ketzer.

Oman u.a.

Zaiditen ca. 6 Mio.

Erkennen den 5. Imam (Zaid, †740) als letzten an. Tolerante Glaubensrichtung.

Jemen

Ismailiten ca. 15 Mio.

Erkennen den 7. Imam (Ismail, †760) als letzten an. Geheimlehren. Oberhaupt Aga Khan.

Indien und Ostafrika

Alawiten ca. 2 Mio.

Abspaltung 872. Verehren Ali als Gott. Geheimlehre.

Syrien, Türkei

Imamiten ca. 105 Mio.

Erkennen den 12. Imam (Mohammed ibn Hasan, bis 873) als letzten an. Er lebt im Verborgenen weiter u. wird als Erlöser (Mandi) wiederkommen.

Iran und Nachbarländer

Drusen ca. 0,6 Mio.

Geheimlehre des ad-Darasi (†1019). Erklärte den Fatimidenkalifen Hakim für göttlich. Werden von den anderen nicht als Muslime anerkannt.

Libanon und Syrien

nach: © Globus

■ Scheriatrecht

Aus vier Wurzeln (*usûl al-fiqh*) wurde das islamische Religionsgesetz (*schari'a*, wörtl. »der Weg zur Tränke« in der Bedeutung des geradlinigen Weges) entwickelt, wobei die beiden ersten Wurzeln als die eigentlichen Grundlagen gelten:

① *Koran*: Sammlung aller durch den Propheten erhaltenen göttlichen Aussprüche (*Suren* Verse, *Ayat*, Zeichen)

② *Sunna*: vorgelebte Bräuche und Sitten des Propheten, die in *Hadithen* gesammelt wurden

③ *Iğmâ*: die Übereinstimmung der Rechtsgelehrten im gesamten Reich

④ *Qiyâs*: Analogieschluss, bei dem von ähnlich gearteten Fällen auf neue Probleme geschlossen und eine Entscheidung getroffen werden konnte (z. B. wurde das Weinverbot – vergorener Dattelsaft – auf alle berauschenden und später auf alle aufputschenden Getränke wie Kaffee, Drogen usw. übertragen).

Hadith

Hadith (türkisch: *Hadis*) ist der Sammelbegriff für die überlieferten Reden, Aussprüche und die beispielgebende Lebensführung des Propheten, bestehend aus kleinen Geschichten, Gleichnissen, Dialogen und Aphorismen. Da der Koran selbst nur wenige rechtliche Regelungen enthält, bildet die Hadith-Überlieferung die wichtigste Grundlage für das islamische Recht, die Scharia. Für den Muslim steht die Echtheit der Hadithe außer Frage. Sie gelten als kanonische Autorität, ihr Inhalt bedarf jedoch der Interpretation und der Deutung, die je nach Rechtsschule verschieden ausfallen können.

Die Pflichtenlehre ist eine normative Richtschnur für alles menschliche Handeln. De facto ist das Scheriatrecht in den meisten islamischen Ländern (außer in Saudi Arabien und einigen afrikanischen Ländern) seit der Gründung der arabischen Nationalstaaten (durch westlich inspirierte Eliten) zugunsten eines europäischen Rechts verdrängt worden. Die islamischen Richter (*Kadı*) wurden durch weltliche Richter ersetzt, deren Ausbildung an juristischen Fakultäten europäischen Stils erfolgte. Das Familien- und Erbrecht sowie die Verwaltung der religiösen Stiftungen (*Vaqf*) wurden davon nicht betroffen. Erst 2004 wurden auch diese Bestimmungen nach laizistischen Grundsätzen geändert.

Der Koran und seine Rezitation sind nur in der arabischen Originalsprache gültig, die somit eine sakrale Bedeutung hat. Eine Übersetzung in andere Sprachen des Islam gilt nur als Hilfsmittel.

Einem Muslim ist es nicht gestattet, zu einer anderen Religion zu konvertieren.

Der Islam ist nicht nur als Religion zu verstehen, sondern auch als eine Lebens- und Gemeinschaftsform, die neben den rein religiösen auch zahlreiche andere Aspekte des Lebens (soziale, politische, rechtliche, wirtschaftliche, militärische, ethische, literarische, künstlerische, mystische, philosophische und dazu natur- wissenschaftliche) in sich vereint, also als eine geistige Haltung, deren Spiritua- lität derjenigen des Westens als überlegen angesehen wird.

■ Der Islam und die »Religionen des Buches«

Der Stellenwert, den der Islam innerhalb der Religionen dieser Welt für sich in Anspruch nimmt, ist von ausgeprägtem Selbstbewusstsein bestimmt. Zur Be- gründung wird die Tatsache angeführt, dass der Koran im (göttlichen) Urtext erhalten blieb und Mohammad als letzter Prophet berufen wurde. Der Islam repräsentiert damit die zuletzt gestiftete und bis heute gültige Religion, der keine weitere Offenbarung folgt.

> *Buchreligionen: Judentum und Christentum*
>
> Judentum und Christentum werden im Islam als »Buchreligionen« bezeich- net, weil sie jeweils auf schriftlich niedergelegten göttlichen Offenbarungen fußen, nämlich auf der Thora sowie auf dem Alten bzw. für die Christen auf dem Neuen Testament und auf der Bibel an sich. Für die Muslime gelten Moses und Jesus als Propheten und Vorgänger Mohammads. Judentum wie Christentum sind demnach die Vorläufer des Islam. Der Koran und der Is- lam indes repräsentieren die letzte und endgültige Offenbarung. Angehörige der Buchreligionen werden nicht als Heiden betrachtet und unterliegen nicht der Zwangsmission. Juden und Christen genießen daher Duldung im islamischen Herrschaftsbereich. Im Osmanischen Reich waren sie als Schutzbefohlene (*Dhimmi*) zu einer Sondersteuer verpflichtet, blieben aber in Kult und Ritus ungestört.

Die Vorschriften des Islam regeln das gesamte private und öffentliche Leben. In säkularen Staaten – wie in der Türkei – konkurrieren deshalb die modernen, von Menschen verabschiedeten, staatlichen Gesetze mit den »von Gott offenbarten« Verordnungen, die seit Jahrhunderten im muslimischen Scheriatrecht formuliert sind. Das sich daraus ergebende Konfliktpotenzial zwischen Staat und Religion verlagert sich auch in die europäische Diaspora: Streng gläubige Muslime bei- spielsweise betrachten das weltliche deutsche Grundgesetz (Gleichheitsgrund- satz) als nicht bindend. Damit ist die Gefahr von muslimischen Parallelwelten innerhalb der westlichen Gesellschaften gegeben (siehe Themenbereich VII).

▧ Muslimischer Lebenszyklus

Das Leben eines traditionellen Muslims kennt folgende Abschnitte, die mit entsprechenden Feiern oder Gedenkveranstaltungen begangen werden:

Geburt (*Doğum*) und die Namensgebung (*Ad Koyma*) stehen am Anfang des Lebens, es folgt die vierzigtägige Schonzeit für die Mutter (*Kırkı Çıkma*), in der sie sich nicht in der Öffentlichkeit zu zeigen hat. Ein einschneidendes Erlebnis im Leben der Jungen ist die Beschneidung (*Sünnet*), das Ritual zur Aufnahme in die Männergesellschaft, deren Zeitpunkt jedoch nicht näher festgelegt ist. Ein weiterer Lebensabschnitt beginnt mit dem Eintritt in das Schulleben (*Okul Yaşamı*) und dem sich für die jungen Männer anschließenden Militärdienst (*Askerlik*). Die Eheschließung (*Evlenme*) lässt sich unterteilen in das Kennenlernen (*Tanış(tırıl)ma*), das durchaus noch durch Vermittlung, meist der Mutter des jungen Mannes, erfolgt, dem Eheversprechen (*Söz Kesme*), dem die Verlobung (*Nişan*) folgt, sowie in die Trauung (*Nikâh*), zum einen als zivile Trauung (*Medeni Nikâh*) und danach als religiöse Trauung (*Imam Nikâhı*). Die Hochzeit (*Düğün*) wird in traditionellen Familien als sogenannte Frauenhochzeit mit der Henna-Nacht (*Kına Gecesi*) sowie mit der Zeremonie des »Brautanschauens« (*Yüz Görümlüğü*) eingeleitet und bis zu drei Tage gefeiert. Größter Wert wird bei den jungen Frauen auf ihre Virginität gelegt, da die Familie, aus der die Braut stammt, andernfalls entehrt wäre. Nach einer Eheschließung erwartet die Umgebung, dass sich innerhalb eines Jahres der Kindersegen einstellt (*Çocuk Sahibi Olmak*). Eine kinderlose Ehe gilt als Unglück und als nicht gottgewollt.

Als ein besonderer Höhepunkt im Leben eines gläubigen Muslims oder einer Muslima gilt die Pilgerfahrt nach Mekka (arab.: *Haǧǧ*, türkisch: *Hac*, deutsch: *Hadsch*), die, sofern man es sich finanziell erlauben kann, zu den fünf kollektiven Pflichten des Islam zählt (siehe S. 182). Der Tod (*Ölüm*) erfolgt, ebenso wie die Geburt, normalerweise zu Hause. Naht die Todesstunde eines Angehörigen, so versammeln sich Familie, Verwandte und Freunde am Sterbebett und nehmen Abschied, sprechen Mut und Trost zu und versöhnen sich gegebenenfalls. Frauen wohnen dem Begräbnis nicht bei, sondern versammeln sich, um die verstorbene Seele zu beweinen und für sie zu beten. In der vierzigsten und zweiundfünfzigsten Nacht nach dem Tode ruft man die Familienmitglieder zu einer Seelenmesse (*Mevlid*) ins Haus.

▧ Der Islam im Alltagsleben

Kismet, der Glaube an die Vorherbestimmung des menschlichen Schicksals (»es steht geschrieben«), wirkt auf das westliche Denken als Fatalismus und Schicksalsergebenheit. Westlicher Interpretation zufolge kann sich aus diesem statischen Gottvertrauen kein dynamischer Fortschrittsgedanke entwickeln. Verbunden mit dem Kismet ist ein im ganzen Orient verbreitetes zyklisches (kreisförmiges) Zeitverständnis (»alles kehrt wieder«), das im Gegensatz zum westlichen linearen Denken (Anfang – Fortschritt – Ende) steht.

Folgende Speisegesetze wirken in den Alltag hinein: Verbot des Verzehrs von Schweinefleisch, aber auch von Meeresgetier ohne Schuppen (Scampi, Kalamari), Verbot von Alkohol (wird am wenigsten beachtet, Rakı gilt z. B. als Medizin).

Im Islam gibt es eine Reihe von Verboten, die z. T. weniger bekannt sind:

- Alkohol ist verboten, da er den Menschen schadet und sie zu unbedachten Handlungen verleitet.
- Schweinefleisch gilt bei den Muslimen als unrein und daher, vermutlich aus hygienischen Gründen, verboten, da in der Hitze Arabiens die Trichinengefahr bestand, die zu Erkrankungen führte.
- Verbot von Meeresgetier ohne Schuppen (Muscheln, Scampi, Kalamari).
- Fleisch, das nicht nach den Ritualen des Koran geschlachtet wurde, sowie Kadaver dürfen nicht verzehrt werden.
- Verbot von Drogen und allen Dingen, die süchtig machen.
- Glücksspiele sind verboten, da sie einen Menschen ruinieren können.
- Kein Missbrauch der Rechte Anderer: Das Recht des Anderen spielt im Lebens eines Muslim eine wichtige Rolle. Die eigenen Rechte reichen nur soweit, wie man das Recht des Anderen nicht beeinträchtigt. Da dies jedoch kaum umzusetzen ist, gibt es eine Verabschiedungsformel, die im ideellen Sinne darum bittet, »die Schulden zu vergelten«.
- Üble Nachrede gilt als schlimmes Vergehen.
- Obwohl Reichtum als gottgewollt angesehen wird, gilt Verschwendungssucht als große Sünde.
- Betrügen des Ehepartners: Dieses Verbot bezieht sich auf Mann und Frau, wird beim Mann aber häufiger geduldet.
- Ermorden eines Menschen, ohne hierfür berechtigt zu sein: Die Berechtigung zum Mord ist eine der umstrittensten Fragen im Koran.

Weitere Besonderheiten:

- Grün gilt als Farbe des Islam und unterliegt besonderer Wertschätzung.
- Vollbärte bei Männern: Als »islamischer Bart«, der in verschiedenen Hadithen gefordert wird, gilt ein Vollbart, der eine Handvoll (oder eine Faust) Länge aufweist. Kürzere oder längere Bärte sind unerwünscht. Vorbeter müssen sich auf jeden Fall an diese Regel halten. Muslime in nicht-islamischen Ländern sind von der Bartpflicht ausgenommen. In der Türkischen Republik sind Bärte jeglicher Art bei Bediensteten im öffentlichen Bereich und in der Armee untersagt.

Der Fastenmonat *Ramadan* richtet sich nach dem Mondkalender und verschiebt sich jährlich um elf Tage nach vorne. Gefordert werden vier Wochen Enthaltsamkeit von Essen, Trinken (!), Rauchen und Sexualität von Sonnenaufgang bis Sonnenuntergang. Atatürk hatte die Abschaffung des Ramadans vergeblich verfügt, vielmehr ist die Popularität des Fastens gestiegen – wenn auch nicht ausschließlich aus religiösen Gründen. In den türkischen Städten wird das Ende des Fastentages mit Trink- und Essgelagen gefeiert. Auch in Deutschland wird der Fastenmonat von etwa 30 % der Türken und Türkischstämmigen befolgt, was im Berufsleben zu Komplikationen führen kann. Der soziale Druck in der Diaspora ist in dieser Hinsicht sehr hoch.

Die Beschneidung (*Sünnet*) von Knaben dient der Initiation und markiert den Übergang vom Kindes- ins Erwachsenenalter sowie die Aufnahme des Muslims in die Gemeinschaft (*Umma*) der Gläubigen (»mein Sohn ist Mann geworden!«). Sie entspricht – im weitesten Sinne – der christlichen Kommunion (Aufnahme in die Gemeinde) und ist auch bei weltlich gesinnten Türken üblich. Mädchenbeschneidungen werden in der Türkei als »afrikanisch« abgelehnt.

■ Reinheit / Unreinheit

Die muslimischen Reinigungsvorschriften sind sehr detailliert: So soll zur Körperhygiene nur fließendes Wasser verwendet werden (über Badewannen und Waschschüsseln rümpft man deshalb die Nase), weshalb Toiletten immer mit einem Wasserhahn verbunden sind. Der Gebrauch von Toilettenpapier wird als unrein empfunden. Einmal in der Woche muss der Körper von innen per Schwitzbad (*Hamam*) gereinigt werden; die westliche Form des Duschens gilt bei den Muslimen nicht als vollständige Reinigung. Körperbehaarung sollte entfernt werden, woran sich zumindest die Frauenwelt hält.

Im Zusammenhang mit der Hygiene sind folgende Tabus zu beachten, die im Westen nicht gelten: Öffentlich schnäuzen gilt als Tabu, stattdessen geht man hierfür aus dem Raum. Zur Reinigung nach der Toilettenbenutzung wird im Orient die Linke Hand benutzt (natürlich in Verbindung mit Wasser), die Linke gilt daher als »unrein«. Mit ihr sollten keine Begrüßungen vorgenommen oder Speisen und Getränke gereicht werden. Ist man Linkshänder, so sollte man dies sagen.

Reinheit wird in erster Linie auf den sakralen, den persönlich-privaten sowie auf den häuslichen Bereich bezogen. Ein Ort, der besonderen Reinheitsvorschriften unterworfen ist, ist die Moschee. Sie darf – um das Gebet zu verrichten – nur nach ritueller Reinigung und ohne Schuhe betreten werden, um sie nicht mit Straßenschmutz zu entwürdigen. In muslimischen Haushalten ist es – auch für Besucher – ebenso üblich, sich der Schuhe zu entledigen. Für den öffentlichen (kommunalen, staatlichen) Bereich fühlt sich dagegen niemand zuständig. Straßen und Plätze erwecken daher nicht selten den Eindruck der Unreinheit. Im gesamten Orient fällt dem westlichen Betrachter der Kontrast zwischen penibler Ordnung und Sauberkeit zu Hause und entsprechender Vernachlässigung außer Haus ins Auge. In der heutigen Türkei ist auch hier ein Wandel festzustellen, der nicht zuletzt auf die in Europa lebenden Türken zurückgeht.

Die Begriffe »Reinheit / Unreinheit« beziehen sich auch auf Tiere: Hunde gelten beispielsweise als unrein und die in europäischen Städten massenhaft herumliegenden Hunde-Exkremente rufen bei Muslimen großen Ekel hervor. Europäische Straßen und Plätze gelten daher als besonders unrein. Für die Hundehaltung in der Wohnung haben Türken kein Verständnis, obgleich es in modernen Kreisen der Türkei mittlerweile als chic und »europäisch« gilt, mit teuren Rassehunden als Statussymbol herumzulaufen. Im Gegensatz zu Hunden gelten Katzen als rein und sind – wie in Europa – in der Türkei beliebte Haustiere; die Straßenkatzen werden gefüttert und sind meist wohlgenährt.

Die Reinheit bezieht sich auch auf das äußere Erscheinungsbild und wirft ein Licht auf die Person. Selbst der Ärmste achtet in der Türkei auf sein Äußeres und trägt geputzte Schuhe (nicht umsonst gibt es überall Schuhputzer). Für schlampige, zerlöcherte und ungepflegte bzw. unpassende, zu knappe Kleidung hat man – vor allem bei den »reichen« Europäern – kein Verständnis. »Zerlumpt geht nur der Lump« lautet ein Sprichwort.

2. Der Islam in der Türkei

Der Islam und die Verfassung

In den Verfassungen der Türkischen Republik (1923, 1961, 1983, Verfassungsänderungen seit 2001) sind Religion und Staat strikt voneinander getrennt. Die laizistische Staatsverfassung betrachtet die religiöse Ausübung als Privatsache des Einzelnen, die Instrumentalisierung für politische Zwecke ist untersagt. Der Überwachung religiöser Angelegenheiten dient das von Kemal Atatürk 1924 gegründete »Präsidium für Religionsangelegenheit« (*Diyanet İşleri Başkanlığı*, DİB). Das Amt für die geistlichen Angelegenheiten publiziert den Koran mit türkischen Inhaltsangaben, legt Gebetszeiten fest, überwacht Korankurse und betreut türkische Muslime im Ausland (*Diyanet İşleri Türk-İslam Birliği*, DİTİB; die türkisch-islamische Union der Anstalt für Religion e.V. hat ihren Europasitz in Köln).

In der Türkischen Republik blieb der Islam trotz anfänglicher Unterdrückungsmaßnahmen durch Kemal Atatürk immer präsent. Seit 1960 bildet er eine wachsende politische Bewegung, die periodisch an der Macht beteiligt war. 1980 wurde der Islam als »Staatsreligion« wieder in die türkische Verfassung eingebunden, d. h. ein »echter Türke« ist Muslim! Eine Folge dieser Entscheidung ist z. B., dass der konfessionelle Status von türkischen Staatsbürgern im Pass vermerkt wird. Gegenwärtig ist der politische Islam die stärkste Kraft im türkischen Parlament.

■ Ausprägungen des türkischen Islam

Wie bereits angedeutet, stellt der Islam auch in der Türkei keinen einheitlichen Block dar. Die *Sunniten* bilden die Mehrheit, die *Aleviten* eine dominante Minderheit. Die *Schiiten* spielen – im Gegensatz zu Iran und Irak – nur eine marginale Rolle. Alle drei konfessionellen Formen stehen sich antagonistisch gegenüber. Bemühungen, zu einem inner-islamischen Ausgleich (vergleichbar mit der christlichen ökumenischen Bewegung) zu kommen, existieren nicht bzw. scheitern am jeweiligen Absolutheitsanspruch. In der Türkei entlud sich dieser Gegensatz bis in die jüngste Zeit in Verfolgungen der alevitischen Minderheit. Aleviten geben daher in der Regel nicht ihre Konfession preis und erkennen sich an bestimmten Zeichen oder Verhaltensweisen. Diese inner-muslimischen Spannungen werden auch in die europäische Diaspora übertragen.

Der Islam tritt in der Türkei in mehreren Formen auf: Der *Volksislam*, der noch von vorislamischem Aberglauben (Glaube an Dschinnen, Dämonen) und rigorosen Tabus, auch Mystik, geprägt ist, nimmt heute in den muslimischen Ländern selbst immer mehr ab, gewinnt aber in der westlichen Diaspora erneut an Boden.

Der *Staatsislam* ist der staatlich verordnete Islam, wie er vom Ministerium für religiöse Angelegenheiten in Ankara propagiert wird. Es handelt sich sozusagen um eine kemalistisch gereinigte Form für Beamte, Staatsbedienstete und das Militär. Dem Ministerium obliegt auch die Überwachung des Religionsunterrichts an türkischen Schulen. In dieser Eigenschaft entsendet es türkische Religionslehrer nach Deutschland, denen traditionelle Muslime in Deutschland mit Skepsis und zum Teil gar mit Ablehnung gegenübertreten.

Der *politische Islam* hat sich in verschiedenen Parteien formiert. Radikale Parteien propagieren den sogenannten »Fundamentalismus«, d. h. die Rückführung des Lebens auf das ursprüngliche Glaubensfundament, wie es von Mohammad formuliert worden ist, sowie die Einführung des Scheriatrechts. In der Türkei selbst spielen diese Bewegungen keine tragende Rolle, z.T. sind sie in den Untergrund abgedrängt. Hingegen zeigen sie sich im liberalen Westen unverhüllt und nutzen sämtliche rechtsstaatliche Mittel aus (so zum Beispiel im Falle des Kaplans, dem »Kalifen von Köln«).

Erheblichen Einfluss hat im letzten Jahrzehnt die gemäßigte Form einer *islamischen Volkspartei* gewonnen, die gegenwärtig die Regierungspartei in Ankara

stellt. Sie versucht – bisher mit Erfolg – westliche Werte wie Demokratie, Bürgerrechte und Zivilgesellschaft mit dem Islam zu verbinden und erkennt die Trennung von Religion und Staat grundsätzlich an. Eine ihrer Forderungen ist der
Ausbau des religiösen Schulwesens. Dieser Form des politischen Islam dürfte
auch die große Mehrheit der in Deutschland lebenden Türken und Türkischstämmigen anhängen.

Nur in der Oberschicht und der gehobenen Mittelschicht ist der *Euro-Islam*
verbreitet: eine säkularisierte Form, in welcher religiöse Feste gefeiert und Riten
nur als Tradition (analog zu Feiertagschristen) berücksichtigt werden. In der
Türkei geht der Trend z. B. dahin, Silvester mit einem Weihnachtsbaum und Geschenken zu feiern.

3. Die patriarchalisch-muslimische Kulturdimension

Die folgenden Ausführungen beziehen sich in erster Linie auf traditionelle, streng
religiöse Türken. Die europäisch bzw. amerikanisch geprägte säkulare Oberschicht distanziert sich zum großen Teil von diesen traditionellen Werten.

◾ Geschlechtsspezifische Normen

Der Islam beruht auf der patriarchalischen Ordnung, die erheblich älter ist als
der Islam und auch die Grundlage der christlichen Gesellschaften bildet. Auch in
Europa haben sich bis ins letzte Jahrhundert patriarchalische Lebensformen erhalten.

Ein besonderes Merkmal ist die Geschlechtertrennung. Sie ist in ihren strikten
Formen in der Türkei nur noch in ländlichen Gegenden zu finden. Frauen und
Männer bleiben weitgehend unter sich und unterliegen einem festen Rollenver-

Straßenszene in Savur
(Provinz Mardin)

ständnis: Von Männern wird aktives Handeln im öffentlichen Bereich erwartet, von Frauen indes passives und defensives Verhalten in der Öffentlichkeit. Im privaten, häuslichen Bereich hingegen bewegt sich die Frau aktiv, als ältere Frau sogar dominant. Der Außenbereich (Öffentlichkeit, Straßen, Lokale, auch der Markt) ist generell männlich dominiert. Frauen sollten ihn nur bedeckt (mit einem Kopftuch) und in Begleitung eines Mannes betreten. Absolut unüblich ist das Ansprechen des anderen Geschlechts auf der Straße (s. u. »Ehre«). In traditionellen türkischen Lokalen gibt es auch separate Familienabteile, die von Frauen aufgesucht werden können.

■ Traditionelle Werte: Familie und Verwandtschaft; Gemeinschaft vor Individuum

Im Patriarchat (und somit auch im Islam) gilt der Grundsatz des absoluten Vorrangs der Gemeinschaft vor dem Individuum. Der Mensch lebt eingebettet in die Solidargemeinschaft der Familie, der Sippe und des Clans. Das Streben nach »westlicher« individueller Selbstverwirklichung ist diesem Denken fremd. Innerhalb der Familie gilt eine genau abgestufte Hierarchie, die sich nach Lebensalter und Geschlecht richtet. Dem Älteren gebührt immer der Vorrang (Alter vor Jugend; Mann vor Frau). Für jede Begegnung von Familienmitgliedern oder mit Außenstehenden existiert eine bestimmte Höflichkeitsformel sowie eine entsprechende Verhaltensweise. So würde ein Sohn aus Respekt zum Vater beispielsweise niemals in dessen Beisein oder in Anwesenheit anderer älterer Männer rauchen; auch dann nicht, wenn es ihm angeboten wird.

■ Der patriarchalische Ehrenkodex: *Namus*

Der patriarchalische Ehrenkodex bezieht sich in erster Linie auf die Familienehre (*Namus*). *Namus* regelt das Miteinander von Familien und ganzen Sippenverbänden, besonders die weibliche Sexualität ist der strikten Beachtung der *Namus* unterworfen. Für Mädchen ist die Bewahrung der Jungfräulichkeit bis zur Ehe unabdingbar, sie unterliegen daher der Kontrolle seitens der Männer ihrer Familie (Mädchen z. B. auch derjenigen ihrer Brüder). Frauen gelten im patriarchalischen System bis zur Menopause immer als sexuell aufreizend und damit als gefährdet. Im außerhäuslichen Bereich ist daher die Begleitung der Frauen durch männliche oder ältere weibliche Familienangehörige immer noch weit verbreitet. Ein Zusammensein mit einem fremden Mann in einem Raum oder Abteil kann beispielsweise bereits die *Namus* in Frage stellen. Der Ehemann begleitet seine Frau in einem Restaurant oder einem anderen öffentlichen Raum z. B. zur Toilette und wartet davor auf sie. Eine traditionelle Frau würde auch niemals allein zu einem Frauenarzt gehen; sie wird immer von ihrem Mann oder einem anderen Familienmitglied bis ins Behandlungszimmer begleitet.

Vier Begriffe für Ehre: Şeref, Onur, Saygı, Namus

Die türkische Sprache kennt vier Begriffe für Ehre: *Şeref* ist die Ehre, die einem von außen zuteil wird und das Ansehen in der Gesellschaft ausdrückt. Sie ergibt sich aus der gesellschaftlichen, sozialen Position des Trägers (Macht, Reichtum). Dieser Ehrbegriff bezieht sich auch auf nationale Gegenstände, wie die Nationalfahne (*Bayrak*), staatliche Embleme sowie auf die zahlreichen Bilder und Statuen des Staatsgründers Atatürk und auf Briefmarken mit seinem Konterfei.

Onur ist die innere Würde, die ein Mensch ausstrahlt: Selbstachtung, Stolz und das eigene Ehrgefühl.

Saygı bezeichnet Achtung und Respekt, die einem aufgrund des Alters, der Stellung und der Bildung seitens der Familienmitglieder gezollt werden. Auch in der Art der Begrüßung kann man die Achtung ersehen, die eine Person erfährt. Eine höhergestellte Person kann man z. B. nur durch respektvollen Abstand begrüßen, indem man die rechte Hand aufs Herz legt. »*Ellerinizden öperiz*« »Wir küssen euch/Ihnen die Hände« ist eine beliebte Grußformel von Jüngeren an Ältere; mit »*gözlerinden öperiz*« – »wir küssen ihre Augen« grüßen die Älteren die Jüngeren. Jüngere erweisen *Saygı* beispielsweise, indem sie sich geziemend verhalten und in Anwesenheit Älterer weder rauchen noch Alkohol trinken.

Namus hingegen betrifft die Familienehre und damit vor allem das Wohlverhalten der weiblichen Familienmitglieder in der Öffentlichkeit.

■ Kopftuch und Verschleierung

Kopftuch und Verschleierung dienen der »Vermeidung ehrloser Situationen durch verhüllende Distanzwahrung«. Das weibliche Verhalten in der Öffentlichkeit ist daher geprägt von der vorbeugenden Vermeidung jeglicher potentieller »ehrlosen Situation«. Der Frau stehen verschiedene Mittel und Zeichen zur Verfügung, um ihre Ehre nach außen zu verteidigen. Ein grundsätzliches Mittel ist die Vermeidung von Blickkontakt – was in westlicher Umgebung leicht für Unfreundlichkeit und Teilnahmslosigkeit aufgefasst werden kann. Auf besonderes Unverständnis stößt im Westen die »Verschleierung«, doch Kopftuch, Verschleierung und bewusst unförmige Kleidung dienen in erster Linie dem Zweck, jegliche Verletzung der *Namus* von vornherein auszuschließen. (Dies richtet sich allerdings eher gegen die Männer aus der eigenen Gesellschaft, um damit kein Signal zur Kontaktaufnahme zu geben und weil die Frauen dadurch eine größere Anerkennung erfahren.) Moderne Möglichkeiten der Ehre- und Distanzwahrung sind Make-up und sichtlich teure, elegante Kleidung, die Schultern und Knie bedeckt. Diese Verhaltensweisen stehen in signifikantem Gegensatz zum – weiblich-jugendlichen – Kleidungs- und Modebewusstsein im Westen! Auch durch konsequentes und zielstrebiges Verhalten im öffentlichen Leben zeigt sich diese Distanzierung. Eine türkische Frau setzt sich im Taxi niemals neben den Fahrer, schon gar nicht, wenn sie alleine fährt.

▓ Sexualität

Sexualität wird im Patriarchat und im Islam prinzipiell gutgeheißen, jedoch nur im Rahmen der Ehe und der Familiengründung. Um die Sexualität der *Namus* gemäß zu gestalten, wird früh geheiratet. Während sich der »ehrsame« weibliche Sex auf die Ehe konzentriert, wird den Männern die sexuelle Gefährdung durch »ehrlose« Frauen oder Ausländerinnen zugestanden. Hier herrscht also eine doppelte bzw. geschlechtsspezifische Moral. Generell spielt sich das Sexuelle nur im privaten, häuslichen Bereich ab. Auch unter Verheirateten sind Zärtlichkeiten wie Küsse und Umarmungen in der Öffentlichkeit nicht üblich. Für Homosexualität bietet die patriarchalische Welt keinen Platz. Diese wird offensiv abgelehnt.

▓ Körperdistanz

Während man in Deutschland im zwischenmenschlichen Umgang von einer Intimsphäre von mindestens achtzig Zentimetern ausgeht, vermittelt Tuchfühlung in der Türkei ein Zusammengehörigkeitsgefühl. Im privaten Bereich sitzt man eng zusammen, hält sich gelegentlich auch beim Schlendern durch die Stadt gleichgeschlechtlich an der Hand (Achtung: kein Hinweis auf Homosexualität) oder berührt sich zur Begrüßung mit den Wangen. Der aus dem Westen übernommene Handschlag kann länger andauern; damit wird Wertschätzung und Verbundenheit ausgedrückt. Ein schnelles Zurückziehen der Hand würde als Ablehnung gewertet werden.

▓ Die »Gewalt der Ehre«

Zwischen den männlichen Angehörigen verschiedener Familien herrscht ein genau austarierter Verhaltenskodex, um Ehrverletzungen zu vermeiden. Dem dient ein Repertoire an bestimmten Anreden (z. B. älterer Bruder: *ağabey* (kurz: *abi*), Onkel: *amca*. Verwandtschaftsbezeichnungen auch ohne verwandtschaftliche Beziehung sind für beide Geschlechter üblich, wie etwa ältere Schwester: *abla* bei geringer Altersdistanz, Tante: *teyze* bei größerem Altersunterschied), Gesten (Anbieten von Zigaretten bzw. Nichtrauchen in Gegenwart des Vaters oder anderer älterer Verwandter trotz des Anbietens) und gewisser Redewendungen und Codewörtern. Solange man sich daran hält, sind die Höflichkeitsformen gewahrt, die ein einträgliches Miteinander von Familien, Sippen und Clans garantieren.

Angriffe auf die eigene Familie können die »ausgleichende« Blutrache an der anderen Familie provozieren. Kommt es zur Verletzung der eigenen Familienehre, muss die *Namus* – eventuell auch mit Waffen – verteidigt und bis hin zum soge-nannten Ehrenmord wieder hergestellt werden! Auch wenn ein eigener Famili-enangehöriger den Namen seiner Familie verunreinigt, gebietet es die *Namus*, ihn zu töten. Innerhalb des patriarchalischen Systems sind es meist Mädchen und Frauen, die solchen Ehrenmorden zum Opfer fallen. In der traditionellen Gesellschaft des Orients zählt dies zum Gewohnheitsrecht, weswegen Täter kein Unrechtsbewusstsein haben. Ein Gefängnisaufenthalt in dieser Sache gilt auch nicht als Ehrverlust. (Bereits Mohammad hatte sich gegen diese vorislamische Sitte gewandt und »Blutgeld statt Blutrache« gefordert.) In der türkischen Recht-sprechung selbst wurde erst 2004 unter dem Druck der EU die Möglichkeit ein-geschränkt, innerfamiliäre Ehrenmorde als minderschweren Totschlag zu werten. Auch deutsche Gerichte hatten sich schon des Öfteren mit Ehrenmorden unter türkischen Migranten auseinanderzusetzen. (Literarisch hat sich Orhan Pamuk in seinem Buch »Schnee« mit dem Thema Ehrenmord als Selbstmord getarnt befasst.)

Die »Wahrung des Gesichts« steht ebenfalls im Zusammenhang mit dem traditi-onellen Ehrbegriff. Das »Verlieren des Gesichts« bedeutet einen minderschweren, eher situationsbedingten Ehrverlust, z. B. durch falsches Verhalten oder Verletzung von leichteren Tabus. Westliche Touristen verlieren in muslimischen Ländern z. B. andauernd ihr Gesicht (bauchnabelfrei, durch kurze Hosen und Sandalen, den Konsum von Alkohol, öffentliches Streiten oder Knutschen, feilschen, »Deutsche Rechnung« (*Alman hesabı*), d. h. jeder zahlt für sich – in der türkischen Gesell-schaft undenkbar – oder penibles Nachrechnen), ohne sich dessen bewusst zu werden. Vor allem im Geschäftsleben spielt der Gesichtsverlust eine große Rolle. Das kann man ganz leicht selbst provozieren, wenn man z. B. bei einem Händler den Preis seiner Ware zu tief ansetzt und dies zu keinem Handel führt. Der Käufer würde dadurch sein Gesicht verlieren, weil er respektlos gehandelt hätte. Auf eu-ropäisch-türkischer Geschäftsebene bleibt den ausländischen Geschäftspartnern häufig die Ursache für Missverständnisse und Geschäftsabbrüche verborgen, weil ihnen die Gefahr des Gesichtsverlustes nicht bewusst wird.

▤ Gastfreundschaft als Frage der Ehre

Jeder Gast bestätigt und erhöht die Ehre des Gastgebers und seiner Familie. Gastliche Besuche sind aber in ein kompliziertes System von »Dos and Don'ts« eingebunden, die jedem Türken, nicht aber Europäern geläufig sind. Das beginnt schon mit der Aufforderung zum Besuch: Ein einmal ausgesprochenes »Komm' doch mal vorbei« oder »Schau halt mal vorbei« wird nicht als echte Einladung gewertet, es gilt erst die dreimalige Wiederholung als verbindlich. Andererseits gelten Besuche für Türken als besondere Ehrbezeugung: »Wer den Nächsten nicht besucht, kommt nicht ins Paradies.« (*Hadith*)

Ein bestimmter Verhaltenskodex sollte auch von Gästen berücksichtigen werden: Es gilt in der Wohnung des muslimischen Gastgebers das Gebot des Schuheausziehens, auch wenn die Gastgeber sagen, man müsste es nicht tun (es sei denn, man besucht moderne Türken). Als eingeladener Mann reicht man ein »männliches Geschenk« (keinen Alkohol) an den Hausherrn oder die Söhne, als Frau ein »weibliches Geschenk« an die Ehefrau oder die Töchter (z. B. Süßigkeiten; Blumen sind nur bei modernen Türkinnen üblich). Die Verpackung spielt eine besondere Rolle, zeigt sie doch dem Beschenkten, dass man viel Sorgfalt darauf verwendet hat. Allerdings werden die Geschenke nicht im Beisein des Gastes, sondern später ausgepackt, um einer eventuellen Enttäuschung und damit dem Gesichtsverlust des Schenkenden vorzubeugen. Bei der Begrüßung gilt die Rangfolge Mann – Ehefrau – Söhne – Töchter. In sehr traditionellen Familien halten sich Frauen und Töchter im Hintergrund. Als Mann nach ihnen zu fragen, wäre äußerst unschicklich! Auch die Gespräche verlaufen bei einem Besuch meist geschlechterspezifisch nach Männer- und Frauenthemen. Kinder gehören zu den frauenspezifischen Themen, Schule und Schulprobleme jedoch zu den Männerthemen.

4. Soziale Hierarchie

■ Differenzierte Familienstruktur

Familie und Gesellschaft werden durch dieselben patriarchalischen Wertvorstellungen strukturiert. Innerhalb der Familie herrscht die Autorität des Vaters (*baba*) und des älteren Bruders (*ağabeyi*), die beide für die Ehre der Familie verantwortlich sind. Ein gesetzlicher Gleichheitsgrundsatz zwischen Mann und Frau besteht seit 2004, doch kann man davon ausgehen, dass es in der Realität anders aussieht. Dem Vater als absoluter Respektsperson unterliegt die Strafgewalt.

■ Patriarchale Gesellschaftsstrukturen

Die soziale Rangfolge bezieht sich immer auf die Herkunftsfamilie und wird durch deren Macht, Prestige und Reichtum bestimmt. Reichtum wird im Orient offen demonstriert und ruft keinen Sozialneid hervor (er verpflichtet jedoch zum Almosengeben). Das hängt mit dem System der Patronage und der Klientel zusammen. Reichere Familien sind zur Patronage verpflichtet, d. h. sie gewähren ärmeren Familien Schutz, werden aber auch durch diese unterstützt, z. B. durch Wählerstimmen (Klientelverhältnis). Armut gilt nicht als Schande. Eine neuere Entwicklung, die mit der Einführung der liberalen Marktwirtschaft nach US-Muster im Jahre 1980 zusammenhängt, ist die Entwicklung von Klassen, die sich nach Einkommen bzw. Grad der Bereicherung definieren. Hier herrschen extreme Unterschiede zwischen Arm und (Neu-)Reich. Die neu entstehende westliche (bzw. amerikanische) Klassenstruktur löst gegenwärtig die ältere patriarchalische Ständegesellschaft ab und spaltet die türkische Sozialordnung in eine schmale reiche Schicht und eine immer breiter werdende ärmere Schicht (vor allem in der Ära Özal, Çiller und Yılmaz).

Historisch gesehen existierte im Osmanischen Reich kaum eine städtisch-bürgerliche türkische Mittelschicht im europäischen Sinne, die bürgerlichen Schichten stellten zu jener Zeit Armenier und Griechen. In der neuen Türkei ist eine bürgerliche Mittelschicht aus Verwaltungs- und Armeeangehörigen, Beamten- und Lehrerschaft entstanden, deren Hauptmerkmal die Abhängigkeit vom Staat ist. Gegenwärtig ist zu beobachten, dass sich eine neue, den modernen westlichen Wirtschaftsformen zugewandte Schicht bildet, die traditionelle, darunter auch islamische Werte allerdings bewusst zu bewahren versucht und zum Teil sogar wieder zu diesen Werten zurückkehrt. Die Mitglieder dieser neuen Schicht sind die eigentlichen Träger der gemäßigten religiösen Kräfte, die seit 2002 die Regierung stellen.

■ Autoritärer Staat

Autoritätsgläubigkeit und Obrigkeitshörigkeit gelten auch auf staatlicher Ebene. Vater Staat fungiert als Obrigkeit, die Bürger als Untertanen. Beamtenschaft, Verwaltung, Polizei und Militär verlangen Respekt und Gehorsam, Widerspruch und Kritik werden nicht geduldet und als kriminell erachtet. Andererseits ist das Verantwortungsgefühl der Regierung für ihre (Mit)Bürger noch wenig ausgeprägt. Der Staat wird daher traditionsgemäß lediglich als Gegner und Steuereintreiber gesehen, gegen den man auf ehrlichem Wege nicht ankommt, sodass man ihn durch Steuerhinterziehung, Schwarzarbeit und Korruption austricksen muss. Nur langsam – und unter Druck der EU – bildet sich eine *civil society* heraus, die sich ihrer Rechte bewusst wird (Gewerkschaft, Umweltschützer, Frauenrechtsgruppen u. a.).

■ Erziehung zum Gehorsam

Auch im staatlichen Erziehungswesen der Türkei (Schulen, Universität) herrscht strenge Obrigkeitshörigkeit mit »Paukschule«, Frontalunterricht, einheitlichen Schuluniformen und spartanischer Schuleinrichtung. Die Herausbildung einer eigenen Meinung und der Kreativität (wie sie von deutschen Lehrplänen zumindest gefordert wird) ist nicht vorgesehen, zur Kritikfähigkeit wird nicht erzogen. Lehrer und Lehrerinnen sind unangefochtene Autoritätspersonen, unterliegen selbst aber ebenfalls einem von oben gesetzten strengen Verhaltenskodex (äußere Erscheinung, Kleidung, Vorbildfunktion). Auch die Eltern geben ihre Erziehungsaufgabe an die Lehrer weiter.

Eine verbale Streitkultur kann sich unter diesen Umständen nicht herausbilden. Diskussionen mit Austausch von Argumenten sind nur unter Gleichgestellten möglich. Die Kommunikation von unten nach oben orientiert sich an der Harmonisierung, d. h. an der Vermeidung von kritischen Äußerungen gegenüber Höhergestellten. Am Arbeitsplatz herrscht eine fast rituelle verbale wie nonverbale Kommunikation zwischen Untergebenen und Vorgesetzten, die peinlich auf eine Vermeidung jeglichen Konflikts bedacht ist. Eigeninitiative ist nicht erwünscht, Anweisungen werden von oben erteilt und strikt nach den Vorgaben befolgt. Die Arbeitsweise ist prozessorientiert und der Vorgesetzte begleitet den Arbeitsfortgang.

5. Die nationale Identität

■ **Türkischer Nationalismus: Atatürks Vermächtnis**
Der türkische Nationalismus bildet mit dem Islam den zweiten (in weiten Kreisen auch den ersten) Grundpfeiler der türkischen Identität und des türkischen Selbstverständnisses. Historisch geht der Nationalstaatsgedanke auf die europäische Idee der Nationalität und besonders auf die deutsche Nationalromantik mit ihrer Betonung von gemeinsamer Abstammung, Sprache und Kultur zurück. Die nationalen Befreiungsbewegungen Europas waren weltlich, republikanisch und demokratisch-egalitär ausgerichtet. Eine ihrer Hauptforderungen bestand in der Überwindung der Religion und der Konfession als politischer Faktor.

Die Jungtürken des späten 19. Jahrhunderts und ganz besonders der Gründer des Türkischen Nationalstaates, Kemal Atatürk, bedienten sich der politischen Ideologie des nationalen einheitlichen Volkskörpers und des Einheitsstaates. Die nationale Propagierung des »Türkentums« sollte den bisher vorherrschenden Islam als »Ersatzreligion« ideologisch ablösen. Dem diente, heute noch weithin sichtbar, auch die flächendeckende Verbreitung von Atatürk-Denkmälern in der Türkei.

■ **Mehrere Nationalismen: Panturkismus und Turanismus /**
Atatürks Staatsnationalismus
Unter Atatürk wurde eine eigene »türkische Geschichtsthese« propagiert. Dieser zufolge seien die Türken eines der Urvölker der Erde. Aus ihrer Sprache, der »Sonnensprache«, hätten sich alle anderen Sprachen entwickelt. Anatolien sei von Beginn an die türkische Urheimat gewesen, weshalb Sumerer und Hethiter zu ihren Vorfahren zählten. Die islamische Periode stellte innerhalb der 10.000-jährigen türkischen Geschichte nur eine Episode dar und wäre mit Gründung der Republik ausgelaufen. Bis nach dem Zweiten Weltkrieg wurde diese eigenwillige Theorie

per Dekret als Nationalgeschichte verordnet. Sie wandte sich dezidiert gegen die »Einwanderungsthese«, d. h. gegen die Theorie einer späten Völkerwanderung der Türken in ihre jetzigen anatolischen Siedlungsgebiete. Demgegenüber stellte gerade der Panturkismus die asiatische Herkunft der Türken und ihre Eroberermentalität in den Mittelpunkt und favorisierte den Zusammenschluss aller Turkvölker. Ihr nationales Recht auf Anatolien hätten sich die Türken mit dem Schwert erworben.

Zwei Nationalismen rivalisieren also bis heute: der expansive Panturkismus, wie er von Teilen der Jungtürken vertreten worden war, einerseits und Atatürks anatolische Urheimatstheorie andererseits. Beiden gemeinsam ist die Ablehnung des Islam, der als arabisch und daher untürkisch eingestuft wird. Der Panturkismus betont demgegenüber die präislamische Mythologie. Einer dieser alttürkischen Mythen handelt von dem sagenhaften Land Turan, der Wiege aller türkischen Völker, weshalb die pantürkische Ideologie auch unter der Bezeichnung »Turanismus« firmiert.

▣ Türkisch-islamische Synthese

Seit der Restitution des Islam und seiner Institutionen in den 1980er-Jahren wird der Versuch unternommen, unter dem Schlagwort der »türkisch-islamischen Synthese« das ideelle Dilemma zwischen säkularem Nationalismus und Religion aufzuheben. Dem dient der nationale Staatsislam, der das nationale Türkentum mit der islamischen Religion verbindet und den Islam zur türkischen Nationalreligion erklärt. Nur ein Muslim kann demzufolge ein »echter Türke« sein. Diese Form des Nationalismus, die den alten Staatsnationalismus atatürkischer Prägung muslimisch eingefärbt hat, ist die gegenwärtig vorherrschende. Sie trägt den säkularen Nationalisten und der muslimisch ausgerichteten Bevölkerungsmehrheit gleichermaßen Rechnung.

▣ Nationale Erziehung

Das türkische Schulwesen ist seit Atatürk gänzlich auf die »nationale Erziehung« und die Schaffung eines einheitlichen türkischen Staatsvolkes ausgerichtet, was als historische Konsequenz des Übergangs vom osmanischen Vielvölkerstaat zur Republik zu verstehen ist (siehe Themenbereich II, S. 105 ff.). In den Schulen gehören die Verehrung der Flagge (weißer Halbmond mit Stern auf rotem Tuch, türkisch: *bayrak*), das Zitieren von vaterländischen Aussprüchen Atatürks sowie das Singen der Nationalhymne zur alltäglichen Praxis. Jeder Schüler lernt Atatürks Diktum, das da lautet: »*Ne mutlu Türküm diyene!*« »Welch ein Glück, sagen zu können: Ich bin Türke!«

Die Türkische Republik definiert sich als nationaler, unteilbarer Einheitsstaat. Das einheitliche Türkentum bildet die Grundlage des Staatswesens. Die Verfassung betont: »Alle Einwohner sind Türken« und »die Staatsprache ist Türkisch«. Alle auf dem Staatsterritorium lebenden Ethnien und Volksgruppen haben sich zu assimilieren. Aus der eingeschränkten Minderheitengesetzgebung, die nur für Nicht-Muslime gilt, ist zu folgern, dass alle Muslime der Türkei sich ausnahmslos zum Türkentum zu bekennen haben. Muslimische Volksgruppen, die sich verweigern, wie etwa die Kurden, werden des verfassungsfeindlichen Separatismus beschuldigt. In der Furcht vor der Abspaltung und dem drohenden Staatszerfall des mühsam errungenen Nationalstaates ist die starke Betonung des nationalen Einheitsgedankens begründet.

■ Nationale Ehre

Ein besonderes Pathos umgibt die »nationale Ehre«, die niemand ungestraft herabsetzen darf. Sie spielt auch in der großen Politik eine Rolle. Bei den außenpolitischen Konflikten mit Griechenland geht es seit einem halben Jahrhundert weniger um Land oder Rechte, sondern um die »nationale Ehre«. In der »Armenischen Frage« darf die nationale Ehre nicht mit Vorwürfen befleckt werden, und auch die Frage der EU-Aufnahme wird in der Türkei bisweilen unter dem Aspekt der »nationalen Ehre« diskutiert. Verletzen Staaten die Nationalehre der Türkei, werden sie mit einem Auftragsboykott oder Ähnlichem bestraft.

Gerade in post-nationalen Gesellschaften wie in Deutschland wird der türkische Nationalstolz als übersteigert und altmodisch gewertet. Zahlreiche Möglichkeiten von Missverständnissen sind daher gegeben, wie etwa bei Fußballspielen: das Pfeifen der heimischen Fans beim Abspielen der gegnerischen Nationalhymne gilt unter europäischen Fans als Pöbelei, gegenüber Türken aber als schwere Entwürdigung der nationalen Ehre, die nicht ungestraft bleiben darf.

Nationalgefühl und nationaler Stolz repräsentieren in der Türkei nach wie vor zentrale Wertvorstellungen. Während der Nationalismus unter Atatürk den gewonnenen Bürgerkrieg, die Gründung der Republik und die Europäisierung thematisierte, greift die neue Form des türkisch-islamischen Nationalismus weit zurück auf die historischen Leistungen der islamischen und osmanischen Geschichte und Kultur.

VI.

LITERATURGESCHICHTE DER TÜRKEI*

Die Literaturgeschichte der Türken bzw. der Türkei lässt sich in mehrere Perioden gliedern. Sie folgen der Einteilung der kulturgeschichtlichen und politischen Geschichte der Türkei:

① Frühe Sprach- und Literaturzeugnisse (3000 v. Chr. – 8. Jh. n. Chr.)
② Vorosmanische Literatur nach der Übernahme des Islam (9.–13. Jh.)
③ Osmanische Literatur (14. – 18. Jh.)
④ Literatur der Tanzimat-Epoche (19. Jh.)
⑤ Literatur der Neuen Türkei (seit 1923)
⑥ Moderne türkische Literatur
⑦ Türkische Literatur in Deutschland

1. Frühe Sprach- und Literaturzeugnisse

Die ersten Erwähnungen des ethnischen Begriffes »Türk« finden sich in chinesischen Schriftquellen des 6. Jahrhunderts. Sie beziehen sich auf Reiternomaden und Steppenvölker, die den zentralasiatischen Großraum zwischen der Großen Mauer Chinas und dem Aralsee bewohnten und umfangreiche Imperien und Stammesföderationen bildeten. Das bisweilen auch als »türkische Urheimat« bezeichnete Gebiet erstreckte sich über die Altai-Region, das Einzugsgebiet der Flüsse Sajan, Issykul und Tarim, und umfasste damit das Staatsgebiet der modernen Republik Mongolei und des heute chinesischen Landesteils Xinjijang (Sinkiang, türkisch: Sincan). Diese Region mit dem Turfan-Becken ist in der älteren Literatur auch als Ostturkestan bekannt. Westturkestan bezeichnet das Ausbreitungsgebiet der Turkvölker von der Altai-Region in Richtung Aral-See, Kaspisches Meer und Schwarzes Meer. Es umfasst damit die Staatsgebiete der neuen Turkstaaten.

---

* Die Schreibweise der Eigennamen und Werke ist der heutigen türkischen Schreibweise bzw. Sprache angepasst, gleichwohl werden jene Werke aus der osmanischen Zeit der Originalschreibweise gemäß transkribiert. So kann es sein, dass z. B. Bayezid, Mehmed (osman.) auch als Bayezit, Mehmet (türk.) erscheint. Auf die Umschrift nach der DMG wird wegen der vielen Sonderzeichen verzichtet, da diese rein wissenschaftlichen Zwecken dient. Im Deutschen eingeführte Begriffe wie Diwan oder Pascha sind in dieser Schreibweise wiedergegeben.

Stele mit Runenschrift und Stein-Schildkröte in Karakorum / Mongolei

Für das 6. bis 8. Jahrhundert sind verschiedene Reichsbildungen der Göktürken überliefert. Es handelte sich um einzelne Turkstämme, die sich unter einem gemeinsamen Herrscher, dem sogenannten *Khagan*, zu einem Herrschaftsverband (*Khaganat*) zusammenschlossen. Gök bedeutet die Farbe Blau im Sinne von Himmel; Kök heißt Wurzel, also Verbindung zur Erde. Die Verehrung einer Himmelsgottheit Tanri war allen vorislamischen Turkvölkern gemeinsam. Der Herrschertitel Khan (neutürkisch: Han) war bei Mongolen und Türken üblich.

Eines der Herrschaftszentren der Turkvölker befand sich am Oberlauf des Orchon, eines Nebenflusses des Selenga in der nördlichen Mongolei, an dem sich mehrere steinerne Inschriften mit alttürkischen Runen erhalten haben. Die Bezeichnung »Runen« für die Kerb- und Ritzschrift bezieht sich hier nur auf die formale Verwandtschaft mit den germanischen Runen. Die Runenschrift der frühen Turkvölker umfasste 38 Zeichen.

Die erhaltenen Grabstelen bzw. Denkmäler sind mit zweisprachigen Inschriften in chinesischer und türkischer Sprache bedeckt. Es handelt sich um zwei Steinstelen, die in etwa 1.000 m Entfernung voneinander aufgestellt worden sind. Die Säule des Bilge Khagan wurde laut Inschrift im Jahre 732 errichtet. Bilge ließ drei Jahre später (735) auch das Monument für seinen Bruder Kül Tegin aufstellen. Es erhebt sich auf der Figur einer Steinschildkröte.

Beide Textinschriften (allein 66 Zeilen auf dem Denkmal des Kül Tegin) geben Aufschluss über die gemeinsame Ursprungslegende der Turkvölker sowie über die Taten der Vorfahren.

Auf die Herrschaft der Göktürken folgte das Reich der ebenfalls türkischen Uiguren. Sie breiteten sich nach Westen aus und verdrängten Stämme, die sich als Oghusen bezeichneten. Aus dem oghusischen Stammesverband, der sich nach der Islamisierung im 10. und 11. Jahrhundert Turkmenen nannte, gingen die anatolischen Seldschuken und die Osmanen hervor.

Die Übernahme des Islam und die Gründung eigener türkischer Staatsgebilde innerhalb der iranisch-arabischen Zivilisationssphäre veränderten die türkische Sprache. Sie nahm Begriffe und Worte aus der arabischen Sprache des Koran sowie aus dem Persischen auf und übernahm deren Literaturformen. Ein frühes Beispiel aus der Mitte des 11. Jahrhunderts ist das *Kutagdu Bilig*, ein Lehrgedicht in türkischer Sprache, das mit »Beseligende Weisheit« oder »Glücklichmachendes Wissen« übersetzt wird. Es wendet sich an Herrscher und deren Söhne, um eine weise Herrschaft zu errichten. Trotz der aufgesetzten muslimischen Terminologie fußt es auf steppennomadischen Traditionen.

Eine aussagefähige Sprach- und Literaturquelle der frühen Zeit steht uns im Wörterbuch des Kaşgarlı Mahmut unter dem Titel *Divan-ü Lügat-i Türk* zur Verfügung, das 1074 erschienen ist. Es enthält neben 7.500 türkisch-arabischen Wort- und Begriffsentsprechungen auch eine Fülle von folkloristischen, geschichtlichen und geographischen Einzelheiten zur türkischen, iranischen und arabischen Geschichte und zeigt, dass bereits im 11. Jahrhundert die westlichen Turkstämme mit der hochentwickelten iranischen und arabischen Kultur in engen Kontakt getreten waren und den Islam übernommen hatten.

■ Mythologie, Sagen und Legenden

Bei allen türkischen Stämmen haben sich die gleichen Ursprungsmythen herausgebildet. Sie wurden mündlich über Generationen tradiert und in vielen Versionen weitergegeben, lassen sich aber jeweils auf eine zentrale Handlung zurückführen. Ihre systematische Sammlung und Veröffentlichung erfolgte erst im nationalbegeisterten späten 19. und zu Beginn des 20. Jahrhunderts.

In der alttürkischen Mythologie spielt der Wolf (türkisch: *kurt*, alttürkisch: *böri*) bzw. die Wölfin die bedeutendste Rolle. Beide dienen als mythologische Ahnen und Totemtiere sämtlicher türkischer Stämme. Die in chinesischen Quellen aufgeschriebene *Asena-Legende* handelt von einem Knaben aus dem Urstamm der Türküt oder Tu Küe, der als einziger einen feindlichen Überfall überlebt hat. Auf Geheiß des Himmelsgottes Tanri wird er von einer Wölfin gerettet und in eine Höhle eines Berges nordwestlich des Turfan gebracht. Aus ihrer beider Beziehung entstanden zehn Sippen, darunter die Asena (auch Aschina). Auf sie führen sich wiederum alle türkischen Herrschergeschlechter zurück.

Die *Ergenekon-Sage* handelt vom Ende und Wiederbeginn des großtürkischen Reiches. Die Überlebenden flüchten sich in ein fruchtbares Tal namens Ergenekon inmitten eines unwegsamen Berggebiets und riegeln ihre neue Heimat mit allem Eisen, das sie noch besitzen, ab. Nach mehreren Generationen wieder zu Kräften gekommen, durchbrechen sie das »Eiserne Tor«, schmelzen es ein und bauen Waffen. Ein grauer Wolf (*bozkurt*) führt sie aus der Wildnis heraus in die Steppe. Dort lassen sie sich erneut nieder, teilen sich aber in einzelne Stämme und vermögen daher bis heute kein Großreich zu gründen. Nach einer anderen Version treffen sie im Tal auf einen »Eisenberg«, den sie zu Schwertern umschmieden. Auch hier ist es ein grauer Wolf, der sie führt.

Der »Eisenberg« spielt auch noch im Zusammenhang mit der Westwanderung (Göç) der Türken eine zentrale Rolle: Deren Feinde finden heraus, dass die Türken ihre Kraft einem heiligen Felsen entnehmen, woraufhin der feindliche (chinesische?) Kaiser dem Khan seine Freundschaft anbietet und ihm eine Prinzessin zum Geschenk überreichen lässt. Die gastfreundlichen Türken gewähren dem Kaiser daraufhin ein Geschenk seiner Wahl. Es ist der Felsen. Die Fremden zerschlagen ihn, nehmen ihn mit und verteilen die Brocken in ihrem Reich. Überall dort, wo sich Felsen-(Eisen?)Teile befinden, breiten sich Kraft und Wohlstand aus, das Reich der Türken jedoch »verwelkt«, bis eine Stimme aus der Erde sie auffordert, weiterzuziehen (Göç = Vertreibung, Umzug).

> ### Mythen als Instrumente des modernen Nationalismus
>
> Das Bild des »grauen Wolfes« (*bozkurt*) dient seit dem Ende des 19. Jahrhunderts als Symbol des türkischen Nationalismus und der Erinnerung an die »verlorene Urheimat« Turkestan in Zentralasien, dessen Rückeroberung ein Ziel des Nationalismus darstellt. Die damit verbundene politische Bewegung des Panturkismus forderte den Zusammenschluss aller Turkvölker vom Balkan bis zum Baikalsee unter der Führung der Türkei.
>
> In den 1930er-Jahren bildeten sich unter dem Namen »Graue Wölfe« (*Bozkurtlar*) faschistische Gruppen, die ein extrem rassistisches Weltbild vertraten und deren Leitspruch »Über jeder Rasse steht die türkische Rasse« war. Als paramilitärische Organisation der 1969 von Alparslan Türkeş (1917–1997) gegründeten rechtsextremen »Partei der nationalistischen Bewegung« (MHP) verübten sie bis zum Militärputsch 1980 zahlreiche Gewaltaktionen gegen die türkische Linke, gegen Kurden und Aleviten. In Deutschland werden die Aktivitäten der »Grauen Wölfe« vom Verfassungsschutz überwacht.

Viele alttürkische Mythen und Legenden sind im *Kitabı Dedem Korkut* (»Das Buch meines Ahnen Korkut«) enthalten. Dede Korkut wird hier als Weiser und Sänger vorgestellt, der unter den Nomadenstämmen als wandernder Schiedsrichter, Friedensstifter und Ratgeber wirkt. Das Buch beinhaltet Erzählungen und Gleichnisse, welche die Geschichte der Turkstämme vom 5. bis ins 11. Jahrhundert widerspiegeln. Dede Korkut stellt somit eine Art personifizierte Erfahrung der Vorfahren und des alttürkischen Hausverstandes dar. Der geographische Rahmen der Geschichten reicht von Innerasien bis Nordostanatolien, die Sammlung selbst entstammt dem 12. Jahrhundert, als die oghusischen bzw. turkmenischen Stämme schon den Islam angenommen hatten. Die zwölf Epen über die Oghusen – Stammesmythen, Heldensagen und Liebesgeschichten – sind daher auch von dem unbekannten Kompilator nachträglich muslimisch überformt und mit islamischen Elementen ausgeschmückt worden. Die ursprüngliche Naturreligion, die beseelte Umwelt und der Schamanismus der Steppe bilden jedoch unverkennbar die Grundlage der Erzählungen Dede Korkuts. Eine erste schriftliche Fassung entstand im 15. Jahrhundert.

> ### Dede Korkut
>
> In der türkischen Volksmythologie spielt Dede Korkut als fiktive Person eine große Rolle. Der Legende nach ist er Ende des 13. Jahrhunderts nach Anatolien gezogen. Seine Türbe (Grabmausoleum) wird in Bayburt gezeigt. Türkische Nationalisten bezeichnen das Epos mitunter als »türkisches Nibelungenlied«. Der neue Turkstaat Aserbaidschan vereinnahmt Dede Korkut als Nationaldichter, erkennt aber seine gesamttürkische Bedeutung an.

2. Vorosmanische Literatur nach der Übernahme des Islam

Mevlana Celalettin Rumi (1207–1273) stammte aus Balch (Vezirabad) in Afghanistan, verbrachte aber sein Leben im anatolischen Konya. Sein Wirken als Mevlana (Meister) fällt in die Herrschaftsperiode der Rum-Seldschuken, deren Kultur und Literatur tief vom Iran beeinflusst war. Celalettins Hauptwerk, das 26.000 Strophen umfassende mystische Lehrgedicht Mesnevi (Zweifach-Verse), ist, wie seine anderen bedeutenden Gedichte, Gesänge und Briefe auch, auf Persisch verfasst. Persisch dürfte auch seine Muttersprache gewesen sein. Als Zugeständnis an seine türkisch-seldschukische Umgebung verfasste er aber auch Liebeslyrik in türkischer bzw. türkisch-persischer Mischsprache.

Mevlana Celalettin gilt als der Begründer des mystischen muslimischen Ordens der Mevlevi, der in mystischer Versenkung Gott näherzukommen versucht (*Sufi*). In Europa werden die Mitglieder der Bruderschaft wegen ihres mystischen, von Hymnen begleiteten Tanzes nicht sehr glücklich als »tanzende« oder »sich drehende Derwische« bezeichnet. Mevlanas Türbe in Konya stellt bis heute eines der wichtigsten muslimischen Wallfahrtszentren der Türkei dar, unbeschadet seiner Umwandlung in ein Museum in Folge der Religionspolitik Atatürks.

Während der Sufismus Mevlanas eher in den urbanen Oberschichten Verbreitung fand, verwurzelte sich die andere große kontemplativ-mystische Strömung im einfachen Landvolk und später besonders im Heer bei den Janitscharen. Es handelt sich hierbei um den Orden der Bektaşi, als dessen Gründer *Hacı Bektaş Veli* gilt, ein Wanderprediger, der Mitte des 13. Jahrhunderts aus Khorasan nach

Anatolien kam. Über sein Leben berichtet nur eine spätere osmanische Schrift des ausgehenden 15. Jahrhunderts, und auch seine Lehre ist erst in späteren Schriften niedergelegt worden. Obwohl Hacı Bektaş seine Anhängerschaft bei den Turkmenenstämmen Anatoliens fand, dürfte eher Persisch und nicht Türkisch seine Muttersprache gewesen sein.

Die Lehre der Bektaşi weicht in zentralen Anschauungen vom sunnitischen Islam ab und bezieht auch buddhistische und christliche Elemente mit ein. Zu den Aleviten besteht eine enge Verbindung. Zentrum der Verehrung ist bis heute der Ort Hacıbektaş (Provinz Nevşehir), wo im August jeden Jahres dreitägige Feierlichkeiten stattfinden.

Zu den Vertretern des Sufitums und der Mystik zählt auch *Yunus Emre*, dessen Lebensdaten zwischen 1250 und 1320 liegen (*Emre* bedeutet »Bruder«). In Konya weihte ihn Celalettin Rumi in den mystischen Sufismus ein und ermunterte ihn zur religiösen Dichtkunst. Im Gegensatz zu seinem Meister und anderen Sufi-Dichtern, welche die persische und arabische Hochsprache vorzogen, verwendete Yunus Emre für seine vierzeiligen gereimten Verse (*Hece*) die türkische Volkssprache, die somit zum ersten Mal als eigentliche Literatursprache Verwendung fand. Yunus Emre gilt daher als der »Erwecker des Türkischen«. Seine Hece, Lieder und Sinnsprüche zeichnen sich durch Einfachheit und Klarheit aus und sind bis heute in Anatolien bekannt und weit verbreitet. Als Derwisch und Wanderprediger durchzog Yunus Emre ganz Kleinasien und soll in der Nähe von Eskişehir begraben worden sein. Ein 1970 errichtetes Denkmal trägt seinen berühmten Vers, der die Quintessenz seines Schaffens in sich birgt: *Sevelim, sevinelim* (»Lasst uns lieben, um geliebt zu werden«).

3. Osmanische Literatur

Im Osmanischen Reich herrschte nach der Eroberung der neuen Hauptstadt Konstantinopel im Jahre 1453 und der damit einhergehenden Konsolidierung als Großmacht eine spezielle hochsprachliche Literaturform vor, die man im Sinne von Palast-Literatur oder »höfischem Schrifttum« als Diwan-Literatur bezeichnet. Diwan bedeutet Kronrat, Regierung, Obrigkeit; im literarischen Sinne steht der Begriff für eine Sammlung »hochstehender«, beim Sultanshof vorgetragener Dichtungen.

▣ Die klassische Diwan-Dichtung (*Divan edebiyatı*)
Bei der klassischen Diwan-Dichtung handelt es sich im Wesentlichen um Poesie, Lyrik und Dichtung, die sich sowohl im Wortschatz wie auch in Stil und Versmaß an arabischen und persischen Vorbildern orientiert. Auch der Inhalt der Gedichte

– panegyrische Lobpreisungen des Herrschers, Liebeslyrik, Schilderungen der Naturschönheiten sowie der Vorzüge des Weines und von anderen Rauschmitteln – folgt den Vorgaben der klassischen persischen Literatur. Die Sprache des Diwans, das Osmanische, fußte zwar auf der türkischen Sprachstruktur, setzte sich aber, wie erwähnt, hauptsächlich aus persischen und arabischen Wort- und Begriffskomponenten zusammen. In der Dichtersprache des Diwan wurde der bestehende Anteil des persischen Wortschatzes bewusst erhöht, um eine möglichst hochsprachliche »klassische« Wirkung zu erzielen. So entstand eine artifizielle, »gekünstelte« Erbauungsliteratur, die nur bei Hofe, und auch hier nur von den höchsten und den gebildeten Kreisen, verstanden und gepflegt wurde.

Höchstes Niveau erreichte die Dichtkunst des Diwan durch kunstvolles Arrangieren von Bildungsgut, angereichert mit Zitaten aus dem Koran und der muslimischen Überlieferung und durchsetzt mit Anspielungen auf klassische persischsprachige Dichter wie Firdosi (um 940–1020) und Hafiz (1326–1390). So entstanden ausgefeilte und »gekünstelte« Strophen, die man mit Sprachgärten verglich. Der ästhetische Genuss folgte weniger dem Inhalt, sondern der Sprachmelodie, die sich der arabischen Prosodie mit dem Wechselspiel kurzer und langer Silben (aruz) anzugleichen versuchte.

Ein berühmter Vertreter der früheren höfischen Diwan-Poesie ist Fuzuli Mehmet (1494–1555). Er wirkte in Bagdad und schrieb zuerst Lobgedichte auf den persischen Schah, wandte sich nach der Eroberung Bagdads durch die Osmanen 1534 jedoch dem siegreichen Sultan Süleyman zu und pries ihn in zahlreichen Elogen als den wahren Herrscher. Die Sprache seiner Dichtung war das Persische, er beherrschte aber auch Türkisch und Arabisch. Fuzulis großes, 4.000 Verse umfassendes Epos Leyla und Mecnün reflektiert das alte orientalische Motiv der beiden Liebenden, die nie zueinanderfinden, als Metapher der menschlichen Suche nach göttlicher Liebe. Sein Werk galt späteren Diwan-Poeten als die Krönung der osmanischen Poesie und wurde vielfach nachgeahmt.

Auch die osmanischen Herrscher selbst betätigten sich als Dichter und Verseschmiede. Murat II. (1402–1451) umgab sich mit Dichtern und regte die Übersetzung von persischen und arabischen Schriftwerken ins Osmanische an. Der Eroberersultan Mehmet II. dichtete selbst. Von Cem Sultan (1459–1495), dem Sohn Mehmets des Eroberers, sind Verse in Persisch und Türkisch überliefert, die der ins Exil getriebene Sultanssohn in Rom und Neapel niedergeschrieben hatte. Teilweise bestand der Briefwechsel zwischen ihm und seinem Bruder, dem späteren Sultan Bayezit II., im Austausch von Gedichten.

Fuzulis Zeitgenossen Necati (um 1450–1505) wurde am Hofe Sultan Bayezits der Titel des Dichterkönigs (Melik üs-Süara) zugeteilt. Er entstammte einer christlichen Familie vom Balkan, wurde aber muslimisch erzogen (Necati »der Gerettete«) und erlangte am Sultanshof den Titel des Siegelbewahrers.

Baki (1526–1600) war ein weiterer gefeierter Hofdichter Sultan Süleymans, der zum Kadi von Mekka und Medina und 1576 gar zum obersten Richter der Hauptstadt aufstieg. Große Berühmtheit erlangten seine getragenen Elegien auf den Tod seines Gönners Süleyman im Jahre 1566.

Die Diwan-Dichtung beschränkte sich indessen nicht nur auf schwülstige Lobgesänge und Festgedichte auf das Herrscherhaus und seine Würdenträger. Lyrisch eingefasste Kritik an unzulänglichen Zuständen im Reich und Satiren über Hochgestellte waren durchaus ebenfalls üblich, durften aber ein gewisses Maß an Kritik nicht überschreiten und niemals enge Vertraute des Herrschers oder gar den Sultan selbst betreffen. Der trotz seiner scharfen Feder hoch verehrte Hofdichter *Nefi Ömer* (etwa 1572–1635) übertrat dieses Gebot, als er den Großwesir Bayram Pascha verspottete. Auf Geheiß Sultan Murats IV. wurde er daraufhin erdrosselt und in den Bosporus geworfen. Nefis Werk einschließlich der Schmähgedichte erfreute sich aber weiterhin großer Beliebtheit am Sultanshof.

Seine späte Blütezeit erreichte die Lyrik des Diwan im 17. und beginnenden 18. Jahrhundert. *Nedim* (etwa 1681–1730) gilt als Vertreter der »Tulpenzeit« (*Lâle devri*), die unter Sultan Ahmet III. florierte und eine gewisse intellektuelle Freiheit mit sich brachte. Nedims in der Hauptsache in kunstvollem Persisch verfassten Verse haben das »süße Leben« dieser zwar kurzen, aber glanzvollen Epoche der osmanischen Kultur- und Kunstgeschichte zum Inhalt.

1718–1730: Die »Tulpenzeit« (Lâle devri)

Unter Sultan Ahmet III. (1703–1730) und seinem Großwesir Ibrahim Nevşehirli Pascha (regierte 1718–1730) orientierte sich der Sultanshof am zeitgenössischen Barock- und Rokoko-Stil europäischer Fürstenhäuser. Es entstanden prachtvolle Paläste und Gärten, in welchen vor allem die Tulpe als königliche Blüte gezüchtet wurde. Im Mittelpunkt der Zeit stand die verfeinerte Hofkultur, bestehend aus eleganten Festen und der Zurschaustellung überschwänglichen Reichtums, wodurch auch die zahlreichen europäischen Gesandtschaften beeindruckt werden sollten. Auf prächtigen Schiffen begab sich der Palast zu den bevorzugten Ausflugsplätzen an den sprichwörtlichen »süßen Wassern Europas« (am Goldenen Horn) oder Asiens (am Bosporus), wo Zelte und hölzerne Lustschlösschen (*Köşk*) mit Wasserspielen errichtet wurden.

In der Architektur, der Ornamentik und der herrscherlichen Repräsentanz übte das verspielt-heitere Rokoko großen Einfluss auf den osmanischen Hof aus. Nach der exzessiv betriebenen, z.T. als Staatsgeheimnis gepflegten Tulpenzucht wird die Epoche heute als »Tulpenzeit« bezeichnet. Sie fand 1730 in einem Janitscharenaufstand mit der Absetzung des verschwenderischen und dem Westen zugewandten Sultans ein gewaltsames Ende.

Nach Nedim, der während des Aufstandes 1730 den Tod gefunden hatte, waren die Zeichen der ewigen Wiederholung und der sprachlichen und thematischen Erstarrung innerhalb der Diwan-Dichtung nicht mehr zu übersehen. Das Kunstgebilde war an seinem Endpunkt angelangt, alle Metaphern und Bilder waren verbraucht. Als letzter authentischer Vertreter des Diwans gilt *Scheich Galib* (1757–1799), ein Angehöriger des Mevlana-Ordens. Sein großes Epos *Hüsn ü Aşk* handelt von Schönheit und Liebe, die von einer Frau (Schönheit) und einem Jüngling (Liebe) verkörpert werden. In der mystischen Allegorie befreit die Liebe die Schönheit und vereint sich mit ihr.

■ Chroniken und »Weltenschau«

Zur Diwan-Literatur im weiteren Sinne wird auch die Geschichtsschreibung gezählt. Am Anfang der osmanischen Historiographie steht *Aşıkpaşa-Zade* aus Amasya, der 1392 geboren wurde und 1481 in Konstantinopel/Istanbul starb. Ahmet Aşıkı (so sein eigentlicher Name) erlebte die gewaltigen Ereignisse des 15. Jahrhunderts, die den Aufstieg des Osmanenreiches begleiteten, persönlich mit. Er war Teilnehmer der Kriegszüge auf dem Balkan und Zeuge der Einnahme Konstantinopels unter Sultan Mehmet II. Seine »Geschichte des Hauses Osman« (*Tevarih-i Al-i Osman*) stellt die wichtigste zeitgenössische Geschichtsquelle der mittelosmanischen Geschichte dar.

Aşıkpaşa führt den Stammbaum Osmans auf die Oghusen des frühen Mittelalters zurück. Für sein eigenes Jahrhundert enthält er sich jeglicher Mythologisierung und schildert die Ereignisse aus der persönlichen Sicht eines mittleren Militärbeamten, quasi aus einer Perspektive »von unten«. Da er keinem sultanischen Auftrag zu folgen hatte, spart er seine Kritik an politischen Verhältnissen und an der Günstlingswirtschaft bei Hofe nicht aus. Das Werk ist in klarer Prosa abgefasst, unterbrochen durch kürzere Verspassagen. Ein unbekannter Schüler hat Aşıkpaşa-Zades Chronik noch bis zum Jahr 1502 weitergeführt.

Beispiel eines osmanischen Textes

Auszug aus einer hochosmanischen Chronik von Bihişti über Sultan Bayezid II. aus der Originalhandschrift: Revan 1270, Istanbul, etwa aus dem Jahre 1511, Seite 7r–8v (ohne Anmerkungen).
Inhalt: Thronfolgestreit im Jahre 1481 zwischen den beiden Söhnen Sultan Mehmed des Eroberers, dem ältesten Sohn und rechtmäßigen Thronfolger Bayezid II. und Cem (Dschem) Sultan, der das ungestüme Wesen seines Vaters geerbt hatte. Der Streit ging für Sultan Cem ungünstig aus und nach verschiedenen Exilaufenthalten an mehreren europäischen Fürstenhöfen wurde er von Papst Innozenz VII. aufgenommen. Cem starb 1495 in Italien.

Gerüchten zufolge ließ Papst Alexander VI. Borgia ihn auf Veranlassung Bayezids vergiften.

Stil: Das historiographische Werk (Târîh) von Bihişti gilt als ein frühes Beispiel der hochosmanischen Literatur. Es ist in Kunstprosa (inşâ) abgefasst und trägt das für den Wandel vom altosmanischen zum hochosmanischen Stil hervorstechende Merkmal der Reimprosa (secᶜ). Diese ist gekennzeichnet durch Satzunterteilungen, welche im selben Rhythmus gehalten sind und einen Parallelismus zwischen den Satzteilen bilden, der umso vollkommener ist, wenn er in Form (gleiche Silbenanzahl etc.) und Inhalt (Synonyme) übereinstimmt. Die Sprache ist stark mit arabischem und persischem Wortgut überfremdet, der Satzbau aber ist türkisch. Die im Anschluss gegebene Übersetzung versucht, diesen Stil deutlich werden zu lassen.

Übersetzung:

[7 r] »Wenn einer dem Vertrauungswürdigen gehorcht, gehorcht er damit Gott« (Sure 4,80) sagten sie und leisteten ihm Gehorsam. Denn die Entscheidung war übereinstimmend mit dem Himmel, und Charakter und Fähigkeiten des Sultans zogen alle Menschen an; mit seinen Wohltaten und Geschenken eroberte er ihre Herzen.

»Der Mensch dient seinem Mitmenschen«.

Als dem glanzvollen Sultan Bayezid die erhabene Hilfe Allahs zuteil wurde und er mit Glück den Sultansthron bestiegen hatte und Alleinherrscher wurde, hörte sein Bruder, der erhabene Schehzade, Sultan Cem, davon und wurde über diese Nachricht traurig und betrübt. »Da aber im Interesse der Ordnung des Reiches und des Volkes und zum Wohle der staatlichen und religiösen Angelegenheiten der ältere Bruder nun an der Stelle des Vaters steht, so hat es Vorrang, dass auch ich wie das übrige Gefolge gemäß dem Koranvers (Sure 4,59) ›Gehorchet Allah und dem Gesandten und denen unter euch, die zu befehlen haben‹ handle und mich voller Gehorsam den Schriften unterwerfe, vornehmlich den notwendigen Regeln der Schari'a, denn für die Vernunft gibt es keine festen Grenzen und für den Gehorsam der hilfreichen Beschützer gibt es keine endgültige Schranke« sagte er. Aber die türkischen Qaramanlı und Turğutlu verwirrten ihn und brachten ihn mit Gewalt von seiner ursprünglichen Natur und von seinem edlen Charakter ab.

> Wenn du an einem Amber-Verkäufer vorbeikommst,
> werden deine Kleider nach Amber riechen.
> Wenn du aber bei einem Holzköhler vorbeikommst,
> wirst du nichts anderes als schwarz, das ist unvermeidlich.

»Entweder das Königreich oder den Untergang!«, sagte er und forderte die Leute von den Turğutlu, Bayburtlu, Qaramanlı und den Varsaq auf, und sammelte um sich ein großes Heer. Anstelle der Janitscharen macht er die Leute von Varsaq zu seinem Fußvolk. Das Fußvolk dieses glücklichen Herrschers (schah) marschierte voran und bildete einen sperrenden Damm gleich einer starken Festung. Auf diese Weise gelangten sie nach längerer Zeit in die Residenzstadt Bursa, die seit jeher der Thron des Sultanats und der Sitz des Kalifates war.

Als der Padischah von dem Aufruhr und der Empörung Cems hörte, sagte er: »Es gibt keine Verwandtschaft unter Königen« und gab seinem Lala Ayas Pascha zweitausend Janitscharen bei und sandte ihn per Schiff nach Mudanya. So sehr sie auch die Absicht hatten, mit der Unterstützung des wehenden Windes, in aller Eile zuvorzukommen, war es doch unmöglich, und so trafen sie gleichzeitig ein. Als Ayas Pascha mit den Janitscharen in die Gegend von Qapliça kam, gelangte auch die Vorhut von Cems Heer mit dem Befehlshaber Nasuh Beg in die Stadt. Obwohl Ayas Pascha von dort aus ihm zuvorzukommen versuchte, und mit den Janitscharen die Stadt

betreten wollte, um die Festung zu verteidigen, haben aber die Großen und
Würdenträger der Stadt [8 r], als sie in dem Herankommenden Ayas Pascha
erkannten und wussten, dass er mit den Janitscharen nicht in die Residenzstadt (dâr al-hilâfat) Bursa gekommen sei, um den Glanz des Sultanthrons
und das Reich zu schützen, sich vor den Grausamkeiten der Janitscharen
gefürchtet, denn zur Zeit der Thronwirren hatten die Janitscharen Istanbul
geplündert und einige Würdenträger enthauptet. Nun hatte das Volk (von
Bursa) kein Vertrauen und keinen Glauben mehr und ging zur Gegenpartei
über und half jener. Das Heer des erhabenen Sultans der Welt erlitt Verluste.
Alle Janitscharen, die sich um den würdigen Pascha versammelt hatten, wurden gefangen genommen und gedemütigt. Als das schreckliche Ereignis dem
erhabenen Sultan (Bayezid) zu Ohren kam, wurde er in äußerstem Maße
niedergeschlagen. Nun jedoch hat er voller Ärger die siegreichen Truppen
in Marsch gesetzt, sie bei Üsküdar übersetzen lassen und in der Ebene von
Yenişehir den anderen gegenübergestellt, damit sie diesen Aufstand nieder-
schlügen und die Lage für die Untertanen in Ordnung brächten.

Cem Sultan – über ihm sei das Erbarmen und die Verzeihung Allah's – war
voller Freude nach Bursa gekommen, nachdem er Ayas Pascha gefangen

genommen hatte. Achtzehn Tage lang verweilte er in Bursa, der Residenzstadt seiner Vorfahren, und ließ seinen erhabenen Namen im Freitagsgebet
nennen und auf ihn Münzen schlagen. Als Cem von der Absicht des Sultans
der Sultane der Welt, der Sicherheit der Zeit, des Bürgen der Gnade, Bayezid
Han, ihn zu vernichten, hörte, wurde er nicht entmutigt, aber verwirrt und
wollte sich notwendigerweise mit seinem riesigen Heer [8 v] zum Kampfe
stellen. Kurz vorher hatte er Seldschuk Hatun, die Schwester des ins Paradies
eingegangenen Herrschers Sultan Murad, zusammen mit Mevlana Ayas zu
Verhandlungen geschickt, damit sie (Bayezid und Cem) das Reich und die
Herrschaft sich teilten, oder wenn unter ihnen keine Einigung zustande
käme, sollte doch Freundschaft herrschen. Da aber das Sultanat und Kalifat
ein Beispiel für eine ungeteilte Herrschaft war, hat er (Bayezid) vollen Eifer
gezeigt und sich mit der Teilung nicht zufrieden gegeben, sondern wollte
den Kampf und gab ihm durch den Koranvers (Sure 21,22) »Wenn es im
Himmel und auf Erden außer Allah (noch andere) Götter geben würde,
wären beide (Himmel und Erde) dem Unheil verfallen« die Antwort:
»Königtum und Herrschaft teilen, ist wie Allah jemanden beigeben.«

Der Chronist des Osmanenreiches zur Zeit seiner größten Ausdehnung war *Ibrahim Pecevi* (1574–1650). Seine Familie stammte aus Bosnien, er selbst wurde in Pecs (Fünfkirchen, Ungarn) geboren und war auf dem ungarischen Kriegsschauplatz als Offizier, Diplomat und Dolmetscher tätig. Seine Chronik (*Tarih*) umfasst den Zeitraum von der Thronbesteigung Süleymans I. (1522) bis zum Ende Sultan Ibrahims 1648. Obgleich als loyaler, »amtlicher« Geschichtsschreiber waltend, gilt sein Geschichtswerk als objektiv und verschweigt nicht die Fehlentscheidungen der Herrscher und die daraus resultierenden Rückschlage für das Reich.

Katib Çelebi, besser bekannt als *Hacı Halifa* (1608/09–1657) schilderte die Geschichte des Reiches von Süleyman dem Prächtigen bis in die Ära Mehmets IV. (1648–1687). Um 1650 verfasste er eine politische Denkschrift zum Zustand des Reiches, in der er die antike Vier-Säfte-Lehre auf das Staatswesen übertrug und dem Staat einen organischen Alterungsprozess zuschrieb. Aufgehalten werden könne der Verfallsprozess nur durch drastische Maßnahmen, wie sie dann in der Restauration der Wesire aus dem Hause Köprülü zum Tragen kommen sollten.

Bekannt ist Hacı Halifas Versuch, das gesamte Wissen der Zeit enzyklopädisch in einem Monumentalwerk zusammenzufassen. Er wertete dazu 14.500 Werke aus und nannte 10.000 Gelehrte. Zwar steht die muslimische Gelehrsamkeit im Mittelpunkt, doch integrierte Hacı Halifa auch europäisches Wissen in seine Bücher. Diese Art von Bio-/Bibliographie ist in hocharabischer Sprache verfasst, während andere seiner Werke in osmanischer Sprache geschrieben sind.

Ein bei den Osmanen beliebtes und auch in breiteren Kreisen gelesenes Genre waren die sogenannten »Weltenschauen« und Reisebeschreibungen. Auch hier war Hacı Halifa führend. Seine *Cihannüma* (Weltenschau bzw. Kosmographie) enthält die geographische Beschreibung der damals bekannten Welt samt Kartenmaterialien. Während Hacı Halifa bereits 1638 seinen aktiven Staatsdienst in der Finanzverwaltung quittiert hatte und sein Wissen seitdem in seiner Studierstube inmitten einer reichhaltigen Bibliothek zusammentrug, war *Evliya Çelebi* (eigentlich Hafiz Mehmet Zilli; 1611–1683/1685) über 40 Jahre hinweg selbst rastlos in Asien, Europa und Afrika als Beobachter unterwegs.

Evliya Çelebis zehnbändiges Werk *Seyahatname* (Reisetagebuch bzw. Reiseannalen) erfreut sich bis heute großer Beliebtheit und ist inzwischen in zahlreichen, meist aber stark gekürzten Ausgaben erschienen.

> Über den Beginn seiner Reisetätigkeit berichtet der Gelehrte (Çelebi): Als er noch ein junger Page im Dienst des Großwesirs war, sei ihm im Traum der Prophet Mohammed erschienen. Anstatt ihm mit der Formel *Safat, ya Rasulallah* (»Gnade, oh Gottesgesandter«) zu begegnen, habe er versehentlich *Seyahat, ya Rasulallah* (»Eine Reise, oh Gottesgesandter«) gerufen, ein Wunsch, der ihm folglich lebenslang erfüllt worden sei.

Evliya Çelebi war viele Jahre im diplomatischen Auftrag der Pforte unterwegs und bereiste außerhalb des Reichsgebiets den Iran, Zentralasien und Äthiopien. Im Westen lernte er als Botschafter die abendländischen Zentren Venedig und Wien kennen. In die Hauptstadt an der Donau, wo damals Kaiser Leopold I. herrschte, gelangte er 1665 als Mitglied der osmanischen Großbotschaft. Kenntnisse des Griechischen und Lateinischen verhalfen ihm zu etwas tieferen Kenntnissen über Europa. In seinen Berichten, die wohl als Erinnerungen niedergeschrieben worden sind, kommt der einfache Alltag ebenso zur Sprache wie die Geographie und die große Politik jener Zeit. Detailliert lernen wir das Leben in den Groß- und Kleinstädten kennen, erfahren etwas über die Anzahl der Moscheen, der Derwischklöster und christlichen Kirchen und werden über die auf den Märkten feilgebotenen Waren unterrichtet. Bisweilen übertreibt der Autor (besonders wenn es um konkrete Zahlen geht) und schiebt kuriose Anekdoten und »unglaubliche Geschichten« ein, die vom Leser jedoch sofort als satirisches Beiwerk zu erkennen sind. Das *Seyahatname* repräsentiert, sofern kritisch ediert, jedenfalls eine Fundgrube der Geographie und Ethnographie des Osmanischen Reiches.

Evliya Çelebis Diktion folgt zwar ebenfalls der Kunstprosa des Osmanischen, sucht aber nicht für jeden Begriff die »höher« bewertete, persische oder arabische Entsprechung und steht damit der Volkssprache näher als die zu jener Zeit verschnörkelte Diwan-Literatur. Das erklärt die weit verbreitete Kenntnis der Werke Evliya Çelebis.

▒ Volksliteratur (*Halk edebiyatı*) der osmanischen Zeit

Während die Diwan-Literatur für fast 500 Jahre eine reine Elitekultur darstellte, deren Kenntnis auf die kleine urbane Führungsschicht und die Gebildeten beschränkt blieb, entwickelte sich die Volksliteratur auf der Grundlage der alttürkischen Mythen, der religiösen Derwisch-Mystik und seiner Gesänge weiter fort.

Süleyman Çelebi (um 1370–1422) stammte aus Bursa und komponierte die aus 800 zweizeiligen Versen bestehende Ode *Mevlit-i Şerif*, welche die Geburt (Mevlit oder Mevlut), die Gesandtschaft und die Offenbarungen des Propheten Mohammed schildert. Der Hymnus folgt zwar der arabischen Metrik des Aruz (arabisch-persisches Versmaß), ist aber in der türkischen Volkssprache gehalten und bedient sich bewusst eines schlichten und leicht verständlichen Stils.

In ganz Anatolien ist der Lobgesang Mevlit bis heute bekannt und wird am Todestag des Propheten, am 40. Todestag eines Familienangehörigen und vor dem Beschneidungsfest feierlich vorgetragen. Süleyman Çelebis volkstümlicher Wortschatz des frühen 15. Jahrhunderts wird in der Türkei noch im 21. Jahrhundert nicht nur inhaltlich, sondern auch sprachlich verstanden.

Großer Popularität in den einfachen Volksschichten erfreuten sich auch die Aşık – die Volkssänger (aşık bedeutet eigentlich »Liebender«), zumeist Wanderprediger und Derwische verschiedener Orden, die ihre Verse und Gesänge in der Umgangssprache vortrugen. Ihre religiösen Anschauungen folgten zum Teil der schiitischen und alevitischen Richtung des Islam, weshalb sie von den sunnitischen Sultanen mitunter verfolgt wurden. Bekannt ist etwa das Schicksal des Volkssängers *Pir Sultan Abdal* (Haydar Dede), der 1570 in Sivas für seine Überzeugung hingerichtet wurde. Wie jeder Märtyrer erlangte er gerade durch seinen Tod größte Berühmtheit und wird bis heute verehrt.

Eher weltlich ausgerichtet sind volksliterarische Figuren und Personifizierungen wie Keloğlan, Köroğlu und Nasrettin Hoca. *Keloğlan* (»kahlköpfiger Junge«) ist ein uralter »guter« Märchenheld, der seine Überlegenheit durch Pfiffigkeit und Bauernschläue beweist. Er kämpft gegen das Böse, siegt durch List und erhält die Prinzessin seines Landes zur Frau. Die Figur des Keloğlan ist bis heute populär geblieben und wird in Filmen und Comicserien weiter gepflegt.

Köroğlu (»Sohn des Blinden«) scheint auf eine echte historische Person namens Rüşen Ali (um 1550/1600) zurückzugehen. Ali rächt sich am Bey von Bolu für das an seinem Vater begangene Unrecht und wird zum Prototyp des »edlen Rächers und Räubers«. Er bekämpft korrupte Beys und Paschas, plündert Großgrundbesitzer aus und verhilft den Armen zu ihrem Recht. An seiner Seite steht die schöne Ayvaz, die ihre Jungfräulichkeit allen Fährnissen zum Trotz erhält. Dieser an Robin Hood erinnernde Lebenslauf basiert auf dem alten Archetypus des freiheitsliebenden Helden, der von bösen Mächten zur Flucht und zum Brigantenleben in der Wildnis gezwungen wird. Auch im Epos von Köroğlu, das erst im 18. Jahrhundert entstanden ist, weisen viele Erzählstränge auf erheblich ältere zentralasiatische Legenden hin, die dann mit dem Schicksal des echten »Blindensohns« verwoben worden sind.

Als literarisches Motiv spielen Köroğlu und vergleichbare Freiheitskämpfer, die den Reichen das wegnehmen, was sie den Armen vorher abgepresst haben, eine tragende Rolle bis in die neueste türkische Literatur (Yaşar Kemal).

Der Weise *Nasrettin Hoca* stellt wohl die berühmteste Figur der türkischen Volksliteratur dar. Zahlreiche Übersetzungen in europäische Sprachen sorgen auch im Westen für einen hohen Bekanntheitsgrad. Die gängige Bezeichnung für Nasrettin als »türkischer Eulenspiegel« ist nicht ganz richtig. Zwar hält er auch seinen Mitmenschen den Spiegel vor und lässt sie ihre Unzulänglichkeiten erkennen, doch tritt er nicht als Narr (wie Eulenspiegel) auf, sondern als eher mittelloser, aber gebildeter und geachteter Hoca (Meister). Auch die Beschränkung auf »türkisch« trifft nicht zu, denn die Geschichten (*latife*) und Gleichnisse, die sich um seine Person ranken, sind Gemeingut aller islamischen Völker von Marokko bis Indien. Im Iran ist er beispielsweise als Nasreddin Mollah und in den arabischen Ländern als Juha bekannt. Schauplätze der Handlung sind beizeiten Überlandwege, wo man den Hoca rittlings auf einem kleinen Esel sitzend antrifft, meist aber der Marktplatz, die Moschee, das Hamam (öffentliches Bad) oder das Haus eines vornehmen Bürgers, in welches Nasrettin eingeladen wird. Seine Dialogpartner sind Richter, Lehrer, Krämer, Bauern und Hirten sowie deren Nachbarn, aber auch Langfinger und Wegelagerer. Ein alltäglicher Vorfall genügt, um dem Hoca Gelegenheit zu geben, durch Witz und Scharfsinn Lehren zu erteilen und die Situation zu entschärfen.

Der türkischen Tradition zufolge diente Nasrettin als Imam in Akşehir, wo auch sein Grabmal gezeigt wird. Da in einer der Anekdoten der Mongolenherrscher Timur Lenk (1336–1405) als sein Zeitgenosse erscheint, wird Nasrettins Lebenszeit auf die Wende des 14. zum 15. Jahrhundert gesetzt. Doch scheint es sich bei diesem realen Nasrettin nur um eine der zahlreichen Persönlichkeiten zu handeln, die als Vorbild für die in Wirklichkeit viel ältere literarische Figur des wandernden Schiedsrichters, Friedensbringers, Ehestifters und schlagfertigen Entscheiders gedient haben. Als Heiliger wird Nasrettin übrigens nicht dargestellt, sondern als ein Mann mit gesundem Menschenverstand, der häufig mit List und Tücke sowie mit bizarren Scherzen und Streichen zu Werke ging. Viele Anekdoten verfügen über einen bemerkenswert tiefgründigen, lebensphilosophischen Kern. Kein Wunder also, dass Nasrettin Hocas Erkenntnisse bis heute das türkische Bewusstsein prägen.

Ye Kürküm ye!

Hoca bir gün yemeğe davet edilir. Eski elbiseleriyle oraya gittiği için kimse ona ikramda bulunmaz. Hoca gizlice evine döner, güzel giysilerini ve kürkünü giyer, geri gelir.
Daha kapıdan girerken buyur edilir, kendisine masanın başında yer gösterilir; değerli yemekler sunulur.
Hoca'ya buyrun »Hoca efendi, yiyelim" denilince Hoca kürkünü tabağın üzerine kaldırı »Ye kürküm, ye!« der. İnsanlar merakla »Ne yapıyorsun, Hoca efendi?« diye sorunca Hoca da şöyle cevap verir: »Madem ki bütün saygı kürkedir, yemeği de o hâlde o yesin ...«

Aus: Otto Spies: *Hodscha Nasreddin – ein türkischer Eulenspiegel*, Berlin 1928, S. 31.

Iss, mein Pelz, iss!

Als der Hodscha einmal zu einem Festmahl eingeladen war, ging er in alten Kleidern dorthin. Keiner schenkte ihm Beachtung. Da eilte der Hodscha heimlich nach Hause, zog kostbare Kleider und seinen Pelz an und kehrte wieder zurück. Schon an der Tür empfing man ihn mit der größten Ehrerbietung und ließ ihn am Kopfende des Tisches Platz nehmen. Man reichte ihm die feinsten Speisen: »Greifen Sie bitte zu, Hodscha Efendi!«. Der Hodscha hielt den Pelz vor die Speiseschüssel: »Bedienen Sie sich, mein Pelz!« Die Leute fragten: »Hodscha, was machst du denn da?« Hodscha: »Die Ehren gelten doch nur dem Pelz, er soll auch zugreifen!«

Das Volksbuch, in welchem 1837 zum ersten Mal all die *latife* gesammelt und gedruckt worden sind (ursprünglich 125 an der Zahl), ist seitdem um immer mehr Wortspiele, Glossen, Witze, Sprichwörter und vorwiegend sozialkritische Parabeln erweitert worden. Bis heute werden neue Geschichten erfunden und Nasrettin Hoca zugeschrieben (Aziz Nesin).

▓ Karagöz-Schattenspiele

Auf Dorfplätzen und auf den Märkten der Mahalles (Stadtviertel) wurden die beim Volk beliebten Karagöz-Schattenspiele (*Hayal Oyunu*) aufgeführt. Dazu spannte der Spieler eine weiße Leinwand auf und ließ sie von hinten durch eine Lichtquelle beleuchten. Die kunstvoll aus durchscheinendem Kamel- oder Rindsleder geschnittenen, bunt bemalten und an Kopf, Armen und Beinen gelenkigen Figuren wurden an Stangen befestigt und hin und her bewegt. Der Schattenspieler blieb dabei unsichtbar, sodass die Zuschauer von außen nur die scharfen Schattenrisse und die Farben der etwa 40 cm großen Puppen wahrnahmen. In der Regel bediente nur ein einziger Akteur sämtliche Schattenfiguren und verlieh ihnen ihren wesenseigenen Habitus und ihre typische Sprache. Hauptfigur der Schattenfiguren war Karagöz (»Schwarzauge«), der einen einfachen, scheinbar ungebildeten, aber witzigen und gerissenen Volkstypus repräsentierte. Sein Spielpartner war Hacivat, ein Vertreter der städtischen Bildungsschicht, der im Gegensatz zum derben, bäuerlichen Sprachduktus Karagöz' immer höflich und betont »großstädtisch« (Istanbul-Türkisch) sprach. Aus dem Zusammen-

Hacivat und Karagöz

treffen der beiden unterschiedlichen Charaktere ergaben sich Situationen und Streitgespräche, die jedem Untertanen des Osmanischen Reiches geläufig waren. Während sich die ländliche und einfache Bevölkerung mit Karagöz identifizieren konnte, sahen sich die in Hacivat verkörperten Vertreter der kleinen und mittleren Beamtenschicht zwar mitunter arg persifliert, aber niemals ernsthaft beleidigt. Als weitere Personen traten häufig die Ehefrau von Karagöz und die Tochter Hacivats auf.

Die Stücke begannen mit einem Prolog (»Vorhang-Gedicht«, *perde ghazeli*), auf den zuerst ein Zwiegespräch (*muhavere*) und dann die Haupthandlung (*fasıl*) folgte. Je nach Inhalt erschienen Objekte wie ein Brunnen, ein Badehaus oder ein Baum mit Früchten oder Vögeln auf der Bühne. Häufig begleiteten Musikanten mit Schellentrommel und Flöte die Vorgänge. Ein Epilog mit lehrhaftem Inhalt beschloss die Vorführung.

Das klassische Schattenspiel bestand aus einem Repertoire von 28 Stücken, die während des Fastenmonats Ramadan zur Aufführung kamen. Für jeden Fastentag stand demnach eine Vorstellung zur Verfügung. Außerhalb des Ramadans wurden Schattenspiele an Markttagen und auf Familienfesten vorgeführt. Die Karagöz-Spieler zogen mit ihrer Wanderbühne von einem Ort zum anderen, wobei dann weniger die moralisierenden Possenspiele des Ramadan zum Einsatz kamen, sondern durchaus auch rüde Prügeleien und obszön überzeichnete Szenen.

Überzeichnete Possenspiele

Turbulent ging es zu, wenn Karagöz auf nichttürkische Reichsangehörige und Volksgruppen stieß, die gnadenlos verspottet wurden. Besonderem Hohngelächter waren die Lasen an der Schwarzmeerküste ausgesetzt, auch Kurden, Albaner und Araber kamen eher schlecht weg. Ins Groteske verzeichnet wurden generell Nichtmuslime wie Griechen, Armenier, Juden und »Franken« (Europäer). Auch Stotterer und Bucklige wurden nicht geschont. »Irre« hatten den Vorteil, auch unbequeme, sozialkritische Wahrheiten äußern zu dürfen. Beliebte »Gesprächspartner« stellten daher auch Betrunkene (sarhoş) dar. Je gegensätzlicher die Paare des Spiels waren, desto umfangreicher war die Bandbreite an sprachlichen Missverständnissen, Parodien, Sarkasmus und impulsiv hervorgebrachten witzigen Einfällen.

Vertreterinnen der Weiblichkeit waren einerseits arrogante Damen der eleganten Istanbuler Gesellschaft, andererseits einfältige anatolische Bauersfrauen. Gute Unterhaltung garantierten stets Tänzerinnen, Musikantinnen, Geliebte (Canan) und Gelegenheitsprostituierte. Eher für ein kindliches Publikum war das Aufeinandertreffen von Karagöz mit Zauberkünstlern, Fabelwesen und Geistern gedacht – natürlich wurden auch sie übertölpelt dargestellt. Lediglich in letztgenanntem Genre ist der Vergleich der Schattenspiele mit dem europäischen Kasperletheater gerechtfertigt.

Während die Karagöz- und Hacivat-Konversation meist einem formalen Schema von Rede und Gegenrede folgte, ergaben sich bei der Begegnung von Karagöz mit den anderen Gestalten allerlei Möglichkeiten der Improvisation und der Rede aus dem Stegreif. Die Beliebtheit eines Karagöz-Spielers hing davon ab, wie er auf sein augenblickliches Publikum reagierte und lokale Besonderheiten und den neuesten Klatsch spontan in die laufende Handlung einzufügen verstand.

Im Osmanischen Reich ist das Schattenspiel-Theater nicht vor dem 16. Jahrhundert überliefert und die Namen Karagöz und Hacivat tauchen erst im 17. Jahrhundert auf. Man darf indes annehmen, dass die Aufführungspraxis und die

Charaktere auf erheblich älteren Traditionen beruhen. Frappierend ist z. B. die Ähnlichkeit mit südostasiatischen Schattenspieltheatern. Über Indien und Ägypten, wo Schattenspiele schon im 13. Jahrhundert belegt sind, könnte diese Theaterform nach Anatolien gelangt sein, wenn die Figur des Karagöz nicht überhaupt auf einem eigenen anatolischen Ursprung beruht.

Da es sich beim volkstümlichen Karagöz-Theater um eine nur mündlich tradierte Gattung handelt, existieren keine zeitgenössischen Aufzeichnungen. Als sich im 19. Jahrhundert die osmanischen Literaten dem europäischen Drama zuwandten, fiel das einheimische Volksschauspiel, das Straßentheater und mit ihm Karagöz, der bürgerlich-osmanischen Verachtung anheim. Freilich zogen die Karagöz-Spieler nach wie vor durchs Land, fanden aber in der sich nun entwickelnden neuen türkischen Literatur keine Beachtung mehr. Schriftlich niedergelegt wurden aus reinem Forschungsinteresse zu Beginn des 20. Jahrhunderts lediglich die 28 Karagöz-Spiele zum Ramadan mit ihrer festen Rahmenhandlung. All die anderen Stegreifstücke und Ad-hoc-Dialoge existierten nur in mündlicher Form und variierten die Themen je nach Publikum – nur vereinzelt wurden diese Stücke noch von Volkskundlern gesammelt. Einige Aufführungen lassen sich auch rekonstruieren. Mündliche Überlieferungsstränge echter Karagöz-Spieler reichten noch bis in die 1970er-Jahre, die neuen Medien haben Karagöz danach jedoch als Volksbelustigung vollständig verdrängt.

4. Literatur der Tanzimat-Epoche im 19. Jahrhundert (*Tanzimat edebiyatı*)

Im Laufe des 19. Jahrhunderts fand auch in der osmanisch-türkischen Literatur der gewaltige Paradigmenwechsel statt, der in der türkischen Geschichtsschreibung als Tanzimat-Zeitalter, als Epoche des profunden staatlichen, gesellschaftlichen und kulturellen Umbruchs firmiert. Seit dem Regierungsantritt des ersten »Reformsultans« Mahmut II. (1826–1839) intensivierte sich der Modernisierungsprozess mit Blick auf den Westen und die europäische Kultur. Für die Literatur bedeuteten diese reformorientierten Schritte, dass die Diwan-Dichtung gleichsam in Schönheit erstarrt und am Endpunkt ihres bis aufs Höchste verfeinerten Daseins angekommen war. Seit der »Tulpenzeit« wurden europäische Literaturformen und Genres von den höheren Bildungsschichten des Osmanischen Reiches zwar zur Kenntnis genommen und rezipiert und Gastspiele italienischer und französischer Schauspieler und Opernsänger fanden wohl die Gunst der Sultane, ihre Wirkung blieb aber auf das Serail beschränkt.

Dies änderte sich mit Anbruch des Tanzimat-Zeitalters abrupt: Am neuen Sultanshof, wo man das französische Staatszeremoniell eingeführt hatte und sich vorwiegend auf europäische Fachleute stützte, begann man nun, die westlichen Literaturgenres wie Roman, Drama und eigenständige Lyrik kennen und schätzen zu lernen, und versuchte sie »von oben her« im Reich einzuführen. Das konnte nur mit Brüchen gelingen, da diese neuen europäischen Literaturformen untrennbar mit den politischen Bewegungen der Zeit – Liberalismus, Nationalismus, Demokratie – verbunden waren. Daran war das Sultanat (wie ja auch alle europäischen Monarchien des 19. Jahrhunderts) allerdings nicht interessiert. Besonders der europäische Gedanke des Nationalstaats und der nationalen Selbstbestimmung drohte das Vielvölkerreich von innen her zu sprengen.

Die Pionierrolle für die Einführung literarischer Normen im westlichen Sinne übernahm das florierende Pressewesen. Allein 60 Zeitungen und über 100 Zeitschriften allgemeinbildenden Inhalts erschienen seit den 1840er-Jahren im Reichsgebiet. Ihre Herausgeber und Autoren reisten des Öfteren in das europäische Ausland (zumeist allerdings unfreiwillig ins Exil) und holten sich Anregungen für den osmanischen Literaturbetrieb. Im Publikationswesen bemühte man sich bereits um eine Sprachreform und bevorzugte ein möglichst von persischen und arabischen Begriffen freies Osmanisch-Türkisch. Journalisten, die sich auch als Übersetzer europäischer Dichtung betätigten, führten die literarische Reformbewegung an. *Ibrahim Şinasi* (1826–1871) war Redakteur eines Istanbuler Intelligenzblattes und Verfasser des ersten türkischen Bühnenstückes (1856 oder 1858). Der Einakter hieß *Şair Evlenmesi* (»Die Heirat des Dichters«) und setzte sich komödiantisch mit der Praxis der von den Familien arrangierten Ehen auseinander (ein Thema, das in der Türkei bis heute aktuell ist): Der dichtende Protagonist des Stückes bekommt seine ihm Angetraute erst in der Hochzeitsnacht zu sehen und muss zur Kenntnis nehmen, dass die ihm vorher als Schönheit Geschilderte in Wirklichkeit hässlich ist.

Şinasis Lebenslauf war symptomatisch für Intellektuelle der Tanzimat-Generation, die zwischen der Türkei und Europa hin- und hergerissen wurden. Er erhielt eine gute, auf westlichen Prinzipen beruhende Ausbildung, wurde zum Studium nach Frankreich geschickt, kehrte nach Istanbul zurück, um eine hohe akademische Position einzunehmen, fiel dort in Ungnade, weil er sich den Bart rasierte (was den islamischen Vorstellungen widersprach) und gründete daraufhin als Privatunternehmer eine liberale Zeitung. In eine Palastintrige verwickelt, floh er schließlich nach Paris, wurde dort in die literarischen Salons eingeführt, korrespondierte mit europäischen Geistesgrößen aller Art und übersetzte französische Lyrik ins Osmanisch-Türkische. Einladungen, aufgrund eines Gnadenaktes in die Heimat zurückzukehren, ignorierte er lange Zeit. Erst nach seiner offiziellen Amnestie kehrte er nach Istanbul zurück und begann dort mit den Vorbereitungen zur Fortsetzung seiner Zeitschrift.

Namık Kemal

Tiefen Einfluss auf die neue türkische Literatur übte das Werk *Namık Kemals* aus. Namık Kemal (1840–1888) stammte aus Tekirdağ am Marmarameer und wandte sich zunächst der altehrwürdigen Diwan-Poesie zu, weshalb er Arabisch und Persisch lernte. In Istanbul allerdings geriet er in die Kreise der Jung-Osmanen (*Genç Osmanlılar*), einer vom europäischen Nationalismus beeinflussten intellektuellen Gruppe, die zur Rettung des Reiches einen osmanischen Patriotismus propagierte. Auf ihrem Programm standen die Abschaffung der sultanischen Alleinherrschaft, die Einführung einer Konstitution (Staatsverfassung) mit Parlament und allgemein die Liberalisierung der Gesellschaft – all dies freilich auf der Grundlage eines reformierten Islam. Das Osmanische Reich sollte das gemeinsame Vaterland (*vatan*) aller dort lebenden Volksgruppen und Nationalitäten werden. Da der patriotische Gedanke im Sinne des Nationalismus über der Loyalität zum Herrscherhaus stehen sollte, wurden die Jung-Osmanen und ihre Schriftsteller bald zu Staatsfeinden erklärt und ins Exil getrieben.

1867 ging auch Namık Kemal nach Paris und wenig später nach London, wo er die gesamte jung-osmanische und die sich bereits herausbildende jungtürkische Elite antraf. Seit 1868 gab er im Exil die Zeitschrift mit dem programmatischen Titel *Hürriyet* (»Freiheit«) heraus. 1871 kehrte er nach Istanbul zurück und gründete die etwas weniger radikale Zeitung *İbret* (»Beispiel«).

1873 wurde sein Schauspiel *Vatan yahut Silistre* (»Vaterland oder Silistra«) aufgeführt und hinterließ einen tiefen Eindruck in der Gesellschaft. Der Grund dafür war der hier zum ersten Mal öffentlich und künstlerisch formulierte Gedanke des osmanischen Vaterlandes, das von der Dynastie und der Sultansherrschaft unabhängig sei. Unter Osmanen verstand Namık Kemal nicht mehr ausschließlich nur das Herrscherhaus, sondern alle Reichsbewohner. Sie sollten ungeachtet ihrer Religion Staatsbürger mit gleichen Rechten und Pflichten sein, ob Muslims, Christen oder Juden – was aber nicht bedeutete, dass der Islam seine führende Rolle verlieren sollte. Namık Kemal war demnach islamischer Staatspatriot, kein Nationalist. Nicht umsonst verfasste er auch eine »Große Geschichte des Islam« und eine dreibändige »Geschichte der Osmanen«, in welcher er an seiner muslimischen Prägung keinen Zweifel lässt.

> *Vaterland oder Silistra*
>
> Kemals vaterländisches Drama spielt während des Krimkriegs (1853–1855), als die osmanische Donaufestung Silistra (heute in Bulgarien) von russischen Streitkräften belagert wird. Unter dem stets mit Pathos vorgetragenen Schlagwort der »Rettung des Vaterlandes« halten die Osmanen (Kemal vermeidet bewusst den Volksbegriff »Türken«) der Belagerung stand und leisten

> erfolgreich Widerstand. Verwoben ist das Kriegsgeschehen mit der Liebes-
> geschichte zwischen dem mehrfach verwundeten Soldaten Islam Bey und
> dem Mädchen Zekiye (»die Kluge«). Zekiye, die sich später als Tochter des
> Festungskommandanten entpuppt, beteiligt sich am siegreichen Endkampf.
> In der Diwan-Dichtung wären Islam Bey und Zekiye am Ende lediglich im
> Tod mystisch vereinigt worden, doch der der Moderne verpflichtete Namık
> Kemal lässt sie leben, heiraten und optimistisch in die Zukunft blicken!

Uraufgeführt wurde das Bühnenstück in einem von Armeniern geleiteten Theater
Istanbuls, dem Güllü Agop Gedik-Pascha Theater, was deutlich macht, dass die
christlichen Minderheiten, vorab die Armenier mit ihren zahlreichen Verbindungen ins Ausland, aber auch die Griechen, noch vor den Türken begonnen
hatten, eine eigene Literatur hervorzubringen.

Als besondere literarische Persönlichkeit ist in diesem Zusammenhang der aus
dem Epiros stammende *Şemsettin Sami Fraşeri* (1850 –1904) zu erwähnen. Seine
Muttersprache war Albanisch, seine Religionszugehörigkeit muslimisch, seine
Ausbildung erhielt er aber auf einem hellenischen Gymnasium, wo Altgriechisch,
Französisch und Italienisch gelehrt wurden. Gleichwohl war seine Schriftsprache
das Osmanisch-Türkische. Şemsettin Samis nach wissenschaftlichen Grundsätzen
erstellten türkisch-französischen Wörterbücher (erschienen 1880–1885) bilden
die Grundlage für alle nachfolgenden europäisch-türkischen Glossare.

Ein erstaunliches Werk Şemsettin Samis ist zudem die in Prosa verfasste und
1872 erschienene romantische Liebesgeschichte *Taassuk-i Talat ve Fitnat* (»Die
Liebe von Talat und Fitnat«). Sie gilt als der erste Roman, der in türkischer Sprache
publiziert worden ist, und folgt in ihrer Handlung und im Aufbau eher der orientalischen Tradition, während die Charakterisierung der handelnden Personen
europäischen Mustern folgt.

Zurück zu Namık Kemal: Sein pathetisches Drama wurde als durchaus revolutionär empfunden und provozierte Massenversammlungen, den Ruf nach Freiheit und nach einer Verfassung. Sultan Abdülaziz (1861–1876), dem das jung-
osmanische Gedankengut ursprünglich gar nicht fern war, ließ Kemal daraufhin
unter Hausarrest stellen und nach Famagusta auf Zypern deportieren. Nach dem
Tod des Herrschers (1876) kehrte der Schriftsteller zurück und arbeitete an der
Konstitution der nach dem liberalen Großwesir Midhat Pascha benannten Verfassung mit. Als die Verfassungsbestrebungen 1881 jedoch scheiterten, wurde
der mittlerweile berühmte Dichter in eine Art ehrenvolle Verbannung geschickt,
indem man ihm kleine Beamtenposten auf den ägäischen Inseln übertrug. In
dieser Eigenschaft ist er 1888 auf Chios (türkisch: *Sakız*) gestorben.

Auch die anderen Dramen Namık Kemals sind durchaus bemerkenswert. In

Zavallı Çocuk (»Das unglückliche Kind«) und den Personendramen *Arif Bey* und *Gülnihal* wendet sich Kemal gegen die repressive patriarchalische Moral, die besonders die Frauen einengte. Die Novelle *Intibah* (»Erwachen«) mit dem Untertitel *Sergüzeşt-i Ali Bey* (»Die traurigen Abenteuer Ali-Beys) ist eine Liebesgeschichte, die tragisch an den Konventionen scheitert und an den Stoff der »Kameliendame« erinnert. Interessant ist auch, dass sich Kemal in seinem zweiten Historiendrama *Celaleddin Harzem Schah* 1885 auf den zentralasiatischen Schauplatz begab, somit das Motiv der türkischen Urheimat aufgriff und es breiten Kreisen zugänglich machte. Gerade diese Thematik der »Urheimat« und des »Ursprungs der Türken« wurde, verbunden mit der Umwertung des religiösen Patriotismus zum säkularen Nationalismus, später zum Hauptobjekt der jungtürkischen Bewegung, die selbstverständlich auch in der Literatur ihren Niederschlag fand.

Die Tragödie *Zavallı Çocuk* erfuhr 1874 unter dem Titel *İçli kız* (»Das empfindsame Mädchen«) eine lyrisch-dramatische Neubearbeitung durch *Abdülhak Hamit Tarhan* (1852–1937). Der weltläufige Tarhan bewegte sich auf dem diplomatischen Parkett zwischen Bombay, Teheran, Paris, London, Brüssel und Wien und betätigte sich als fruchtbarer Bühnenautor. Seine melodramatischen Trauerspiele, Schicksals- und Gesellschaftsdramen zeigen den Einfluss Shakespeares, Molières, Racines, Alfred Mussets und Alfonse de Lamartines. In seinen gereimten Historiendramen schildert Tarhan voller Bombast geschichtliche Vorgänge in Andalusien und Indien. Wie Namık Kemal vertrat er aufklärerische, westliche Ideen, gestand dem Islam jedoch eine fortschrittliche Funktion zu.

▨ Spätosmanismus und Jung-Osmanen

1890 erschien die Erzählung *Karabibik* aus der Feder *Nabizade Nazıms* (1862– 1893). Nazım war Offizier in Syrien und lehrte anschließend Physik und Mathematik an der militärischen Hochschule in Istanbul. *Karabibik* gilt als Anfangspunkt der modernen türkischen Erzählprosa. Der Verfasser entwirft hier ein realistisches und gänzlich unsentimentales Porträt des dörflichen Lebens im fernen Anatolien. Geschildert werden die Bemühungen eines jungen Kleinbauern, Geld für den Kauf von Zugochsen aufzutreiben, um sein karges Feld bestellen und mit dem Erlös den Brautpreis für seine Verlobte aufbringen zu können. Der Erzähler lässt seine Hauptfiguren dabei selbst zu Wort kommen und fügt zahlreiche direkte Reden und Dialoge im Dialekt Südostanatoliens ein, sodass die Wirklichkeit in dem Text unverfälscht zur Geltung kommt.

Ein eigener Literaturkreis bildete sich um die Gazette *Servet-i Fünun* (»Schatz des Wissens«). *Tevfik Fikret* (1867–1915) leitete das Magazin von 1896 bis zu dessen Verbot 1901. 1899 war er bereits zum Professor für Türkische Literatur am Istanbuler Robert College, einer amerikanischen Einrichtung, ernannt worden und umging damit die osmanische Zensur. 1908, nach der Machtübernahme der Jungtürken, erhielt er schließlich das Amt des Direktors am Galatasaray-Lyceum.

Fikret war reiner Lyriker. In seinen kunstvollen Versen schildert er das Alltagsleben des Volkes, kleine Szenen und menschliche Schicksale. Politisch forderte er eine Sozialreform und verurteilte die Korruption der Oberschicht. Mit den Jungtürken verbanden ihn die indifferente Haltung gegenüber der Religion und die Abwendung von der osmanischen Vergangenheit. Der spätere Staatsgründer Kemal Atatürk schätze Fikret als »größten Dichter seiner Zeit« und »wahren Patrioten« und bedauerte es, nicht persönlich mit ihm Bekanntschaft gemacht zu haben. Zu Lebzeiten des Dichters genoss seine Gemahlin Nazime Hanım fast noch größere Bekanntheit als er selbst. Sie zählte zu den ersten osmanischen Frauen, die den Schleier in der Öffentlichkeit ablegten und Gäste in ihrem Salon empfingen.

Zur Gesellschaft um Servet-i Fünun gehörte auch der Romancier *Halit Ziya Uşaklığıl* (1866–1945). Kosmopolitisch zum Schöngeist erzogen und ausgebildet, sprach er Französisch, Italienisch, Deutsch und Englisch und bereiste diese Länder in diplomatischen Missionen. Geschult an Balzac, Zola, Flaubert und Stendal veröffentlichte er mehrere Zeit- und Gesellschaftsromane. In *Mavi ve Siyah* (»Blau und Schwarz«) aus dem Jahre 1897 schildert er in epischer Breite die durch allerlei Schicksalsschläge verhinderte Dichterkarriere eines Verwaltungsbeamten, der sich zuerst Hoffnungen hingibt (hierfür steht die Farbe Blau), dann aber bitter enttäuscht wird (Schwarz). Im Beziehungsroman *Aşk-i Memnu* (»Verbotene Lieben«) von 1900 wird ein schwermütiges Sittengemälde des Istanbuler Fin de siècle und seiner mondänen Gesellschaft gezeichnet. Um ein verhängnisvolles Dreierverhältnis rankt sich ein komplexes Handlungsgeflecht von Personen und Ereignissen, während sich stilistisch Romantik und Realismus die Waage halten.

Lange Zeit waren die Grenzen zwischen Jung-Osmanen und Jungtürken fließend. Beide Gruppen litten während der autokratischen Herrschaft Sultan Abdülhamits II. (1876–1909) gleichermaßen unter Bespitzelung und Verfolgung und versuchten gemeinsam, das Regime abzulösen. Zwischen Jung-Osmanen, Panislamisten und Nationalisten schwankte z. B. *Mehmet Akif Ersoy* (1873–1936), der Schöpfer der türkisch-republikanischen Nationalhymne, die er 1921 als Unabhängigkeitsmarsch (*İstiklal marşı*) komponiert hatte. Anfänglich verfocht Ersoy die These von der Reformierbarkeit des Islam und der Aufrechterhaltung des multikulturellen Osmanischen Reiches unter dem Banner des reformierten Islam und des Osmanismus. Den türkischen Gefallenen des Ersten Weltkriegs widmete er Nachrufe, in welchen Religion in Verbindung mit türkischem Nationalstolz eine durchaus erhabene Wirkung entfalteten. Auch den nationalen Unabhängigkeitskrieg Kemal Atatürks unterstützte Ersoy. Als der Staatsgründer 1925 jedoch zum Schlag gegen den Islam ausholte und seine Reihen von Panturkisten, Panislamisten und verbliebenen Anhängern des Osmanismus säuberte, verließ Ersoy die Türkei und übersiedelte nach Kairo, um als Lehrer für türkische Literatur zu wirken. Erst 1936 kehrte er zurück.

▨ Nation im Mittelpunkt: Literatur der Jungtürken

Gegen Ende des 19. Jahrhunderts erfasste die nationalrevolutionäre Bewegung besonders die Eliten in den Streitkräften, in der Lehrerschaft und in der höheren Bürokratie. Das Programm der Jungtürken (*Genç Türkler* oder *Jön-Türkler* nach französisch *Jeune Turcs*) hatte einen einheitlichen türkischen Nationalstaat zum Ziel. Im Gegensatz zum (Jung-)Osmanismus, der eine ethnische und religiöse, pluralistische Schicksalsgemeinschaft (Vater- bzw. Mutterland) propagiert hatte, stand nun exklusiv die »türkische Nation« als einziges Staatsvolk im Zentrum. Die Jungtürken folgten damit dem europäischen Nationalstaatsgedanken. Das multikulturelle Osmanische Sultansreich sollte in ein säkulares Türkisches Reich umgewandelt werden.

> Der Volksbegriff »Türke«, der unter den Osmanen nur für das »niedere Landvolk« verwendet worden war, erfuhr nun eine politische Aufwertung und wurde als Eigenbezeichnung salonfähig. Im gleichen Zug verstärkte sich die bereits eingetretene Tendenz, die türkische Sprache zu nationalisieren, d. h. von fremden Beimischungen zu »befreien« und zu »reinigen«, und das daraus entstehende »neue Türkisch« wurde von den jungtürkischen Schriftstellern und Dichtern in den Rang einer Literatursprache erhoben. Der »arabische« Islam spielte beim radikalen Flügel der Jungtürken keine nationale Rolle mehr. Er sollte durch die ursprünglich türkische Himmelsgott-Religion ersetzt werden. Besonders innerhalb der Pantürkisten und Turanisten waren diese extrem nationalistischen Ansichten weit verbreitet.

Zu den jungtürkischen Dichtern gehörte *Abdullah Cevdet* (1869–1932), von dem die berühmte Sentenz stammt: »Zivilisation bedeutet europäische Zivilisation, und sie muss eingeführt werden mit allen ihren Rosen und Dornen«. Cevdet fiel unter Atatürk allerdings in Ungnade, als er behauptete, die anatolischen Türken seien das Ergebnis eines Gemischs mehrerer Rassen. 1925 wurde er daher mit einem Publikationsverbot belegt.

Mehmet Emin Yurdakul (1869–1944) übersteigerte den Nationalgedanken geradezu ins Mystische. Seine Strophen *Ben bir Türk'üm dinim cinsim uludur* (»Ich bin ein Türke, groß ist mein Gedanke und meine Rasse«) und *Ey, Türk uyan!* (»Auf Türke, erwache!«) werden bis heute in den türkischen Schulen zitiert. Auch sein späterer Familienname Yurdakul (»Diener der Heimat«) weist auf sein nationaltürkisches Engagement hin. Obwohl er nach Atatürks Sieg als »Poeta Laureatus«

der Republik galt und den Staatsgründer in einem berühmten Gedicht pries, blieben ernste Differenzen mit der kemalistischen Ideologie nicht aus.

Ömer Seyfeddin (1884–1920) war Mitglied des nationalen Literaturzirkels »Junge Schreibfedern« (*Genç Kalemler*) und der Gruppe der »Neusprachler« (*Yeni Lisancılar*). Beide den Jungtürken nahestehenden Vereinigungen leiteten die »Nationale Literatur« (*Milli Edebiyat*) ein. Ihre Bestrebungen waren die Hervorbringung einer »echt« türkischen Volksliteratur sowie die Betonung nationaler und geschichtlicher Themen und des unverfälschten Volkslebens und Brauchtums, und zwar verfasst in einer dem anatolischen Dialekt angenäherten Sprache ohne osmanische Verschnörkelungen. Ömer Seyfeddin verlegte sich auf Kurzgeschichten und Novellen, in welchen er den Freiheitswillen des einfachen Volkes schilderte.

Der originäre Apologet der jungtürkischen Bewegung, der auch als Begründer der nationalromantischen türkischen Literatur und als Sprachreformer wirkte, war *Mehmet Ziya Gökalp* (1876–1924). Er führte den endgültigen Bruch mit dem pluralistischen, im Hinblick auf nichttürkische Ethnien und Religionen toleranten Jung-Osmanismus herbei und stellte sein Werk unter die Formel »die Türkei den Türken!« (*Türkiye'yi Türklere!*).

Mehmet Ziya wuchs in Diyarbakır auf, einer Stadt, die im traditionellen Kurdengebiet liegt. 1895 begann er ein Studium der Tiermedizin in Istanbul und schloss sich dort einer bereits bestehenden, subversiven jungtürkischen Gruppe an. Diese Aktivitäten brachten ihm fast ein Jahr Haft und die Zwangsversetzung in die südostanatolische Provinz ein. Nach der Machtübernahme der Jungtürken (1908) begann er seine umfangreiche publizistische Tätigkeit und wurde Mitglied des nationaltürkischen Komitees »Einheit und Fortschritt« in der Hauptstadt.

Im Jahre 1911 gründete Gökalp mit anderen nationalistischen Intellektuellen die Organisation *Türk Ocağı* (»Türkischer Herd«), wobei »Herd« im Sinne von Heimat verwendet wurde, zu welcher Gökalp den gesamten turksprachigen Raum in Vorder- und Zentralasien zählte. Gökalp propagierte damit die politische Zusammenfassung aller Turkvölker im Sinne des Panturkismus und führte die Bezeichnung »Turan« als geradezu metaphysischen Begriff für die Urheimat aller Türken in die Literatur ein. Die Bezeichnung Turan für ein verheißenes »Gelobtes Land« ist der altpersischen Sagenwelt entnommen. In nationalromantischen Gedichten wie *Kızıl Elma* (»Roter Apfel«) und *Altın ışık* (»Goldenes Licht«) beschwor der Autor die mystische Herkunft der Türken und schuf neue Mythen und Visionen. 1912 wurde er Professor für Gesellschaftskunde an der Universität Istanbul und veranlasste während dieser Zeit, Werke Dostojewskis und Gorkijs ins Türkische zu übersetzen. In sozialer Hinsicht verfocht Gökalp durchaus westliche Ideen: Ziel des »Türkischen Herdes« war es, »die nationale Erziehung zu fördern, das wissenschaftliche, soziale und wirtschaftliche Niveau der Türken, die das Führungsvolk des Islam seien, zu heben und für die Verbesserung der türkischen

Rasse und die Reinheit der türkischen Sprache zu kämpfen«. Dies waren Ideen, die im zeitgenössischen Europa entstanden waren und als modern galten.

Der Religion wies Gökalp eine entscheidende Rolle bei der Nationsbildung zu. Allerdings sollte der Islam von Grund auf turkisiert und der neuen türkischen Nation angepasst werden. Davon zeugt der militante Vers »Die Moscheen werden unsere Kasernen, die Kuppeln unsere Helme, die Minarette unsere Bajonette und die Gläubigen unsere Soldaten sein«. In seinem langen Lehrgedicht *Köyün* (»Dein Dorf«) erhebt Gökalp die Forderung, den Koran nur noch auf Türkisch (vor-) zu lesen und den Gebetsruf auf Türkisch erschallen zu lassen. Er selbst bediente sich in seinen Gedichten und Maximen einer möglichst unkomplizierten und volkstümlichen Sprache. Gökalps 1918 und 1923 erschienene »Grundlagen des Türkismus« spiegeln das Programm der Jungtürken wider. Wichtige Aspekte wie z. B. der panturkische Imperialismus (Schaffung eines »Großtürkischen Reiches«) und die Umwandlung des Islam zur türkischen Religion wurden jedoch von Atatürk abgelehnt und durften nicht weiter verbreitet werden.

5. Literatur der Neuen Türkei

Das umfangreiche Werk des Romanciers und Erzählers *Yakub Kadri Karaosmanoğlu* (1889–1974) markiert den Weg von der jung-osmanischen über die jungtürkische Epoche und weiter zur Literatur der Republik. Während seine Anfänge noch vom ornamental überladenen Stil des Spätosmanismus geprägt waren, wandte Karaosmanoğlu sich ab 1923 ganz dem Realismus zu. In mehreren Romanen kommt die dekadente Endzeitstimmung während des untergehenden Osmanischen Reiches unmittelbar zum Ausdruck. Der Buchtitel »Sodom und Gomorrha« spricht für sich. Yakub Kadri beschreibt darin die Zustände in Istanbul während der Besetzung durch die Entente-Mächte im Jahre 1918.

In *Yaban* (»Der Fremde«) verlässt ein kriegsverwundeter Offizier die besetzte alte Hauptstadt und zieht sich ins Innere Anatoliens zurück. Dort merkt der Fremdling, wie tief die soziale und moralische Kluft zwischen der heruntergekommenen Großstadt und dem schlichten, aber geradlinigen Landleben geworden ist. Auch Yakub Kadri selbst verließ die alte Sultansmetropole und übersiedelte 1918 in die prospektive, neue inneranatolische Hauptstadt Ankara. Seine Schilderungen und Erinnerungen zum Nationalen Unabhängigkeitskrieg und zu den Gründerjahren der Republik bestimmen das Bild dieser Wendezeit in der Türkei.

Die republikanische Verachtung gegenüber der angeblich verwahrlosten Sultansstadt am Bosporus wurde übrigens von einem ebenso berühmten dichtenden Zeitgenossen konterkariert. *Yahya Kemal Beyatlı* (1894–1958), Staatsmann der

Republik, Politiker und Poet, erwiderte auf Atatürks Frage, welches moderne Bauwerk in Ankara ihm am besten gefalle: »Die Straße nach Istanbul, Exzellenz«.

Die neue Staatsform bot nun auch Schriftstellerinnen die Möglichkeit, stärker in die Öffentlichkeit zu treten. *Halide Salih Edip Adıvar* (1884–1964) ist hier an erster Stelle zu nennen: Als Tochter eines Beamten der von Frankreich beaufsichtigten Regie des Tabacs wuchs sie in einem französisch geprägten Umfeld auf und wurde am amerikanischen Mädchen-College in Üsküdar ausgebildet. Bereits früh betätigte sie sich als Frauenrechtlerin und schloss sich dem säkularen Flügel der Jungtürken an. Ihre ersten Romane *Raik'in annesi* (»Raiks Mutter«, 1909) und *Handan* (1912) beschreiben muslimisch-patriarchalische Frauenschicksale. Literarische Vorbilder waren englischsprachige Gesellschaftsromane der damaligen Zeit. Nach 1918 schloss Halide Edip sich Mustafa Kemals Unabhängigkeitsbewegung an und war während des gesamten Krieges als Hauptfeldwebel im Generalstab tätig. Zeugnis dieser Jahre legt ihr Kriegsroman *Ateşten gömlek* (»Flammenhemd«) von 1922 ab, der bereits 1923 ins Deutsche und 1924 in Englische übersetzt wurde. Hierbei handelt es sich um eine Dreiecksgeschichte vor dem Hintergrund des Türkisch-Griechischen Krieges.

Nach 1925 wurden die Differenzen der emanzipierten Halide Edip mit dem Staatsgründer immer unüberbrückbarer, und Halide Edip berichtete darüber in ihren zunächst nur auf Englisch erschienenen Memoiren *The Turkish Ordeal* (1928). Zusammen mit ihrem Mann, dem ebenso als Schriftsteller tätigen Arzt und Gelehrten *Abdülhak Adnan Adıvar* (1881–1955), verließ sie daher 1926 die Türkei und lehrte an diversen Hochschulen in Paris, London, Delhi und New York. Während dieser Zeit entstand die opulente Geschichte *Sinekli Bakkal* (»Der fliegende Händler«, auch Name eines Istanbuler Außenbezirks), in welchem Halide Edip die sozialen Verhältnisse am Ende des 19. Jahrhunderts beschreibt und eine Liebesbeziehung zwischen einer türkischen Sängerin und einem italienischen Klavierlehrer konstruiert. Die wahren Hintergründe der Entzweiung mit Mustafa Kemal sind jedoch nicht ganz klar. Denn auch im Ausland betätigte sich Halide Edip als überzeugte Vertreterin der »Neuen Türkei« und der Reformpolitik Atatürks. Doch erst nach Atatürks Tod 1938 kehrten die Adıvars in die Türkei zurück und übernahmen höhere Positionen. Halide Edip wurde beispielsweise der Lehrstuhl für Englische Literatur und Sprache an der Istanbuler Universität übertragen. Nach dem Zweiten Weltkrieg wurde sie allgemein als die »große alte Dame« der neuen türkischen Literatur geachtet.

Weniger ideologisch, aber dafür sentimentaler schilderte der Romanschriftsteller *Reşat Nuri Güntekin* (1889–1956) den Unabhängigkeitskrieg und die Gründungsphase der neuen Türkei. Sein 1922 erschienener Debütroman *Çalı kuşu* (»Zaunkönigin«) folgt den Bemühungen einer jungen Idealistin, die als Lehrerin nach dem Zusammenbruch des Reiches versucht, das Erziehungs- und Schulsystem zu erneuern und sich gegen die alteingesessenen Behörden durchzusetzen. Geschickt ordnet der Autor die Handlung als Liebesromanze zwischen der jungen Feride und einem gleichaltrigen sowie einem väterlichen, älteren Mann an. *Çalı kuşu* war einer der meist gelesenen Romane während der ersten türkischen Republik; praktisch jeder Gebildete kannte das Buch. Seine Popularität hat ihm von strengen Literaturkritikern die Wertung eines »Gefühlsromans« oder gar der »Trivialliteratur« eingebracht. Bis heute erscheint das flüssig geschriebene und klar strukturierte Werk jedoch in hohen Auflagen. Güntekin veröffentlichte noch eine Reihe weiterer opulenter Romane sowie Dramatisierungen seiner Erzählungen und eine Anzahl Zeitschriftenartikel, die alle das Thema Gerechtigkeit in der Gesellschaft zum Inhalt haben. Der Autor verstand es, diese schwierige Problematik durch der Schilderung zwischenmenschlicher Beziehungen einem breiten Kreis von Lesern zugänglich zu machen und Erziehung und Bildung als die zukunftsweisenden Ziele herauszuarbeiten. Sein letzter Roman *Kan Davası* (»Blutrache«) schildert die Hoffnung, dass Schulen und Wertevermittlung archaische Bräuche zum Verschwinden bringen. Güntekin, der in Izmir eine französische Ordensschule besucht hatte, war tief von der französischen Sprache und von den Werken Emile Zolas beeinflusst. Von 1945 bis 1954 repräsentierte er die Türkei als Vertreter für Erziehungs- und Kulturfragen in der UNESCO.

■ Lyrik der ersten Republik

Der blinde Sänger *Aşık Veysel Şatıroğlu* (1894–1973) war der Barde der schwer erkämpften Republik. Aus Sivas in Ostanatolien stammend, besang er in schwermütigen Liedern und Gedichten das karge, von Hitze und Eis gleichermaßen heimgesuchte Bergland und seine Bewohner. Obwohl der Tradition der von der Saz begleiteten Volkssänger verpflichtet, sprach Şatıroğlu in seinen Liedern auch moderne und zeitgenössische Themen wie Nationalgefühl und sozialen Protest an. 1933 nahm er am Nationalen Aşık-Festival in Ankara teil und lernte dort den Republikgründer persönlich kennen. Von seinem Gedicht *Kara Toprak* (»Schwarze Erde«) beispielsweise war Kemal Atatürk besonders beeindruckt. Auf Atatürks Wunsch hin besuchte er die seit 1932 eingerichteten kemalistischen Volkshäuser und gab dort Unterricht in Volksdichtung und Saz-Spiel. Durch Radioübertragungen seiner Konzerte wurde er landesweit bekannt.

AŞIK VEYSEL ŞATIROĞLU

Güzelliğin On Par'etmez	*Deine Schönheit wäre nichts wert*
Güzelliğin on par'etmez	Deine Schönheit wäre nichts wert
Bu bendeki aşk olmasa	Gäbe es meine Liebe nicht
Eğlenecek yer bulaman	Fändest keinen Ort der Freude
Gönlümdeki köşk olmasa	Gäbe es mein Herzensschloss nicht
Tâbirin sığmaz kaleme	Kein Stift kann dich je beschreiben
Derdin dermandır yâreme	Bist Balsam für meine Leiden
İsmin yayılmaz âleme	Dein Ruf kann sich nicht verbreiten
Âşıklarda meşk olmasa	Gäbe es der Liebenden Los nicht
Kim okurdu yazardı	Wer hätt' gelesen wer geschrieben
Bu düğümü kim çözerdi	Wer hätt' diesen Knoten zerrieben
Koyun kurt ile gezerdi	Schaf und Wolf Freunde geblieben
Fikir başka başk'olmasa	Gäbe es den Gedanken Stoß nicht
Güzel yüzün görülmezdi	Dein schönes Gesicht nicht zu sehn
Bu aşk bende dirilmezdi	Meine Liebe nicht auferstehn
Güle kıymet verilmezdi	Der Rose Wert nicht stets bestehn
Âşık ve mâşuk olmasa	Gäbe es die Geliebte bloß nicht
Senden aldım bu feryâdı	Von dir erhielt ich diesen Schrei
Bu imiş dünyanın tadı	Das war wohl dieser Welt Gedeih
Anılmazdı Veysel adı	Veysels Name wäre vorbei
O sana aşık olmasa.	Wäre er nicht in dich verliebt.

▨ Nazım Hikmet Ran

Der Dichter *Nazım Hikmet Ran* (1902 – 1963) hat die türkische Lyrik von Grund auf erneuert und weiterentwickelt. Seine Gedichte und Versepen zählen heute zur Weltliteratur. Darüber hinaus machte ihn sein Lebensschicksal zu einem Märtyrer des ideologischen 20. Jahrhunderts, denn ein Viertel seiner 60-jährigen Lebenszeit verbrachte Nazım Hikmet aus politischen Gründen in türkischen Gefängnissen. Er stammte aus großbürgerlichen Verhältnissen mit einem erheblichen Anteil von Paschas, Militärgouverneuren und Generälen. Darunter befand sich auch ein ehemaliger Preuße namens Karl Detroit, der den Aufstieg zum osmanischen Generalstabschef geschafft hatte.

Auch Nazım Hikmets Laufbahn sollte in der Marineakademie beginnen. Doch die Jahre 1917 und 1918 waren dafür denkbar ungünstig. Der junge Offiziersanwärter las Marx und Lenin und begeisterte sich für die russische Oktoberrevolution. Von Beginn an schloss er sich der republikanischen Aufstandsbewegung an, um dort sozialistisches Gedankengut einzubringen. Als Lehrer und Propagandist für die neue Ordnung durchreiste er Anatolien und lernte dort zum ersten Mal das »einfache Volk« mit seiner Rückständigkeit und all seinen Entbehrungen kennen. Doch schon bald musste er zur Kenntnis nehmen, dass Atatürk und seine Mitstreiter zwar außenpolitisch mit Lenin und der Sowjetunion zusammenarbeiteten, nach innen jedoch Sozialisten und »Bolschewisten« gnadenlos verfolgten und die Kommunistische Partei verboten und zerschlugen. Desillusioniert siedelte Hikmet 1921 ins kommunistische Moskau über und erhielt einen Studienplatz an der dortigen Universität. Nicht so sehr das leninistische Gesellschaftsprogramm weckte dort sein Interesse als vielmehr die revolutionär-expressionistische Poesie Vladimir Majakowskis und das – noch – anregende künstlerische Klima innerhalb der Futuristen und der Moskauer Intelligenzija.

In Anlehnung an die revolutionär-künstlerischen Kreise der Avantgarde begann Hikmet in Moskau mit dem Experiment der radikalen Umformung und Umwertung der türkischen Poesie. An die Stelle der traditionellen Versmaße trat der »freie Vers« (Hikmet nennt ihn »Zeile«), der ohne formale Beschränkung – wie jegliche Art von Reim – konzipiert ist und eine völlig neue, eigene Rhythmik mit ebenso neuartigen Allegorien und Metaphern hervorbringt. Ein Schlagwort der Zeit war die »Sozialisierung der Dichtung«, die sich nun der kämpferischen Sozialkritik zu widmen hatte und die proletarische Klasse in den Mittelpunkt stellte. In der Türkei war dies aufgrund der mangelnden Industrie nicht die Arbeiterschaft, sondern die Masse der Landpächter, Tagelöhner und Landarbeiter. Sie sollten die eigentlichen Adressaten der neuen Dichtung sein. Folglich sind die »Zeilen« nicht in einer »höher« klingenden Kunstsprache geschrieben, sondern in der Umgangssprache der »kleinen Leute«.

Nazım Hikmets Gedichte nahmen bei aller radikalen Modernisierung allerdings auch Anleihen aus der jahrhundertealten Volkspoesie und dem Volkslied. Häufig bediente er sich des Rückgriffs auf das Sufitum und auf die gescheiterten sozialen Bewegungen des Islams während des 16. und 17. Jahrhunderts. Selbstverständlich war für ihn auch die Übernahme nationaler Themen. Die Verbindung von Sozialismus und Nationalismus war in den 1920er- und 1930er-Jahren ein Hauptthema in den Intellektuellenzirkeln Europas.

Davet	*Aufforderung*
Dörtnala gelip uzak Asyadan	Vom hintersten Asien hervorgaloppierend,
Akdenize bir kısrak başı gibi uzanan	in das Mittelmeer springend wie ein
bu memleket, bizim.	Pferdekopf –
	das ist unser Land.
Bilekler kan içinde, dişler kenetli,	Blutig der Wrist, die Zähne zusammengepresst,
ayaklar çıplak	die Füße nackt
ve ipek bir halıya benziyen toprak	auf dieser Erde wie ein Teppich aus Seide –
bu cehennem, bu cennet bizim.	das ist unsere Hölle, unser Paradies.
Kapasın el kapıları, bir daha	Schließt die Tore der Knechtschaft, haltet sie
açılmasyın,	geschlossen
yok edin insanın insana kulluğubu!	hört auf, andere Menschen anzubeten –
Bu dâvet bizim.	Das ist unser Wunsch.
Yaşamak! Bir ağaç gibi tek ve hür	Zu leben frei und für sich wie ein Baum,
ve bir orman gibi kardeşçesine,	aber brüderlich wie ein Wald –
bus hasret bizim!	das ist unsere Sehnsucht.

1924 kehrte Nazım Hikmet nach Istanbul zurück und wurde als bekennendes Mitglied der illegalen Türkischen Kommunistischen Partei sofort vor ein kemalistisches Unabhängigkeitstribunal gestellt. Der ihm zugedachten 15 Jahre Zwangsarbeit entzog sich Hikmet durch Flucht nach Moskau. Er kam 1928 anlässlich einer politischen Amnestie aber zurück in die Türkei und verschwand sogleich im Gefängnis. Die nachfolgenden zehn Jahre seines Lebens waren geprägt von Haftaufenthalten, Freilassungen und Perioden der eingeschränkten Freiheit sowie von staatlicher Repression. Trotz der Zensur erlangte Hikmets Werk nun auch im eigenen Land einige Berühmtheit. 1928 veröffentlichte er seine erste Lyriksammlung *835 satır* (»835 Zeilen«). Die Blankverse erregten Aufmerksamkeit und spalteten die Leserschaft in glühende Anhänger und vehemente Gegner. Es folgten volksverbundene Strophen, in welchen sich sozialrevolutionäres Pathos, Beistand für die Armen und Unterdrückten, Vaterlandsliebe und zwischenmenschliche Emotionen ineinander mischten. Sie machten vor allem bei Oberschülern, Studenten, jungen Offizieren und Lehrpersonen die Runde. Auch scheint es, dass Atatürk den zunehmend an Bedeutung gewinnenden Dichter nicht gänzlich in Ungnade fallen lassen wollte, zumal Nazım Hikmet den Staatsgründer, obgleich er ihn für einen »im Bürgerlichen steckengebliebenen Revolutionär« hielt, persönlich durchaus schätzte:

Der Mann mit der Lammfellmütze /.../
Er glich einem blonden Wolf
Und seine blauen Augen glühten wie Feuerstrahlen

Im Gefängnis von Bursa entstand 1936 *Simavna Kadısı Oğlu Şeyh Bedrettin destani* (»Die Legende von Scheich Bedrettin, dem Sohn des Richters von Simav«). Hikmet thematisierte darin den Volksaufstand des gelehrten Mystikers und Heeresrichters Scheich Bedrettin († 1413) gegen die Sultansherrschaft. Darüber hinaus schrieb er mehrere Drehbücher für den jungen türkischen Film, darunter »Der kleine Barbier«. Die alte orientalische Legende von der Prinzessin Şirin und ihrem armen Geliebten Ferhad, der einen Gang durch den Eisenberg schlagen muss, um an Wasser zu kommen, hat ihn früh fasziniert. Hikmet interpretierte das Geschehen im Sinne des sozialistischen Realismus dahingehend um, dass Ferhad sein Werk aus Liebe zur Şirin beginnt, aber aus Liebe zum Volk vollendet (*Ferhat ile Şirin*). 1938 holten seine Gegner zum endgültigen Schlag aus und ließen ihn von einem Kriegsgericht zu 25 Jahren Haft und lebenslangem Publikationsverbot verurteilen. Anlass war ein Gedicht, das den Einsatz der Internationalen Brigaden im Spanischen Bürgerkrieg feierte und offenbar in jungen Militärkreisen Widerhall gefunden hatte. Während des langen Gefängnisaufenthaltes betätigte sich Hikmet als Übersetzer (u. a. »Krieg und Frieden« von Leo Tolstoi) und verfasste einen umfangreichen Briefwechsel mit seiner späteren Frau Münevver. Im Gefängnis entstand auch Nazım Hikmets Hauptwerk, das 20.000 Zeilen umfassende, in fünf Bücher gegliederte Versepos *Memleketimden insan manzaralar* (»Menschenlandschaften aus meinem Land«), das seine persönlichen Erfahrungen und sein Zeitalter in großartigen klanglichen Symphonien zusammenfasst. Es wird zu Recht als bleibendes Denkmal der türkischen Literatur gewertet. In einem der Gedichte, *Davet* (»Aufforderung«), liefert er beispielsweise eine treffende Charakterisierung seines Heimatlandes.

Im Staatsgefängnis von Bursa traf Hikmet auf den Mithäftling *Orhan Kemal* (1914–1970), einen Schriftsteller, der wegen »kommunistischer Propaganda« zu fünf Jahren Haft verurteilt worden war. Kemals Romane konzentrierten sich auf die neuen sozialen Herausforderungen, wie Landflucht und das Entstehen eines entwurzelten Industrieproletariats, beispielhaft gezeigt am Schicksal seiner 1952 entworfenen Romanfigur *Murtaza* (deutsch: »Murtaza oder das Pflichtbewusstsein des kleinen Mannes«). In den 1960er-Jahren war er einer der Vertreter des »sozialistischen Realismus«.

Nach internationalen Protesten kam Nazım Hikmet, der mittlerweile berühmteste politische Häftling der Türkei, im Jahre 1950 frei. Seine Verfolgung war damit jedoch keineswegs zu Ende. Als ihm – fast 50jährig! – ein Militäreinberufungsbefehl nach Ostanatolien drohte, emigrierte er in einer spektakulären Flucht auf einem Frachtschiff endgültig in die Sowjetunion. Sein letztes Lebensjahrzehnt verbrachte er als gefeiertes Mitglied der sozialistischen Internationale in Moskau. Reisen und Lesungen machten ihn und seine Werke im gesamten Ostblock berühmt. In seiner Heimat hingegen galt seit 1951 bereits die Nennung seines Namens als ein Tabu, was seinen Bekanntheitsgrad in der Türkei indes nur steigerte. Seine Werke blieben verboten, doch zirkulierten auch weiterhin zahlreiche Abschriften. Hikmets tief empfundener Liebeslyrik und seinem mitunter glühend vorgetragenen Patriotismus vermochten sich auch rechtsbürgerliche Kreise nicht zu entziehen. Erst einige Jahre nach dem Militärputsch von 1961 durften seine Werke in der Türkei erscheinen. Die politischen Kontroversen um ihn liefen jedoch weiter. Erst in jüngster Gegenwart bricht sich die Anschauung Bahn, dass Nazım Hikmet kein Landesverräter, sondern der wahre gesamttürkische Nationaldichter des 20. Jahrhunderts war.

▓ Die Garip-Dichtung

1941 erschien ein Lyrikbändchen mit dem seltsamen Titel *Garip* (*garip* bedeutet »fremdartig«, »komisch«, engl. »strange«). Es kam dem Manifest einer avantgardistischen Poesie gleich, Herausgeber und einer der Verfasser war *Orhan Veli Kanık* (1914–1950). Veli arbeitete als Postbediensteter und Übersetzer, widmete sich aber in den letzten Jahren seines kurzen Lebens einer ätherischen Dichterexistenz und betrieb die Literaturzeitschrift *Yaprak* (»Blatt«). Seine Gedichte folgten der freien Versform, wie sie Hikmet entwickelt hatte, enthielten sich aber eindeutiger ideologischer Aussagen. Dabei waren sie keineswegs unpolitisch: »Die Freiheit kostet den Kopf, die Sklaverei ist kostenlos, kostenlos leben wir ...«. Im Mittelpunkt der Gedichte steht der Mensch in seiner mehr oder weniger banalen Existenz. Dass man in der Garip-Gruppe die persisch-arabische Tradition als unnatürlich und ungeeignet für das Türkische bewertete und dafür die gestraffte Kürze japanischer Haikus zum Vorbild nahm, entsprach dem Puls der Zeit. Die noch von Atatürk formulierte »Sonnensprachtheorie« hatte schließlich das Türkische zur Ursprache aller asiatischen Kultursprachen erklärt und Verbindungen zum Japanischen entdeckt. Orhan Velis *Garip* postulierte die Elimination aller traditionellen Stilistik- und Versregeln und forderte die Befreiung der Dichtung von formalen Restriktionen und ornamentalem Ballast. Damit holten die *Garipçiler* die Dichtkunst aus höheren Sphären zurück auf die profane Erde, was auch in breiteren Leserkreisen auf fruchtbaren Boden fiel. Viele Epigramme und Sätze der Garip-Dichter sind als Zitate und Aphorismen in die allgemeine Sprache der Konversation und des Small Talks eingegangen. Dass die Reduktion auf das Wesentliche keineswegs mit dem Verlust an Stimmungen verbunden war, beweist z. B. Orhan Velis eindrucksvolles Gedicht *İstanbul'u Dinliyorum* (»Ich höre Istanbul«). Versachlichung und konkrete Poesie der Garip-Dichter beeinflussten die nachfolgenden Lyrikergenerationen bis heute. Die Literaturbewegung war insofern bemerkenswert, als darin die lyrische Avantgarde ihren Durchbruch feiern durfte. Die konventionelle Dichtung (parodiert als »Rose und Nachtigall«) hatte ausgedient.

ORHAN VELI KANIK

İstanbul'u Dinliyorum	Ich höre Istanbul
İstanbulu dinliyorum, gözlerim kapalı.	Ich höre Istanbul, meine Augen geschlossen.
Önce hafiften bir rüzgâr esiyor,	Erst weht ein leichter Wind,
Yavaş yavaş sallanıyor	Ganz leicht bewegen sich
Yapraklar, ağaçlarda;	Die Blätter in den Bäumen.
Uzaklarda, çok uzaklarda	Weit, ganz weit in der Ferne.
Suların hiç durmıyan çıngırakları.	Die unaufhörliche Klingelei der Wasser-
İstanbulu dinliyorum, gözlerim kapalı.	verkäufer.
	Ich höre Istanbul, meine Augen geschlossen.

▪ Lyrik der 1950er- und 1960er-Jahre

Ein höchst eigenständiger Geist offenbart sich im hochartifiziellen Œuvre von *Ahmet Hamdi Tanpınar* (1901–1962). Philosophie, Phantastik, Realismus und Metaphysik begegnen sich auf verschiedenen Bewusstseinsebenen. Tanpınars Verse sind voller Symbolik, Abstrahierungen und Chiffren, die innere Differenz seiner Dichtung zeigt sich auch in den Vorbildern, die der Dichter nennt: an erster Stelle Yahya Kemal Beyatlı (1884–1958), jener Romantiker, der es verstanden hatte, die distanzierte spätosmanische Diwan-Poesie auf elegante Art und Weise in die Literatur der Republik herüberzuretten, sodann Goethe, Dostojewski, Baudelaire, Proust sowie E. A. Poes enigmatische Geschichten zwischen Tag, Traum und Tod.

Seine Jugend verbrachte Tanpınar als Sohn eines Richters in Mossul (heute Irak) und Anatolien. Schon früh paarten sich bei ihm Wissensdurst und Sentimentalität. Von Yahya Kemal erhoffte er sich Antworten auf Lebensfragen, die ihm seine Berufstätigkeit als Lehrender an Gymnasien und an der Istanbuler Akademie für schöne Künste nicht zu bieten vermochte. (Von Tanpınars Lehrtätigkeit zeugt übrigens eine »Geschichte der türkischen Literatur im 19. Jahrhundert«.) Manieristische Kurzgeschichten erschienen zuerst 1943 mit *Abdullah Efendi'nin Rüyaları* (»Abdullah Effendis Träume«) und 1955 unter dem Titel *Yaz Yağmur* (»Sommerregen«). Der Roman *Huzur* (»Harmonie«), der sein Modell unverkennbar in Marcel Prousts »Suche nach der verlorenen Zeit« gefunden hat, war 1949 erschienen. *Huzur* ist eine schwerblütige Liebesgeschichte, die unglücklich endet und sich mit abgehobenen Fragen nach dem Sinn des Lebens, aber auch nach der Synthese von osmanischer, türkischer und europäischer Kultur und Zivilisation beschäftigt. Huzur, also Harmonie, kehrt nicht ein, und zuletzt zerbrechen sämtliche mühsam aufgebaute Beziehungen im Beginn des Zweiten Weltkriegs. Eine anspielungsreiche, mit schönen inneren Bildern versehene Hommage an die noch unverfälschte osmanische Vergangenheit ist auch Tanpınars Gedicht *Bursa'da Zaman* (»Zeit in Bursa«). Tanpınars umfangreiches belletristisches Werk wurde erst posthum veröffentlicht.

Fazil Hüsnü Dağlarca (geb. 1914) eröffnete nach Beendigung seiner Dienstzeit in der Armee und in verschiedenen Behörden eine über die Grenzen Istanbuls hinaus bekannte Buchhandlung und einen eigenen Verlag für Belletristik. Die von ihm bis 1974 geführte Buchhandlung im Istanbuler Universitätsviertel kam einem literarischen Salon gleich und diente als beliebtes Diskussionsforum für in- und ausländische Autoren. 1940 erschien Dağlarcas Gedichtband *Çocuk ve Allah* (»Das Kind und Gott«), in welchem er, völlig unbeeinflusst von Hikmet und Garip, ebenso freie Verse in einfacher, »gereinigter« Sprache präsentierte. Die Themen seiner weiteren Veröffentlichungen waren weit gestreut und teilweise stark national gefärbt: der Kampf an den Dardanellen 1917, der Unabhängigkeitskrieg, das Schicksal der treuen *Mehmetçiks* (d. h. der einfachen Soldaten), und immer wieder Atatürk und seine weltgeschichtliche Bedeutung. Als Schilderer der anatolischen Natur erwies er sich in der Lyriksammlung *Taş Devri* (1945), welche auch sein berühmtes Gedicht *Sular bizden Akıllıdır* (»Die Wasser sind weiser als wir«) enthält.

Sular bizden akıllıdır	*Die Wasser sind weiser als wir*
Sular bizden akıllıdır,	Die Wasser sind weiser als wir,
daha evvel görür akşamı,	sie sehen den Abend früher,
İner havadan önce, karanlığa,	Noch vorm Himmel steigen sie ins Dunkel herab,
Büyük bir balık gibi ortadan silinir,	Wie ein großer Fisch verschwimmen sie,
Kaçışırken hayvanlar dağa.	Während in die Berge stiebt der Tiere Geklapp.
Sular bizden akıllıdır, memnun olur	Die Wasser sind weiser als wir, zufrieden
Sadece ağaçlardan.	Nur mit den Bäumen.
Başka insanlardan değil,	Nicht mit anderen Menschen,
Bizi yalnız bırakan.	Die uns verlassen.
Sular bizden akıllıdır, uyumaz,	Die Wasser sind weiser als wir, schlafen nicht,
Açar maviliğe, iri gözlerini.	Ihre großen Augen öffnen sie ins Blaue, immerfort,
Ve bekler bir ölüm sırrı içinde,	Und erwarten, wie eingehüllt ins Todesgeheimnis,
Kendi hayatının yerini.	Ihres Lebens Ort.

Das seit jeher ausgebeutete und karge Leben der Hirten, Bauern und Holzfäller kommt in *Toprak ana* (»Muttererde«, 1950) zum Ausdruck. Darin und auch in weiteren Gedichtzyklen erweist sich Dağlarca als eminent sozialkritischer Geist. Das Gedicht *İşsiz* (»Arbeitslos«) macht betroffen und begleitet das Land bis heute. Auch politische Themen, welche zu jener Zeit die Welt bewegten, wie das atomare Wettrüsten, der Algerienkrieg 1961 und der Vietnamkrieg 1966, verarbeitete Dağlarca in seiner Lyrik. Einen ambivalenten Eindruck der modernen westlichen Industriegesellschaft gewann Dağlarca auf Reisen nach Westeuropa, festgehalten etwa in *Batı Acısı* (»Der westliche Schmerz«, 1958). Nachkriegsdeutschland im beginnenden Wirtschaftswunder charakterisierte er in den Versen *Almanlar Makinaları sever* (»Die Deutschen lieben die Maschinen«). Dağlarca feierte auch als Kinderbuchautor große Erfolge, wurde mit in- und ausländischen Auszeichnungen überhäuft und galt lange Zeit als türkischer Kandidat für den Literaturnobelpreis.

■ Die Prosa der Republik: sozialkritischer Realismus und Rückblende in die Vergangenheit

Die Einführung der Lateinschrift 1928/1929 und die offiziell verordneten Sprachreformen ab 1932 griffen tief in die Schriftsprache und in den Literaturbetrieb der Türkei ein. Die neue Hauptstadt Ankara und Anatolien rückten neben der zunehmenden Beschäftigung mit Gesellschaftsproblemen in den Mittelpunkt der Darstellungen. Der Islam war kein zentrales Thema mehr, auch von seiner Reformierbarkeit war keine Rede mehr. Infolge des geradezu kampagnenartig durchgeführten Sprachpurismus entstand eine neue Standardsprache, freilich in einem langwierigen Prozess, der aber durchaus gelungen ist.

Dem sozialen Realismus verschrieb sich der Prosaschreiber *Sabahattin Ali* (1907–1948). Weil er mit seinen Texten die Sozialkompetenz der kemalistischen Doktrin in Frage stellte – die von ihm gestaltete politisch-literarisch-satirische Zeitschrift *Marko Paşa* wurde von der Staatsmacht immer wieder verboten –, zählte er zu den ersten türkischen Schriftstellern in einer langen Reihe von Autoren, die aus politischer Überzeugung längere Zeit inhaftiert wurden. In seiner Kurzprosa thematisiert Sabahattin Ali den Zusammenprall der neuen, urbanen republikanischen Elite mit dem archaischen Landleben. Seine Sammelwerke *Şırçalı Köşk* (»Der Glaspalast«, 1933; gleich nach Erscheinen bis 1947 verboten) und *Kağnı* (»Der Ochsenkarren«, 1936) reflektieren das Engagement für die Verlierer der kemalistischen Neuordnung und die Vergessenen auf dem Lande in einer klaren Sprache. In der Kurzgeschichte *Ses* (»Stimme«) beispielsweise verstummt ein junger Dorfsänger, als er vor dem steifen Konservatorium in der Stadt vorsingen soll. In der türkischen Literaturgeschichte firmiert Sabahattin Ali daher als »türkischer Maxim Gorki«. 1940 wurde sein großer Istanbul-Roman *İçimizdeki şeytan* (»Der Dämon in uns«)

veröffentlicht. *Içimizdeki şeytan* thematisiert die Dreiecks-Liebesgeschichte der selbstbewussten »neuen Türkin« Macinde, dem unsteten (»dämonischen«) Intellektuellen Ömer und dem ernsthaften Sozialreformer Bedri. Den Hintergrund für die Geschichte stellt das – noch – kosmoplitische Istanbul der 1930er-Jahre dar.

Sabahattin Ali hatte seine Ausbildung von 1928 bis 1930 in Berlin und Potsdam vollendet und war in der Türkei als Deutschlehrer tätig. Lessing, Chamisso und Rilke wurden von ihm ins Türkische übertragen, seine Erinnerungen an Deutschland verarbeitete er in der Erzählung *Kürk mantolu Madonna* (»Madonna im Pelzmantel«, 1943). 1948 wollte er sich einer erneuten »antisozialistischen« Repressionswelle der Regierung durch Flucht nach Bulgarien entziehen und wurde beim illegalen Grenzübertritt, so wird vermutet, auf der Flucht erschossen.

Der aus einer wohlhabenden Kaufmannsfamilie in Adapazarı stammende *Sait Faik Abasyanık* (1906–1954) lernte zunächst das Leben von der leichten Seite kennen: Studien in Lausanne und Grenoble betrieb er eher nebenbei, bereiste aber Frankreich und vertiefte sich in die Werke André Gides und George Simenons. 1935 nach Istanbul zurückgekehrt, arbeitete er als Gerichtsreporter und berichtete über die städtischen Armenviertel, über das sich bildende Proletariat und das Milieu am Rande der Existenz. Manche seiner Akteure sind entweder von den Mühen des Alltags oder von eintöniger Lethargie geprägt, wie abgearbeitete Fischer und Straßenfeger oder in der ewigen Wiederkehr des Gleichen dasitzende Kaffeehausbesucher. Obwohl eher verhalten vorgebracht, brachte Sait Faik Abasyanık die Kritik an den bestehenden sozialen Verhältnissen mehrere Anklagen ein. Sein Stil, der sensible Poesie, impressionistische Sprachbilder und leise Ironie nicht selten mit dem Slang und der unvollkommenen Sprache der porträtierten Unterschicht durchmischte, wurde in höheren Kreisen als schockierend empfunden. Auch sein ungeregeltes Leben als Wortführer der kleinen Istanbuler Bohème erregte Aufsehen.

Rund 50 Kurzgeschichten und Prosaskizzen hat Sait Faik Abasyanık verfasst. In seiner Istanbul-Erzählung *Mahalle Kahvesi* (»Das Café im Viertel«) scheint noch die alte kosmopolitische Metropole durch, in welcher Türken, Griechen, Armenier und Juden mit-, neben- und gegeneinander leben. *Lüzumsız Adam* (»Der überflüssige Mensch«) ist eine melancholische Parabel auf Abasyanıks eigenes Leben. Der Roman *Medari Maiset Motoru* (»Ein Lastkahn namens Leben«) vereinigt mehrere Lebensschicksale in sich, die abwechslungsreich und im Wechsel verschiedener Realitäts- und Bewusstseinsschichten dargestellt werden. Die Schauplätze der Handlungen sind meist die Prinzeninseln im Marmarameer, wo auch Sait Faik seine letzten Lebens- und Schaffensjahre verbrachte.

Eine weitere interessante literarische Persönlichkeit aus der Zeit der Republik repräsentiert *Necip Fazil Kısakürek* (1905–1983), da er mit dem Aufkommen des politischen Islam zur literarischen Identifikationsfigur nationalreligiöser Kreise geworden ist und seine Werke gegenwärtig wieder eine Renaissance erleben. Kısakürek studierte in Frankreich und wurde politischer Publizist und Leitartikler türkischer Tageszeitungen. Seine ersten Gedichte waren durchaus noch weltlicher Art, obgleich das kemalistische Gesellschaftsexperiment mit seiner Abkehr vom Islam und der Abwertung der Osmanen als Phase der Dekadenz den historisch interessierten und konservativ eingestellten Autor indes immer mehr verstörte. Nach 1945 machte Kısakürek aus seiner religiösen Überzeugung sowie aus seiner Bewunderung für die Osmanische Geschichte und die orientalische Kultur keinen Hehl mehr. Seine Werke behandelten den Koran, Sprüche des Propheten und die Pilgerreise zu den Heiligen Stätten des Islam. Eine große Rolle spielte zudem der islamische Mystizismus. Auch politisch war Kısakürek im Sinne einer türkisch-islamischen Synthese aktiv, seine politischen Anschauungen brachten ihm nach dem Militärputsch von 1961 einen Gefängnisaufenthalt ein. Kısakürek verfasste auch historisch-biographische Reflexionen über den Kalifen Ali, über den Mystiker Yunus Emre, über Namık Kemal sowie über Sultan Abdülhamit II., den er als »Großen Herrscher« betitelte.

■ Satire als verschlüsselte Antwort auf die Realität

Mit *Haldun Taner* (1915 –1986) betrat eine Literatengeneration die Bühne, welche weder die osmanische Spätphase noch die Kriegsjahre 1914 –1922 bewusst erlebt hatte. Ihr Werk fällt bereits in die konsolidierte Republik mit eingeführter Schrift- und Sprachreform. Das Problem der Umstellung von Alt auf Neu in Schrift und Sprache stellte sich nicht mehr. Stattdessen wurde die neue Generation mit der immer offener zutage tretenden sozialen Frage konfrontiert, die von den republikanischen Regierungen unbeachtet und ungelöst blieb. Haldun Taner näherte sich diesem Problem eher zurückhaltend und in der feinen Form der Parodie und Satire. Er hatte in Heidelberg und Wien studiert und blieb zeitlebens dem deutschsprachigen Kulturkreis verbunden. Die Novelle *Fräulein Hauboldun Kedisi* (»Fräulein Haubolds Katze«) kündet von dieser Verbundenheit. Die Spannbreite seines literarischen Schaffens reicht von satirischen Kurzgeschichten, Humoresken und Essays über Land und Leute bis zu Theaterstücken und Kabarett-Couplets. Bekannt ist Taners Geschichte *Şişhane'ye Yağmur Yağıyordu* (»Es regnete auf Şişhane«), für die er 1953 den Short Story Prize des »New York Herald International« erhielt. Ein Autounfall in Şişhane, einem Stadtteil Istanbuls, ausgelöst durch das Wiehern eines Pferdes der Müllabfuhr, setzt eine Ereigniskette in Gang, durch die ein Reicher sein Vermögen verliert und ein Armer reich wird. Von ähnlich bizarrem Humor zeugen Taners andere Kurzgeschichten wie etwa *Sancho'nun sabah yürüyüşü* (»Sanchos Morgengang«) über den Morgenspaziergang eines »höheren Hundes« entlang des Atatürk Boulevards in Ankara. In den 1960er-Jahren war Taner einer der am meisten gespielten Theaterautoren in der Türkei. 1967

rief er ein eigenes Kabarett (*Devekuş Kabaresi*, »Vogel-Strauß-Kabarett«) am Ankaraner Staatstheater ins Leben.

Größten Erfolg auf der Bühne feierte Taners Ballade *Keşanlı Ali Destani* (»Ballade des Ali aus Keschan«, 1964). In der Form einer modernen Legende führt
Taner eine mit Musik untermalte Parodie auf das männliche Heldentum vor. Ort
der Handlung ist ein türkisches Glasscherbenviertel, Mitwirkende sind Ali, der
unschuldig als Mörder verurteilt wird, aber dadurch zum Volkshelden aufsteigt,
weil der Getötete ein berüchtigter und unangenehmer Mensch war, sowie das
Ali feiernde Volk, ein verwirrter Gefängnisdirektor und schließlich der wahre Mörder. Die mit Analogien zum alttürkischen Volkstheater versetzte Tragikomödie
wurde 1981 auch in Deutschland auf die Bühne gebracht.

Aziz Nesin (1916–1995) verschrieb sich der schonungslosen Offenlegung der von
der politischen Führung in Ankara vernachlässigten Sozialpolitik. Mehmet Nus-
ret, wie Nesins eigentlicher Name lautete, war ursprünglich Militärangehöriger,
betätigte sich ab 1945 jedoch als Journalist und nahm als Satiriker den Namen
Aziz Nesin an (*Nesin* bedeutet »was bist Du«). Da sich nach Atatürk Korruption,
Cliquenwirtschaft und Bereicherung wieder hemmungslos ausbreiteten, bot die
damalige Situation ein weites Feld für Kritik. Nesin bediente sich der satirischen
Kurzgeschichte, des Sketches, kleiner Possenspiele sowie fingierter Interviews und
Reportagen. Sein Engagement für linkspolitische Themen – zu denen man auch
elementare Bürger- und Menschenrechte zählte – brachte ihm Anklagen, längere
Gefängnisaufenthalte, Anfeindungen und Morddrohungen ein. Allein 200 Prozesse musste er über sich ergehen lassen. 1994 drohte ihm gar die Todesstrafe
wegen Landesverrats, weil er die Kurdenpolitik Ankaras anprangerte.

Eine Humoreske im Polit-Magazin *Marko Paşa*, das er zusammen mit Sabahattin Ali edierte, brachte Nesin zum ersten Mal mit den Mächtigen in Konflikt.
Marko Paşa wurde immer wieder verboten, von Nesin aber immer wieder unter
anderem Namen neugegründet. Gänzlich suspekt wurde er der Obrigkeit, als
1950 von ihm übersetzte marxistische philosophische Werke in den Buchhandlungen auftauchten. Seitdem stand er unter strengster Zensur, was seiner wachsenden Bekanntheit im In- und Ausland jedoch keinen Abbruch tat. Im Ausland
war Nesin der populärste türkische Schriftsteller der 1980er- und 1990er-Jahre,
ein Großteil seines umfangreichen Werkes ist übersetzt worden und in hohen
Auflagen erschienen. Nesin wurden so ziemlich alle internationalen Literatur-
preise zuerkannt, die es für einen Kurzgeschichten-Autor gab. Mit dem Erlös
gründete er 1972 eine eigene pädagogische Stiftung, die Nesin-Stiftung. Durch
seine Anthologie humoristischer türkischer Literatur der Republik erwarb er sich
auch einen Ruf im ernsten Genre der Literaturkritik und der Literaturedition.

Im Schelmenroman *Zübük* (»Der Gauner«, 1961) kommt Nesins tiefe Kenntnis
des türkischen Volkscharakters mit all seinen Besonderheiten und Unzulänglich-

keiten (Bigotterie, Spießertum) ganz besonders zum Ausdruck. Handelt es sich um das einfache Volk, geht der Autor freilich mit nobler Nachsicht zu Werke, sodass sich die Angesprochenen nicht beleidigt fühlen, sondern über sich selbst lachen können. *Zübük* handelt von der Einführung der »demokratie a la turca« in einer entfernten Provinzstadt, wo die Errungenschaften der neuen Staatsform allerdings eher Bauernfängerei und Gaunereien gleichen.

Die Titel der Satiresammlungen sprechen meist für sich: In *Demokrasi gemisi* (»Ein Schiff namens Demokratie«) setzt er die politischen Verhältnisse seines Landes mit einem schwankenden, vom Auseinanderbrechen bedrohten Schiff gleich. *Surname* (»Lobpreisung: Man bittet zum Galgen«) ist eine bittere Persiflage auf das Justizsystem seines Landes, und in *Fil Hamdi* (»Wie Elefanten-Hamdi verhaftet wurde«) karikiert er die dickköpfige Lethargie einer Bürokratie, welche auch die noch so unsinnigen Anordnungen beflissentlich ausführt. In der 1965 erschienenen Short-Story-Sammlung *Sozialism geliyor, savulun* (»Der Sozialismus kommt, aus dem Weg!«) ironisiert Nesin die Linke, der er sich selbst zurechnete. *İhtilali nasıl yaptık* (»Wie wir die Revolution machten bzw. Wie bereitet man einen Umsturz vor«) ist eine Abrechnung mit Nepotismus, Bestechung und Ausbeutung seitens der herrschenden Klasse. Mit Parodien auf den politischen Islam und seine Vertreter (»Der unheilige Hodscha«) brachte Nesin die Religiösen gegen sich auf. Er selbst bezeichnete sich gerne als aufgeklärten Atheisten, stand vermutlich aber den Aleviten und ihrer freisinnigeren Religionsauffassung nahe. Fundamentalistische Kreise fühlten sich jedenfalls aufs Höchste provoziert, nachdem Nesin Salman Rushdies »Satanische Verse« ins Türkische übertragen hatte.

1993 kam es in Sivas zu einem Brandanschlag auf ein Literaturfestival, das Aziz Nesin einberufen hatte. Nesin wurde nur leicht verletzt, aber 37 seiner Dichterkollegen kamen ums Leben. Das Attentat beherrschte die Schlagzeilen der Weltpresse, zumal umgehend der Verdacht aufkam, dass Geheimdienste den Mob aufgehetzt und angeführt hätten. Nesin starb 1995 kurz nach einer Lesung in Izmir. Seine Stiftung und die von ihm gegründete private Hochschule werden die Erinnerung an den wohl größten politischen Satiriker der Türkei des 20. Jahrhunderts wachhalten.

▪ Frauenthemen der Nachkriegszeit

Geboren in den 1930er-Jahren und aufgewachsen mit der Erfahrung des Zweiten Weltkriegs sowie mit den gesellschaftlichen Umbrüchen der Nachkriegszeit meldeten sich nach dem Krieg auch Erzählerinnen und Bühnenautorinnen zu Wort: Adalet Ağaoğlu, Leyla Erbil, Füruzan Selcuk und Sevgi Soysal. Ihre zentralen Themen sind die Stellung der Frau, die weibliche Emanzipation und Berufstätigkeit sowie ihre politische Rolle vor dem Hintergrund eines noch immer Pascha-dominierten Familienverständnisses. Und obgleich die Themenwahl bei allen Schriftstellerinnen dieser Generation stets die gleiche ist, zeigt dessen literarische Bearbeitung je nach Autorin doch immer wieder verschiedene Züge.

Adalet Ağaoğlu (geb. 1929) bekleidete während der 50er- bis 70er-Jahre hohe Stellungen beim türkischen Radio und in staatlichen Fernsehanstalten. Häufig mit der politischen Zensur für Schriftstellerkollegen und -kolleginnen konfrontiert, versuchte sie, diese möglichst zu umgehen und abzumildern. Ihre eigenen Hörspiele und Fernsehbearbeitungen wie z. B. *Yaşamak* (»Leben«) oder *Sınırlarda aşk* (»Liebe an der Grenze«) stellen eher Gesellschafts- und Beziehungsdramen dar. In Ağaoğlus Roman *Fikrimin ince gülü* (»Die zarte Rose meiner Sehnsucht«) gerät der einfache Gastarbeiter Bayram in ein folgenschweres Verhängnis, als er seinen zusammengesparten, nagelneuen Mercedes (genannt »Honigmädchen«) über den Autoput (unter »Autoput« versteht man landläufig die Balkanstrecke von Mitteleuropa via Belgrad nach Griechenland oder die Türkei) von Deutschland in die Heimat lenkt, um seine Dorfnachbarn zu beeindrucken.

Leyla Erbil (geb. 1931) war Stewardess und Dolmetscherin, bevor sie begann, Kurzgeschichten über soziale Frauenfragen zu schreiben, wie etwa das symbolistische Romanwerk *Tuhaf bir kadın* (»Eine seltsame Frau«, 1971). In ihrem Band *Gecede* (»In der Nacht«, 1968) handelt die Erzählung *Almanya* (»Deutschland«) von der verstörenden Suche einer türkischen Ehefrau nach ihrem im Gastarbeiterparadies Deutschland lebenden Mann.

Füruzan Selcuk (Füruzan Yerdelen, geb. 1935) sammelte ihre Erfahrungen zunächst als Mitglied einer nonkonformistischen Istanbuler Theatertruppe und als Schauspielerin. Ihre Erinnerungen daran finden sich in den Novellen *Benim sinemalarım* (»Meine Kinos«). Objekte ihrer Betrachtung sind Frauen am Rande der Gesellschaft und im reiferen Alter. Ihr umfangreicher Roman *47'liler* (»Jahrgang 47«) von 1971 hat auch unter Literaturkritiker im Ausland einen tiefen Eindruck hinterlassen. Von 1977 bis 1981 weilte Selcuk auf Einladung des Künstlerprogramms des Deutschen Akademischen Austauschdienstes in Westberlin. Besuche bei türkischen Landsleuten im Ruhrgebiet verarbeitete sie unter ihrem Autorennamen Füruzan in Zeitungsberichten und in der Essay-Sammlung *Yeni Konuklar* (»Die neuen Gäste«), in welchen sie die kapitalistische Ausbeutung der »Gastarbeiter« beklagt. Die »Gastgeber« (also die Deutschen) wie auch das Gastland kommen darin insgesamt sehr schlecht weg (»Logis im Land der Reichen«). Dem deutschen Publikum wurde sie 1981 durch die Textsammlung *Parası yatılı* (»Frau ohne Schleier«) als Frauenrechtlerin bekannt.

Sevgi Soysal (1936–1976) studierte in Ankara und 1957–1958 in Göttingen Alte und Neue Sprachen, Theaterwissenschaft und Archäologie. 1965 ging sie als Programmmanagerin zum Türkischen Radio und Television (TRT). Die Erfahrungen ihres Aufenthaltes in Deutschland legte sie 1968 in dem Kurzroman *Tante Rosa* nieder. Ihr Beziehungsroman *Yürümek* (»Gehen«) wurde kurz nach dem Erschei nen 1970 wegen Obszönität vom Markt genommen, da die hiesigen Schilderungen eines frustrierenden Sexual- und Eheleben in der noch weitgehend patriarchalisch geprägten Türkei einem Tabubruch gleichkamen. Immerhin wurde das verbotene Buch, wenn auch sehr kontrovers, in der Nationalversammlung diskutiert. Während des Militärputsches von 1971 wurde Soysal inhaftiert. Über ihre Gefängniszeit berichtete sie 1976 in der biographischen Skizze *Yıldırım Bölge Koğuşu* (»Die Blitz-Abteilung im Frauengefängnis«) sowie in der Kurzgeschichte *Barış Adlı Çocuk* (»Ein Kind namens Frieden«).

▨ Aspekte der Dorfliteratur (*Köy edebiyatı*)

Eine eigene Gattung innerhalb der neueren türkischen Erzählprosa nimmt die Dorfliteratur (*Köy edebiyatı*) ein. Während die Schriftsteller der Jahrhundertwende das ärmliche Landleben aus der ehrlich konsternierten Sicht des Großstädters wahrgenommen hatten und die Apologeten der beginnenden Republik ein sozialromantisches Bild von den Bauern als »der tragenden Säule der Republik« pflegten, wuchs in den 1920er- und 30er-Jahren eine Generation heran, die selbst aus ländlichen Regionen stammte und sich der sozialrealistischen Schilderung der Verhältnisse verpflichtet sah. Dies setzte ein neues Zeichen innerhalb der türkischen Literatur, da die Stadt – hier eigentlich nur Istanbul – für die Intelligenz des Landes als alleiniger geistiger Nährboden galt. Dass selbst Ankara in diesen Kreisen der Provinz zugerechnet wurde, verdeutlicht, welch geringe und vergessene Rolle die ländlichen Regionen zu jener Zeit im öffentlichen Bewusstsein spielten.

Die Dorfprosa widmete sich dem Übergang von der Agrar- zur Industriegesellschaft und der damit verbundenen Landflucht, der innertürkischen Migration, den Wanderarbeitern und dem Entstehen ländlicher Randsiedlungen um die Städte (*Gecekondular*). Solange die Autoren dabei die nationale Vitalität und Regenerierungskraft der Landbevölkerung gebührend betonten, wurde die Dorfliteratur vom Staatsapparat wohlwollend betrachtet und gar zur »republikanischen Nationalliteratur« erhoben. Doch als die fatalen sozialen Gegebenheiten als Ergebnis der Politik zur Sprache kamen, änderte sich die Auffassung der Regierung und alle ernstzunehmenden Dorfprosaisten gerieten in schwere Konflikte mit der herrschenden Politik, wurden zensiert oder gar verboten.

Mahmut Makal (geb. 1933) stammte aus Niğde in Kappadokien und war selbst Dorfschullehrer im Hinterland Ostanatoliens. Seine romanhaften Berichte *Bizim Köy* (»Unser Dorf«) und *Köyümden* (»Aus meinem Dorf«) legten die wirtschaftliche Vernachlässigung der ländlichen Gebiete und die Hoffungslosigkeit ihrer in Unbildung, Tradition und Aberglauben gefangenen Bewohner offen dar. Lethargie, Gewalt, Krankheit und das Zusammenleben von Mensch und Vieh auf engstem Raum bestimmten das Bild. Städter und Führungskreise, die nach wie vor ihren Stolz über die moderne Türkei propagierten, wurden nun mit der

Tatsache konfrontiert, dass jenseits von Istanbul und Izmir geradezu archaische Verhältnisse herrschten. Hinzu kam die niederschmetternde Erkenntnis, dass der Staat mit all seinen Gesetzen jenseits der Stadtgrenzen buchstäblich nichts mehr zu sagen hatte. Die ungeschminkte Darstellung der Herrschaft kurdischer und türkischer Großgrundbesitzer (Ağas) und der rücksichtslosen Ausbeutung der Besitzlosen rief des Öfteren die Pressezensur auf den Plan, doch Makals Bücher und Reportagen rüttelten die Öffentlichkeit dennoch wach und zogen eine ganze Reihe ambitionierter Dorfromane nach sich. Makal selbst wurde ins Erziehungsministerium berufen und erhielt in den 70er-Jahren zudem die Gelegenheit, an der Universität Venedig Türkische Literatur zu lehren.

Ähnlicher Provinzthemen nahm sich *Fakir Baykurt* (1929–1999) an. Auch er wuchs auf dem Lande, in Burdur, auf und wurde als Lehrer in verschiedene Landesteile Anatoliens versetzt. In der zwischen 1959 und 1977 erschienenen Trilogie *Yılanların Öçü* (»Rache der Schlangen«), *Irazcanın Dirliği* (»Irazdschas Ordnung«) und *Kara Ahmet destani* (»Epos vom schwarzen Ahmet«) beschreibt Baykurt die untragbaren sozialen Verhältnisse und die Feudalherrschaft der Ağas aus erster Hand. Den nur nach außen modernen Staat verkörpern in dieser Trilogie korrupte Politiker und handlungsunfähige Beamte. Nur Irazdscha, eine anatolische Mutter Courage, bewährt sich inmitten all der als »Giftschlangen« beschriebenen Zumutungen der Provinz. Kara Ahmet, der das Dorf verlässt, um als Industriearbeiter sein Geld zu verdienen, gerät lediglich von einer Abhängigkeit und Armut in die nächste. Für den Autor folgten nach Erscheinen des Werkes Anklagen, Zensur, Strafversetzungen, Suspendierungen vom Amt und schließlich die Inhaftierung nach dem Militärputsch von 1971 als Quittung für seine Sozialkritik und sein Engagement als Vorsitzender der Lehrergewerkschaft. 1979 siedelte Baykurt nach Duisburg über (Erinnerung hieran finden sich in *Duisburg treni*, »Zug nach Duisburg« aus dem Jahre 1986) und beschrieb die Lebensumstände der im Ruhrgebiet lebenden und arbeitenden Gastarbeiter und ihrer Familien in Erzählungen wie *Gece vardiyası* (»Nachtschicht«) oder *Yüksek Fırınlar* (»Hochöfen«). In Duisburg gründete er eine Literatenvereinigung mit dem Namen »Literaturcafé«, welche die türkische Literatur im Ausland im Allgemeinen und die deutsch-türkische Literatur im Besonderen durch Lesungen und Herausgabe zweisprachiger Anthologien pflegt. Seit 1999 wird die renommierte Einrichtung nach Fakir Baykurt benannt.

■ Yaşar Kemal

Um die Bedeutung des Schriftstellers *Yaşar Kemal* (geb. 1923) für die Weltliteratur und die türkische Kultur richtig einschätzen zu können, ist es hilfreich zu wissen, dass Kemal seit 1972 regelmäßig auf der Kandidatenliste des Literaturnobelpreises steht. Seine Romane und Erzählungen erreichen hohe Auflagen im In- und Ausland und Kemal darf berechtigterweise als der größte türkische Dichter seiner Epoche und als Repräsentant der demokratischen Türkei bezeichnet werden. Seine aktive Zeit umfasst die gesamte zweite Hälfte des 20. Jahrhunderts.

Yaşar Kemal stammt aus einem Dörfchen in der Nähe von Adana in der Çukurova, der fruchtbaren Tiefebene zwischen Taurusgebirge und Mittelmeer, die vom Baumwoll- und Reisanbau geprägt ist. Seine Eltern kamen als Flüchtlinge aus dem Van-Gebiet und erlangten in ihrer neuen Heimat einen bescheidenen Wohlstand. Kindheit und Jugend von Kemal Şafik (so sein eigentlicher Name) waren überschattet von einem tragischen Unfall, in welchem er ein Auge verlor, sowie von der Ermordung seines Vaters in einer Stammesfehde. Der Rest der Familie verarmte daraufhin und der Junge musste sich zu Handlangerdiensten verdingen, ein Lebensabschnitt, über den Kemal in *Teneke* (Zinnpfanne, deutsche Ausgabe unter dem Titel »Anatolischer Reis«), einer seiner ersten Erzählungen, berichtet. Schon als Jugendlicher begann er, mündlich tradierte Volkslieder, Mythen und Sagen seiner Heimat zu sammeln. Später brachte er diese Sammlung in *Ağrı Dağı Efsanesi*, seiner Ararat-Legende (1970), in einer überaus bildhaften und erzählerisch kraftvollen Sprache zu Papier.

In seinen frühen Berufsjahren arbeitete Yaşar Kemal als Redakteur und Journalist in Istanbul. Die Reportagen dieser Zeit zeigen ihn als überzeugten Verfechter der Reformen Atatürks. Doch hatten sozialkritische Berichte und angebliche Verunglimpfungen politischer Gegner erste Gefängnisaufenthalte zur Folge. Insbesondere die mächtigen Ağas – Großgrundbesitzer und Clanchefs türkischer und kurdischer Sippenverbände – versuchten, ihn mit allen Mitteln zum Schweigen zu bringen. Ihre Alleinherrschaft über riesige Landstriche wurde von der Ausbeutung der Landbevölkerung und Ungerechtigkeiten aller Art begleitet, Alphabetisierung und Schulbau etwa wurden in ihren Machtbereichen behindert, um die Bewohner in Unwissenheit und Abhängigkeit zu halten. Der eigentliche Skandal bestand jedoch darin, dass sich die Regierungen im fernen Ankara mit diesen feudalen Verhältnissen arrangierten, da die Ağas Wählerstimmen in ihrem Stimmkreis für die jeweils herrschende Partei garantierten und im Gegenzug nicht behelligt wurden. Ein Unrecht, auf das Yaşar Kemal immer wieder hingewiesen hat.

Den literarischen Durchbruch schaffte Kemal 1955 mit dem Roman *Ince Memed* (Der dünne Mehmet, deutsche Ausgabe unter dem Titel »Mehmet, mein Falke«), dessen Schauplatz die heiße Çukurova und der karstige Taurus sind, ein Gebiet also, über das der Verfasser aus erster Hand zu berichten wusste. In einer spannungsreichen Handlung verfolgt der Leser den Werdegang eines »edlen Räubers«, der durch Ungerechtigkeit zum Rückzug in die Berge gezwungen und zum Rächer der Unterdrückten und Entrechteten wird. Kemal bezog sich hier durchaus auf reale Ereignisse seiner Zeit: Ağas, Rebellen und Vertreter der neuen türkischen Staatsmacht kämpften erbittert um Land und ertragreiche Anbauflächen. Dem Reichtum und Einfluss der Ağas auf der einen Seite standen auf der anderen

Seite die bittere Armut und die Tyrannisierung der Bevölkerung gegenüber. Widerstand war nur durch scheinbar gesetzloses Handeln möglich.

1969 erweiterte Yaşar Kemal den Roman *İnce Memed* um die Romane *İnce Memed II* (»Die Disteln brennen«) und *İnce Memed III* (»Das Jahr der vierzig Augen«) zur sogenannten »Ince-Mehmet-Trilogie«. 2003 folgte *İnce Memed IV* (»Der letzte Flug des Falken«). Vom harten Leben anatolischer Landarbeiter und Baumwollpflücker handelt auch der Roman *Yer demir, gök bakır* (»Eisenerde, Kupferhimmel«) aus dem Jahre 1963.

Den Einbruch der Moderne in die traditionelle Kultur der Wanderhirten (*Yörüken*) schildert Kemal in seinem 1971 erschienenen Epos *Binboğalar Efsanesi* (»Lied der tausend Stiere«). Die gesellschaftlichen Verhältnisse und damit auch die Landschaften und die dort lebenden Menschen änderten sich zu jener Zeit rapide. Freilich kann keine Rede sein von einer »guten alten Zeit«. In der tragischen Novelle *Yılanı öldürseler* (»Töte die Schlange«) treiben archaische Moralvorstellungen einen Sohn gar zum Muttermord. Eine düstere Parabel auf die von der Ausbeutung der Natur und des Menschen gekennzeichnete Zukunft ist *Kuşlar da gitti* (»Auch die Vögel sind weg«), Kemals Istanbul-Novelle von 1978. Wenn die Zugvögel, welche die anonyme Großstadt bisher mit der Natur verbunden haben, plötzlich ausbleiben, gehen auch die menschlichen Werte zugrunde. Geradezu als Alptraum erscheint Istanbul schließlich 1978 in der Erzählung *Deniz küstü* (Das Meer wurde wütend, deutsche Ausgabe: »Zorn des Meeres«).

Yaşar Kemal teilte das Schicksal aller verantwortungsbewussten türkischen Kulturschaffenden, die soziale Missstände und politische Verbrechen anprangerten. Der billige Vorwurf des »Kommunismus« war stets rasch gefunden, sodass auch Kemal nach dem Militärputsch von 1971 für einige Zeit inhaftiert wurde und man seine Schriften zensierte oder gleich ganz verbot. Wie so häufig, hat dies das Renommee des Autors jedoch nur noch erhöht, vor allem im westlichen Ausland, wo Kemals Einsatz für Menschen- und Bürgerrechte in der Türkei zunehmend Widerhall fand. Von 1978 bis 1980 wich der Autor zudem vor Attentats- und Morddrohungen nach Schweden aus. Als nach 1980 der Kurdenkrieg im Südosten der Türkei eskalierte und die Unterdrückung der kurdischen Bevölkerung zunahm, erinnerte sich auch Kemal seiner kurdischen Herkunft und plädierte für eine zivile Lösung des Konflikts. Inzwischen auch international bereits als »der große alte Mann der türkischen Literatur« bekannt, zitierte man ihn 1996 vor ein Sondertribunal und belegte ihn mit einer Haftstrafe auf Bewährung, da Kemal in einem Interview mit dem deutschen Nachrichtenmagazin »Der Spiegel« die Kurdenproblematik öffentlich zur Sprache gebracht hatte.

Unter den zahlreichen ihm zugedachten Anerkennungen und Ehrungen (u. a. der französische Preis des ausländischen Romans im Jahre 1979) sticht der »Friedenspreis des Börsenvereins des Deutschen Buchhandels« besonders hervor. Dieser wurde Yaşar Kemal im Oktober 1997 in der Frankfurter Paulskirche überreicht. Laudator war der spätere deutsche Literaturnobelpreisträger Günter Grass.

Dank

Ich bin ein Mann der Dichtkunst. Und seit ich mich mit dieser Kunst befasse, habe ich mich bemüht, das mir Bestmögliche zu tun. Ich sagte: ein Mann der Dichtkunst und nicht: ein Mann der Literatur. Denn bevor ich zu schreiben begann, war ich Sagenerzähler und Sammler von Folklore. Noch im Alter von 17, 18 Jahren wanderte ich im Taurus von Dorf zu Dorf, erzählte mündlich überlieferte Epen, die ich als Lehrling der großen Meistersänger der Çukurova, der Tiefen Ebene, gelernt hatte, sammelte nebenbei Klagelieder, aber auch Gedichte unserer namhaften Volksdichter. Mein Auftreten als Sagenerzähler erleichterte mir das Zusammentragen von Folklore. Bei den Klageliedern handelt es sich um Lobgedichte, um Traueroden, die von Frauen zu Ehren Verstorbener oder anlässlich tragischer Ereignisse gesungen werden.

Wie die professionellen Klageweiber, trugen auch die meisten Frauen eigene Traueroden vor, und diese Klagen gingen von Mund zu Mund. Sie von den Frauen zu bekommen war nicht leicht, doch zu mir, dem Sagenerzähler, kamen sie aus freien Stücken und diktierten mir die Gesänge, die ihnen geläufig waren.

Erst als 20-Jähriger ging ich zur »schriftlichen« Literatur über und schrieb meine ersten Erzählungen. Meine Sammlung von Klageliedern wurde 1943 in einem kleinen Buch veröffentlicht, Jahre später, 1952, erschienen meine ersten Erzählungen und 1953 mein erster Roman, den ich 1947 begonnen hatte.

Die Wirkung der Wortkunst wurde mir in jenen Tagen bewusst, als ich den Menschen Sagen erzählte. In Dörfern und Gegenden, wo ich auf ein gespanntes Auditorium traf, wuchsen meinen Worten Flügel, beflügelten wiederum mich und meine Zuhörer, und ich erzählte mit wachsender Freude. Zeigten in manchen Dörfern und Gegenden die Zuhörer wenig Anteilnahme, geriet auch mein schöpferischer Vortrag farbloser.

Der Vortrag eines meisterlichen Erzählers ist kein auswendig gelernter Text. Der Erzähler schafft ihn je nach Anteilnahme seiner Zuhörer immer wieder neu. Und wie Kiesel, die 40.000 Jahre im Wasser liegen, werden die von Erzähler zu Erzähler tradierten Epen zusehends geschliffener, glatter, glänzender. [...]«

Auszug aus der Dankesrede Yaşar Kemals anlässlich der Verleihung des Friedenspreises des »Börsenvereins des Deutschen Buchhandels« 1997. © 1997 Unionsverlag, Zürich. Quelle: Broschüre des »Bösenvereins des Deutschen Buchhandels«

■ Die neue Avantgarde

In Deutschland wirkte der 1983 in die Kinos gekommene Film »Eine Saison in Hakkari« wie ein Kulturschock. Arrivierten Türken in Istanbul und Ankara erging es wohl ähnlich, als sie den Film nach vierjährigem Verbot sehen durften (*Hakkâri'de Bir Mevsin* – der Ort im verschneiten Gebirge galt gleichsam als Kurdisch-Sibirien). Der Grund für die Zensur war weniger die dargestellte bedrückende Zurückgebliebenheit der im äußersten Südosten des Landes lebenden Menschen, sondern vielmehr der Tatbestand, dass die Einwohner Hakkaris die Staatssprache nicht verstanden und kurdisch sprachen. Nach dem Militärputsch von 1980 kam dies einem Sakrileg gleich. Das Drehbuch des Films basiert auf dem 1977 erschienenen Roman *O* (»Jener oder Er«) von *Ferit Edgü* (geb. 1936) und handelt von einem jungen Wehrpflichtigen aus urbanem, gebildetem Milieu, der seinen Militärdienst als Aushilfslehrer in Hakkari abzuleisten hat. Im strengsten Winter trifft er auf eine ferne, schweigsame Welt, die mit seiner einstigen Welt absolut nichts gemeinsam hat, nicht einmal die Sprache. Die Umgebung wirkt bedrohlich, sowohl als Kriegsgebiet zwischen türkischer Armee und kurdischen Freischärlern als auch in den ungeschriebenen gnadenlosen Stammesgesetzen der Einheimischen. Das Los der Kinder kommt in der Aufforderung des Lehrers »Also Kinder, heute lernen wir spielen« prägnant zum Ausdruck. Die Verhältnisse vermag der Protagonist nicht zu ändern, doch erlangt er eine gewisse Selbsterkenntnis und kehrt mit verändertem Bewusstsein in seine »heile Welt« zurück.

Edgü konnte bezüglich der Thematik auf eigene Erfahrungen zurückgreifen, denn Mitte der 1960er-Jahre verbrachte er selbst ein Jahr in der Provinz Hakkari, nachdem er in Paris zuvor eine Ausbildung zum Bildenden Künstler absolviert hatte. Der Kontrast zwischen zivilisierten Umgangsformen und dem Kampf ums Dasein hätte nicht größer sein können. Zur Darstellung dieser Diskrepanzen bediente Edgü sich in seinem Roman eines experimentellen Stils: mal mit kurzer, abgehackter Sprache, dann wieder in epischer Breite fließend. Edgüs Werke leiteten die neue Avantgarde der türkischen Literatur ein.

6. Moderne türkische Literatur: eine Auswahl

Es folgt eine Auswahl bedeutender türkischer Schriftsteller der Gegenwart:

Die Erzählungen und Essays von *Selim İleri* (geb. 1949) aus Istanbul handeln vom Dasein der neureichen urbanen Bourgeoisie, die ohne jegliches gesellschaftliche Engagement lebt. Exemplarisch dargestellt wird dies in der psychologischen Short-Story »Das Böse« aus der 1982 erschienenen Anthologie *Bir pencereden* (»Aus einem Fenster«), in welcher ein verachteter »Dichterling« subkutan in die nach außen vermeintlich stark erscheinende, luxuriöse Welt eines Geschäftsmannes eindringt und diese zerstört. Seit 1968 hat İleri knapp 30 Romane veröffentlicht, im Zentrum des 2007 erschienenen Werks *Hepsi Alev* (»Das ist alles ...«) steht Byzanz zur Zeit der Kaiserin Irene.

Nedim Gürsel wurde 1953 in Gaziantep im tiefen Südosten der Türkei geboren und stammt nicht aus der Dichterstadt Istanbul. Dennoch hat er mit *Sevgilim Istanbul* (»Meine Geliebte Istanbul«) der Stadt am Goldenen Horn eine poetische Hommage dargebracht. Im Zentrum seines 1987 erschienenen Historienromans *Boğazkesen* (»Halsabschneider«, deutsche Ausgabe unter dem Titel »Der Eroberer«) stehen die Eroberung Konstantinopels 1453 sowie der zuvor erfolgte Bau der Burg Rumeli Hisar, die den Bosporus an seiner engsten Stelle »teilt«. Der Roman beginnt in der Gegenwart und begibt sich als Reigen voller farbiger Bildelemente in die Vergangenheit. Gürsel liefert hier ein höchst zwiespältiges Porträt des Eroberersultans Mehmet II., der zwischen Gewalt und Sinnsuche hin und her schwankt.

Dem Orientalismus huldigt Gürsel auch in seinem Roman *Resimli Dünya* (Welt aus Bildern, deutsche Ausgabe: »Turbane in Venedig«) aus dem Jahre 1999, in welchem sich ein türkischer Professor nach Venedig begibt, um die Renaissancemalerei zu studieren, sich dabei jedoch heillos in der Frauenwelt der Lagunenstadt verliert. Die literarische Ausstattung des Romans mit Assoziationen, Symbolen und Metaphern erreicht die Grenze der phantastischen Überfrachtung.

Gürsel verließ die Türkei nach den Staatsstreichen von 1971 und 1980 und lebt seitdem in Paris, wo er an der Sorbonne türkische Literatur lehrt. Von seinem politischen Engagement zeugt die bewegende Kurzerzählung *Sürgün* (»Die Verbannung«) von 1978.

Zülfü Livaneli (geb. 1946 bei Konya) zählt zu den international bekannten Intellektuellen der gegenwärtigen Türkei. Populär wurde er als Filmregisseur, Komponist und Sänger. So hat er u. a. mehrere Gedichte Nazım Hikmets vertont. Seine politische Einstellung veranlasste ihn, nach dem Militärputsch von 1971 ins Exil zu gehen. Bis 1984 lebte er in Stockholm und Paris, wovon auch seine 2007 unter dem Titel *Sevdalım Hayat* (2008 als »Dear Life« ins Englische übersetzt) erschienenen politischen Memoiren handeln. Zusammen mit dem griechischen Komponisten Mikis Theodorakis (geb. 1925) setzt sich Livaneli seit 1986 in gemeinsamen Konzerten für die türkisch-griechische Verständigung ein. Unter seinen schriftstellerischen Werken ist der 2002 erschienene Roman *Mutluluk* hervorzuheben, der 2008 in deutscher Übersetzung als »Glückseligkeit« erschienen ist. Wie unter einem Brennglas verdichtet Livaneli hier anhand dreier Lebensläufe verschiedener Menschen die Probleme seines Landes: Islam und patriarchalische Moral, Frauenfrage, Ehrenmord, Arm und Reich sowie den irritierenden Einbruch der Moderne.

■ Orhan Pamuk

Der Bekanntheitsgrad *Orhan Pamuks* (geb. 1952), Literaturnobelpreisträger des Jahres 2006, ist seit seinem 1984 publizierten Geschichtsroman *Beyaz Kale* (»Die weiße Festung«) beständig gestiegen, und Pamuk konnte sich seitdem der Aufmerksamkeit der literarischen Welt sicher sein. Nach dem Erfolg von *Beyaz Kale* wurden auch seine Erstlingswerke *Cevdet Bey ve oğulları* (»Cevdet Bey und seine Söhne«) und *Sessiz Ev* (»Das stille Haus«) neu herausgegeben und übersetzt. Beide Werke schildern die Familiengeschichte des 1952 geborenen Autors und seine Kindheit im gutbürgerlichen Viertel Nişantaşı im Istanbuler Stadtteil Şişli sowie im Sommerhaus auf Büyükada, der größten der Prinzeninseln.

Pamuk stammt aus vermögenden Verhältnissen, die sein Großvater, ein Industrieller des Eisenbahnbaus, hinterlassen hat. Für die Familie waren die Unterstützung der Politik Kemal Atatürks und die kulturelle Ausrichtung nach Europa eine Selbstverständlichkeit, die väterliche Bibliothek versorgte den jungen Orhan mit Werken von Franz Kafka und Thomas Mann. Er besuchte das englischsprachige Robert-College, schrieb sich anschließend zunächst für ein Architekturstudium an der Technischen Universität Istanbuls ein, absolvierte dann allerdings eine journalistische Ausbildung. Nach seinen genannten Debütromanen folgte ein dreijähriger USA-Aufenthalt an der Columbia-Universität in New York. Hier entstand der nächste Roman, *Kara Kitap* (»Das schwarze Buch«). 1998 folgte *Benim adım kırmızı* (»Rot ist mein Name«). In diesen Werken zeigt Pamuk sich trotz aller Hinwendung zum Westen von der osmanischen Geschichte und ihrer islamischen Kultur fasziniert. In »Die weiße Festung« lässt der Autor einen Venezianer des 17. Jahrhunderts erzählen, wie er in die Hände der Osmanen gerät und zusammen mit seinem neuen Herrn, einem islamischen Gelehrten, eine Kriegsmaschine konstruieren soll, um die ominöse »Beyaz Kale« (Weiße Festung = Europa?) zu erobern. Bei der Umsetzung des Auftrags verfahren beide Protagonisten unterschiedlich: der Vertreter der westlichen Welt in seiner wissenschaftlichen Weise, der Muslim nach der »orientalischen« Methode. Nach dem Scheitern des Projekts findet sich der muslimische Gelehrte in Venedig wieder, der Venezianer hingegen bleibt in der Sultansstadt, sodass die Trennung von westlichem und östlichem Denken in diesem Vexierspiel letztlich aufgehoben wird. In Aufbau und Stil zeigen sich Analogien zu Umberto Ecos »Im Namen der Rose«. Auch Pamuk beruft sich auf eine fiktive und geheimnisvolle Handschrift, die erst in der Gegenwart aufgefunden wurde.

»Rot ist mein Name« handelt von einem Kriminalfall, der sich im Jahre 1591 in der Sultansstadt zugetragen haben soll. Erneut schildert Pamuk die zwischen Europa und Asien schwankende Stadt am Bosporus in allen Farben. Den Hintergrund liefert hier ein erbitterter Bilderstreit, wie er nicht zum ersten Mal in Konstantinopel stattfindet: Die neue Renaissancemalerei des Abendlandes mit ihrer perspektivischen Tiefe und den realistischen Porträts trifft auf das traditionelle Gebot des Islam, nur Ornamente und höchstens flächige Miniaturen abzubilden. Abermals dreht sich die Handlung um das Identitätsproblem der türkischen Gesellschaft, die zwischen Orient und Okzident oszilliert. Das Überraschende für den westlichen Leser ist wohl, dass Pamuk dieses Hin und Her nicht erst mit Atatürk, sondern bereits ein halbes Jahrtausend vorher beginnen lässt, bis Orient und Okzident letztlich ineinander über gehen. Verwoben in die Geschichte, die nur neun Tage dauert, sind Parabeln, allegorische Volksmärchen und Zitate mystischer Sufi-Dichter.

Islamische Mystik beherrscht auch »Das schwarze Buch«, das nur vordergründig in der Gegenwart angesiedelt ist. Der junge Anwalt Galip sucht seine plötzlich verschwundene Frau Rüya und vermutet sie bei Celal, einem berühmten Zeitungskolumnisten. Zwar beginnt die Suche mit einem realistischen Trip durch das moderne Istanbul mit all seinen Höhepunkten und Abgründen, doch entgleitet die Handlung langsam der Jetztzeit und schwindet in mystische Gefilde. Galip ähnelt einem mystischen Dichter gleichen Namens aus dem 18. Jahrhundert (Scheich Galib), Rüya bedeutet »Traum« und Celals Name spielt auf den im 13. Jahrhundert wirkenden Mystiker Mevlana Celalettin Rumi an. Mevlanas mystisches Ziel war zwar die Suche nach Gott, aber auf Erden suchte er auch die mystische Harmonie und Vereinigung mit geliebten Menschen, die durch einen Rollentausch erreicht werden kann. Analog hierzu gleitet auch Galip im Roman immer mehr in die Identität Celals über. Die Kolumnen Celals geben dem Autor die Gelegenheit, eine facettenreiche Abfolge von Bildern zu entwerfen, in denen sich Ost und West entfremden, gegenseitig annähern und wieder vermischen. Galip liest die Kolumnen, sucht nach verborgenen Hinweisen und Anspielungen auf die entschwundene Gattin und versucht sich in der Kunst der Dechiffrierung und Textexegese. Archetypen, Legenden, uralte Motive der Weltliteratur, Bibel- und Korantexte, Spiegelbilder und Gleichnisse verschnüren sich zu einem Gordischen Knoten, der sich – wieder nur scheinbar real – im Tod von Rüya und Celal auflöst. Doch die Suche geht weiter.

Die ins Metaphysische übergehende Suche steht desgleichen im Mittelpunkt des Romans *Yeni Hayat* (»Das neue Leben«). Drei Menschen lesen ein geheimnisvolles, von Lichtsymbolik umflortes Buch. Auf einen der Leser wird ein Mordanschlag verübt, eine weitere Leserin verschwindet und ihr Geliebter, der dritte Leser, macht sich auf die Suche nach seiner verschwundenen Freundin. Ein aufregendes Roadmovie durch Anatolien mit all seinen sozialen, politischen und religiösen Kontrasten bildet den Hintergrund für zahlreiche Anspielungen auf Dantes »Vita Nova« und auf die Sehnsucht der deutschen Romantiker nach der entrückten »blauen Blume«. Novalis, der dieses Symbol als erster verwendete, lebte während der europäischen Zeitenwende zur Moderne, zum Zeitalter der

Massenkriege, der ethnischen Säuberungen, der Totalitarismen und politischen Verfolgungen. Sind jene europäischen Monstrositäten auch in die Türkei gelangt, weil diese den Richtungswechsel gen Europa zu vollziehen versucht?

Ein politischer Roman der türkischen Gegenwart

Orhan Pamuks *Kar*, 2002 erschienen und sogleich unter dem Titel »Schnee« in Deutsche übersetzt, ist, wie der Verfasser betont, ein politischer Roman der türkischen Gegenwart. Die Geschichte spielt in Kars, einer Stadt im entfernten Nordosten des Landes, weit weg von Istanbul und Ankara, die jedoch auf zahlreichen Kulturschichten fußt. Kars versinnbildlicht einen der geschichtlichen Knotenpunkte der Türkei mit einem verwobenen Geflecht aus armenischen, georgischen, iranischen, kurdischen, osmanischen, russischen und türkischen Wurzeln. Hier lässt Pamuk seinen Protagonisten, einen aus Frankfurt zurückgekehrten Intellektuellen, auf alle gesellschaftlichen Kräfte der heutigen Türkei treffen: religiöse türkische Nationalisten, kurdische Nationalisten, kemalistische Armeeangehörige und Behördenvertreter, islamistische Fundamentalisten und Vertreter verschiedener ethnischer Gruppen. Ka, so der kafkaesk anmutende Name der Hauptperson, soll im Auftrag einer progressiven Istanbuler Zeitung über Selbstmorde junger Musliminnen berichten, die wegen ihres Kopftuchs der Universität verwiesen wurden. Ka sagt zu, jedoch weniger aus Interesse an dem Thema, sondern weil er seine Jugendliebe İpek wiederzufinden hofft. Als er die Stadt Kars erreicht, wird diese infolge eines Schneesturms von der Außenwelt abgeschnitten. Zeitgleich inszeniert eine Theatergruppe eine Art kemalistischen Operetten-Militärputsch, den die örtliche Armeeführung für eine reelle dreitägige Machtübernahme mit Verhaftungen, Folter und Mord nutzt. Alle innere Distanz, die der verwestlichte Zeitungsschreiber gegenüber diesem Treiben an den Tag zu legen versucht, verhindert nicht, dass Ka immer mehr in das Geschehen verstrickt wird. Verwirrend dabei ist, dass die anderen Akteure entweder Wendehälse (Ex-Linke, Ex-Islamisten), naive Koranschüler, Geheimdienstspitzel oder skrupellose Opportunisten sind. Besonders paradox erscheint auch die Haltung der Intellektuellen, die den blutigen Theaterputsch begrüßen, der von einer lebenden Atatürk-Karikatur angeführt wird, um die »westlichen Werte« zu schützen. Unfreiwillig komisch agiert zudem ein gutmeinender, linker, deutscher (blond-blauäugiger) Journalist namens Hans Hansen. Ka selbst wird zu einem »Verräter aus Liebe«, der den gesuchten Gotteskrieger Lapislazuli ans Messer liefert – jedoch nicht aus politischen Gründen, sondern weil dieser bei İpek offenbar die besseren Chancen hat. Nach dem Ende des dreitägigen Dramas reist Ka überstürzt ab. Zurück in seinem Frankfurter Appartement, inmitten der anonymen Welt des Geldes, findet er sich in individualistischer, aber höchst einsamer und prekärer Freiheit wieder. Der Erzähler lässt den Leser wissen, dass Ka irgendwann einem Attentat zum Opfer gefallen ist – aus Rache für den Verrat aus Liebe »weit hint' in der Türkei«?

Wahrlich bedrückend erscheint indes die Situation der in traditionellen Sippenverbänden lebenden und von moralischen Verdächtigungen umgebenen Kopftuchmädchen und -frauen. Sie sehen im Suizid die letzte Möglichkeit, über ihre eigenen Körper zu verfügen, und es wird deutlich, dass nicht der Staatsapparat, sondern der rigorose patriarchalische Ehrenkodex einer althergebrachten Gesellschaftsordnung für das Schicksal dieser Frauen verantwortlich ist.

Interessant ist, dass keine der oben genannten Interessensgruppen des Romans für absolut gut und keine für besonders schlecht befunden wird. Pamuk versteht es, jenseits aller Schwarz-Weiß-Malerei Verständnis für die im Extrem divergierenden Säkularen und Islamisten sowie für Linke wie Rechte gleichermaßen aufzubringen. Die Aussicht auf einen Dialog aller beteiligten Gruppen versinnbildlicht Pamuk beispielsweise durch eine kitschige mexikanische Telenovela, bei deren Ausstrahlung sämtliche politische Gruppen nach Hause gehen und ihren Streit vergessen.

Der multiperspektivische Roman birgt sämtliche Leitmotive Pamuks in sich: das von Desorientierung zeugende Verhältnis von Morgenland und Abendland, die Suche nach einer »wahren« Identität der neuen Türkei, die Beziehung von Individuum und Gemeinschaft, transzendentale Mystik und menschliche Liebe. Zudem gilt »Schnee« als einer der Beweggründe für die Auszeichnung Pamuks mit dem Friedenspreis des Börsenvereins des deutschen Buchhandels. Gewürdigt wurden in diesem Zusammenhang sowohl sein literarisches Schaffen wie auch sein Engagement für Meinungsfreiheit.

Ein ebenfalls überaus ansprechendes Buch Pamuks ist *İstanbul – Hatıralar ve şehir* (»Istanbul – Erinnerung an eine Stadt«) aus dem Jahre 2003, das persönliche Aufzeichnungen und Erinnerungen Pamuks an seine geliebte Geburtsstadt enthält.

Auszug aus »İstanbul – Hatıralar ve Şehir« und die deutsche Übersetzung aus
»Istanbul – Erinnerung an eine Stadt«

1950'lerin sonunda, babamın ya da amcamın kullandığı 1952 model Dodge marka araba ile hava almak için bir Boğaz gezisine çıkmak için pazar
sabahlarının vazgeçilmez alışkanlığıydı. Bizler kaybolup giden bu Osmanlı
kültürü için biraz kederlensek bile, Cumhuriyet'in yeni zenginlerinden ol-
duğumuz için »Boğaziçi Medeniyeti« bize kayıp duygusu ve hüzünden çok
büyük bir medeniyetin uzantısı olmanın gururunu ve teselli duygusunu ve-
rirdi. Boğaz'a her gidişte, mutlaka Emirgân'a uğranıp Çınarlıaltı kahvesinde
kâğıt helvası yenilir, her yerde, Bebek'te, Emirgân'da kıyı boyunca yürünür,
Boğaz'dan geçen gemiler seyredilir, yolda annem arabayı durdurtup bir saksı
ya da iki iri lüfer alırdı.

Yaşım ilerledikçe anne-baba-iki erkek çocuklu bu çekirdek aile gezintilerin-
den sıkıldığımı, bunaldığımı hatırlıyorum. Küçük aile kavgaları, ağabeyimle
her seferinde yoğun bir rekabet ve kavgaya dönüşen oyunlar, bir arabaya
doluşup apartman hayatımın dışında yeni bir soluk arayan »çekirdek aile-
nin« mutsuzlukları Boğaz'ın çağrısını zehirlerdi, ama bu küçük pazar gezin-
tilerine her seferinde de çıkardım. Daha sonraki yıllarda, Boğaz yollarında
başka arabaların içinde, gene bizimkiler gibi pazar gezintisine çıkmış ve
mutsuz, kavgalı, gürültülü başka aileler görmek yalnız kendi hayatımın öyle
özel olmadığını bana hatırlatmaz Boğaz'ın İstanbullu aileler için belki de
tek mutluluk kaynağı olduğunu sezdirirdi.

Çocukluğumun Boğaz'ını özel bir yer yapan pek çok şey yavaş, tıpkı tek tek
yanan yalılar gibi yok olunca Boğaz'a gitmek bana aynı zamanda bir ha-
tıra zevki de vermeye başladı. Eski dalyanların yokoluşundan, bir dalyanın
ağlarla balıklara kurulan bir çeşit kapan olduğunu babamın nasıl anlattı-
ğından, sandalıyla yalı yalı gezerek şehre meyve satan satıcı kayıklarından,
annemle gittiğimiz Boğaz plajlarından, Boğaz'da yüzmenin zevkilerinden,
tek tek kapanan, terkedilen, daha sonra da lüks bir lokantaya çevrilen Boğaz iskelelerinden, bu iskelelerin yanında sandallarını çeken balıkçılardan,
onların sandalıyla bir küçük gezinti yapmanın imkânsız olduğundan artık
ben de söz etmekten hoşlanıyorum. Ama Boğaz'ı benim için Boğaz yapan
şey, gene de hâlâ çocukluğumdakinin aynısı: İnsana sağlık veren, iyileştiren,
şehri ve hayatı ayakta tutan bitmez tükenmez bir iyilik ve iyimiserlik kayna-
ğıdır benim için Boğaz.

»Hayat o kadar berbat olamaz,« diye düşünürüm bazan. »Ne de olsa, sonunda Boğaz'da bir yürüyüşe çıkabilir.«

Quelle: Orhan Pamuk, *İstanbul – Hatıralar ve şehir*. Yapı Kredi Yayınları Edebiyatı 551.
Istanbul 102006, S. 65.

Ende der fünfziger Jahre gehörte es bei uns zu den unverzichtbaren Sonntags-
vergnügen, dass mein Vater oder mein Onkel uns mit unserem 52er Dodge
zum Bosporus kutschierte. Über den Niedergang der osmanischen Kultur
trösteten wir uns als Neureiche der Republik durch die stolze Vorstellung
hinweg, dass wir gewissermaßen Ausläufer und Fortsetzung jener »Bosporus-
Zivilisation« waren. Wenn wir an den Bosporus fuhren, wurde unweigerlich
jedes Mal im Café Çınarlıaltı in Emirgân ein Waffeleis gegessen, in Bebek oder
in Emirgân ging man am Ufer spazieren und sah den Schiffen zu, und irgendwann ließ meine Mutter unterwegs anhalten und kaufte am Straßenrand eine
Topfpflanze oder zwei große Blaubarsche.

Als ich heranwuchs, begannen Ausflüge mit der aus Vater, Mutter und uns
zwei Söhnen bestehenden Kleinfamilie mich allmählich zu langweilen. Durch
kleine Familienkonflikte, durch die Spiele zwischen meinem Bruder und mir,
die regelmäßig in Wettkampf und Streit ausarteten, und durch die zu hochge-
steckten Erwartungen an die belebende Wirkung solcher Frischluftaufenthalte
wurden mir zwar die Fahrten zum Bosporus vergällt, aber doch nicht so, dass
ich nicht mehr mitgefahren wäre. Wenn ich in späteren Jahren noch oft solche unglücklichen, lauten Familien sah, die genau wie wir damals ins Auto
gepfercht an den Bosporus fuhren, wurde mir nicht nur klar, dass mein eigener Fall gar nicht so außergewöhnlich war, sondern auch, dass die Istanbuler
Familien den Bosporus wohl als ihre einzige Freudenquelle ansehen.

Nachdem nun schon so viele Dinge, die den Bosporus in meiner Kindheit zu
einem ganz besonderen Ort machten, nach und nach verschwunden sind wie
all die abgebrannten Yalıs, hat eine Fahrt dorthin für mich allmählich auch
schon hohen Erinnerungswert. So wie mein Vater früher immer davon erzählte, dass es die alten Staaknetze nicht mehr gebe, mit denen früher gefischt
worden sei, gehöre ich nun selbst schon zu den Leuten, die gerne über Dinge
reden wie die Obstverkäufer, die früher mit Ruderbooten von Yalı zu Yalı fuhren, die Strände, die ich immer mit meiner Mutter aufsuchte, die Badefreuden
im Bosporus, die vielen Anlegestellen, die aufgegeben wurden und verwahrlosten, bis man ihre Gebäude schließlich in schicke Restaurants umfunkti-
onierte, die Fischer, die neben diesen Anlegestellen ihre Boote hatten, und
die Ausflüge, die man früher mit diesen Booten noch machen konnte. Aber
das, was für mich den Bosporus so richtig ausmacht, das ist auch heute noch
genauso wie in meiner Kindheit: Der Bosporus ist für mich noch immer eine
dem Menschen wohltuende, die Stadt und das Leben dort aufrechterhaltende
unerschöpfliche Quelle der Gesundheit und der Zuversicht.

Und manchmal denke ich mir: Solange man noch an den Bosporus kann, ist
das Leben doch gar nicht so schlecht.

Quelle: Orhan Pamuk, *Istanbul, Erinnerungen an eine Stadt.* Aus dem Türkischen von
Gerhard Meier. Carl Hanser Verlag, München 2006, S. 74–75.

Orhan Pamuk repräsentiert nicht den Typus des türkischen, dennoch weltgewandten Volksschriftstellers wie Yaşar Kemal, Aziz Nesin oder Fazil Hüsnü Dağlarca, die vor Pamuk allesamt für den Literaturnobelpreis vorgeschlagen wurden. Denn die Lektüre seiner stilistisch kunstvoll angeordneten und inhaltlich diffizilen Werke wird immer auf eine schmale Bildungsschicht beschränkt bleiben. Mit der Verleihung des Literaturnobelpreises – die nur zwei Jahre nach der Zuerkennung des Friedenspreises des Deutschen Buchhandels erfolgte – vermochte sich keine gesellschaftliche Gruppe in der Türkei daher so richtig zu identifizieren. In den Kommentaren überwog der Tenor, dass hier eine politische, vorab EU-kompatible Entscheidung konstatiert worden ist.

Orhan Pamuks Eintreten für elementare Menschen- und Bürgerrechte sowie für eine zivile Minderheitenpolitik in seinem Land hat ihm eine Reihe politischer Prozesse eingebracht. Wie viele Schriftstellerkollegen vor ihm kritisierte er die von Kriegsrecht, Unterdrückung und Vertreibung gekennzeichnete Kurdenpolitik der Regierungen. Auf besonders gefährliches Terrain der türkischen Innenpolitik begab sich Pamuk, als er nach 2002 sowohl in heimischen Presseorganen wie in den internationalen Medien das fast seit einem Jahrhundert mit einem Tabu belegte Armenierproblem deutlich ansprach. Die Hinweise auf die Geschehnisse des Jahres 1915 und seine Zusammenarbeit mit führenden armenischstämmigen Intellektuellen wie Hrant Dink (1954–2007) provozierten offene Morddrohungen von nationalistischer Seite und führten zu einem Prozess »wegen Herabsetzung des Türkentums«. Zu Beginn des Jahres 2006 wurde das weltweit beobachtete Verfahren eingestellt. Nachdem rechtsextreme Schmähkampagnen jedoch auch nach der Nobelpreisverleihung im Oktober 2006 anhielten und Hrant Dink 2007 einem Mordanschlag zum Opfer fiel, trat Pamuk einen längeren Aufenthalt in den USA an. Wie viele türkische Intellektuelle erhofft sich Orhan Pamuk von einem EU-Beitritt seines Landes nicht nur wirtschaftliche Vorteile, sondern auch eine echte Demokratisierung des Landes und das Entstehen einer Zivilgesellschaft.

> »Wir hatten traditionell ein sehr starres System der politischen Repräsentation. Die Möglichkeit des Beitritts zur Europäischen Union hat alles durchgeschüttelt. In jedem Lager – bei den Linken, den Rechten, den Islamisten, den Kemalisten – hat sich das Schubladendenken erledigt. Bei uns regieren jetzt pro-europäische Islamisten. Die haben irgendwann verstanden, dass man mit pro-europäischer Politik Wahlen gewinnen kann, weil die Wähler sich davon eine Verbesserung ihres Lebens versprechen.«
>
> Die ZEIT vom 14. April 2005

Nalan Barbarosoğlu

Eine originelle Vertreterin der aktuellen Istanbuler Literaturszene ist die Schriftstellerin *Nalan Barbarosoğlu* (geb. 1961 in Adapazarı). Seit 1996 sind vier Bände mit Erzählungen von ihr erschienen. Barbarosoğlus Themen sind die Fremdheit und die Einsamkeit in der Großstadt, als langjährige Texterin in der Werbebranche weiß sie mit der postmodernen Sprache umzugehen und düstere Spannung mit persönlichen Erinnerungen zu verbinden. Ihre auch auf Deutsch erschienene Kurznovelle »Das kostümierte Gespenst« (in der 2006 edierten Erzählsammlung »Liebe, Lügen und Gespenster«) ist ein feministischer Thriller voller Lebenshärte und Tragik.

Elif Şafak

Auf dem besten Weg zur international anerkannten Literaturgröße ist die Schriftstellerin *Elif Şafak* (in englischer und deutscher Schreibweise Shafak. Es handelt sich dabei um ein Pseudonym; Şafak ist der Vorname der Mutter der Autorin und bedeutet »Morgenröte«). Şafaks globale Biographie ist symptomatisch für die jüngere Generation kosmopolitischer Autorinnen und Autoren der Türkei, die sich mit türkischen und geschichtlichen osmanischen Themen befassen und dabei mehrere tief in der nationaltürkischen Gesellschaft verankerte Tabus tangieren. Elif Şafaks Literatursprachen sind amerikanisches Englisch und Türkisch. Nicht zu übersehen sind Ihre kritische Distanz und die Unbefangenheit, mit der sie als sensibel geltende religiöse und nationale türkische Themen aufgreift. Eine Eigenart, die mit ihrer Sozialisation in Europa und den USA zusammenhängt.

Geboren wurde die Tochter einer Diplomatin und eines Professors für Soziologie 1971 in Straßburg, aufgewachsen ist sie im polyglotten Botschaftsmilieu von Madrid und Amman. Ihre Ausbildung in Politischen Wissenschaften und Gender Studies vollendete Şafak an der Middle East Technical University in Ankara. Seit 2006 ist sie als Assistant Professor an der US-Universität Tucson, Arizona, tätig. Die von ihr vertretenen wissenschaftlichen und akademischen Disziplinen – Gender, Stellung der Frau in westlichen und östlichen Gesellschaften, nationale und religiöse Identität, ausgeprägtes Interesse an islamischer Mystik – hat Elif Şafak seit 1994 mit großem Erfolg belletristisch verarbeitet. Jeder ihrer bis 2007 erschienen sechs Romane wurde von der türkischen wie internationalen Kritik begeistert aufgenommen und mit Literaturpreisen gewürdigt. Bereits ihr erster, 1997 erschienener Roman »Pinhan. The Sufi« wurde mit dem türkischen Mevlana-Preis ausgezeichnet. Im Mittelpunkt des Buches steht die Suche eines Sufi-Derwischs nach seiner eigenen, auch geschlechtlichen Identität und nach der Wahrheit. Durch Anspielungen auf islamische Mystik, Metaphysik und Transzendenz sowie zahlreiche altosmanische Redewendungen und bewusst »antiquierte« Satzkonstruktionen wurde die zuvor in den Medien als »Feministin« dargestellte junge Schriftstellerin zunächst vor allem in wertkonservativen Leserkreisen bekannt. Auch in ihrem zweiten Werk blieb Şafak der Darstellung der Religion, diesmal des Judentums in seinem Verhältnis zu Christen und Muslimen, verpflichtet. *Şehrin Aynaları* (»Spiegel der Stadt«, 2004) ist ein historischer Roman, der anhand einer sephardischen (spanisch-jüdischen) Familie die große Fluchtbewegung der Sepharden vor der spanischen Inquisition ins Osmanische Reich im 17. Jahrhundert exemplarisch darstellt. Für ihren dritten Roman *Mahrem* (»Intim«, englische Titel »Hide and Seek«; »The Gaze«) erhielt Şafak vom Türkischen Schriftstellerverband den Preis des Jahres 2000 zugesprochen.

Elif Şafaks Romane zeichnen sich trotz ernster Inhalte und schwieriger Handlungsfelder mit mehreren Erzählebenen durch Unterhaltsamkeit und Spannung aus. Große Gefühle und menschliche Schicksale, Liebe und Leidenschaft lassen den realen historischen und aktuellen Rahmen der Erzählungen fassbar und begreifbar werden. Bei der Lektüre kommt der interkulturelle Hintergrund und die zwischen Okzident und Orient changierende Welt der Autorin unmittelbar zum Ausdruck. Der sehr intensiv erlebte persönliche Erfahrungshorizont verleiht Şafaks Werk einen hohen Grad an Authentizität.

Solange der bereits mehrfach genannte Gesetzesparagraph zum »Schutze des Türkentums« noch existiert, ist es nicht auszuschließen, dass eine Schriftstellerin wie Elif Şafak mit der türkischen Justiz in Konflikt gerät. Von der Anklage der »Verunglimpfung des Türkentums« wurde sie im September 2006 freigesprochen, was allein der Tatsache geschuldet war, dass sie ihre zwei Romane aus den Jahren 2004 und 2006 auf Englisch verfasst hatte und sie zuerst in den USA erscheinen ließ. Dies machte sie in den Augen nationalistischer Kreise zu einer Vaterlandsverräterin. Bei den genannten Romanen handelt es sich um *The Saint of Incipient Insanities* (»Die Heilige des nahenden Irrsinns«) und *The Bastard of Istanbul* (»Der Bastard von Istanbul«, türkischer Titel »Baba ve Piç«). Das erstgenannte Werk, eine »comedy«, handelt vom großen Schmelztiegel USA, in welchem sich ein türkischer Immigrant und seine exzentrische amerikanische Freundin verlieren.

Für die Familiensaga »Der Bastard von Istanbul« wählte Şafak eine Mischung aus Stilformen der Komik, der Parodie und der Groteske – freilich vor einem tragischen Hintergrund. Der Roman handelt vom nach wie vor ungelösten Spannungsverhältnis der modernen Türkei zum »Armenierproblem«, zur Verfolgung der armenischen Bevölkerung in Kleinasien während des Ersten Weltkriegs und der daraus resultierenden Probleme, die bis heute zahlreiche Familien betreffen. Şafak bettet die Handlung folglich auch in eine moderne Geschichte zweier Familien ein, die durch dieses lange Zeit von türkischer Seite offiziell tabuisierte Thema miteinander verbunden sind und sich in der Gestalt zweier 19-jähriger Mädchen auf ihrer Identitätssuche treffen: die Türkin Asya (die im Titel genannte uneheliche Tochter aus gutem, wenn auch extravagantem Istanbuler Hause) sowie das Scheidungsopfer Armanoush, eine Amerikanerin mit armenischen Wurzeln und mit Asyas amerikanisiertem Onkel als Stiefvater. Aus dieser Konstellation ergeben sich einerseits mit erfrischender Nonchalance karikierte Eigenheiten der türkischen und armenischen Lebensweise, andererseits aber auch eindrucksvolle Schilderungen des armenischen Leidensweges zu Beginn des 20. Jahrhunderts. Elif Şafak begreift die türkisch-armenische Geschichte als gemeinsames Schicksal. Wie in anderen Fällen auch hat die 2006 erfolgte und kurze Zeit später vom Gericht aufgehobene Anklage Elif Şafaks das Buch in der Türkei so bekannt gemacht, dass es monatelang auf den Bestsellerlisten platziert war.

> »Die Türkei ist ein Land mit einer überbordenden Vielfalt von Stimmen. Allein die Literaturszene unseres Landes sprudelt von Leben. Aber es gibt so viele Klischees über die Türkei. Manchmal habe ich das Gefühl, wir sind nicht exotisch genug, um interessant zu sein, und nicht westlich genug um Teil eurer Literatur zu sein. Noch immer leben wir in einer Einbahn-Welt. Französische, englische und deutsche Neuerscheinungen werden sehr schnell auch bei uns veröffentlicht. Aber andersherum? Kaum etwas. Wir lesen euch viel mehr als ihr uns.«
>
> Elif Şafak in einem Interview mit Kai Strittmatter in der *Süddeutschen Zeitung* vom 11. Oktober 2007, S. 11

◾ Die Editionsreihe »Türkische Bibliothek« in deutschen Übersetzungen (2005–2009)

Seit 2005 gibt der Unionsverlag in Zürich die »Türkische Bibliothek« heraus. Das auf 20 Bände angelegte Übersetzungskonzept bezieht sich auf die klassische Moderne seit 1900. Publiziert werden Romane, Autobiographien sowie Sammlungen von Kurzgeschichten, Gedichten und Essays, die einen Querschnitt der türkischen Literatur im 20. Jahrhundert darstellen und zum ersten Mal ins Deutsche übersetzt werden. Erschienen sind bereits mehrere Bände, darunter Sabahattin Alis »Der Dämon in uns«, Leyla Erbils »Eine seltsame Frau« und Halit Ziya Uşaklığıls »Verbotene Lieben«. 2009 wird die »Türkische Bibliothek« vollständig vorliegen. Herausgeber der Reihe sind die Orientalisten Erika Glassen (Orient-Institut, Zweigstelle Istanbul) und Jens Peter Laut (Universität Freiburg).

7. Türkische Literatur in Deutschland

Die enge literarische Beziehung der Türkei zu Deutschland, dem von 1961 bis 1974 bevorzugten Ziel türkischer Arbeitsmigranten, ist bereits in den Werken von Füruzan, Adalet Ağaoğlu und Fakir Baykurt zur Sprache gekommen. Menschen türkischer Herkunft mit muslimischer Religionszugehörigkeit bilden in Deutschland die größte Bevölkerungsminorität, und die türkische Gemeinde in Deutschland hat in den mehr als 40 Jahren ihres Bestehens eine facettenreiche Literatur hervorgebracht.

Unmittelbar nach den großen Anwerbeaktionen der Bundesrepublik von 1961 bis 1965 entstanden in einer ersten Phase der türkisch-deutschen Literaturbeziehungen von türkischen Arbeitsmigranten in ihrer Muttersprache verfasste Gedichte, Lieder und kurze Betrachtungen. Adressaten waren die Angehörigen in der Heimat sowie die eigenen, türkischsprachigen Arbeitskollegen in Deutschland. Die meisten Gedichte und Verse dieser *Gurbet edebiyatı* (»Literatur in der Fremde«) wurden mündlich vorgetragen, weshalb nur wenige Texte schriftlich fixiert worden sind. Themenfelder waren die Sehnsucht nach Heimat und Familie sowie die Arbeitssituation und die Ausgegrenztheit in einem als fremd und absonderlich empfundenen Land. Die Verfasser dieser Texte sind namentlich kaum bekannt.

Die in Deutschland lebenden türkischen Autoren, welche bis in die 1980er-Jahre die Wortführer der türkisch-deutschen Literatur darstellten, sind Aras Ören, Yüksel Pazarkaya und Fakir Baykurt. Sie behandelten zwar Migrationsthemen, stammten aber selbst nicht aus dem Kreis der sogenannten Gastarbeiter. Ihre Werke entstanden – zumindest in der Anfangsphase ihres literarischen Schaffens – noch in türkischer Sprache, wurden dann aber für die deutsche Leserschaft übersetzt. Im Mittelpunkt standen auch hier in erster Linie die vielfältigen Probleme und Schicksale der Migranten und Migrantinnen. Das Zielpublikum bildeten die türkische Gemeinde in Deutschland und interessierte Deutsche.

Ab 1980 verstärkte sich die Tendenz der türkischen Autoren, ganz auf jenen deutschen Leserkreis einzugehen, der sich zunehmend für inter- und transkulturelle Themen empfänglich zeigte. Die neue Literatur behandelte zwar weiterhin Themen der Migration, wurde jedoch von Anfang an auf Deutsch verfasst, und die Werke von Emine Sevgi Özdamar, Renan Demirkan und Feridun Zaimoğlu erobern seitdem die Bestsellerlisten. Inhaltlich spielt die Türkei als Herkunftsland auch hier zwar noch eine tragende Rolle, doch wird die Thematik nun insofern umgewandelt, als die Migration für die Nachfolgegeneration jetzt als Chance begriffen wird.

■ Aras Ören

Aras Ören (geb. 1939 in Istanbul) ist Absolvent des amerikanischen Robert-Col-
leges in Istanbul und gelernter Dramaturg. 1969 übersiedelte er nach Westberlin
und arbeitete dort in der Folgezeit als Rundfunkredakteur. 1973 erschien das
erste Bändchen seiner Berlin-Trilogie unter dem Titel *Was will Niyazi in der Nau-
nynstraße?*. Das Poem handelt von Menschen, die unvorbereitet und nur mit
einem Plastikkoffer in einem ihnen völlig fremden Land ankommen. Der Autor
schrieb die Geschichten zuerst in türkischer Sprache und ließ sie anschließend
ins Deutsche übersetzen. Das Original kam jedoch erst 1980 in der Türkei heraus.
1978 legte Ören Gedichte zu demselben Thema unter dem Titel *Deutschland: Ein
türkisches Märchen* vor. Eine originelle Kriminalerzählung (so der Untertitel) ist
Bitte nix Polizei (1981), in *Manege* (1983) beschreibt der Autor den Tagesablauf
des Sozialberaters Bekir Ucal und lauscht dessen Reflexionen über die in Deutschland enttäuschten Erwartungen.

Ab 1995 wandte sich Ören anderen Sujets zu und seine Heimat Berlin rückt
nun ins Zentrum. *Berlin Savignyplatz* und *Unerwarteter Besuch* sind Frontstadtge-
schichten der geteilten Metropole. Zwar taucht hier wieder der türkische Schwarz-
arbeiter Ali Itir aus *Bitte nix Polizei* auf, doch die Hauptrollen am Savignyplatz
spielen andere, wie etwa der deutsche Innenminister oder abgehalfterte deutsche Filmdiven. Auch der Roman *Sehnsucht nach Hollywood* (1999) thematisiert
weder die Arbeitsmigration noch etwas speziell »Türkisches«, sondern handelt
vom kriegszerstörten Berlin des Jahres 1947 und ist eine Art »Traumnovelle«, die
im Filmmilieu spielt. Allenfalls seine Epik voller Stimmungsbilder könnte man
noch als »orientalisch beeinflusst« bezeichnen.

■ Fethi Savaşçı

Während Ören die Problematik der Arbeitsmigration aus der Perspektive des intellektuellen Autors zu fassen versuchte, griffen auch echte »Gastarbeiter« zur
Feder und schufen eine eigene, unabhängige Wirklichkeit ihres Daseins. *Fethi
Savaşçı* (1930–1989) kam 1965 nach München und arbeitete dort in der Industrie.
Seine Gedichtbände *Duvarcı Hasan Usta* (»Maurermeister Hasan«, 1970) und *Ma-
kinalar Çalışırken* (»Bei laufenden Maschinen«, 1983) schildern die Arbeitswelt
und die Lebensumstände ausländischer Arbeiter in Deutschland.

■ Şinasi Dikmen

Şinasi Dikmen (geb. 1945 in Samsun an der Schwarzmeerküste) arbeitete als Krankenpfleger in Ulm, bevor er seine kabarettistische Befähigung in Literatur und Theater umsetzte. Dikmen schrieb seine satirischen Texte von Anfang an auf Deutsch und hatte sein deutsches Umfeld als Zielpublikum im Blick. Seine Auftritte im deutschen Fernsehen trafen auch deshalb auf große Resonanz, weil er als Kabarettist die »Gastarbeiterproblematik« zum ersten Mal von der satirisch-humoristischen Seite beleuchtete und sich jeglicher Larmoyanz enthielt. Kabarett-Titel wie *Vorsicht, frisch integriert* (1985) oder *Du sollst nicht türken!* (1997) verdeutlichen dies und haben nicht unerheblich dazu beigetragen, das deutsche Publikum über die Darstellungsform der Satire mit der Integrationsproblematik vertraut zu machen.

■ Yüksel Pazarkaya

Sowohl in wissenschaftlicher als auch in schriftstellerischer Hinsicht hat sich der Philologe und Literat *Yüksel Pazarkaya* (geb. 1940 in Izmir) ein gewisses Ansehen verschafft. Pazarkaya lebt seit 1958 in Deutschland und promovierte 1972 in Germanistik, Linguistik und Philosophie an der Universität Stuttgart. Mit seinem umfassenden Schrifttum hat er zum ersten Mal das deutsche Publikum mit dem Begriff der Migrantenliteratur vertraut gemacht. Seine kultur- und literaturhistorischen Essays versammelt das Buch *Rosen im Frost. Einblicke in die türkische Kultur* (1982). 2004 folgte mit *Odyssee ohne Ankunft* eine Zusammenfassung seiner Vorlesungen zur Konzeption von Literatur und zu den Bedingungen seiner eigenen Autorschaft zwischen und in zwei Sprachen. Dieser Titel wäre auch für den Roman passend, den Pazarkaya 2002 unter dem Titel *Ich und die Rose* vorgelegt hat. Hierin beschreibt der Autor bildhaft und einprägsam die Heimkehr eines Gastarbeiters »aus der deutschen Fremde« in Izmir und damit die Ankunft des Protagonisten in einer fast noch fremderen neuen Welt.

Pazarkayas umfangreiche Übersetzungstätigkeit vom Türkischen ins Deutsche hat zahlreiche deutsche Leser zur Lektüre türkischer Literatur angeregt. Orhan Veli (Garip), Nazım Hikmet und Aziz Nesin haben auf diese Weise ihren Weg in die deutschen Buchhandlungen und Bücherregale gefunden, und eine gelungene zweisprachige Auswahl türkischer Lyrik der Gegenwart präsentiert die von Pazarkaya konzipierte Anthologie *Die Wasser sind weiser als wir* aus dem Jahre 1987.

■ Emine Sevgi Özdamar

Die Deutschlanderfahrungen von *Emine Sevgi Özdamar* begannen 1965 als 19-jährige Fabrikarbeiterin in Westberlin. Ihre Kindheit und Jugend in der Türkei hat sie 1992 in der Autobiographie *Das Leben ist eine Karawanserei, hat zwei Türen, aus einer kam ich rein, aus der anderen ging ich raus* literarisch verarbeitet. 1946 in Malatya geboren, weshalb sie von ihrer Grundschullehrerin als »Kurdin« diffamiert wurde, lebte sie inmitten ihrer Familie in Ankara, Bursa und Istanbul.

In ihrem autobiographischen Roman schildert Özdamar ihr Aufwachsen in einer von traditionellen Wertvorstellungen geprägten Sippe aus der distanzierten Sicht einer mittlerweile emanzipierten Frau. Das Werk gleicht einem deutschen Bildungsroman, ist jedoch geprägt von einem derben Vokabular und besticht durch hintergründigen Humor. Zum ersten Mal wurde hier eine breite deutsche Leserschaft mit den Lebensumständen in der türkischen Provinz vertraut gemacht sowie mit einer von Unaufgeklärtheit, Aberglauben und Vorurteilen beengten Welt konfrontiert, von der in besonderem Maße die Frauen betroffen waren. Bei der Schilderung der Lebensumstände verschweigt Özdamar aber keineswegs die Wärme und Geborgenheit, die eine türkische Großfamilie zu bieten hat. Treffend werden zudem das Aufeinanderprallen von überlieferten Landessitten auf die republikanischen Anordnungen sowie die politische Polarisierung der entzweiten Bevölkerung in eine elitäre Bürokraten- und Militärkaste auf der einen und die Masse der untertänigen und mittellosen Bauern auf der anderen Seite dargestellt.

Nach ihrem ersten Deutschlandaufenthalt absolvierte Özdamar eine Ausbildung zur Schauspielerin in Istanbul und übernahm ab 1976 zahlreiche Theaterengagements in Deutschland, darunter in Ostberlin, Bochum und Frankfurt. In der Filmbranche zählt sie mittlerweile zur etablierten deutschen Schauspielerszene. Ihr persönlicher Übergang in das westliche Umfeld spiegelt sich in den Folgeromanen *Die Brücke vom Goldenen Horn* (1998) und *Seltsame Sterne starren zur Erde* (2003), deren Schauplatz das geteilte Berlin ist.

■ Renan Demirkan

Renan Demirkan folgte 1962 als Siebenjährige ihren Eltern aus Ankara nach Hannover, wo sie 1980 die Ausbildung zur Schauspielerin abschloss. Demirkan ist dem deutschen Publikum in erster Linie als Fernsehschauspielerin bekannt. Ihr Roman *Schwarzer Tee mit drei Stück Zucker* aus dem Jahre 1991 beschreibt ihren Umzug aus Ankara sowie die Ankunft in der Fremde und verfolgt in Rückblenden die Geschichte ihrer anatolischen Familie über vier Generationen hinweg. Die weiteren Werke der Autorin wie zum Beispiel *Über Liebe, Götter und Rasenmähen* (2003) behandeln nicht mehr den Migrationshintergrund, sondern allgemein menschliche Themen.

■ Akif Pirinçci

Akif Pirinçci kam 1959 im Alter von zehn Jahren mit seiner Familie von Istanbul nach Deutschland und wird aufgrund seines Familiennamens wiederholt der deutsch-türkischen Literatur zugerechnet. Mit *Felidae* hat er ein eigenes Kriminal-romangenre geschaffen, in welchem Kater und Katzen die Hauptrollen spielen. In den seit 1989 erscheinenden Thrillern des zugewanderten Autors sind indessen keine selbstständigen literarischen Formen zu erkennen, die auf einen Migrationshintergrund aus der Türkei hindeuten.

■ Feridun Zaimoğlu

Ein türkischstämmiger Autor, der das Thema Migration auf signifikante Weise aufgreift, ist *Feridun Zaimoğlu*. 1964 im mittelanatolischen Bolu geboren, siedelte er bereits 1965 mit seinen Eltern nach Deutschland über. Stationen seines Lebens waren bisher München, Berlin und Kiel. 1995 setzten seine dokumentarischen Aufzeichnungen *Kanak Sprak* (1999 ergänzt durch *Koppstoff. Kanaka Sprak vom Rande der Gesellschaft*) eine neue Diskussion über die Integration zugewanderter Türken in die bundesdeutsche Gesellschaft in Gang.

In Zaimoğlus Werken geht es um die zweite und dritte Generation der in den 60er-Jahren nach Deutschland gekommenen türkischen Arbeiterfamilien. Angehörige dieser jüngeren Generationen sind in der Regel in Deutschland aufgewachsen und leben in einer Art kulturellem Niemandsland zwischen türkisch-muslimischer Herkunft und deutschem Umfeld. Ihre soziale Lage ist gekennzeichnet durch abgebrochene Ausbildung, Arbeits- und Perspektivlosigkeit. Für ihren Jargon, der in Vokabular, Satzbau, und Sprachmelodie zwischen Deutsch und Türkisch hin- und herwechselt, hat Zaimoğlu den treffenden Ausdruck »Kanak-Sprak« kreiert.

> »Kanaken« war ursprünglich ein Schimpfwort aus der bundesdeutschen rechten Szene für in Deutschland lebende Ausländer türkischer Herkunft. Spätestens in den 90er-Jahren übernahmen türkische Jugendgangs den Begriff und wandelten ihn zur Eigenbezeichnung im positiven Sinne um. Der deutsche Sprachanteil der sogenannten »Kanak-Sprak« basiert wegen der Herkunft zahlreicher deutsch-türkischer Jugendlicher aus jenen Regionen auf der im Ruhrgebiet und in Berlin gesprochenen Umgangssprache.

Kanak Sprak (1995) setzt sich aus 24 individuellen Lebensanschauungen jugendlicher Türken und Türkischstämmiger, vorgetragen in eben jener Sprachmixtur, zusammen. In *Koppstoff* (1999) lässt Zaimoğlu weibliche Mitglieder der zweiten und dritten Migrantengeneration zu Wort kommen. Beiden Reportagesammlungen ist höchste Authentizität eigen. Die subversiven Elemente der in den letzten 20 Jahren neu entstandenen »Kanak«-Sprache gehen – wie auch die dem Leser buchstäblich an den Kopf geworfenen radikalen Meinungsäußerungen, Standpunkte und Lebensentwürfe – beim deutschen Leser bis an die Schmerzgrenze und bringen deutlich zum Ausdruck, dass weder die Türkei der Großeltern- und Elterngeneration mit ihren traditionellen Bindungen noch das postmoderne Deutschland in all seiner Libertinage den Türken der zweiten und dritten Migrantengeneration überzeugende Möglichkeiten zur Identitätsbildung bieten.

Zaimoğlu hat dieses Problem auch in *Abschaum* (1997) thematisiert. Hier lässt er einen 25-jährigen Kleinkriminellen und Dealer türkischer Herkunft über Bandenkriminalität, Drogenkonsum und Gefängnisaufenthalte berichten, wobei trotz des ernsten Themas die skurrile Komik des Schwankens zwischen zwei Welten nicht zu kurz kommt. Das Buch wurde 2000 unter dem Titel »Kanak Attack« verfilmt. Zaimoğlu konzentriert sich in den genannten Werken ausdrücklich auf den »Rand der Gesellschaft«. Ein Gesamtbild der Jugendlichen mit türkischem Migrationshintergrund will und kann er mit seinen Romanen nicht bieten.

Mit *Leyla* hat Zaimoğlu 2006 einen Familien- und Entwicklungsroman vorgelegt, der unter Literaturkritikern höchste Anerkennung gefunden hat. In eindringlicher Sprache ohne jegliche formale Experimente, aber voller atmosphärischer Dichte lässt der Autor die Jugend Leylas, der jüngsten Tochter einer von einem selbstgerechten Patriarchen dominierten Familiensippe, im östlichen Anatolien vorüberziehen. Es bleibt offen, inwieweit Zaimoğlu in diesem Roman eigene Familienreminiszenzen bzw. die seiner Mutter, die ähnlich wie Leyla 1965 auf dem Münchner Hauptbahnhof ankam, verarbeitet.

Leyla wächst in den 1930er-Jahren in einer Provinzstadt im östlichen Anatolien auf. Alle erdenklichen Tabus, Ver- und Gebote engen das Leben der Frauen ein, das Denken und Handeln der Männer wird obsessiv von der archaischen männlichen Ehre beherrscht, die es mit allen Mitteln – das heißt vornehmlich auf Kosten der Frauen – zu bewahren gilt. Schon früh begehrt Leyla gegen die patriarchalische Unterdrückung der Väter auf und begeht einen schweren Tabubruch, als sie bereits vor der Verheiratung ihrer beiden älteren, noch unbemannten Schwestern eine Ehe eingehen will, um in erster Linie der Haustyrannei zu entfliehen. Der Autor schildert den Weggang der jungen Frau aus Anatolien und ihren Aufbruch in eine neue Welt sowie ihren immer selbstbewusster eingeschlagenen Weg nach Istanbul, München und Berlin. Verbunden – und letztlich auch erst ermöglicht – ist dieser Weg mit bzw. durch die Heirat und die Gründung einer eigenen Kleinfamilie. In Almanya, also Deutschland, trifft Leyla zwar auch auf eine verständnislose und zunächst abweisende neue Welt, doch Zaimoğlu lässt keinen Zweifel daran, dass Leyla hier ihre Chance sieht und Deutschland ihre neue Heimat werden wird: »Ich will dieses Land lieben, weil es vermisst werden will.«

VII.

TÜRKEN IN DEUTSCHLAND

1. Deutsch-türkische Beziehungen

Die Beziehungen zwischen Deutschland und der Türkei beruhen auf einem jahrhundertelangen, vielfältigen und intensiven Kontakt. In der Gegenwart wird dieser durch drei zentrale Faktoren bestimmt:

– politisch durch die türkische Kandidatur zum Beitritt in die Europäische Union: Im Juni 1999 hat die deutsche EU-Präsidentschaft die Weichen für den Kandidatenstatus der Türkei gestellt, der am 08.12.1999 vom Europäischen Rat in Helsinki formal festgeschrieben und im Dezember 2002 in Kopenhagen konkretisiert wurde. Deutschland hat seine Unterstützung währenddessen mehrfach bekräftigt, und 2007 hat auch Bundeskanzlerin Angela Merkel diese Unterstützung als deutsche EU-Präsidentin noch einmal betont, nachdem sie während ihrer Oppositionszeit vehement dagegen gestimmt hatte.

– menschlich durch die Anwesenheit von offiziell rund zweieinhalb Mio. Menschen türkischer Abstammung bzw. türkischer Nationalität in Deutschland: Die in Deutschland lebenden türkischstämmigen Menschen stellen einen bedeutenden Faktor in den bilateralen Beziehungen beider Länder dar. Ergänzt wird dieser Aspekt durch den starken deutschen Tourismus in der Türkei. Das Ziel der diesbezüglichen Politik ist in Deutschland weiterhin die verbesserte Integration der türkischen Mitbürger. Das neue Staatsangehörigkeitsgesetz von 1999 hat vielen in Deutschland lebenden Türken neue Chancen und Perspektiven eröffnet.

– wirtschaftlich durch einen intensiven Güteraustausch: Das bilaterale Handelsvolumen überstieg 2003 erstmals die Rekordmarke von 16 Mrd. Euro. Im Jahr 2006 nahm der Handel in beide Richtungen gegenüber dem Vorjahr erneut stark zu und überstieg in diesem Zeitraum mit über 23,5 Mrd. Euro den Rekordwert des Vorjahres. Deutschland stellt die größte Zahl der in der Türkei investierenden ausländischen Firmen. Die Zahl der deutschen Niederlassungen und Joint Ventures stieg mittlerweile auf 2.600. Auch im Tourismus ist Deutschland die Nummer Eins: 2007 besuchten 4,15 Mio. deutsche Touristen die Türkei (2008: ca. 5 Mio.) und stellten damit rund 20 % aller Touristen in der Türkei.

■ Türkische Arbeitsmigration

1960 ging das »bundesdeutsche Wirtschaftswunder« in seine heiße Phase. Die Auftragsbücher waren voll, die Maschinen liefen und ein akuter Mangel an Arbeitskräften zeichnete sich ab. Händeringend suchten Deutschlands Industriekapitäne nach Arbeitern für die Montanindustrie, die Stahlküchen und die Laufbänder der Automobilwerke, und nachdem bereits Italiener, Griechen und Jugoslawen in Deutschland tätig waren, richtete die deutsche Wirtschaft ihren Blick auf die Vielzahl potenzieller Arbeiter aus der Türkei. 1963 wurden dort die ersten »Gastarbeiter« von deutschen Firmen angeworben und Zehntausende folgten, bis türkische »Gastarbeiter« Ende der 60er-Jahre bereits die größte nicht-deutsche Minderheit in der BRD bildeten. *Almanya* erschien ihnen als wahres Wunderland – jedoch nur, solange die Konjunktur auf Hochtouren lief. Der Ölpreisschock von 1973 führte Deutschland in die Rezession, und die Bundesregierung verfügte abrupt einen Anwerbe- und Zuzugstopp aus der Türkei. Erst jetzt bemerkte die deutsche Öffentlichkeit, dass »man Arbeitskräfte rief – und Menschen kamen«. Denn mit den »Gastarbeitern« waren auch ihre Familien (Großfamilien nach deutschem Verständnis) nach Deutschland gekommen, und im Ruhrgebiet, um Stuttgart, München und in Westberlin bildeten sich eigenständige türkische Kulturkreise heraus. So entstand das »Ausländerproblem«, das sich bis heute überwiegend auf die muslimischen Arbeitsemigranten aus der Türkei bezieht, deren orientalische Lebensweise von der deutschen Umgebung als besonders fremdartig wahrgenommen wird. Mit über zweieinhalb Millionen Menschen stellen die Immigranten aus der Türkei die größte Einwanderergruppe in Deutschland dar.

Mit dem Heranwachsen der in Deutschland geborenen zweiten und dritten türkischstämmigen Generationen setzte eine neue Problematik ein. Ein Teil der »Deutsch-Türken« wächst heute zweisprachig (und z. T. sogar nur deutschsprachig) auf und assimiliert sich zunehmend in der deutschen Lebens- und Arbeitswelt. Jene Deutsch-Türken stellen in der Hauptsache die Gruppe der »Türken mit deutschem Pass«. Der größere Teil der nachfolgenden Generation wächst jedoch – entweder bewusst oder infolge mangelnder Integrationsmöglichkeiten – mit wenig sprachlichem Kontakt zur deutschen Umwelt auf und lebt nach den traditionellen Werten des Islam, des Patriarchats und des archaischen Ehrenkodex (z. B. Verschleierung der Frauen, Aufsicht der Brüder über die Schwestern). Durch Familienzuzug aus der Türkei (Heiratsvermittlung) vergrößert sich diese Gruppe. Unterstützung erhalten diese aus deutscher Sicht nicht-integrierten Türken von muslimischen Vereinen, Koranschulen und Imamen (muslimischen Predigern), die wegen politischer Verfolgung in ihrem Heimatland in Deutschland Asyl genießen. Sie propagieren die bewusste soziale Separierung von der deutschen Umwelt, wodurch der »Eigen-Ghettoisierung« und der Entstehung von Parallelgesellschaften Vorschub geleistet werden. Im deutschen Alltag (Schule, Ausbildung, Freizeit, Verhältnis der Geschlechter) sorgen die gesellschaftliche Abschottung und die Betonung des Islam wiederholt für interkulturelle Irritationen und Konflikte. Teilweise ist diese Entwicklung aber auch als Reaktion auf die zunehmende Ablehnung der deutschen Mitbürger zu sehen, welche die hier lebenden Türken lange Zeit kaum zur Kenntnis genommen haben und davon ausgingen, es handele sich um eine vorübergehende Problematik.

In der Türkei werden in Deutschland lebende Türken *Almancılar* genannt und als »verdeutschte Türken« wahrgenommen.

Almancılar

»Almancı bedeutet, dass du deine alte türkische Tradition, Kultur, Religion und alles aufgegeben hast und die deutsche übernommen hast. Und ja, da wird man dann beschimpft mit Almancı. ›Alman‹ heißt eigentlich deutsch, also ›Deutschländer‹. So in der Art, ihr habt ja alles Deutsche übernommen und eure eigene Kultur vernachlässigt oder völlig aufgegeben. Aber die Leute, die das sagen, sind für mich eher die Zurückgebliebenen.«

Auszug aus einem Interview mit einer jungen Türkin. Itta Bauer: »Deutsche Türkinnen, türkische Deutsche«, in: *Geographische Rundschau* April 4/2003 »Nachbar Türkei«, S. 39.

■ »Türken« sind nicht gleich Türken

Obwohl die vielschichtige Gruppe der Migranten aus der Türkei von der deutschen Bevölkerung allgemein als »Türken« wahrgenommen wird, spiegelt ihre Zusammensetzung die Vielfalt ihrer Heimat wieder. Die Gruppe setzt sich zu einem beträchtlichen (in Deutschland statistisch nicht erfassten) Teil aus Kurden, aber auch aus anderen ethnischen Gruppen, z. B. den Azeri, Lasen, Krimtataren und Kasachen, sowie aus religiösen Gruppen, wie Aleviten u. a, zusammen. In sozialer Hinsicht bestand die erste Generation der »Gastarbeiter« aus einfachen, wenig ausgebildeten und traditionell orientierten Menschen vom Lande, vorwiegend aus den unterentwickelten Ost- und Südostgebieten der Türkei.

■ Türkische Kurden in der Diaspora

Der türkische Nationalismus (*vatanperverlik* = Nationalstolz) richtet sich in erster Linie nach innen und hat die nationale Assimilierung aller nicht-türkischen Nationalitäten auf türkischem Boden zum Ziel. Als »nicht-türkisch« empfindet sich ein Teil der kurdischen Bevölkerung, obgleich in der Verfassung steht: »Alle Einwohner sind Türken, Staatssprache ist allein Türkisch«. Verbunden mit dem türkischen Nationalismus ist also eine militante Abwehrhaltung gegenüber dem kurdischen Nationalismus. Hieraus ist das Kurden-Problem entstanden, wobei zu beachten ist, dass nur ein kleiner Teil der Kurden einen eigenen kurdischen Nationalstaat erstrebt, der sich von der Türkei separatistisch löst. Der weitaus größere Teil der Kurden wünscht sich lediglich die Anerkennung der kurdischen Sprache und ihrer eigenen Kultur im Rahmen der türkischen Verfassung. Auf Drängen der EU war Ankara in den letzten Jahren zu mehreren Zugeständnissen gegenüber den Kurden bereit (z. B. Duldung kurdischer Medien, Lizenzvergabe für den ersten kurdischsprachigen Fernsehsender im Jahre 2004). Die Kurden in der Türkei sind überwiegend zweisprachig.

Während sich in den 80er- und 90er-Jahren des letzten Jahrhunderts der türkisch-kurdische Konflikt in Form von Demonstrationen und Nationalitätenkämpfen auch auf europäischem, besonders deutschem Boden abspielte, scheint man sich in der Türkei selbst wie auch in der Diaspora mittlerweile auf eine Art *modus vivendi* beider Volksgruppen verständigt zu haben. In deutschen Großstädten existiert eine Anzahl kurdischer Kulturvereine. Das zentrale Fest der Kurden, das *Newroz* (iranisches Neujahrsfest im März), wird auch von kurdischen Migranten in Deutschland gefeiert. Kurden geben sich in Deutschland gegenüber Deutschen meistens nicht als solche zu erkennen, denn während Kurdisch sich zwar signifikant vom Türkischen unterscheidet, ist der Unterschied für einen Deutschen kaum zu erkennen. Werden Kurden daher von Deutschen aus Unkenntnis als »Türken« bezeichnet, ist das zwar ein Missverständnis, wird von der kurdischen Seite aber nicht als Affront gewertet.

▮ Veränderungen in der Sozialstruktur der Migranten

1973 kam es zu einem wichtigen Einschnitt in der Geschichte der türkischen Migration in Deutschland, da sich durch den Anwerbestopp und den Familiennachzug die Sozialstruktur gravierend veränderte. 53 % der neuen türkischen Migranten wanderten im Zuge der Familienzusammenführung ein, 17 % wurden bereits in Deutschland geboren. Die Zahl der erwerbstätigen türkischen Männer, die ursprünglich allein in die Bundesrepublik kamen, betrug nur mehr ein Viertel des türkischen Bevölkerungsanteils. Schulen, Kindergärten und Behörden sowie das Gesundheitswesen waren auf diese neue und große Bevölkerungsgruppe nicht eingestellt.

Mehr als die Hälfte der heute erwachsenen Türken lebt bereits über 20 Jahre in Deutschland. Etwa 800.000 türkische Staatsbürger sind unter 21 Jahre alt (dies ist etwa jeder dritte), rund 450.000 zwischen 21 und 30 Jahre. Damit stellen die jungen Migranten 60 % der türkischen Gesellschaft in Deutschland. Dreiviertel der 15-jährigen Türken ist in Deutschland geboren oder hier aufgewachsen und knapp ein Viertel der 18- bis 25-Jährigen hat mindestens eine weiterführende Schule in Deutschland besucht. Wie die oben skizzierten Worte einer jungen Deutsch-Türkin deutlich machen, werden die in Deutschland lebenden türkischen

Migranten in der Türkei als »verdeutschte Türken« wahrgenommen, während sie in Deutschland die Türken bleiben. Den Ausspruch »In der Türkei bin ich ein Deutscher, in Deutschland bin ich ein Türke« hört man von türkischen Migranten immer wieder, und tatsächlich fühlen sich viele Migranten auch halb deutsch und halb türkisch, mal mehr mal weniger. Gleiche Empfindungen gibt es auch bei vielen jungen Russland-Deutschen. Viele junge Türkinnen und Türken sehen daher ihre einzige Möglichkeit, in der deutschen Gesellschaft Anerkennung zu finden, darin, eine gute Ausbildung zu erhalten und eine steile Karriere zu machen.

> »Ich habe zwar die deutsche Staatsbürgerschaft und bin hier geboren; aber was mir total komisch vorkommt, wenn man mich fragt: ›Wo kommst du her?‹, dann sage ich ›Türkei‹..., denn für die bin ich einfach eine Türkin, weil ich das deutsche Aussehen nicht habe, ich habe den deutschen Namen nicht und das ist es eigentlich. Ich habe zwar einen deutschen Pass, aber ich werde in der Gesellschaft nicht als Deutsche gesehen.«
>
> Auszug aus dem Interview mit einer jungen Türkin. Itta Bauer, S. 37.

■ Einbürgerungen

Das deutsche Einbürgerungsgesetz, das neben dem Recht der Abstammung (ius sanguinis) auch das Recht des Bodens (ius solis), also das Geburtsortsprinzip anerkennt, trat am 1. Januar 2000 in Kraft. Danach hat jeder in Deutschland geborene Mensch, unabhängig von der Staatsangehörigkeit der Eltern, einen Anspruch auf die deutsche Staatsbürgerschaft, wenn ein Elternteil seit mindestens acht Jahren in Deutschland lebt.

Migranten, die nicht in Deutschland geboren wurden, aber seit mindestens acht Jahren in Deutschland leben, eine Aufenthaltsgenehmigung besitzen, die deutsche Sprache beherrschen, keine Arbeits- und Sozialfürsorge beziehen und nicht straffällig geworden sind, können ebenfalls die deutsche Staatsbürgerschaft erwerben. Eine doppelte Staatsbürgerschaft als Regelfall wurde allerdings ausgeschlossen. Eingebürgert wurden bisher etwa 700.000 aus der Türkei stammende Menschen.

■ Die erste Generation im Rentenalter

Obwohl der Wunsch nach einer Rückkehr in die Türkei bei den Älteren erheblich deutlicher ausgeprägt ist als bei der zweiten und dritten Generation, entscheidet sich die Mehrheit der in Deutschland lebenden türkischen Migranten aus vielfältigen Gründen doch dafür, in Deutschland zu bleiben. Ohne deutsche Staatsbürgerschaft befürchten sie, den Aufenthaltsstatus dauerhaft zu verlieren und nicht wieder hierher zurückkehren zu können.

Türkische Migranten stellen spezifische Anforderungen an die Versorgung im Alter. Kulturelle Sensibilität in der alltäglichen Betreuung von Kranken und Pflegebedürftigen sowie Sprachkenntnisse des Pflegepersonals sind erforderlich. 34 % der türkischen Rentenempfänger scheiden wegen verminderter Erwerbsfähigkeit aufgrund gesundheitlicher Belastungen am Arbeitsplatz früher aus dem Arbeitsprozess aus als Deutsche (8,8 %).

▨ Parallelgesellschaften?

Mit der Dauer des Aufenthaltes im fremden Land haben sich vor allem in Berlin und in anderen Großstädten, vornehmlich des Rhein-Ruhr-Gebietes, ethnische Infrastrukturen entwickelt, die es den Migranten ermöglichen, alle Alltagsbeschäftigungen innerhalb der türkischen Gemeinde zu erledigen. Besonders in jenen Bereichen, in denen keine (staatlichen) Angebote bestehen oder die Integration als mangelhaft empfunden wird, kommt es zu ethnischen Selbstorganisationen, so z. B. im Sport oder in der Freizeitgestaltung (Alkoholverbot für Muslime). Viele türkische Jugendliche fühlen sich in einem deutschen Sportverein benachteiligt, was besonders schwer wiegt, da die soziale Anerkennung beim Sport zur Kompensation anderer erfahrener Benachteiligungen außerordentlich wichtig ist.

Allerdings haben Umfragen zufolge von 1.000 türkischen Migranten in Nordrhein-Westfalen beispielsweise etwa Dreiviertel der Befragten Kontakt zu Deutschen, der über das gegenseitige Grüßen hinausgeht. Am häufigsten finden Begegnungen in der Nachbarschaft statt (81 %). Am Arbeitsplatz haben 78 % der Befragten Kontakt zu deutschen Kollegen; 75 % zählen Deutsche zu ihrem Freundes- und Bekanntenkreis. Ein Drittel unterhält sogar familiäre bzw. nähere verwandtschaftliche Beziehungen zu Deutschen. Dem deutschen Vorwurf, türkische Migranten würden sich nicht oder nur schwer integrieren lassen, wird von türkischer Seite die mangelnde Bereitschaft der Deutschen zur Integration entgegengehalten.

▨ Das Deutschlandbild in den türkischen Medien

Die historisch gewachsene deutsch-türkische Freundschaft prägt auch das Medienbild. Die türkischen Medien, die sich überwiegend in wenigen großen Holdings konzentrieren, berichten breit über Deutschland und die Situation der dort lebenden türkischstämmigen Bevölkerung sowie über die deutsche Einstellung gegenüber die Türkei betreffenden Themen. Überwiegend kritisch wird über die deutsche Integrationsdebatte berichtet – oft mit dem Vorwurf einer Diskriminierung der in Deutschland lebenden Türken. Die großen türkischen Tageszeitungen sind mit eigenen Sonderausgaben in Deutschland bzw. Europa vertreten, zum Teil in beachtlicher Auflagenhöhe (*Hürriyet*). Hürriyet veröffentlicht seit Ende 2001 einen Teil der Deutschlandausgabe in deutscher Sprache, seit zehn Jahren sendet auch der zur Doğan-Gruppe gehörende Kanal »Euro D« von Deutschland aus europaweit ein türkischsprachiges Programm.

■ Empfundene Ungleichbehandlungen

Ungleichbehandlungen von Türken sind am stärksten im nicht-öffentlichen Sektor festzustellen. Etwa ein Viertel der türkischen Migranten fühlt sich im Umgang mit der deutschen Bevölkerung, beim Einkauf und in der Nachbarschaft benachteiligt; bei der Wohnungs- und Arbeitssuche liegt der Anteil zwischen 38 und 43 %. Dagegen haben 75 % der in Deutschland lebenden türkischstämmigen Bevölkerung keine Ungleichbehandlung erfahren, 25 % einmal und 17 % mehrfach. Erstaunlicherweise liegt der Prozentsatz Letztgenannter in Bereichen wie Gastronomie, Polizei und Justiz zwischen 10 und 20 %. Häufig kommt es mangels deutscher Sprachbeherrschung und Unkenntnis deutscher Verhaltensweisen zu subjektiv empfundener Ungleichbehandlung, die bei näherer Betrachtung jedoch nicht zwangsläufig als solche zu werten ist. Die erste Generation der Migranten empfindet deutlich weniger Benachteiligung als die späteren Generationen, vermutlich auch dadurch, dass die erste Generation über schlechtere Sprachkenntnisse verfügt und Benachteiligungen gar nicht als solche wahrnimmt.

Die Arbeitsmarktsituation von Migranten wird als wichtiger Schritt für den Integrationserfolg gewertet. Der Einstieg ins Erwerbsleben gelingt vielen jungen Menschen jedoch nicht mehr problemlos, insbesondere haben Türken deutlich schlechtere Chancen als Deutsche oder andere Migranten (vgl. IAB-Kurzbericht Nr. 19/2006).

■ Schulische Bildung

Bildung, insbesondere das Erlernen der deutschen Sprache, unterstützt den Zugang der Migranten zur deutschen Gesellschaft und erleichtert den Erwerb grundlegender Erkenntnisse und Fertigkeiten. Das Schul- und Ausbildungsniveau junger Türkinnen und Türken hat sich im Gegensatz zur ersten Generation jedoch noch nicht deutlich verbessert; auch die Chancen hinsichtlich Schulbildung, beruflicher Ausbildung und am Arbeitsmarkt sind noch immer deutlich schlechter als bei gleichaltrigen Deutschen. 72 % der Schüler mit türkischem Migrationshintergrund haben keinen Berufsabschluss.

■ Berufliche Integration

Junge Türken stehen nicht nur im Vergleich zu gleichaltrigen Deutschen schlechter da, sondern auch gegenüber anderen Migranten. Insbesondere bei türkischen Frauen erschwert ein enges Berufsspektrum die Situation: 80 % der Auszubildenden verteilen sich auf nur acht Berufsklassen. Zu den primär gewählten Berufen zählen Friseurin, Arzthelferin oder Verkäuferin. Junge türkische Männer wählen eine Ausbildung als Kfz-Mechaniker, Maler, Lackierer, Elektro- oder Gas- und Wasserinstallateur, obwohl diese Berufe kaum Zukunfts- und Aufstiegschancen bieten. Der prozentuale Anteil der Ausbildungsstellen erstreckt sich im Bereich Industrie und Handel auf 48%, im Handwerk auf 39%, in freien Berufen (wie Arzthelferin, Rechtsanwaltsgehilfin etc.) auf 10% und im Öffentlichen Dienst auf 1%.

Der Berufseinstieg gelingt jungen Türken deutlich seltener als deutschen Jugendlichen, allerdings gibt es kaum noch Unterschiede, wenn der Einstieg in ein Beschäftigungsverhältnis bewerkstelligt ist. 1998 konnten 70% der Deutschen als höchsten Bildungsabschluss eine abgeschlossene Ausbildung vorweisen, dagegen nur 37% der Türken und immerhin 65% der übrigen Migranten.

Während etwa zwei Drittel der Deutschen direkt nach der Ausbildung einen Arbeitsplatz finden, gelingt nur gut der Hälfte der Türken der Übergang in ein Beschäftigungsverhältnis. Ist der Einstieg jedoch erst einmal gelungen, weisen unabhängig von der Nationalität alle eine ähnliche Beschäftigungsstabilität auf. Die Arbeitslosenquote der türkischen Jugendlichen liegt mit 40% rund 10% höher als bei den Deutschen, während sie bei den sonstigen Migranten jener Quote der Deutschen gleicht. Ein Grund dafür, dass es für türkische Jugendliche zum Teil schwierig ist, ein Arbeitsverhältnis einzugehen, mag darin bestehen, dass in der traditionellen türkischen Gesellschaft der Zugang zum Arbeitsmarkt primär durch eine persönliche Vermittlung erfolgt, was in Deutschland eher selten der Fall ist (vgl. IAB-Kurzbericht Nr. 19/2006).

■ Türkische Studierende

Türkische Studierende stellten 2006 mit 24.000 Immatrikulierten (davon 6.500 direkt aus der Türkei kommend) 1,4% aller Studierender an deutschen Hochschulen, vor allem in den Fächern Wirtschaft und Recht sowie in den Ingenieur- und Kulturwissenschaften. 1999 erreichten nur 7% der türkischen Jugendlichen die Hochschulreife im Vergleich zu 26% der deutschen Schulabgänger. In der Türkei sind es etwa 28% eines Jahrgangs.

Türkische Unternehmen in Deutschland

Eine Möglichkeit für türkische Jugendliche, auf dem Ausbildungs- und Arbeitsmarkt Fuß zu fassen, bieten zunehmend türkische Unternehmen in Deutschland. Seit den 80er-Jahren machen sich immer mehr Arbeitsmigranten in zahlreichen Branchen selbstständig, vornehmlich in der Lebensmittelbranche (20%) und im sonstigen Einzelhandel (15%) sowie in der Gastronomie (23%), zunehmend aber auch in den Bereichen Dienstleistungen (22%), Handwerk, Bau, produzierendes Gewerbe und Technologie (4%). Erfolgreichster und bekanntester türkisch-deutscher Unternehmer ist

wohl Vural Öger, Gründer des Reiseunternehmens »Öger Tours«.
Die Zahl der türkischen Selbstständigen betrug 2002 etwa 57.000 mit einem
Wirtschaftsvolumen von 26 Mrd. Euro und 290.000 Arbeitsplätzen. Der
Weg in die Selbstständigkeit als Berufsperspektive ist bei der türkischen
Migrantengruppe weiterhin sehr beliebt und eine Antwort auf den Struktur-
wandel in Deutschland.

2. Versuch einer Integrationsbilanz

Die Erstellung einer Integrationsbilanz für die Gruppe der »Türken« ist äußerst
schwierig, da sich die türkischstämmige Bevölkerung mittlerweile als sehr heterogen darstellt, sei es religiös oder ethnisch, traditionell oder modern, etabliert
und integriert oder ghettoisiert.

Bis in die 90er-Jahre hinein ist man nicht von einem dauerhaften Aufenthalt
der türkischen Migranten ausgegangen, sodass Konzepte zu einer »interkulturellen Pädagogik« erst sehr spät erarbeitet und angewandt wurden und damit
ein gegenseitiges Voneinanderlernen in den Mittelpunkt gerückt ist. Die Einführung des islamischen Religionsunterrichtes als ordentliches Unterrichtsfach wurde
überhaupt erst seit 1999 öffentlich diskutiert. Die religiöse Unterweisung hat
man bis dahin den privaten religiösen Vereinen überlassen. Seit 2002 gibt es in
Münster einen Lehrstuhl für islamische Theologie und Religionspädagogik zur
Ausbildung von Lehrerinnen und Lehrern für islamischen Religionsunterricht an
Schulen sowie zwei weitere Projekte in Erlangen und Frankfurt am Main.

Die sogenannte erste Generation verfügt im Allgemeinen über eine geringe
Schul- und Berufsausbildung und schlechte deutsche Sprachkenntnisse und nimmt
somit Formen der Diskriminierung auch weniger bewusst wahr. Die Ansprüche
an eine Integration stehen gegenüber der Bewahrung der Heimatkultur hinten
an. Der größere Teil der zweiten Generation hingegen fühlt sich beiden Ländern
verbunden und hat durch die erhaltene Schul- und Berufsausbildung bessere
Chancen, am deutschen gesellschaftlichen Leben teilzunehmen. Hier zeigt sich
selten die Absicht, in die Türkei zurückkehren zu wollen. Vielmehr eignet sich die
zweite Generation allmählich die Werte der deutschen Gesellschaft an, wobei
die Herkunftskultur nach wie vor eine wichtige Rolle spielt. Allerdings verläuft
die Integration unterschiedlich: Jene, die sich wenig anpassen konnten, nutzen
zur Verbesserung ihres sozialen Status die eigen-ethnischen Strukturen und fördern damit die Abschottung. Von gelungener oder missratener Integration kann
daher auch im 40. Jahr der Migration nicht die Rede sein. Die Lebenssituation
der Türken in Deutschland spiegelt ihr Verhältnis zu den Deutschen und deren

Institutionen wider, nämlich äußerst komplex und differenziert (vgl. Aussagen von Faruk Şen, dem frührern Leiter des Zentrums für Türkeistudien in Essen).

■ Mangelnde Sprachkenntnisse als Integrationshindernis

»Seit einiger Zeit ist zu beobachten, dass ausgerechnet die hier aufgewachsenen Kinder der dritten Generation, deren Eltern also zum überwiegenden Teil auch schon in Deutschland geboren worden sind, immer schlechtere Sprachkenntnisse haben.«
Diese Aussage eines Lehrers zeigt die irritierende Rückentwicklung, die vor allem in jenen Ballungsgebieten zu beobachten ist, in welchen die türkische Bevölkerung sich auf bestimmte Stadtbezirke konzentriert und somit unter sich bleibt. Eine Erklärung hierfür ist, dass oft beide Elternteile berufstätig sind und die Kinder bei den Großeltern, also bei der ersten Generation aufwachsen, die über wenige oder schlechte Sprachkenntnisse verfügen. Des Weiteren spielt die Heiratsmigration, bei der jährlich etwa 16.000 Ehepartner ohne Deutschkenntnisse aus der Türkei einwandern, eine nicht zu unterschätzende Rolle. Die in Deutschland zu empfangenden türkischen Fernsehprogramme und andere verfügbare Medien tragen ebenfalls dazu bei. Viele betroffene Städte haben auf diese Situation seither verstärkt mit Programmen zur Sprachförderung im Kindergartenalter und in den Grundschulen reagiert. Dem Problem, keine der beiden Sprachen richtig zu beherrschen, wird mit einem soliden Muttersprachenunterricht begegnet, auf den sich beim Erlernen der Zielsprache Deutsch anschließend aufbauen lässt.

»Halbe Heimat Deutschland«

In der Studie »Zur kollektiven Identität türkischer Migranten in Deutschland« haben sich Politologen der Universität Bremen 2001 mit der Frage nach dem Selbstverständnis türkischer Migranten befasst:

»[...] Die Schlussfolgerung aus ihrer Untersuchung lautet: Es gibt ein eigenes Selbstverständnis der Türken in Deutschland; dies steht aber nicht im Widerspruch dazu, dass Türken positiv der deutschen Gesellschaft gegenüber stehen. In der von der Deutschen Forschungsgemeinschaft finanzierten Untersuchung haben die Wissenschaftler vom Institut für Interkulturelle und Internationale Studien der Universität Bremen unter Leitung von Professor Bernhard Peters mehr als 100 ausführliche Interviews mit türkischen Migrantinnen und Migranten der ersten und zweiten Generation geführt. Für alle Interviewten war selbstverständlich, dass ihre Identität türkisch geprägt ist. Die ethnischen Wurzeln sind offensichtlich und werden nicht negiert. Doch die Türken in Deutschland haben eine eigene Identität entwickelt, die über diese Wurzeln hinausgeht und die Lebenssituation in

Deutschland widerspiegelt. Die kollektive Identität bildet sich durch die Zugehörigkeit zu den Türken, die in Deutschland ihre Erfahrungen mit der Umwelt gesammelt haben. Auch wenn es nach wie vor enge persönliche Beziehungen zur Türkei gibt, wird das Land am Bosporus als ein fremd gewordenes Land wahrgenommen. Aber auch eine ausschließlich »deutsche« Identität existiert in dieser Bevölkerungsgruppe nicht. »Wir sind Türken, aber Deutschland ist für uns eine halbe Heimat geworden«, ist eine typische Aussage für Migranten, die seit 30 Jahren in der Bundesrepublik leben und arbeiten und hier ihre »besten Jahre« verbracht haben.

Der Islam ist das wichtigste verbindende Element im kollektiven Selbstverständnis der »deutschen« Türken. Darüber hinaus gibt es Identitätsmerkmale, die als typisch türkisch eingestuft werden: Gastfreundschaft, Hilfsbereitschaft, Familienorientierung, menschliche Wärme, Spontaneität oder Freigebigkeit. Diese Eigenschaften werden durchaus im Kontrast zu den »kühlen« Umgangsformen der Deutschen gesehen. Aber die Befragungsergebnisse haben auch deutlich ergeben, dass damit keine grundsätzliche Abgrenzung oder gar Ablehnung gegenüber der deutschen Umwelt verbunden ist. Viele Türken schätzen an der deutschen Gesellschaft ihre Verlässlichkeit, Ordnung und Freiheitsrechte. Auch der häufig demonstrierte türkische Nationalstolz widerspricht nicht der grundsätzlichen Wertschätzung der deutschen Gesellschaft. Mit offen rassistischem Verhalten im Alltag gehen die Migranten recht gelassen um. Sie machen nur eine kleine Gruppe der deutschen Bevölkerung dafür verantwortlich.

Auch wenn sich die zweite Generation türkischer Migranten nach wie vor mit dem Selbstverständnis der Türken in Deutschland identifiziert, verliert das Zugehörigkeitsgefühl an Bedeutung. Die jungen Türken setzen sich sehr differenziert mit den Werten und Normen ihrer Elterngeneration auseinander. Traditionen und Kulturelemente werden akzeptiert, wenn sie zur eigenen Lebensplanung in der deutschen Gesellschaft passen. Es wird freier und bewusster als in der ersten Migrantengeneration über das eigene Selbstverständnis entschieden. Auch für die jungen Migranten ist der Islam der entscheidende Faktor der Verbundenheit. Eine gemeinsame Identität der »deutschen« Türken ist für die junge Generation noch erforderlich, da sie sich in der deutschen Gesamtgesellschaft nur unzureichend anerkannt fühlt. Die gesellschaftliche Benachteiligung in Ausbildung, Beruf und im Alltag wird von den jungen Türken in Deutschland viel intensiver wahrgenommen als von den Eltern. Auch das Vertrauen in die gesellschaftlichen Institutionen ist wesentlich weniger ausgeprägt als bei den älteren Türken. [...]«

Quelle: *www.uniprotokolle.de*

■ Wissenschaftler, Künstler und Kulturschaffende

In Deutschland leben und arbeiten zahlreiche türkischstämmige Künstler und Kulturschaffende in den Bereichen der Kunst, der klassischen wie der modernen Musik, der Literatur, der Wissenschaften, in der Medizin sowie in der Politik. Auch gibt es viele erfolgreiche türkischstämmige Sprachkünstler: Kabarettisten wie Şinasi Dikmen, Muhsin Omurca und Django Asül – um nur einige zu nennen –, deutschschreibende Literaten wie Feridun Zaimoğlu, Yüksel Pazarkaya, Emine Sevgi Özdamar und Renan Demirkan – von denen die letzteren zwei auch als Schauspielerinnen bekannt sind – (ein kurzer Überblick über die deutschsprachige Literatur der Almancılar befindet sich in Themenbereich VI), Filmemacher wie Fatih Akın und Schauspieler wie Erol Sander, Tayfun Bademsoy, Sibil Kekilli und Birol Ünel sowie viele andere Künstler der traditionellen wie klassischen und modernen Musik. Zudem gibt es deutschsprachige Theater türkischer Schauspieler in Berlin, Köln und München mit Gastspielen in ganz Deutschland.

All diese Künstler und Kulturschaffenden sind in beiden Kulturen virtuos zuhause und bilden eine wichtige Brücke zwischen beiden Völkern. Für sie stellt die Integration kein Problem dar.

■ Subkulturen: religiöse und kulturelle Vereine

Muslimische Migranten aus einfachen Verhältnissen tendieren in der fremden und komplizierten Umgebung postmoderner europäischer Gesellschaften dazu, sich ihrer ursprünglichen muslimischen Identität (wieder) bewusst zu werden. In diesen Kreisen wird die muslimische Lebensweise, die in der Türkei kaum besonders betont wurde, da man ja in gleicher Umwelt lebte, identitätsstiftend und durch »muslimische« Attribute nach außen präsentiert (z.B. Barttracht und Kopfbedeckung bei Männern, Kopftuch und lange Mäntel bei Frauen).

Um dem Bedürfnis nach sozialer Gemeinschaft gerecht zu werden, wurden in vielen deutschen Städten verschiedene türkische und andere ethnische bzw. religiöse Organisationen, Kultur- sowie deutsch-türkische Freundschaftsvereine gegründet. Die Intentionen dieser Vereine sind jedoch sehr unterschiedlich und reichen von der »Integration unter Wahrung der türkischen und muslimischen Identität« über rein religiöse Aufgaben bis hin zu verfassungsfeindlichen, islamistischen Aktivitäten (vornehmlich bei der Organisation »Milli Gürüş«).

■ Türkische Frauen in Deutschland

Die Mehrheit der Frauen der ersten Generation spricht kaum Deutsch und führt größtenteils ein traditionelles Leben wie in der Türkei. Für die Frauen der zweiten und dritten Generationen sind eigenständige Lebensentwürfe nach westlichem Vorbild noch immer kaum denkbar. Es wird von ihnen erwartet, sich den strengen Regeln der ersten Generation zu unterwerfen. Viele Eltern versuchen, ihre

Töchter mit Männern aus der Türkei und aus ihrem dortigen Verwandtenkreis zu verheiraten, weil diese Männer den Vorstellungen der Elterngeneration eher entsprechen als die türkischen Männer in Deutschland, die sich bereits häufig an den deutschen Gepflogenheiten orientieren. Umgekehrt kommen aber auch viele Frauen durch Heiratsmigration nach Deutschland, da sie eher dem Bild einer türkischen Frau entsprechen als die hier aufgewachsenen jungen Frauen. (Ihsan Acar beschreibt in seinem Büchlein »Der Türke: Das Original« sehr humorvoll die Situation eines »Import-Bräutigams« und andere typisch türkische Begebenheiten. dtv 2007.)

Nach wie vor ist in der traditionellen Schicht zudem die Meinung weit verbreitet, dass Töchter so schnell wie möglich verheiratet werden sollten (zwischen 18 und 19 Jahren), um westlichen Einflüssen entgegenzuwirken. Mischehen türkischstämmiger Frauen mit einem deutschen Mann werden von der ersten Generation vehement (auch aus religiösen Gründen) abgelehnt, umgekehrt jedoch eher akzeptiert, wenn auch nicht gerne gesehen, da man davon ausgeht, dass eine solche Ehe aufgrund der unterschiedlichen Sozialisierung nicht funktioniert.

Aufgrund ihrer Verantwortung für Familie und Kinder wird von einer türkischen Frau erwartet, dass sie bei der Eheschließung noch Jungfrau ist. Dies erfordert auch die Familienehre (vgl. Themenbereich V). Junge Frauen, die sich nicht an diese traditionellen Werte halten und stattdessen nach ihren eigenen Vorstellungen handeln, gelten als unehrenhaft. Ein extremes Beispiel präsentiert der Film »Gegen die Wand« des deutsch-türkischen Filmemachers Fatih Akın (2004).

Es gibt aber auch viele moderne türkischstämmige Frauen, die sich in Deutschland integriert haben und ihre Position innerhalb der Gesellschaft sowie im Berufsleben selbstbewusst vertreten. Sie haben allenfalls Probleme mit ihrer türkischstämmigen Umwelt.

■ Reizthema Kopftuch

Ein Reizthema stellt in Deutschland immer wieder das Kopftuch türkischer bzw. muslimischer Frauen dar. Dabei erhält es je nach Standpunkt den Stellenwert eines Instruments zur weiblichen Unterdrückung, des Zwangs oder auch des Schutzes. Ein Kopftuchzwang oder direktes Schleiergebot wird im Koran weder ausgesprochen noch per Gesetz gefordert. In der Türkei ist Mädchen und Frauen das Tragen von Kopftüchern an Schulen und Universitäten beispielsweise sogar untersagt. Der 2008 eingeleitete Versuch der türkischen Regierung, Kopftücher an staatlichen Hochschulen zuzulassen, scheiterte am Verfassungsgericht.

Bei den türkischen Arbeitsmigrantinnen der 60er- und frühen 70er-Jahre schien das Kopftuch keine besondere Rolle zu spielen, sie waren eher westlich gekleidet. Ein Wandel erfolgte mit dem Familiennachzug seit dem Anwerbeverbot 1973, als viele Türkinnen – vor allem aus ländlichen Regionen der Türkei – sich in der fremden Umwelt mit dem Kopftuch abschotteten. Inzwischen signalisieren aber auch weibliche Mitglieder verschiedener religiöser Vereine durch eine spezifische Art, das Kopftuch zu binden und zu tragen, ihre Zugehörigkeit zu dem jeweiligen Verein. Das Tragen des Kopftuches hat in diesen Fällen eine religiöse Motivation und symbolisiert ein Bekenntnis zum Islam. Das gilt insbesondere für jugendliche Türkinnen, da manche Türkinnen erst in Deutschland eine stärkere Bindung an den Islam erfahren haben. Darüber hinaus kann der Schleier auch als Ausdruck des Protestes bzw. des Coming outs gesehen werden.

Interview zum Thema Kopftuch

Auszüge aus einem Interview mit zwei jungen Türkinnen und einem Türken zum Thema Kopftuch:

Gül, 29, Bankkauffrau; Arzu, 21, Jurastudentin; Ünal, 23, BWL-Student

Was bedeutet das Kopftuch für Sie?

GÜL: Ich habe kein Problem damit. Früher war das eher schwierig. Da habe ich meine Mutter natürlich gefragt, ob sie es trägt, weil es Pflicht ist. Sie ist streng gläubig, also sie betet fünfmal am Tag. Das, was im Koran steht, stimmt für sie. Und das ist ihre innere Überzeugung, und das respektiere ich ...

ARZU: Ja, aber ich finde es erschreckend, wenn manche Eltern schon kleine Kinder dazu zwingen, mit Kopftüchern in die Schule zu gehen. Frag doch mal die Kinder, wie es ihnen damit geht. Damit unterscheiden sie sich. Dann fängt dieser Kampf, von dem wir geglaubt haben, dass wir ihn hinter uns gebracht haben, wieder von vorne an. Dabei hat unsere Generation doch schon so viele Wege geebnet. Ich kenne junge Mädchen, die mit dem Kopftuch zur Schule geschickt werden, wo sie es dann wieder abnehmen, weil sie ja dazugehören wollen. Das tut mir richtig weh.

ÜNAL: Ist ja richtig, es dient der Integration nicht, es ist ein Hindernis.

GÜL: Es wird dann unschön, wenn wir uns als moderne Türken kritisieren lassen müssen. Wenn die Konservativen es so auslegen, dass, wenn du attraktiv sein willst, du dich angeblich gegen den Koran wendest.

■ **Türkischer Familiensinn**

Die türkische Kultur ist geprägt vom Kollektivismus. Bei vielen türkischen Familien drückt sich dies vor allem in der Hierarchieordnung, also in der Hörigkeit gegenüber den Älteren der Familie, sowie in Verbundenheit mit den Familienmitgliedern, Gastfreundschaft und Traditionalismus aus. Die Familie ist das Kollektiv. Für den Preis lebenslanger Loyalität sowohl gegenüber den Familienangehörigen als auch gegenüber allen Sitten und Gebräuchen, zu denen sich die Familie bekennt, gewährt sie umgekehrt lebenslangen Schutz und Geborgenheit. Den Namen oder die sogenannte Ehre der Familie in Verruf zu bringen bedeutet vielfach eine große Sünde bzw. Schande, unter der nicht nur ein einzelnes Mitglied, sondern das Kollektiv in seiner Gesamtheit, in diesem Fall die ganze Familie zu leiden hat.

In individualistischen Kulturen, wie sie etwa in Deutschland gelebt werden, ist das Individuum und sein persönlicher Erfolg wichtiger ist als die Gruppe, während man sich in anderen Kulturen vor allem als Teil einer Gruppe (Familie, Firma, Nation) versteht. So ist es bei kollektivistisch orientierten Menschen wie den Türken beispielsweise wichtig, die ganze Gruppe zu motivieren und nicht nur die Einzelperson. Keinem Mitglied des Kollektivs ist daran gelegen, besser oder schlechter zu sein als der Rest der Gruppe. Auch sollte man im Kontakt mit Türken sehr vorsichtig mit Kritik umgehen (wenn, dann nur unter vier Augen), um seinem Gegenüber nicht das »Gesicht zu rauben«. Ein direktes »Nein« wird ebenso vermieden und gilt als höchst unhöflich; dafür gibt es blumenreiche Umschreibungen. Ein sogenanntes »Beziehungs-Ja« ist von einem »Sach-Ja« zu unterscheiden, und nur das »Sach-Ja« kann wie ein in der westlichen Welt gegebenes »Ja« verstanden werden.

■ Erziehung in türkischen Familien

In türkischen Familien finden wir verschiedene Erziehungsrichtungen vor, die von einem permissiv-nachsichtigen Erziehungsstil über einen leistungsorientierten bis hin zum religiösen und autoritären Erziehungsstil reichen.

In vielen türkischen Familien werden die Kinder unselbstständig erzogen und Entscheidungen über ihr Leben bis zur Eheschließung von den Eltern getroffen. Nicht selten wird auch der zukünftige Ehepartner von ihnen ausgewählt. Die Aufgabe der Kinder besteht darin, die Erwartungen und Rollenzuschreibungen der Erwachsenen sowie die kulturellen Werte und Normen zu erfüllen. Zum tradierten Rollenverständnis gehört auch, dass sich türkische Väter sehr wenig Zeit für die Erziehung ihrer Kinder nehmen, verstärkt durch die langen und schwierigen Arbeitszeiten (z. B. Schichtarbeit). Die Kinder werden kultur- und zeitbedingt der Mutter überlassen. Als Hauptverantwortliche übernimmt sie auch die Brückenfunktion zwischen den Kindern und dem Vater. Häufig fühlen sich die Mütter damit überlastet und suchen Unterstützung von Außen (ältere Geschwister, Verwandte, Schule etc.). Die Rolle des Vaters ist in der Regel die bestrafende; dadurch erscheint er aus der Sicht der Kinder als unnahbar. Die meisten Väter folgen – aus Angst, ihre Ehre in der Gesellschaft zu verlieren – diesen Rollenzuschreibungen. Hieraus können sich problematische Konsequenzen ergeben.

■ Problematische gegenseitige Erwartungshaltungen

In der türkischen Erziehung wird die individuelle Entwicklung zugunsten der kollektivistischen Erziehung vernachlässigt. Kinder werden nicht selten als Statussymbol der Eltern betrachtet und man erwartet von ihnen Anpassung. Sie werden innerhalb der Familie zudem permanent mit anderen verglichen und eigene Fähigkeiten, die nicht ins Erwartungsschema passen, werden abgewertet. Daraus folgt, dass es den Kindern schwerfällt, eigene Gefühle zu entwickeln und wahrzunehmen sowie eigene Bedürfnisse auszudrücken bzw. »Nein« zu sagen. Sie erwarten, dass ihre Bedürfnisse von den Autoritätspersonen erkannt und akzeptiert werden.

Die Beziehung zum Vater ist häufig distanziert, weil der Vater es als Mann nicht gewohnt ist, sich in »Frauenaufgaben« wie die Kindererziehung einzumischen und mit Kindern umzugehen bzw. sogar mit ihnen zu spielen. Bei heranwachsenden Jugendlichen wird vertraulicher Kontakt gemieden, um einem Autoritätsverlust von Vaterseite vorzubeugen.

Die Liebe zur Mutter dominiert die Liebe zur eigenen Frau, was einen entscheidenden Einfluss auf die Beziehung der Ehepartner hat. Entscheidungen der Kleinfamilie sowie das Gefühl von Verantwortung und Ehre werden somit immer vom gesamten Familienclan bestimmt. Lehrer und Pädagogen werden entweder als vom Staat Beauftragte wahrgenommen und beargwöhnt oder es wird ihnen als »gute« Lehrer die volle Verantwortung übertragen, die eigene Tochter (vor sexuellen Eskapaden) zu schützen und dem eigenen Sohn zur Karriere zu verhelfen.

Für in Deutschland aufwachsende Kinder aus türkischen Familien kann durch den Gegensatz von zuhause erfahrenem Erziehungsstil und deutscher, anders strukturierter Umgebung in Kindergarten, Schule oder Beruf die Situation entstehen, dass sie zwei unterschiedlichen Welten gerecht werden müssen, deren Gegensätze sich nur schwer vereinbaren lassen. Nicht selten werden sie dadurch überfordert. Einerseits wollen sie in der Schulklasse oder im Freundeskreis dazugehören, andererseits dürfen vor allem die Mädchen aus familiären bzw. vermeintlich religiösen Gründen an vielen Veranstaltungen nicht teilnehmen, wie z. B. Schwimmunterricht, Schulausflüge oder Landschulheimaufenthalte, und werden so zu Außenseiter(inne)n. Hierdurch wird bereits frühzeitig einer Abschottung Vorschub geleistet, der die deutschen Kulturbehörden bisher mit keiner einheitlichen Regelung entgegenwirken konnten.

■ Männerfreundschaften (*Arkadaşlık*) bei türkischen Jugendlichen

Die Männerfreundschaft spielt für türkische Jugendliche eine große Rolle. Gemeinsam erlebte Diskriminierung und Ausgrenzungserfahrungen sowie die gemeinsame Sprache schaffen ein Zusammengehörigkeitsgefühl. Gute Freundschaft bedeutet, sich für den anderen einzusetzen und, wenn es darauf ankommt, auch handgreiflich zu werden, auch auf die Gefahr hin, sich dabei zu verletzen. Vertrauen, ein zuverlässiger Umgang miteinander sowie bedingungslose Solidarität sind Selbstverständlichkeiten. »Bedingungslose« Solidarität heißt auch, dem Freund ohne weitere Gegenfragen Hilfe zu leisten, wenn er Unterstützung braucht. Wird diese bedingungslose Solidarität nicht gewährleistet, ist nicht nur die Freundschaft, sondern auch die Männlichkeit des Jugendlichen in Frage gestellt.

Die Männerfreundschaft wird allerdings verletzt, wenn die Mutter oder andere weibliche Familienmitglieder (Freundin, Frau, Schwester, Schwägerin) beschimpft oder beleidigt werden, die Männlichkeit oder die Potenz angezweifelt oder man als schwul bezeichnet wird. Es ist nicht ungewöhnlich, dass türkische Jugendliche – auch junge Männer – Händchen haltend durch die Straßen gehen, denn körperliche Nähe bedeutet gute Freundschaft, keinesfalls Homosexualität.

■ Innertürkische Konflikte in Deutschland

Der von Atatürk propagierte Nationalstaatsgedanke ist trotz allen Wandels nicht nur innerhalb der Türkei, sondern auch unter den Migranten im Ausland noch sehr wirksam. Kulturelle Heterogenität wird – in Bezug auf Minderheiten wie Kurden und Aleviten – in der Türkei noch weitgehend negiert, innertürkische Differenzen werden auch in der Diaspora ausgetragen.

Für die Türkei ist der Vorrang der nationalen Identität durch Auswanderungen nicht gefährdet, solange die Migranten sich als Emigranten begreifen, die Türkei also ihr zentraler Bezugspunkt bleibt. Doch für den Großteil der Migranten ist dies nicht mehr der Fall.

Sowohl den Kurden wie auch den Aleviten wird Separatismus, also die Abspaltung von der Türkei, und der Aufruf zur Assimilation in Deutschland vorgeworfen. Denn Assimilation bedeutet, dass die zentralen Werte des »Türkentums« aufgegeben werden und dem Staat damit Bevölkerungsteile verloren gehen. Vor allem die Zeitung *Hürriyet* trägt in ihrer europäischen Ausgabe diesen Konflikt immer wieder in die Migrantengruppen.

Ein weiteres Problem für die kurdische Bevölkerung stellt die Mehrsprachigkeit dar. Eine kurdische Mutter beklagt: »Zu Hause sprechen wir mit den Kindern Kurdisch. In der Schule lernen sie kein Kurdisch, sondern Türkisch als ›Muttersprache‹ und Deutsch. Sie wachsen also in drei Kulturen auf: in der kurdischen, türkischen und deutschen. Meine Kinder sind zu Hause Kurden, auf der Straße Türken und in der Schule sind sie Ausländer. Dies ist für uns ein großes Problem. Das stellt für unsere Kinder natürlich einen Identitätskonflikt dar.« (Zitat von Itta Bauer, a. a. O.)

◼ Verhalten am Arbeitsplatz

Die hierarchische Struktur eines großen (deutschen) Betriebes entspricht weitgehend den kulturellen Erwartungen türkischer Mitarbeiter. Bedingt durch ihr eigenes Kulturmuster ist ihnen die Wahrung von Harmonie wichtiger als die Kontroverse, die ihres Erachtens nur Konflikte und mögliche Nachteile mit sich bringt. Unter türkischen Kulturangehörigen findet der Informationsaustausch so gut wie ausschließlich mündlich und informell (d. h. auf indirektem Wege) statt. Während türkische Mitarbeiter in Anwesenheit ihrer direkten Vorgesetzten bei formellen Diskussionen meistens schweigen oder sich mit ihrer Meinung zurückhalten, äußern sie sich innerhalb ihrer informellen Gruppe offen über betriebliche Angelegenheiten und entwickeln nicht selten gute Lösungsansätze zur Verbesserung von Technik und Betriebsklima. Solange aber deutsche Vorgesetzte außerhalb dieses Kommunikationsstils agieren und keine informellen Kontakte zu den unteren Ebenen pflegen, wirkt sich dies kaum positiv auf die Beziehung zu den türkischen Mitarbeitern aus, da diese ihre kulturbedingte Zurückhaltung nur in einer direkten Vertrauensbeziehung überwinden. Eine Eigenschaft, die nicht nur für sie selbst, sondern auch für den Betrieb negative Folgen haben kann. Wegen der großen Machtdistanz und des rollenbezogenen Kommunikationsverhaltens der türkischen Mitarbeiter ist es an den deutschen Vorgesetzen, die Initiative zu ergreifen und einen direkten informellen Zugang zu schaffen oder einen Mediator einzuschalten. Letzterer kann z. B. ein erfahrener türkischer Vorarbeiter sein, der im Betrieb bereits integriert ist und die deutsche Sprache gut beherrscht. Denn nicht selten entstehen Missverständnisse durch Sprachprobleme.

Streitvermeidung und Harmoniebedürfnis

Die Kommunikation »von unten nach oben« orientiert sich an der Harmonisierung, d. h. an der Vermeidung von kritischen Äußerungen gegenüber Höhergestellten. Am Arbeitsplatz herrscht eine fast rituelle verbale wie nonverbale Kommunikation zwischen Untergebenen und Vorgesetzten, die peinlichst auf Vermeidung jeglichen Konflikts bedacht ist. Deutsche Arbeitsplätze entsprechen diesem Harmonieverständnis nicht, und der türkische Grundsatz der Konfliktminimierung wird von deutschen Kollegen nicht selten als gedankenloser Gehorsam, Anpassung und Liebesdienerei gewertet. Auch deutsche Vorgesetzte missverstehen dieses gefügige Verhalten mitunter als Interesselosigkeit und mangelnde Teilnahme. Sie sollten gegenüber türkischen Mitarbeitern jedoch stets einen freundlichen Ton anschlagen, da nach den religiösen Regeln des Islam jeder Mensch, gleich welchen Standes, ein Recht darauf hat, mit Respekt behandelt zu werden.

■ Europäischer Individualismus vs. türkischer Kollektivismus

Abschließend noch eine Gegenüberstellung des in Deutschland eher vertretenen Individualismus und dem eher kollektiven Verhalten türkischer Menschen. Diese Unterschiede zeitigen die häufigsten Missverständnisse zwischen Deutschen und Türken im Berufs- und Alltagsleben.

eher deutsche Wertvorstellungen	eher türkische Wertvorstellungen
Kernfamilie: – allein sein ist üblich – Selbstständigkeit – freie Entfaltung der Persönlichkeit ist wichtig – »ICH«-Begriff	*Großfamilie:* – steht über allem – jedes Mitglied fühlt sich ihr verbunden und darin geborgen – Familienehre spielt eine große Rolle – »WIR«-Begriff
Wahrheit: – hat einen hohen Stellenwert – es gilt, offen und ehrlich zu sein und die Wahrheit zu sagen, auch wenn es schmerzt	*Harmoniebedürfnis:* – ausgeprägt; wird von allen erwartet – »nein« bedeutet starke Konfrontation, »ja« bedeutet lediglich »ich höre«/»ich verstehe«.
Persönliche Meinung: – wird von einem erwartet; das Gegenteil kann als schwacher Charakterzug gelten	*Gruppenmeinung:* – steht vor der persönlichen Meinung; das Gegenteil kann als schlechter Charakterzug gelten
Grenzüberschreitung: – »Samaritersyndrom« – sieht alle Menschen als zunächst gleichberechtigt, unabhängig von ihrer Zugehörigkeit.	*Grenzziehung:* – innerhalb einer Gruppe verpflichtender Zusammenhalt und Fürsorge – keine Verpflichtung anderen (Nicht-Mitgliedern) gegenüber – starkes Aus- und Abgrenzen
Werte sollen für alle gelten.	*Werte* sind rollenabhängig.
Reden ist obligatorisch.	*Schweigen* spielt eine große Rolle.
Schuld: – individuelle Pflicht zur Sühne – individuell entwickeltes Gewissen; egal ob andere vom Regelverstoß wissen oder nicht.	*Scham:* – gesellschaftliche Pflicht zur Sühne – Gesichtsverlust und Sinn für kollektive Pflicht; Scham hängt davon ab, ob der Regelverstoß anderen bekannt ist.
Lebenslanges Lernen: – man lernt nie aus	*Lernen:* – bleibt jungen Menschen vorbehalten
Eltern-Kind-Verhältnis: – Eltern behandeln ihre Kinder wie ihresgleichen.	*Eltern-Kind-Verhältnis:* – Eltern erziehen ihre Kinder zu Gehorsam.

ANHANG

ALLGEMEINES GLOSSAR

Ağa »Herr«, Großgrundbesitzer, Stammesführer

AKP-Partei (Adalet ve Kalkınma Partisi / Partei für Gerechtigkeit und Entwicklung, gegr. 2001) Seit 2003 Regierungspartei unter Regierungspräsident Recep Tayyıp Erdoğan. Die Partei ist in ihren Grundsätzen religiös wertorientiert, verhält sich aber demokratisch im westlichen Sinne und favorisiert eine liberale Wirtschaftsentwicklung. Dies unterscheidet sie von ihren islamistischen Vorgänger-Parteien.

Aleviten, Alevi Muslimische Glaubensrichtung, Anhänger Alis (Mohammeds Schwiegersohn). Die Aleviten bekennen sich zum Islam, lehnen aber die fünf Säulen des Islam ab, deuten den Koran mystisch und sehen sich als autonome und selbstverantwortliche Geschöpfe Gottes; sie treffen sich nicht in der Moschee sondern in einem Gemeindehaus – Cemevi (Dschem äwi). Etwa ein Fünftel der türkischen Bevölkerung – über ganz Anatolien verteilt – sind Aleviten.

Almancılar (gesprochen: Almandschelar!, etwa: Deutschländer) Von Türkeitürken ursprünglich abwertende Bezeichnung für Migranten in Deutschland.

Almanya türkisch: Deutschland

Armenier Bis zum Ersten Weltkrieg die größte nicht-muslimische Gruppe im mittleren und östlichen Anatolien. Heute lebt die Mehrheit der etwa 70.000 Armenier mit türkischer Staatsangehörigkeit in Istanbul. Sie betreiben eigene Schulen, Krankenhäuser und eine eigene Presse.

Atatürk Gründer und erster Präsident der neuen Türkei war Mustafa Kemal (1882 – 1938), Ehrenname »Atatürk« (»Vater der Türken«). Er führte eine umwälzende Modernisierung aller Lebensbereiche nach dem Vorbild der zeitgenössischen europäischen Nationalstaaten und ihrer säkularen Gesellschaften durch, mit einer offensiven Abkehr vom Islam. Europäischer Staatsaufbau und Gesetzgebung, lateinisches Alphabet, europäische Kleidungsvorschriften und das Frauenwahlrecht (noch vor Frankreich und der Schweiz) kamen einer »Kulturrevolution von oben« gleich (◊ Kemalismus).

Bakschisch (von persisch »schenken«) Trinkgeld im Sinne von Korruption; spielt in der Türkei nach wie vor eine Rolle, obwohl die ◊ AKP-Partei vehement dagegen vorgeht. Sehr häufig wird dadurch das geringe Einkommen vieler Staatsbediensteter aufgebessert.

Basar Traditionelles Einkaufsviertel (türkisch: Çarşı / tscharsche) als feste Einrichtung, das meist branchensortiert gegliedert ist. Pazar hingegen ist der traditionelle Wochenmarkt, der vornehmlich Lebensmittel anbietet.

Bayrak Staatsflagge der türkischen Republik: weißer Halbmond mit Stern auf rotem Grund

Bey / Beg osmanisch: Würdenträger, Offizier

CHP (Cumhuriyet Halk Partisi / Republikanische Volkspartei, gegr. 1923 von Kemal Atatürk) Partei mit stark nationaler und staatswirtschaftlicher Ausrichtung. Seit den Wahlen 2002 und 2007 Oppositionspartei.

Cumhuriyet (Dschumhuriyet) »Volksmacht«; Türkiye Cumhuriyeti: Republik Türkei.

Dschihad arabisch: Anstrengung, Streben nach dem wahren Glauben, auch »Heiliger Krieg« gegen Nicht-Muslime; türkisch: Cihat.

Enosis griechisch: »Vereinigung« Zyperns mit Griechenland

Gazi / Ghazi Sieger, Held, Teilnehmer am Nationalen Befreiungskrieg 1918–1922.

Gecekondu »über Nacht gebaute« und ungeplante feste Quartiere, in denen die ländlichen Zuwanderer innerhalb ihrer Familien und nach Herkunftsregionen gegliedert zusammen wohnen und versuchen, ihr traditionelles Landleben weiterzuführen. Der Zuzug ganzer Familiensippen verdichtet viele Stadtviertel, in denen andererseits durch die weiterhin bestehende soziale Kontrolle kaum Kriminalität herrscht.

Gesichtsverlust »Das Gesicht bewahren« ist durch eigenes wie fremdes Verhalten gekennzeichnet. Das Ansehen einer Person spielt in der türkischen Gesellschaft im politischen und privaten Leben eine herausragende Rolle. Deshalb ist jeder bestrebt, sich durch entsprechendes Verhalten keine Blöße zu geben und damit nicht »das Gesicht zu verlieren«. Eine Person, besonders einen Mann vor seinen Freunden, Gesprächspartnern oder seiner Ehefrau bloßzustellen bzw. zu kritisieren, ist ein kaum revidierbarer Affront.

Griechen Es gibt heute 3.000–5.000 Griechen mit türkischer Staatsangehörigkeit; die Mehrheit lebt in Istanbul. Auch in Izmir und auf den Marmara-Inseln leben Griechen mit eigenen Schulen.

Hamam Das türkische Dampfbad, das ursprünglich in allen Stadtvierteln als fromme Stiftung vorhanden war, ist durch die moderne Badausstattung der Häuser im Verschwinden begriffen. Als touristische Einrichtungen werden die alten Dampfbäder vielerorts aber durch den Denkmalschutz bewahrt.

Harekat »Bewegung«, politische oder militärische Intervention

Hoca (gesprochen: Hodscha; osmanisch, türkisch) Lehrer, Meister

Hohe Pforte osmanisch: Bab-ı Ali; ursprünglich das Tor des Großwesir-Palastes. Synonym für die osmanische Regierung.

Hüriyet »Freiheit«, Name einer türkischen Tageszeitung

İmam Vorbeter, Leiter des muslimischen Gemeinschaftsgebets

İmam-Hatip-Schule Fachschule für Vorbeter, heute allgemeinbildende Berufsschule mit religiöser Ausrichtung

Islam Jüngste der drei monotheistischen, vom Propheten ◊ Mohammed gegründete Religion. Die islamische Zeitrechnung beginnt 622 n. Chr.; Muslime ergeben sich dem Willen Gottes (Islam = Hingabe) und unterwerfen sich der Pflichtenlehre mit den fünf Säulen des Islam (Glaubensbekenntnis / rituelle Waschung und fünfmaliges Gebet täglich / Fastenmonat Ramadan / Almosen / Pilgerfahrt nach Mekka). Religiöses Recht ist das ◊ Scheriatrecht, das in der Türkei jedoch keine Anwendung findet.

Juden (Yahudi) Heute leben ca. 25.000 dem jüdischen Glauben angehörige türkische Staatsbürger in der Türkei (20.000 in Istanbul, dort 17 Synagogen). Nach der Reconquista in Spanien 1492 wurden viele Juden im Osmanischen Reich aufgenommen. Bis Mitte des 20. Jahrhunderts war Spaniolisch (jüdisches Spanisch) als ihre Umgangssprache in Istanbul zu hören. Heute gibt es noch eine Istanbuler Zeitung (Şalom) in Spanisch.

Jungtürken Nationaltürkische säkularistische Revolutionsbewegung nach westlichen Vorbildern mit hohem Einfluss auf das osmanisch-türkische Offizierskorps 1870–1918. Die Jungtürken unter Enver Pascha entmachteten 1908 den Sultan,

wollten aber die osmanische Reichsein-
heit beibehalten.

Kalif / Kalifat türkisch: Halife, Hilafet.
Nachfolger Mohammeds in der Herrschaft über die islamische Umma. Die
osmanischen Sultane trugen den Kalifen-
Titel von 1517–1922. Das Kalifat wurde
1924 vom Republikgründer Mustafa Kemal abgeschafft.

Kapitulationen Verträge, die seit dem
16. Jahrhundert ausländischen Mächten
im Osmanischen Reich Sonderrechte und
Exklaven einräumten. Im Vertrag von
Lausanne 1923 aufgehoben.

Kemalismus Sammelbezeichnung für die
politischen und sozialen Reformmaßnahmen Atatürks: die Staatsform (parlamentarische Präsidialrepublik), die Religion
(Abschaffung des Islam als Staatsreligion
und offensive Zurückdrängung der Religion aus dem öffentlichen Bereich), das
Bildungswesen (Einführung der Lateinschrift, Alphabetisierungskampagne),
die Stellung der Frau durch gesetzliche
Gleichberechtigung und das Rechtswesen (bürgerliche Gesetzgebung nach
europäischen Vorbildern). 1931 zusammengefasst in den sechs Prinzipien: Republikanismus, Nationalstaatsgedanke,
Laizismus, Populismus, Reformismus,
Etatismus. Bis heute bildet der Kemalismus die ideelle Basis des türkischen
Staates.

Koran-Schule Europäische Bezeichnung
für die Mektep; Elementarschule, in der
die Koranverse gelehrt werden.

Kurden Minderheit in der Türkei (ca. 10–
25 Mio. / genaue Zahlen sind nicht bekannt); lebten ursprünglich in geschlos-
senen Siedlungsgebieten im Südosten
der Türkei, sind durch Binnenmigration
zum Teil jedoch in die Ballungsgebiete
im Westen der Türkei abgewandert.
Kurdisch zählt zu den Iranischen Sprachen.

Laizismus Trennung von Religion und
Staat, bedeutet nach türkischem Verständnis die Unterordnung der Religion
unter den Staat und die Nichteinmi-
schung religiöser Amtsträger in die Politik.

Medrese Osmanische höhere Lehranstalt
für Geistliche und Richter, aber auch für
Naturwissenschaften

Megale Idea griechisch: »Große Idee«
von der Wiederherstellung des Griechisch-Byzantinischen Reiches

Mehmetçik »Kleiner Mehmet«, Bezeichnung für den einfachen türkischen Soldaten

Millet Im Osmanischen Reich konfessio-
nell definierte Gemeinschaft, die sich
selbst verwaltete (Griechen, Armenier,
Juden); heute: »Nation«, Nationalität.

Milli Görüş »Nationale Sicht«; in Europa
politisch aktive islamisch-türkische Bruderschaft

Mohammed / Muhammad
(hocharabisch) Lebte um 570–632 und
gilt in der islamischen Welt als »Siegel
der Propheten«, d.h. als letzter der auch
von Juden und Christen anerkannten vo-
rausgegangenen Prophetenreihe. Um
610 in seinem 40. Lebensjahr erfuhr der
als Prophet verehrte Mohammed die Berufung, den Arabern die Botschaft Gottes
zu bringen. Er trat gegen die Vielgötte-
rei, soziale Ungerechtigkeiten und die
Stammesgesellschaft mit dem Anspruch
an, dass fortan nur mehr »ein Gott, ein
Reich, ein Volk« gelten dürfe.

Muhacir (Muhadschir) Muslimische
Flüchtlinge aus den im 19. und 20. Jahrhundert abgetretenen osmanischen und
türkischen Gebieten (Balkan, Kaukasus,
Schwarzmeer-Region)

Mustafa Kemal ⊳ Atatürk

Namus »Ehre« (hier in Bezug auf die Familie) ist ein Schlüsselbegriff der traditionellen türkischen Gesellschaft. Sie wird

vom Familienverband aktiv verteidigt. Im Wert steht sie über den anderen Begriffen in diesem Zusammenhang: ⊳ Şeref / Saygı / Onur.

Nationaler Sicherheitsrat (Milli Güvenlik Kurulu); 1960 von der Armeeführung gegründetes, 1983 in die Verfassung übernommenes Gremium aus zivilen Regierungsvertretern und den ranghöchsten Generälen. Faktisch das höchste Entscheidungs- und Exekutivorgan der Republik.

Onur innere Würde, zu der sich ein Individuum selbst bekennt (⊳ Namus).

Ova Beckenebene, Kessel (Landschaft). Bekannt ist die fruchtbare »Çukurova« um Adana.

Öztürkçe »Eigentliches«, reines Türkisch, das durch die Sprachreformen Atatürks erzielt werden sollte.

Panturkismus ⊳ Turanismus

Pascha / Paşa Im Osmanischen Reich Titel für hohe Staatsbeamte, im Militär ein Generalsrang.

Römisch Katholische Kirche und **Römisch Unierte Kirche** max. 20.000 Angehörige. In Istanbul sind u. a. auch deutsche katholische (und evangelische) Gemeindepfarrer für Auslandsdeutsche tätig.

Rüşvet Bestechung

Rumeli Rumelien, ehemals (Ost-)Römischer Reichsteil des Osmanischen Reiches, Bezeichnung für Europa

Saygı Respekt bzw. Achtung, die jemandem entgegengebracht wird, vor allem der älteren Generation (⊳ Namus).

Scharia / Scheriatrecht Das islamische Recht, das sich auf den Koran und die Hadith (Tradition) stützt, türkisch: Şeriat. Es wurde bereits unter den Jungtürken stark eingeschränkt. Als allgemeines Recht wurde die Scharia unter Kemal Atatürk von 1924 bis 1926 zugunsten eines europäischen Zivilrechts außer Kraft gesetzt.

Schi'iten Muslimische Glaubensrichtung; arabisch »Schia« bedeutet »Seite« im Sinne von Abspaltung oder Partei (Partei Alis). Nach den Sunniten die zweite große Glaubensgruppe des Islam, der weltweit etwa 10 % der Muslime anhängen. Schi'iten sind vornehmlich in Iran und Irak vertreten und spielen in der Türkei keine bedeutende Rolle.

Segregation Trennung zwischen Innen- und Außenbereich des Lebens. Öffentlicher Raum = Männerbereich; Privatbereich = Frauensphäre. Nur noch in traditionellen Familien üblich.

Şeref (Scheref); (äußere) Würde, Ansehen, das jemand in der Gesellschaft genießt (⊳ Namus).

Sunniten Muslimische Glaubensrichtung, welcher die Mehrheit der türkischen Bevölkerung angehört. Arabisch »Sunna« bedeutet Brauch oder Tradition, benannt nach den von Mohammed vorgelebten Sitten. Es handelt sich um die größte Glaubensgruppe des Islam, die in der Türkei, den arabischen Ländern und in Südostasien verbreitet ist.

Syrisch orthodoxe Kirche Am Länderdreieck Türkei / Syrien / Irak beheimatete christliche Glaubensgruppe mit aramäischer Liturgiesprache.

Taksim »Teilung«, bezogen auf die innerzyprische Grenze von 1974

Tanzimat osmanisch: Tanzimat-i Hayriyye: »Wohltätige Verordnungen«. Bezeichnung für die osmanische Reformperiode in der ersten Hälfte des 19. Jahrhunderts

Tarikat Islamische Bruderschaften oder Orden. Bis heute aktiv sind in der Türkei Bektaşi, Nakşibendi und Mevlevi.

Tourismus Der internationale Massentourismus ist ein wachsender Wirtschaftsfaktor mit allen Negativauswirkungen (Landschaftsverbauung, Auflösung traditioneller Berufs- und Sozialstukturen, Individualisierungstendenzen). Deutschland ist das wichtigste touristische Herkunftsland.

Türkische Sprache Die türkische Sprache bildet zusammen mit 33 kleineren Turksprachen Innerasiens (z. B. Kasachisch, Turkmenisch, Usbekisch) eine eigenständige Sprachfamilie und unterscheidet sich deutlich von den in den Nachbarländern gesprochenen indoeuropäischen (z. B. Iranisch) und semitischen Sprachen (Arabisch). Bis 1928 wurde Türkisch mit arabischen Buchstaben geschrieben. Atatürks Sprachreform führte das lateinische Alphabet mit einigen Sonderzeichen ein und »purifizierte« die Sprache größtenteils von arabischen und persischen Lehnwörtern.

Türkisch-Islamische Synthese Versuch der Zusammenfassung des türkischen Nationalgedankens mit dem arabisch geprägten Islam unter staatlich gelenkter Führung. Staatsideologie nach dem Militärputsch von 1980.

Topkapı Sarayı Sultansresidenz in Konstantinopel / Istanbul vom späten 15. Jahrhundert bis 1856. Heute ein Museumskomplex.

Turanismus Panturkismus. Großtürkische nationalistische Ideologie zur politischen Zusammenfassung aller Turkvölker »vom Balkan bis zur Chinesischen Mauer«. Benannt nach dem Tiefland Turan, der mythischen Urheimat der Türken.

Turksprachen / Turkvölker Mit dem Türkischen eng verwandte Sprachfamilie in Mittelasien (Turkestan): Usbeken, Aseri (Aserbeidschan), Kasachen, Kirgisen, Turkmenen, Tataren sowie Uiguren in Ost-Turkestan (Sinkiang).

Turkstaaten Nach dem Zusammenbruch der Sowjetunion 1990 neu entstandene Republiken in Zentralasien mit turksprachiger Mehrheit: Aserbeidschan, Kasachstan, Usbekistan, Turkmenistan, Kirgisistan.

Ulema arabisch: Schriftgelehrte

Umma arabisch: die Gemeinschaft aller muslimischen Gläubigen

ANHANG

LITERATURVERZEICHNIS

Das Literaturverzeichnis enthält eine Auswahl der neueren deutsch- und englischsprachigen Standardwerke. Es werden nur Monographien berücksichtigt.

▧ Allgemeine Landeskunde, Geographie, Wirtschaft und Kultur

Akkaya, Ciğdem / Şen, Faruk: Länderbericht Türkei. Darmstadt 1998.

Anwander, Armin (ed.): Nachbar Türkei. Wo sich Europa und Asien verbinden. Frankfurt/Main 1997.

Atılgan, Inanç / Tomendal, Kerstin (eds.): Deutsch-Türkische Wirtschaftsbeziehungen. Eine Bestandsaufnahme. Klagenfurt 2008.

Bundeszentrale für politische Bildung: Türkei. Informationen zur politischen Bildung 277. Berlin 2002.

Cağlar, Gazi: Die Türkei zwischen Orient und Okzident. Münster 2003.

Cross, Toni M. / Leiser, Gary: A brief History of Ankara. Vacaville / Calif 2000.

Goytisolo, Juan: Gaudí in Kappadokien. Türkische Begegnungen. München / Wien 1996.

Höhfeld, Volker: Türkei. Schwellenland der Gegensätze. Fakten, Zahlen. Übersichten. Gotha 1995.

Höhfeld, Volker / Hütteroth, Wolf-Dieter: Türkei. Geographie, Geschichte, Wirtschaft, Politik. Darmstadt 2002.

Hottinger, Arnold: Islamische Welt. Der Nahe Osten. Erfahrungen, Begegnungen, Analysen. München / Paderborn 2004.

Kreiser, Klaus: Kleines Türkei-Lexikon. München 1992.

Kreiser, Klaus: Lebensbilder aus der Türkei. Zürich 1997.

Lerch, Wolfgang Günter: Ein Vorgeschmack aufs Paradies. Reportagen aus Istanbul. Braunschweig 1988.

Lovatt, Debbie (ed.): Turkey since 1970. Politics, Economy and Society. Basingstoke 2001.

Mak, Geert: Die Brücke von Istanbul. Eine Reise zwischen Orient und Okzident. München 2007.

Neumann-Adrian, Michael / Neumann, Christoph K.: Istanbul (MerianLive). München 2008.

Schweizer, Frank / Aslan, Rüstem: Die Türkei. Städte und Regionen. Köln 2008.

Scott, Philippa: Türkische Inspiration. Der Reiz des Anderen in Kunst und Kultur. München 2001.

Şen, Faruk: Türkei (Beck'sche Länderkunde). München 1996.

Seufert, Günter: Cafe Istanbul. Alltag, Religion und Politik in der modernen Türkei. München 1999.

Seufert, Günter / Kubaseck, Christopher: Die Türkei. Politik, Geschichte, Kultur. München 2004.

Thelen, Sibylle: Istanbul. Stadt unter Strom. Gesichter der neuen Türkei. Mit einem Vorwort von Feridun Zaimoğlu. Freiburg 2008.

▧ Geschichte: Gesamtdarstellungen

Bainbridge, Margaret (ed.): The Turkish Peoples of the World. London 1993.

The Cambridge History of Turkey. Vol. I–IV. Cambridge, U.K. 2007–2008.

Golden, Peter: An Introduction to the History of the Turkish Peoples. Wiesbaden 1992.

Kalter, Johannes (ed.): Der lange Weg der

Türken. 1500 Jahre türkische Kultur. Stuttgart 2003.

Heper, Metin: Historical Dictionary of Turkey. New York 1994.

Kreiser, Klaus: Kleine Geschichte der Türkei. Stuttgart 2003.

Menges, Karl Heinrich: The Turkic Languages and Peoples. An Introduction to Turkic Studies. Wiesbaden 1995.

Steinbach, Udo: Geschichte der Türkei. München 2001.

■ **Geschichte: Die vorosmanische Zeit**

Blum, Stephen W. / Aslan, Rüstem / Öge, Hakan: Luftbilder antiker Landschaften und Städte der Türkei. Mainz 2006.

Kljastornyi, S.G./ Sultanov, T.I. : Staaten und Völker in den Steppen Europas. Altertum und Mittelalter. Berlin 2006.

Lerch, Wolfgang Günter: Türkei. Von der Antike zum Islam. Darmstadt 1998.

Lilie, Ralph-Johannes: Byzanz. Das Zweite Rom. Berlin 2003.

Norwich, John J.: Byzanz. Aufstieg und Fall eines Weltreichs. Berlin 2006.

Roxburgh, David. J.: Turks. A Journey of a Thousand Years 600 to 1600. London 2005.

Yerasimos, Stephane: Konstantinopel. Istanbuls historisches Erbe. Königswinter 2007.

Zick, Michael: Türkei. Wiege der Zivilisation. Stuttgart 2008.

■ **Geschichte: Das osmanische Reich**

Faroqhi, Suraiya: Kultur und Alltag im Osmanischen Reich. München 1995.

Gallwitz, Esther (ed.): Istanbul. Mit Illustrationen von Thomas Allom. Frankfurt/Main 1987.

Gofman, Dan: The Ottoman Empire and Early Modern Europe. Cambridge 2002.

Kent, Marian (ed.): The Great Powers and the End of the Ottoman Empire. London 1996.

Kreiser, Klaus: Der Osmanische Staat 1300–1922. München 2001.

Lerch, Wolfgang Günter: Denker des Propheten. Die Philosophie des Islam. München 2002.

Nicolle, David: Die Osmanen. 600 Jahre islamisches Weltreich. Wien 2008.

Palmer, Alan: Verfall und Untergang des Osmanischen Reiches. München 1994.

Richter, Jan Stefan: Die Orientreise Kaiser Wilhelms II. Hamburg 1997.

Scherer, Friedrich: Adler und Halbmond. Bismarck und der Orient. Paderborn 2001.

■ **Geschichte: Die Republik Türkei**

Adanir, Fikret: Geschichte der Republik Türkei. Mannheim 1995.

Biyikli, Derya: Die außenpolitische Stellung der Türkei im Nahen und Mittleren Osten: Kontinuität oder Wandel. Hamburg 2005.

Buhbe, Matthes: Türkei. Politik und Zeitgeschichte. Opladen 1996.

Cornell, Erik: Turkey in the 21st Century. Opportunities, Challenges, Threats. Richmond (UK) 2001.

Dal, Güney (ed.): Geschichten aus der Geschichte der Türkei (1923–1989). Berlin 1990.

Gronau, Dieter: Mustafa Kemal Atatürk oder die Geburt der Republik. Frankfurt/Main 1995.

Gürbey, Gülistan: Außenpolitik in defekten Demokratien: Entscheidungsprozesse in der Türkei 1983–1993. Frankfurt/Main 2005.

Hale, William: Turkish Foreign Policy 1774–2000. London 2000.

Heper, Metin: Ismet Inönü. Leiden 1998.

Heper, Metin / Meeker, Michael (eds.): Political Parties in Turkey. London 2002.

Herrmann, Rainer: Wohin geht die türkische Gesellschaft? Kulturkampf in der Türkei. München 2008.

Krech, Hans. Der Bürgerkrieg in der Türkei 1978–1999. Berlin 1999.

Kreiser, Klaus: Atatürk. Eine Biographie. München 2008.

Mango, Andrew: Atatürk. The Biography of the Founder of Modern Turkey. London 1999.

Meeker, Michael: Social Practice and Political Culture in the Turkish Republic. Istanbul 2004.

Moser, Brigitte / Weithmann, Michael: Die Türkei. Nation zwischen Europa und dem Nahen Osten. Regensburg / Wien 2002.

Rill, Bernd: Kemal Atatürk. Reinbek 2006.

Schüler, Harald: Die türkischen Parteien und ihre Mitglieder. Hamburg 1998.

Steinbach, Udo: Die Türkei im 20. Jahrhundert. Schwieriger Partner Europas. Bergisch-Gladbach 1996.

Riemer, Andrea: Die Türkei an der Schwelle zum 21. Jahrhundert. Die Schöne oder der Kranke Mann am Bosporus? Frankfurt/Main 1998.

Rumpf, Christian: Das türkische Verfassungssystem. Einführung mit vollständigem Verfassungstext. Wiesbaden 1996.

Weithmann, Michael: Atatürks Erben auf dem Weg nach Westen. Die Türkei im Spannungsfeld zwischen Nahost und Europa. München 1997.

Yoldaş, Yunus: Das politische System der Türkei. Frankfurt/Main 2008.

Zürcher, Erik J.: Turkey – A modern History. London 2005.

◼ Beziehungen der Türkei zu Deutschland und zur Europäischen Union

Atilgan, Canan: Türkische Diaspora in Deutschland. Chance oder Risiko für die deutsch-türkischen Beziehungen. Hamburg 2002.

Bozay, Kemal: Exil Türkei. Ein Forschungsbeitrag zur deutschsprachigen Emigration in die Türkei (1933–1945). Münster 2001.

Gottschlich, Jürgen: Die Türkei auf dem Weg nach Europa. Ein Land im Aufbruch. Berlin 2004.

Gumpel, Werner (ed.): Die Beziehungen der Türkei mit Deutschland und der Europäischen Union. München 2003.

Informationszentrum Sozialwissenschaften Bonn: Zwischen Europa und Nahem Osten. Die EU-Beitrittsverhandlungen mit der Türkei (bearbeitet von Christian Kolle; kommentierte Bibliographie). Bonn 2006.

Koelbl, Carolin: Das Verhältnis zwischen Europa und der Türkei. Entwicklung und mögliche Zukunft. Saarbrücken 2007.

Kramer, Heinz: Die Türkei: EU-kompatibel oder nicht? Zur Debatte um die Mitgliedschaft der Türkei in der Europäischen Union. Hannover 2004.

Kramer, Heinz: A Changing Turkey. Challenge to Europe and the United States. Washington 2000.

Kramer, Heinz: EU – Türkei. Vor schwierigen Beitrittsverhandlungen. Berlin 2005.

Leggewie, Claus (ed.): Die Türkei und Europa. Die Positionen. Frankfurt 2004.

Kürsat-Ahlers, Elçin / Waldhoff, Hans-Peter (eds.): Türkei und Europa. Facetten einer Beziehung in Vergangenheit und Gegenwart. Frankfurt 2001.

Madeker, Ellen: Türkei und europäische Identität. Eine wissenssoziologische Analyse der Debatte um den EU-Beitritt. Wiesbaden 2008.

Moser-Weithmann, Brigitte: Geschäftserfolg in der Türkei. Erfolgreiche Kommunikation mit türkischen Geschäftspartnern. Zürich 2008.

Österreichisches Institut für Europäische Sicherheitspolitik (ed.): Grenzenlose EU. Die Türkei und die Aushöhlung der Politischen Union. Wien 2007.

Öymen, Onur: Die türkische Herausforderung. EU-Mitglied oder entfernte Verwandte? Köln 2001.

Quaisser, Wolfgang: EU-Beitrittsreife der Türkei und Konsequenzen einer EU-Mitgliedschaft. München 2004.

Reiter, Erich (ed.): Sicherheitspolitische und strategische Aspekte eines Beitritts der Türkei zur Europäischen Union. Wien 2006.

Spohn, Margret: Alles getürkt. 500 Jahre (Vor-)Urteile der Deutschen über die Türken. Oldenburg 1993.

Tibi, Bassam: Aufbruch am Bosporus. Die Türkei zwischen Europa und dem Islamismus. München 1998.

Weick, Curd-Torsten: Die schwierige Balance. Kontinuitäten und Brüche deutscher Türkeipolitik. Hamburg 2001.

Yeşilyurt, Zuhal: Die Türkei und die Europäische Union. Chancen und Grenzen der Integration. Osnabrück 2000.

◼ Kulturdimensionen

Breuer, Rita: Familienleben im Islam. Traditionen – Konflikte – Vorurteile. Freiburg ⁴2002.

Endress, Gerhard: Der Islam. Eine Einführung in seine Geschichte. München 1991.

Halm, Heinz: Der Islam. Geschichte und Gegenwart. München 2001.

Heine, Peter: Kulturknigge für Nichtmuslime. Ein Ratgeber für den Alltag. Freiburg 2001.

Henning, Max: Der Koran. Einleitung und Anmerkungen von Annemarie Schimmel. Stuttgart 1976.

Krämer, Gudrun: Geschichte des Islam. München 2005.

Moser-Weithmann, Brigitte: Geschäftserfolg in der Türkei. Erfolgreiche Kommunikation mit türkischen Geschäftspartnern. Zürich 2008.

Schirrmacher, Christine / Spuler-Stegemann, Ursula: Frauen und die Scharia. Die Menschenrechte im Islam. München 2006.

Spuler-Stegemann, Ursula: Die 101 wichtigsten Fragen – Islam. München 2007.

Weiner, Sigrid: Der Islam. Einführung in Religion, Kultur. Brauchtum. Donauwörth 2002.

Yurtbaşı, Metin: Türkisches Sprichwörter-Lexikon. Ankara 1994.

Aus der Reihe »Kulturknigge«:
KulturSchock Islam. Bielefeld ⁴2001.
KulturSchock Türkei. Bielefeld ²2007.
KulturSchlüssel Türkei. Ismaning 1999.

◼ Problemfelder

Baum, Wilhelm: Die Türkei und ihre christlichen Minderheiten. Klagenfurt 2005.

Berktay, Fatmagül (ed.): The Position of Women in Turkey and in the European Union. Istanbul 2004.

Cardini, Franco: Europa und der Islam. Geschichte eines Missverständnisses. München 2004.

Günther, Siegwart-Horst / Brentjes, Burchard: Die Kurden. Ein Abriss zur Geschichte und Erfahrungsberichte zur aktuellen humanitären Situation. Wien 2001.

Hewsne, Robert: Armenia. A Historical Atlas. Chicago 2001.

Käufeler, Heinz: Das anatolische Dilemma. Weltliche und religiöse Kräfte in der modernen Türkei. Zürich 2002.

Kieser, Hans-Lukas (ed.): Turkey beyond Nationalism. Towards post-nationalist Identities? London 2006.

Konrad-Adenauer-Stiftung (ed.): Islam, Staat und moderne Gesellschaft in der Türkei und in Europa. Ankara 2005.

Mater, Nadire (ed.): Mehmets Buch: Türkische Soldaten berichten über ihren Kampf gegen kurdische Guerillas. Frankfurt/Main 2001.

Mehmet, Özay: Fundamentalismus und Nationalstaat. Der Islam und die Moderne. Hamburg 2002.

Riemer, Andrea. Die Kurden. Frankfurt/
Main 1996.

Schlötzer, Christiane: Das Mädchen mit
dem falschen Namen. Türkische Tabus.
Wien 2006.

Strohmeier, Martin / Yalcin-Heckmann,
Lale: Die Kurden. Geschichte, Politik,
Kultur. München 2000.

Seufert, Günter: Neue pro-islamische
Parteien in der Türkei. Berlin: Deutsches
Institut für Internationale Politik und
Sicherheit 2002.

Seufert, Günter: Staat und Islam in der
Türkei. Berlin: Deutsches Institut für
Internationale Politik und Sicherheit
2004.

Tekeli, Sirin (ed.): Women in Modern Turkish Society. A Reader. London 1995.

Yeşilyurt, Zuhal: Die Demokratisierung ist
weiblich. Die türkische Frauenbewegung
und ihr Beitrag zur Demokratisierung der
Türkei. Osnabrück 2002.

■ Immigration, Türken in Deutschland

Abadan-Nermin, Unat: Migration ohne
Ende: Vom Gastarbeiter zum Eurotürken.
Berlin 2005.

Atar, Ihsan: Der Türke. Das Original. München 2007.

Ateş, Seyran et al.: Wir haben Erfolg.
25 muslimische Frauen in Deutschland.
Köln 2006.

Ateş, Seyran: Der Multi-Kulti-Irrtum. Wie
wir in Deutschland besser zusammenleben können. Berlin 2007.

Bednarz, Dieter (ed.): Allah im Abendland. Der Islam und die Deutschen. Spiegel Special. Hamburg 2008.

Breuer, Rita: Familienleben im Islam. Traditionen, Konflikte, Vorurteile. Freiburg
1998.

Caner, Beatrix (ed.): Doppelte Heimat.
Türkische Migranten berichten. Frank-
furt/Main 2008.

Diehl, Claudia: Die Partizipation von Migranten. Rückzug oder Mobilisierung?
Opladen 2002.

Goldberg, Andreas / Şen, Faruk: Die deutschen Türken. Berlin 2005.

Gottschlich, Jürgen / Zaptcioğlu, Dilek
(eds.): Das Kreuz mit den Werten. Über
deutsche und türkische Leitkulturen.
Hamburg 2006.

Hunn, Karin: »nächstes Jahr kehren wir
zurück«. Die Geschichte der türkischen
»Gastarbeiter« in der Bundesrepublik.
Göttingen 2005.

Kelek, Necla: Die fremde Braut. Ein Bericht
aus dem Inneren des türkischen Lebens
in Deutschland. München / Köln 2006.

Kelek, Necla: Die verlorenen Söhne. Plädoyer für die Befreiung des türkisch-muslimischen Mannes. München 2007.

Kiyak, Meli: 10 für Deutschland. Gespräche mit türkeistämmigen Abgeordneten. Hamburg 2007.

Schiffauer, Werner: Die Gottesmänner.
Türkische Islamisten in Deutschland.
Frankfurt/Main 2000.

Şen, Faruk: Türken in Deutschland. Leben
zwischen zwei Kulturen. München 1994.

Spohn, Margret: Türkische Männer in
Deutschland, Familie und Identität. Migranten der ersten Generation erzählen
ihre Geschichte. Bielefeld 2002.

Spuler-Stegemann, Ursula: Muslime in
Deutschland. Informationen und Klä-
rungen. Freiburg 2008.

■ Literaturgeschichte

And, Metin: Theater, in: Südosteuropa
Handbuch, Band 4 (Die Türkei), Göttingen 1984, S. 650 – 662.

And, Metin / Livanelioğlu, Seyhan: The
Traditional Turkish Theater. Ankara
1999.

Baldauf, Ingeborg (ed.): Türkische Sprachen und Literaturen. Materialien der
1. Deutschen Turkologen-Konferenz in
Bamberg 1987. Wiesbaden 1991.

Boratav, Pertev Naili (ed.): Türkische Volksmärchen. München 1990.

Breddermann, Hanjo (ed.): Vom Bosporus zum Ararat. Eine literarische Reise durch die heutige Türkei. Hamburg 1988.

Caner, Beatrix: Türkische Literatur. Klassiker der Moderne. Hildesheim (u.a.) 1998.

Egghart, Hanne (ed.): Aufbruch aus dem Schweigen. 16 Erzählerinnen aus der Türkei. Hamburg 1985.

Egghart, Hanne / Güney, Ümit (eds.): Frauen in der Türkei. Erzählungen. München 1988.

Glassen, Erika / Laut, Jens Peter (eds.): »Türkische Bibliothek« in 20 Bänden. Romane, Erzählungen, Essays und Gedichte der modernen Türkei. Zürich 2005–2010.

Halman, Talat Sait (ed.): Türkische Sagen und Volkslyrik. Übersetzt von Heike Offen-Eren. Istanbul 1993.

Halman, Talat Sait: Contemporary Turkish Literature. Fiction and Poetry. Rutherford 1982.

Halman, Talat Sait: Rapture and Revolution: Essays on Turkish Literature. Syracuse N. Y. 2007.

Kappert, Petra: Türkische Literatur, in: Südosteuropa Handbuch, Bd. 4 (Die Türkei), Göttingen 1984, S. 621–650.

Kappert, Petra: Türkische Literatur, in: Harenberg Lexikon der Weltliteratur, Bd. 5. Dortmund 1989, Sp. 2903–2906.

Kappert, Petra / Turan, Tevfik (eds.): Türkische Erzählungen des 20. Jahrhunderts. Mit einem Nachwort von Petra Kappert. Frankfurt/Main 1992.

Kreiser, Klaus: Die Osmanische Zeit, in: Kindlers Neues Literaturlexikon (ed. Walter Jens), Band 20. München 1992, S. 627–633.

Kreiser, Klaus: Istanbul. Ein historisch-literarischer Stadtführer. München 2001.

Laut, Jens Peter / Glassen, Erika (eds.): »Türkische Bibliothek« in 20 Bänden.

Romane, Erzählungen, Essays und Gedichte der modernen Türkei. Zürich 2005–2010.

Lerch, Wolfgang Günter: Die Laute Osmans. Türkische Literatur im 20. Jahrhundert. München 2003.

Mitler, Louis: Ottoman Turkish Writers: A bibliographic Dictionary of significant Figures in pre-republican Turkish Literature. Frankfurt/Main 1988.

Mitler, Louis: Contemporary Turkish Writers. A Critical Bio-Bibliography of leading Writers in the Turkish Republican Period up to 1980. Bloomington, Ind. 1988.

Moser, Brigitte: Die Chronik des Ahmed Sinân Čelebi, genannt Bihişti. Eine Quelle zur Geschichte des Osmanischen Reiches unter Sultan Bâyezîd II. München 1980, S. 61–65 und 207–209 (Original).

Pazarkaya, Yüksel: Die Wasser sind weiser als wir. Türkische Lyrik der Gegenwart. München 1987.

Pazarkaya, Yüksel: Rosen im Herbst. Einblicke in die türkische Kultur. Zürich 1989.

Riemann, Wolfgang: Das Deutschlandbild in der modernen türkischen Literatur. Wiesbaden 1983.

Riemann, Wolfgang: Über das Leben in Bitterland. Bibliographie zur türkischen Deutschland-Literatur und zur türkischen Literatur in Deutschland. Wiesbaden 1990.

Riemann, Wolfgang: Modern Türk öyüküleri. Moderne türkische Erzählungen. München 2004.

Siedel, Elisabeth: Die moderne türkische Literatur, in: Kindlers Neues Literaturlexikon (ed. Walter Jens), Band 20. München 1992, S. 634–639.

Ulusoy, Imdat (ed.): Nazım Hikmet. Zu seinem 100. Geburtstag. Hückelhoven 2002.

Türken in Deutschland

Acar, Ihsan: Der Türke: das Original. München 2007.

Ateş, Seyran: Der Multikulti-Irrtum. Wie wir in Deutschland besser zusammenleben können. Berlin 2007.

Bauer, Itta: »Deutsche Türkinnen, türkische Deutsche«, in: Geographische Rundschau April 4/2003 »Nachbar Türkei«.

Erzeren, Ömer: Eisbein in Alanya – Erfahrungen in der Vielfalt deutsch-türkischen Lebens. Edition Körber-Stiftung. Hamburg 2004.

IAB Institut für Arbeitsmarkt- und Berufsforschung der Bundesagentur für Arbeit, Aktuelle Analysen, Ausgabe Nr. 19/ 14.11.2006.

Kartarı, Asker: Deutsch-türkische Kommunikation am Arbeitsplatz. Zur interkulturellen Kommunikation zwischen türkischen Mitarbeitern und deutschen Vorgesetzten in einem deutschen Industriebetrieb. Münster 1997.

Kelek, Necla: Die fremde Braut. Ein Bericht aus dem Inneren des türkischen Lebens in Deutschland. Köln [2]2005.

Kelek, Necla: Die verlorenen Söhne. Plädoyer für die Befreiung des türkisch-muslimischen Mannes. Hamburg 2007.

Schiffauer, Werner: Die Gottesmänner. Türkische Islamisten in Deutschland. Suhrkamp TB 3077. Frankfurt 2000.

Spuler-Stegemann, Ursula: Muslime in Deutschland. Freiburg [3]2002.

Unat-Abadan, Nermin: Migration ohne Ende. München 2004.

Türkisch

Lehrbuch der türkischen Sprache

Von Esin İleri
2007. XIV, 288 Seiten.
978-3-87548-344-4. Kart.

Zielgruppe Lernende ohne Vorkenntnisse an Universitäten, Volkshochschulen und anderen Einrichtungen der Erwachsenenbildung oder im Selbststudium.

Lernziele Kommunikative Kompetenz für Alltag, Reise und Beruf (Lehrer), handlungsorientierter Sprachgebrauch von Anfang an, Beherrschung entsprechender Satzstrukturen und eines Grundwortschatzes von rund 2.000 Wörtern, fundierte Grammatikkenntnisse; Kompetenzstufen A2 bis B1 des Europäischen Referenzrahmens.

Konzeption In 20 einheitlich aufgebauten Lektionen mit abwechslungsreichen Dialogen und Texten sowie zahlreichen Übungen werden die morphologischen und syntaktischen Charakteristika des Türkischen als einer agglutinierenden Sprache bewusst gemacht. Die Grammatik wird kontrastiv zum Deutschen erklärt und, sofern erforderlich, durch visuelle Hilfen veranschaulicht. Der Aufbau richtet sich nach dem zyklischen Prinzip, d.h., in den einzelnen Lektionen werden die grammatischen Regeln systematisch, aber nicht immer vollständig dargestellt bzw. nicht vollständig angewendet, sodass in den folgenden Lektionen auf das bereits Gelernte immer wieder Bezug genommen und dann erweitert wird. Hinweise auf Aussprache und Intonation bilden integrale Bestandteile des Lehrbuchs.
Der im Buch enthaltene Übungsschlüssel erleichtert das Lernen zu Hause.

Türkisch

Türkische Grammatik

Von Brigitte Moser-Weithmann
2001. XIV, 214 Seiten.
978-3-87548-241-6. Kart.

Für Anfänger und Fortgeschrittene
konzipiert, vermittelt diese Grammatik die türkische Schrift- und
Umgangssprache nach dem Istanbuler Stadtdialekt.

Charakteristika sowie der einheitliche und regelmä-
ßige Aufbau des Türkischen werden wissenschaftlich
exakt und übersichtlich dargestellt. Die zahlreichen
Beispielsätze sind so übersetzt, dass der türkische Satzbau erkennbar bleibt. Das Register der grammatischen
Stichwörter und die Suffix-Übersicht ermöglichen ein
gezieltes Nachschlagen.

Lese- und Übungsbuch Türkisch

Mit Vokabular und Erläuterungen
Von Hayrettin Seyhan
2007. VIII, 188 Seiten.
978-3-87548-464-9. Kart.

Dieses für Türkischlernende mit Vorkennt-
nissen sowie Studierende der Turkologie und
anderer Fachrichtungen konzipierte Lese-
und Übungsbuch vermittelt die Fähigkeit zur
Lektüre literarischer Originaltexte und fördert dabei die Aktivierung
und Erweiterung des Wortschatzes sowie die Intensivierung vorhan-
dener und den Erwerb weiterer Grammatikkenntnisse.

Elf spannende Erzählungen bekannter türkischer Autoren sind
thematisch und nach Schwierigkeitsgrad sortiert und werden unter
folgenden Gesichtspunkten behandelt: Vokabular – Landeskunde
– Grammatik und Sprachgebrauch sowie textbezogene Beispielsätze
mit Übersetzung – Arbeit am Text und Übungen. Der Anhang beinhaltet Notizen zu den Schriftstellern, Übungsschlüssel, Suffixver-
zeichnis und Sachregister.